Tor Farovik

Jangtse
Strom des Lebens

Eine Reise von Shanghai
ins tibetische Hochland

Aus dem Norwegischen von
Holger Wolandt und Lotta Rüegger

Mit 16 Seiten Farbbildteil
und einer Karte

MALIK NATIONAL GEOGRAPHIC

Mehr Bäume.
Weniger CO₂.
www.cpibooks.de/klimaneutral

Mehr über unsere Autoren und Bücher:
www.malik.de

Die norwegische Originalausgabe erschien erstmals 2003 unter dem Titel »Kina«
bei J. W. Cappelens in Oslo. Die Übersetzung ins Deutsche wurde gefördert von
NORLA Norwegian Literature Abroad, Oslo.

Bibliografische Information der Deutschen Nationalbibliothek
Die Deutsche Nationalbibliothek verzeichnet diese Publikation in der
Deutschen Nationalbibliografie; detaillierte bibliografische Daten
sind im Internet über http://dnb.d-nb.de abrufbar.

MALIK NATIONAL GEOGRAPHIC

Aktualisierte Taschenbuchausgabe
März 2012
© Cappelen Damm AS, 2008
© der deutschsprachigen Ausgabe:
Piper Verlag GmbH, München 2010
Redaktion: Susann Urban, Stuttgart
Umschlaggestaltung: Dorkenwald Grafik-Design, München
Umschlagfotos: China Press / laif / Pan Songgang (vorne),
Le Figaro Magazine / laif / Aline Coquelle (hinten links),
getty images / National Geographic / David Evans (hinten rechts)
Autorenfoto: Tor Farovik
Innenteilfotos: Tor Farovik, mit Ausnahme der Bildtafeln 1, 3, 5, 8: Walter Unger
Karte: Eckehard Radehose, Miesbach
Satz: Satz für Satz. Barbara Reischmann, Leutkirch
Litho: Lorenz & Zeller, Inning
Papier: Naturoffset ECF
Druck und Bindung: CPI – Clausen & Bosse, Leck
Printed in Germany   ISBN 978-3-492-40428-0

Das Papier wurde aus chlorfrei gebleichtem Zellstoff hergestellt.

Inhalt

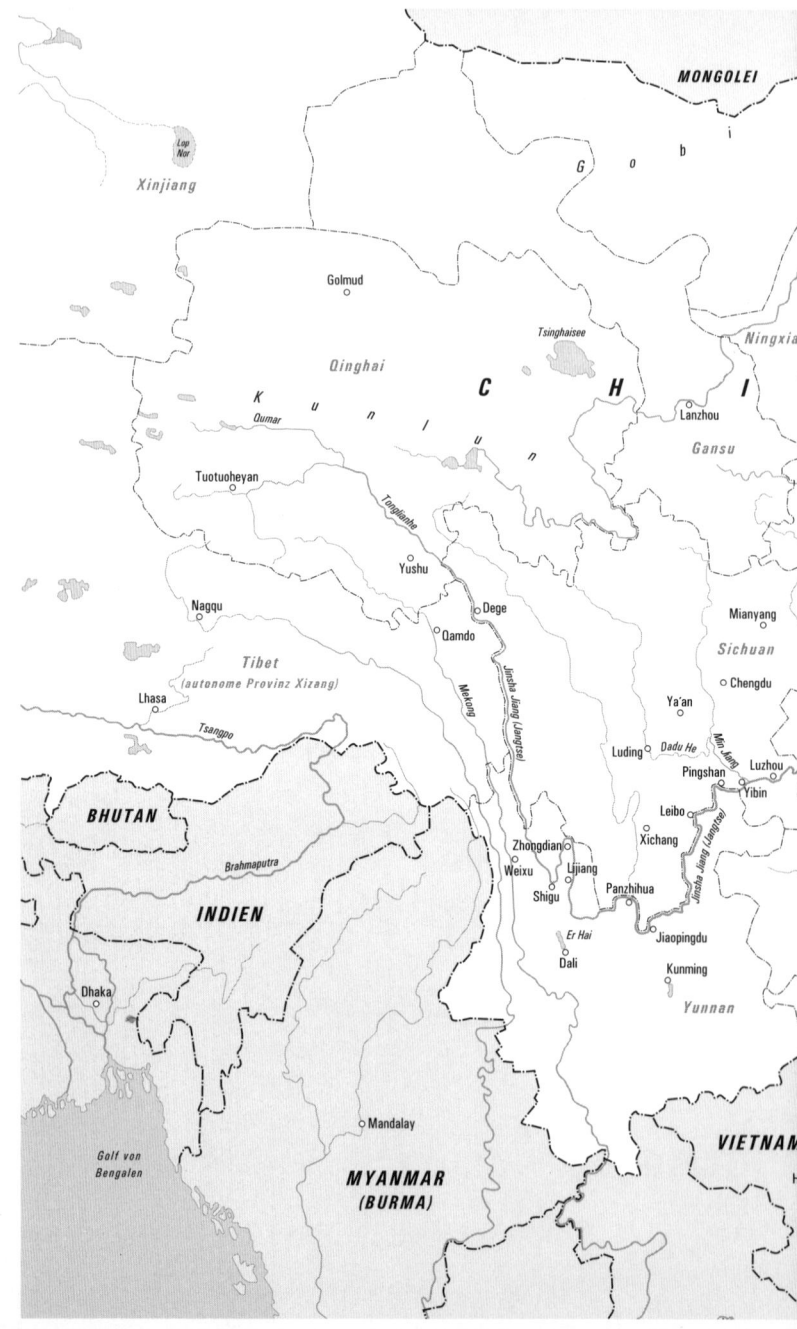

Müßiggang erlaubt es uns, zu lesen, an berühmte Orte zu reisen, gewinnbringende Freundschaften zu begründen, Wein zu trinken und Bücher zu schreiben. Was gäbe es auf der Welt für größere Freuden als diese?

LIN YUTANG

Vorwort

»Jedes Mal, wenn ich einen Fluss sehe, beginne ich zu träumen«, schreibt Mark Twain.

Twain wuchs am Mississippi auf. Viele Jahre fuhr er mit Schiffen den trägen Fluss auf und ab. Das Ergebnis war große Literatur. Leider lernte er nie den Jangtse, die Lebensader Chinas, kennen. Die Chinesen nennen diesen Strom Changjiang, den Langen Fluss. Zu Recht, von der klaren Quelle im tibetischen Hochland bis zur Mündung im salzigen Meer bei Shanghai misst er 6378 Kilometer.

Ich fuhr im Jahre 1980 zum ersten Mal auf dem Jangtse, eine gemächliche und teilweise uninteressante Reise, 600 Kilometer an Bord eines alten Touristendampfers mit dem proletarischen Namen *Der Osten ist rot*. Die Fahrt führte durch die Drei Schluchten, eines der landschaftlich schönsten Gebiete des Landes, das damals in Nebel und leichten Nieselregen gehüllt war. In den grauschwarzen Städten am Fluss liefen dünne, wettergegerbte Chinesen mit Tragjochen und schweren Lasten herum. Das Leben schien hart zu sein.

Später bin ich mehrmals dieselbe Strecke gefahren, jedoch ohne mich Träumen hinzugeben. An einem Maitag vor neun Jahren lernte ich dann aber Wong How Man kennen. Der kleine Hongkong-Chinese mit der runden Brille erzählte mir, dass er den gesamten Jangtse bereist habe, und zwar nicht von der Quelle bis zum Meer, sondern vom Meer bis zur Quelle. Auf dem Weg sei er an Dörfern auf Stelzen und chaotischen Städten mit Millionen von Einwohnern vorbeigekommen, an Pagoden und roten Tempeln, Schluchten und wilden Stromschnellen sowie an weißen Bergen, die 6000 Meter aufragten. Nach monatelangen Mühen habe er sein Ziel erreicht, sich vorgebeugt und von einem tropfenden Eiszapfen getrunken. »Das Wasser war kalt, aber es wärmte mein Herz«, schrieb er anschließend in sein feuchtes, zerfleddertes Tagebuch. Die Quelle habe in einer wilden und wunderschönen Gletscherlandschaft ohne Spuren von Leben gelegen. Aber am Himmel hätten die Sterne geleuchtet.

Das klang wie ein Traum, und jetzt bin ich an der Reihe. Ich bin begierig auf Abenteuer und habe mich entschlossen, dem Fluss vom Meer bis zum Eiszapfen hoch oben auf dem Dach der Welt zu folgen. Auf meinem Weg werde ich durch Landstriche kommen, in denen 400 Millionen Menschen leben, fast ein Drittel der Einwohner Chinas, denn so viele sind es an den Ufern des Jangtse. Und sonst? Im Übrigen werde ich das Leben genießen und versuchen, mehr über China zu lernen.

Dieses Buch erschien erstmals 2003 auf Norwegisch. Seither ist viel Wasser den Jangtse hinunter geflossen. China befindet sich in rapidem wirtschaftlichem Wachstum. Die meisten Menschen im Land führen jetzt ein besseres Leben. Viele aber haben einen hohen Preis für den Fortschritt bezahlt. In diesem Buch werden Sie vom größten Staudamm der Welt lesen, der 2006 fertiggestellt wurde. Im selben Jahr wurde Lhasa, die Hauptstadt Tibets, mit dem chinesischen Eisenbahnnetz verbunden. Wollen Sie bequem nach Tibet reisen? Dann benutzen Sie nicht wie ich einen Landrover oder ein tibetisches Pony. Nehmen Sie einfach von Peking aus den Zug. Die Reise dauert 48 Stunden.

Im Jahre 2008 wurden in Peking die Olympischen Sommerspiele ausgetragen, im Frühjahr 2010 wird die Weltausstellung in Shanghai stattfinden, mit erwarteten 70 Millionen Besuchern. Alle Wege führen nach China, und in den kommenden Jahren werden wir in zunehmendem Maße zur erstarkenden Großmacht im Osten Stellung beziehen müssen. Man kann China hassen oder lieben, aber sich einem derart großen Land gegenüber gleichgültig zu verhalten, ist unmöglich. Obwohl China im Umbruch begriffen ist, glaube ich, dass dieses Buch nichts von seiner Aktualität eingebüßt hat. Lehnen Sie sich zurück. Es ist Frühling. Gerade bin ich in Shanghai eingetroffen. Vor uns liegt der Jangtse, der Fluss des Lebens.

Januar 2010, Tor Farovik

Von Neuem umfing ihn die Stille der Nacht.
Kein lautes Signal, nur das leise Rauschen des Wassers.
Rings an den Ufern, unter den von Millionen Insekten
umschwirrten Laternen, lagen schlafende Kulis, in den
verzerrten Stellungen Pestkranker.

ANDRÉ MALRAUX, »SO LEBT DER MENSCH«

So lebt der Mensch

Die Mädchen aus dem Lagerhaus sind spät aufgewacht. Liu kann sie gut verstehen.

»Sie kommen immer erst bei Sonnenaufgang ins Bett«, sagt er. »Sie haben einen anstrengenden Job.«

Liu lehnt sich auf der Ledercouch zurück. Er hat die Hände hinter dem Kopf verschränkt und den Blick auf die schwarz gestrichene Decke gerichtet. Es ist fünf Uhr nachmittags, und die roten Lampen brennen noch nicht. Aber in ein oder zwei Stunden werden so langsam die ersten Gäste eintreffen. Dann wird jedes der Mädchen hellwach sein. Keine von ihnen wird gähnen, und alle werden enge Röcke mit Schlitz tragen, einem vielversprechenden Schlitz, der bis hinauf zu den Hüften reicht.

»Sie müssen wissen, dass das hier ein beliebtes Lokal ist«, meint Liu und bestellt eine Flasche Perrier.

Das französische Mineralwasser zu 95 Yuan (etwa 9,50 Euro) kostet den halben Monatslohn eines chinesischen Arbeiters. Kaum verwunderlich, dass es nach einem langen Tag in der Shanghai-Wärme wahre Wunder wirkt.

Früher ein Lagerhaus, im neuen Jahrtausend ein Treffpunkt für Nachtschwärmer. Liu hat mich in das, wie er es nennt, »neue Shanghai« mitgenommen. Das Lokal gehört einem guten Freund von ihm. Deswegen genieße ich auch das Privileg, auf dieser Couch zu sitzen.

Das Lokal ist in jeder Beziehung schwarz – die Decke ist schwarz, die Wände sind schwarz, sogar der Fußboden ist schwarz. Aber die roten Lampions schreien heraus, dass ich mich in China befinde. Sie hängen ordentlich aufgereiht, rund und in warmen Farben, mit gelben Seidenschnüren, die in der leichten Brise der großen Deckenventilatoren flattern.

Die ersten Mädchen versammeln sich vor den Spiegeln der Bar. Sie erledigen dort ihre Morgentoilette. Auf dem Tresen steht eine ganze Batterie Kosmetika. Ein Wald aus Tuben und Flaschen, Pudern, Cremes, Parfüms, Lidschatten, Rouges und Lippenstiften, alles, was Falten und die Gerüche vom Vortag verschwinden lässt. Die Mädchen halten ihre bleichen Gesichter vor die Spiegel und zanken, wer als Erste da war. Eine schubst die andere beiseite und bekommt eine Ohrfeige.

»Frauen sind morgens oft sehr reizbar, das wissen Sie sicher«, meint Liu. Er beugt sich vor und zündet sich eine Zigarette an.

Eines der Mädchen posiert mit einem feuerroten Federhut, der vor hundert Jahren im Pariser Moulin Rouge nicht weiter aufgefallen wäre. »Oui!«, ruft sie und macht einen kleinen Hopser. Die Szene erinnert mich an die vielen Bilder aus dem Varieté von Henri de Toulouse-Lautrec, der zeichnete, während andere tanzten. Aber ach, diese Mädchen tanzen nicht. Eines öffnet einen kleinen Schrank an einer der Wände. Ein kleiner Buddha im Lotossitz kommt zum Vorschein. Er ist vergoldet, dick und trägt ein Dauerlächeln. Er sieht aus, wie ein Buddha aussehen soll. Das Mädchen zündet zwei Räucherstäbchen an, platziert sie vorsichtig vor die Füße des Buddhas, legt die Handflächen gegeneinander, schließt die Augen und senkt den Kopf zum Gebet. Etliche Mädchen tun es ihr nach, und bald ist das gesamte Lagerhaus von schwerem Weihrauchduft erfüllt.

Auf dem Bartresen steht eine andere Statue, der Gott des Reichtums aus glänzendem Porzellan. Er reitet auf einem Tiger und hält eine große Schale in der Rechten. Sein Gesichtsausdruck ist hässlich und Angst einflößend, aber furchtlos, denn derjenige, der den Gott des Reichtums anbetet, wird selbst reich. Wieder senken die

Mädchen die Köpfe zum Gebet. Früher oder später werden sie reich werden, und das Leben im Lagerhaus wird Geschichte sein.

Ich bin Liu vor einigen Tagen begegnet. In dem heruntergekommenen Viertel hinter dem Pujiang Hotel tauchte er plötzlich neben mir auf und fragte: »Where are you going, sir?«

Normalerweise weiß ich nicht, wohin genau ich unterwegs bin, aber gerade da war mir mein Ziel recht klar. Ich suchte nach den Landungsbrücken der Passagierschiffe auf dem Jangtse.

Liu behauptete, er wisse Bescheid. Wir bogen rechts ab und begaben uns in eine dunkle Gasse, auf der wir uns wenig später vor einem Stacheldrahtzaun wiederfanden. Schließlich stießen wir auf ein großes Loch, und Liu winkte mich weiter. Wir kamen über einen menschenleeren Platz mit Hunderten Containern, gelangten auf eine Rampe mit mehreren Ölfässern und liefen dann rasch eine steile Treppe hinunter. Zehn Minuten später standen wir am Rand der Landungsbrücke und starrten auf das braun-schmutzige Wasser hinunter. Aber keine Schiffe schaukelten auf den sich kräuselnden Wellen. Wir hatten uns verlaufen, und sicherheitshalber nahmen wir denselben, komplizierten Weg zurück.

»Aber warum wollen Sie den Jangtse entlangfahren?«, fragte Liu. »Wäre es nicht einfacher zu fliegen?«

Der Jangtse ist 6378 Kilometer lang, und damit der drittlängste Fluss der Welt. Vermutlich ist es wirklich einfacher zu fliegen. Aber wer fliegt, sieht nichts. Hier unten ist die Action. Am Jangtse wohnen 400 Millionen Menschen, ein Drittel aller Chinesen. Was sich an diesem Fluss ereignet, wird über die Zukunft Chinas entscheiden. Klar und deutlich versuche ich Liu zu erklären, wonach ich suche: nach einem einfachen Boot, das mich den Fluss hinaufbringt, erst einmal in eine Stadt namens Yangzhou.

Am Tag darauf führte mich Liu zu einem anderen Kai in derselben Gegend. An diesem Kai lagen ein Schlepper und zwei dreißig Meter lange, leere Leichter. Sowohl der Schlepper als auch die Leichter waren schwarz von Kohlenstaub, und der ebenso schwarze Kapitän hätte einem Mississippi-Roman von Mark Twain entsprungen sein können.

»Fahren Sie nach Yangzhou?«, rief Liu zu dem kohlenstaubbedeckten Kapitän hinunter.

Keine Antwort, nur das Weiß seiner Augen, die sich auf uns richteten. Im nächsten Augenblick ging er in Deckung. Lius nächste Mitfahrgelegenheit war ein kleines Schiff, frisch gestrichen und offenbar in gutem Zustand. Aber als wir näher kamen, sah ich, dass es mit Gasflaschen beladen war, die wie Soldaten beim Appell auf dem ganzen Deck von Bug bis achtern aufgereiht standen. Liu ging, eine brennende Zigarette im Mund, an Bord und rief nach dem Kapitän. In einem angsterfüllten Augenblick sah ich *The Big Bang* und die Schlagzeilen des nächsten Tages, »Gasexplosion in Shanghai. Millionen auf der Flucht«, bereits vor mir.

Glücklicherweise geschah nichts dergleichen. Das Schiff war menschenleer, und die Gasflaschen beantworteten Lius Ruf mit einer erlösenden Stille. Anschließend musste ich Liu erklären, dass ich auf der Suche nach einem Passagierschiff sei.

»Das lässt sich einrichten«, sagte er und klopfte sich den Schiffsstaub von der Hose.

Aber noch hat es sich nicht einrichten lassen. Als wir vor zwei Stunden ins Passagierterminal kamen, war der Fahrkartenschalter geschlossen. In der Ferne sahen wir die *Ostwind* Richtung Jangtse-Mündung gleiten. Und jetzt sitzen wir also im Lagerhaus. Über dem Portal steht die Jahreszahl 1888. Es ist ein altes Gebäude. Hier wurde viele Jahrzehnte geschuftet. Es stank nach Schweiß, und durch alle Tore liefen schwer bepackte Kulis. Am Ende des Arbeitstages fielen sie in sich zusammen. Dann wurde es dunkel. André Malraux beschreibt es wie folgt: »Von Neuem umfing ihn die Stille der Nacht. Kein lautes Signal, nur das leise Rauschen des Wassers. Rings an den Ufern, unter den von Millionen Insekten umschwirrten Laternen, lagen schlafende Kulis, in den verzerrten Stellungen Pestkranker.«

Das war 1931. Jetzt sind die Kulis verschwunden, die Lagerhäuser, der Fluss und das Rauschen des Wassers jedoch nicht. Von den niedrigen Sofas des Lagerhauses aus haben die Gäste freie Sicht auf den Huangpu, den breiten Fluss, der Shanghai in zwei Hälften teilt. Liu winkt mich zum Fenster. Am anderen Ufer liegt der Stadtteil Pudong, noch vor wenigen Jahren eine übel riechende Sumpfland-schaft, heute ein modernes Manhattan mit unzähligen Wolken-kratzern.

Liu ist stolz darauf, am 9. September 1976 geboren zu sein, dem Todestag des Vorsitzenden Mao.

»Die einen kommen, die anderen gehen«, meint er, zufrieden mit dieser treffenden Bemerkung, und schlägt vor, von Perrier auf Pils umzusteigen.

Wenig später starren wir beide auf ein schäumendes Glas, Bier vom Fass aus Qingdao, das beste Bier Chinas. Weiter hinten sitzen die Mädchen und frühstücken, Reisklöße, die mit Gemüse- und Bratenstücken vermischt sind. Wie in China üblich, hängen sie ihre Gesichter über die Schalen und schieben sich das Essen rasch mit Plastikstäbchen in den Mund. Die Frau mit dem Hut aus Paris be-wundert sich immer noch im Spiegel.

»Diese Mädchen hatten großes Glück«, meint Liu und hebt sein Glas.

»Großes Glück?«

»Wären sie unter dem Vorsitzenden Mao aufgewachsen, dann wären sie jetzt alle Bauernweiber.«

»Und jetzt?«

»Jetzt können sie schwerreich werden. Die mit dem Hut zum Bei-spiel. Sie hat große Chancen ein *jinseniao* zu werden.«

»Ein was?«

»Ein *jinseniao*. Ein Kanarienvogel!«

»Ein Kanarienvogel?«

»*Yes, sir!* Ein Kanarienvogel in seinem Käfig muss sich um den nächsten Tag keine Sorgen machen. Aber erst einmal muss sie einen *da kuan* finden. Einen Millionär.«

»Bitte?«

»Folgendermaßen: Diesen Nachtklub besuchen reiche Geschäftsleute aus China, Hongkong, Macau und Taiwan. Wenn ihnen eines der Mädchen gefällt, dann können sie es für ein Jahr oder fünf oder den Rest ihres Lebens kaufen. Sie können auch gleich mehrere kaufen. Dann werden die Mädchen Kanarienvögel oder Konkubinen, wie man früher gesagt hat. Verstehen Sie?«

»Schon ...«

»In China ist es eigentlich verboten, Kanarienvögel zu kaufen. Dieses Gesetz wurde vor drei Jahren erlassen, aber niemand hält sich daran. Heutzutage versuchen alle Männer mit Geld, sich einen Kanarienvogel oder zwei zuzulegen. Je mehr, desto besser. Angenommen, du bist ein erfolgreicher Geschäftsmann, dann bist du ständig unterwegs, und deine Frau sitzt zu Hause. Dann ist es doch nett, wenn dich ein Kanarienvogel empfängt, wenn du nach Peking, Xian oder Guangzhou kommst. Der Kanarienvogel gehört nur dir, aber sein Unterhalt ist recht teuer. Du musst dem Kanarienvogel einen festen Lohn zahlen, zehn- oder zwanzigtausend Yuan im Monat, und ihm teure Kleider schenken. Ich habe von einem Geschäftsmann aus Hongkong gehört, der 26 Kanarienvögel besitzt. Er ist Multimillionär.

Gestern Abend hatten wir ein Abschiedsfest für eines unserer Mädchen«, fährt Liu fort. »Sie wird Kanarienvogel. Wir feierten den Abschied mit einem guten Essen und sangen bis spät in die Nacht Karaoke. Deswegen sind die Mädchen heute auch etwas müde.«

Liu arbeitet seit zwei Jahren als Schlepper in diesem Nachtklub. Jeden Nachmittag durchstreift er die Gegend hinter dem Pujiang Hotel, um Kunden anzulocken. Er verteilt in alle Richtungen Visitenkarten, und stößt er auf ein gut gekleidetes, männliches, potenzielles Opfer, geht er direkt zum Angriff über. Keine angenehme Arbeit, aber viel angenehmer als die, welche er vorher ausführte, als er im größten Krematorium Shanghais arbeitete. In dieser Großstadt sterben jährlich 100 000 Menschen. Es ist gesetzlich vorgeschrieben, die Leichen zu verbrennen. Früher gab es einmal drei Krematorien in Shanghai, aber jetzt ist nur noch das in Yishan übrig, vierzehn Kilometer vor der Stadt.

»Das ist eine regelrechte Fabrik«, erzählt Liu. »Der Rauch der Öfen steigt Tag und Nacht in die Luft. Gelegentlich verbrannten wir schon mal 400 Leichen an einem Tag. Harte Arbeit, das kann ich Ihnen sagen. Die Wärme und der Staub der Öfen waren fast unerträglich.«

Nach zwei Jahren hatte Liu, angestellt in der Leichenverbrennerbrigade Nummer achtzehn, die Schnauze voll. Er kündigte und begann als Aushilfshausmeister an einer Schule für ungezogene Einzelkinder. In China wimmelt es von solchen Kindern, eine unvermeidliche Folge der strengen Ein-Kind-Politik. Die Chinesen nennen diese Einzelkinder »kleine Kaiser«. Sie kümmern sich um nichts und tun, was sie wollen. Sie werden immer dicker, und wenn man sie zur Vernunft bringen will, wird man beschimpft, und sie brechen in Heulen und Schreien aus. Trotzdem überhäufen Eltern und Großeltern sie mit Geschenken und Zärtlichkeiten. Kein Wunder, dass es Liu als Aushilfshausmeister nicht leicht hatte.

»Sie benehmen sich wie Terroristen. Ein Lehrer nach dem anderen gab auf, und eine Lehrerin versuchte sogar, sich das Leben zu nehmen.«

Liu entschied sich für den Nachtklub. Keine Kinder, die ihn terrorisierten, keine Leichen, nur schöne Frauen.

»Ling, komm her und sag diesem Mann guten Tag. Er kommt aus Europa!«

Ling gehorcht sofort. Es geht auf neunzehn Uhr zu, es ist Arbeitszeit. Sie ist eine Schönheit, schlank und mittelgroß mit Pfirsichhaut und hohen, ausgeprägten Wangenknochen. Sie trägt das schwarze Haar in einem dicken Zopf, der mit einer roten Seidenschleife verziert ist. Das enge Kleid hat den klassischen chinesischen Schnitt, schmale Taille und runder Kragen. Ling nimmt vorsichtig Platz.

»Unterhalte dich etwas mit diesem Mann, er ist nett!«

Ling hat eine heisere Stimme, ihr Englisch reicht nicht weit. Jetzt erlischt die Neonbeleuchtung, und nur noch die roten Lampions verbreiten ihr Licht. Die ersten Liebesschnulzen klingen aus den Lautsprechern. Ling macht den Anfang.

»Darling, you are very, very beautiful. Where do you come from?«

»From Norway.«

»Which way?«

»I'm from Norway.«

»What a beautiful name!«

Die erste Gruppe müder Geschäftsleute tritt ein, ordentlich gekleidete Chinesen. Bald haben alle eine Gesellschafterin gefunden, der Nachtklub wird von Gelächter und Koseworten erfüllt. Ling hätte gerne einen Drink, ein Glas Orangensaft zu 75 Yuan. Kein Problem, sage ich, bestellen Sie nur.

»Oh, you must be very rich!«, meint sie und geht zur Bar.

Als sie mit dem gelben Getränk zurückkehrt, legt sie mir den Arm um die Schultern.

»Darling«, sagte sie flehend. »Take me to Way!«

»To where?«

»To Way. Is it far from here?«

»Oh, Norway! It's quite far – and very cold!«

»But Way is full of money. You must be a rich man!«

»Not at all.«

»But your shirt is quite expensive, and your watch, too. Did you buy it in Way?«

Wo ist eigentlich der Ausgang? Es ist mittlerweile so dunkel, dass ich ihn kaum sehe.

»Darling«, wiederholt Ling. »Take me to Way!«

Langsam erkläre ich, dass ich China in nächster Zeit nicht verlassen werde. Schließlich will ich ins Land hinein, nicht von dort weg. Wochenlang habe ich über der China-Karte gesessen, den Blick auf den Jangtse geheftet, dieses Ungetüm von einem Fluss. Ich habe mir jede einzelne Flussbiegung vorgestellt, habe wilde Stromschnellen bezwungen, und ganz oben, irgendwo in den tibetischen Bergen liegt die klare Quelle. Sicher in einem Gletscher, einem blendend weißem Wunder, das noch kaum jemand gesehen hat. Dorthin will ich.

»Okay, darling, but another glass of juice?«

Während Ling sich ein weiteres Glas holt, denke ich über den seltsamen Gang der Geschichte nach. In fernen Zeiten untersagten mehrere chinesische Kaiser jeden Kontakt zwischen Chinesen und Ausländern. Kaiser Qianlong, der im 18. Jahrhundert regierte, ging darin noch weiter als alle anderen. Als eine britische Delegation 1793 ihre Ankunft meldete, gab der Kaiser persönlich den Befehl, dass keine normalen Bürger mit den Engländern sprechen dürften. Als der Kaiser erfuhr, dass entlang dem Weg in die Hauptstadt ein Englisch sprechender Mann namens Guo wohnte, befahl er mit lauter Stimme: »Bringt diesen Mann nach Peking! Steckt ihn in Einzelhaft!«

Mao verfuhr im gleichen Stil. Kein ungenehmigter Kontakt mit Fremden! Jeder Dialog hatte durch genehmigte Kanäle zu erfolgen. Noch etliche Jahre nach Maos Tod versuchten die Behörden, normale Kontakte zwischen Chinesen und Ausländern zu verhindern. Chinesen, welche die Grenzen des Erlaubten überschritten, wurden zum Verhör abgeholt und im schlimmsten Fall ins Gefängnis geworfen. Heute ist der Ton ein anderer. Lernt Fremdsprachen, nehmt Kontakt auf, reist ins Ausland, China braucht neue Impulse! Hunderttausende sind dieser Aufforderung bereits nachgekommen. Sie haben Englisch und andere Sprachen gelernt und sind weggezogen. Viele im Rahmen des Studiums oder ihrer wissenschaftlichen Arbeit, andere, weil sie im Ausland einen Partner gefunden haben.

»Darling«, wiederholt Ling und trinkt noch einen Schluck von ihrem gelben Getränk. »Take me all the way to Way!«

Die Geschäftsleute aus Taiwan wollen gerne Karaoke singen. Einer nach dem anderen kommt auf die Bühne. Die Texte tauchen auf einem großen, schräg stehenden Monitor auf. Eine gute Anlage, höre ich, die 250 chinesische und westliche Evergreens spielt. Sicherheitshalber tauchen die Texte auch noch auf einem großen Plasma-Fernseher im Hintergrund auf.

Im Nachtklub wird überwiegend chinesisch gesungen. Aber Tom Jones ist ebenfalls beliebt, und bald dröhnt »Please release me, let me go«

durch das Lokal. Der Sänger, ein verschwitzter kleiner Mann mit wehenden Hemdzipfeln, beugt sich tief über das Mikrofon.

Es ist so weit, denke ich. Ich danke Ling für ihre Gesellschaft und schleiche nach draußen.

Der Mann aus Way hat das Lagerhaus verlassen.

Nacht im Paris des Ostens. Millionen Lichter. Wolkenkratzer, die bis ins Reich der Götter hinauffragen, fröhliche Millionäre, die es sich bei Ente und Wein gutgehen lassen, plüschige Nachtklubs. Die Nanjingstraße mit ihren Hunderten Geschäften. Seitenstraßen mit Losbuden und Ramschläden. Aber auch schiefe Häuser in engen Gassen, durch die Schatten geistern. Wurden hier in früheren Zeiten Seeleute shanghait?

Vor weniger als hundert Jahren war Shanghai ein Mekka für Abenteurer aus aller Welt. Die glücklichsten von ihnen kamen mit dem Schrecken davon.

Höre ich hinter mir bedrohliche Schritte? Sehe ich huschende Schatten?

Es ist wohl besser, schneller zu gehen. Der Weg vom Lagerhaus zum Pujiang Hotel ist dunkel und schmal. Die Schatten lassen mich jedoch in Frieden. Kein Schuss in der Dunkelheit, kein Angstschrei. Unbeschadet, ohne in meinem eigenen Blut gelegen zu haben, nehme ich in der altmodischen Lobby des Hotels Platz. Die Decke ist hier sehr hoch. So mochte man das früher. Stuck und schwere Kronleuchter, Marmorsäulen und dunkle Wandtäfelung. All das gibt es im Pujiang Hotel im Überfluss.

Als das Hotel 1846 eröffnet wurde, hieß es noch Richards Hotel. Später wurde es dann in Astor House Hotel umgetauft. Natürlich gehörte es den Engländern. Vier Jahre zuvor hatten sie im ersten Opiumkrieg (1839–42) gesiegt und konnten sich seither in Shanghai und mehreren anderen Küstenstädten mehr oder minder unbehelligt tummeln. Shanghai wurde mit der Zeit in verschiedene Zonen eingeteilt, eine britische, eine französische und eine amerikanische. Astor House Hotel lag in der britischen Zone direkt am Fluss und war das erste westliche Hotel auf chinesischem Boden. Es war viktorianisch und umwerfend schön, und zwar so schön, dass arme Chinesen von weit her kamen, um die weiten Bögen und stolzen Säulen zu bewundern.

Unter diesem Dach wurde Geschichte geschrieben. Hier leuchtete die erste Glühbirne Chinas. Hier wurde der erste westliche Tonfilm gezeigt, und von hier aus wurde das erste Telefongespräch geführt. Das erste Ballett auf chinesischem Boden wurde im Astor House Hotel aufgeführt, und in einer Januarnacht des Jahres 1949 übernachtete Präsident Chiang Kai-shek in Zimmer 24, ehe er nach Taiwan floh. Ich vermute, er hatte keine ruhige Nacht.

Andere Größen, die ebenfalls in diesem Hotel abgestiegen sind, hängen schwarz-weiß im Foyer, unter anderen Albert Einstein und Charlie Chaplin. Mein Freund, der Portier, behauptet, George Bernard Shaw, der große Satiriker, habe ebenfalls mehrere Nächte im Hotel verbracht. Aber das kann nicht stimmen. Shaw, groß und mager und mit weißem, wehendem Haar, ging im Februar 1933 vom Kreuzfahrtschiff *Empress of Britain* an Land. Er traf mehrere herausragende Persönlichkeiten der Stadt. Nach jedem Entenessen kehrte er jedoch auf die *Kaiserin* zurück, auf der er in seiner eigenen geräumigen Kabine seinen Rausch ausschlief.

Rausch? Wie wäre es mit einem Glas Wein vor dem Zubettgehen? Begleiten Sie mich aufs Zimmer.

Shanghai erhebt sich,
Shanghai hat noch ein paar Tänze übrig.

NORDAHL GRIEG, »KINESISKE DAGE«

Ein Drink in Shanghai

Das Telefon auf dem Nachttisch funktioniert nicht, und der Wachmann im Gang ist auf seinem Hocker eingeschlafen. Ich zupfe ihn vorsichtig am Ärmel.

»Entschuldigen Sie, aber könnten Sie mir ein Glas Wein bringen?«

Es gibt tatsächlich welchen, einen fruchtigen, französischen Weißwein mit strohgelber Färbung. Ein Weinkenner hätte ihn als interessant bezeichnet. Ich öffne das Fenster und lasse die milde, frühlingshafte Nachtluft herein. Unter meinem Fenster fließt der Huangpu, ein breiter Fluss, der von Ufer zu Ufer mehrere Hundert Meter misst. Im schwarzen Wasser spiegelt sich zitternd die Neonreklame vom Ostufer, Hitachi und Sony Seite an Seite.

Ich habe ein großes Zimmer bekommen, größer als mein Wohnzimmer in Norwegen. Hier hätte man Albert, Charlie und George Bernard empfangen können. Die Tapeten sind verblichen, und der braune Holzboden quietscht laut unter meinen Schritten. An der Decke hängt das, was früher einmal ein funkelnder Kronleuchter war. Heute sammelt er nur noch Staub.

Auch die Möbel haben schon bessere Tage gesehen. Damals, als Albert Einstein im Lehnstuhl vor dem Spiegel saß und über die Formel $E = mc^2$ nachdachte, befand sich die Federung noch unter dem Plüschbezug. Jetzt sitzt man direkt auf den Sprungfedern. Albert konnte sein weißes, wehendes Haar noch sehen. Das kann ich nicht, zum einen, weil ich kein weißes, wehendes Haar habe, zum anderen, weil der Spiegel von grauem Staub bedeckt ist.

Astor House Hotel, jetzt Pujiang Hotel, hat nur zwei Sterne. Die Reichen wohnen nicht hier, die Reichen wollen fünf Sterne. Aber für Leute mit Sinn für die Vergangenheit ist das alte Gemäuer von 1846 mehr als gut genug.

Es begann mit einem Fluss und ging mit einem Fisch weiter. Am Flussufer saß ein hungriger Mann mit einer Angel. Er bekam einen Fisch an den Haken und saß wenig später am Feuer und aß.

So entstand Shanghai vor 2000 Jahren. Lange war der Ort so klein, dass ihn niemand wahrnahm. Marco Polo, der China im 13. Jahrhundert besuchte, erwähnt Shanghai überhaupt nicht. Hingegen erzählt er ausgiebig von den Nachbarorten Suzhou und Hangzhou. Erst im 19. Jahrhundert änderte sich der Status Shanghais. Da patrouillierten die Engländer an der chinesischen Küste mit ihren bedrohlichen Kanonenbooten. Seit über hundert Jahren hatten sie sehnsuchtsvolle Blicke auf das große Land im Osten geworfen. China war größer als alles andere, und der Jangtse war seine Lebensader. Ungeahnte Reichtümer warteten auf den, der sich mit den Chinesen einig werden würde. Aber die Chinesen wehrten sich. Die erzkonservative Qing-Dynastie, die ihren Sitz in Peking hatte, wünschte so wenig Kontakt mit anderen Ländern wie möglich. Schließlich war China das Reich der Mitte, warum also Geschäfte mit den Barbaren machen?

Im Jahre 1793 hatten die Engländer beim Kaiser angeklopft, sie wollten Handel treiben und diplomatische Verbindungen aufnehmen. Die Antwort war niederschmetternd: »Wir waren an ausländischen Waren noch nie interessiert. Außerdem haben wir nicht den geringsten Bedarf.« Der Kaiser bat stattdessen den englischen König, dem Sohn des Himmels, dem Kaiser des Reichs der Mitte, ewige Treue zu schwören.

Bei dieser Antwort sahen die Engländer rot. Früher oder später würde sich China der Welt öffnen müssen!

»Die gelbe Rasse ist zur Niederlage verurteilt«, stellte einer der Admirale des Königs fest. »Ich war dort, in Hongkong oder wie das hieß. Sie sind wirklich kläglich! Feige und verlogen! Ein Kanonenschuss oder zwei, und ganz China kapituliert!«

In aller Stille begannen sie den Chinesen Opium aufzuzwingen. Die Engländer bauten in Indien Opium in großen Mengen an. Bald lagen Hunderttausende, wenig später Millionen Chinesen herum und rauchten Opium. Grauer, süßlicher Rauch drang aus allen Häusern und Hütten. Anfänglich zahlten die Chinesen mit Waren, hauptsächlich mit Tee. Aber mit der Zeit wurde der Opiumimport so umfangreich, dass sie die Rechnung in barer Münze begleichen mussten. So begann der große Silberschwund. Millionen in Silbermünzen verließen das Land, und der Kaiser verzweifelte. Wenn es so weiterging, dann wäre die Staatskasse bald leer. Der Kaiser protestierte und erließ Verbote, die nichts fruchteten, denn jetzt waren Millionen Menschen rauschgiftsüchtig, und die Engländer witterten Morgenluft.

Im Jahre 1832 gingen die ersten Engländer in Shanghai – einer noch geschlossenen Stadt – an Land. Hugh Lindsay, der Vertreter der East India Company, wollte untersuchen, »welche Möglichkeiten sich boten«. Er stieß auf eine kleine, geschäftige Stadt, die von einer hohen Mauer umgeben und deren Gesicht dem Fluss zugewandt war. Dschunken fuhren langsam hin und her. »Gott der Allmächtige helfe mir, wie viele es waren!« Mindestens 400 Dschunken legten pro Woche an den Kais an. Einige kamen aus fernen Ländern wie Vietnam, Indonesien und Thailand, aber die meisten waren dem breiten Weg des Jangtse zum Meer gefolgt. Sie kamen aus dem Inneren Chinas und waren voll beladen – mit Tee, Gewürzen, Porzellan, Seide, Baumwolle und vielem anderen.

»Es handelt sich um eine kleine Stadt, aber sie liegt an der Mündung des Jangtse«, schreibt Lindsay. »Und allen meinen Lesern, die von diesem Wasserweg noch nie gehört haben, will ich nur sagen, dass es sich um Chinas längsten Fluss handelt, ja vielleicht sogar um den längsten Fluss der Welt. Unermessliche Reichtümer finden sich im grünen, unentdeckten China.«

Lindsay schloss damit, dass Shanghai durchaus zur wichtigsten

Stadt in ganz Asien werden könne. »In diesem Fall müssen wir zur Tat schreiten!«

Die Tat begann 1839. Da brach der erste Opiumkrieg aus. Er wurde von dem verzweifelten chinesischen Versuch ausgelöst, den Opiumhandel zu unterbinden. In Guangzhou, einer Stadt im Süden, hatten die Abgesandten des Kaisers den Befehl gegeben, eine große Menge beschlagnahmtes Opium zu zerstören. Gesagt, getan. Die Engländer antworteten mit ihren überlegenen Waffen. An einem Sommertag des Jahres 1842 kam der Krieg nach Shanghai, angeführt vom Raddampfer *Nemesis*. Die Fischer, die in ihren Booten standen und Netze säuberten, hatten so etwas noch nie gesehen. Der örtliche Kommandant rief seine Truppen zusammen und brüllte: »Feuer!«

Die Engländer konnten über dieses klägliche Feuerwerk nur lachen und fuhren unbekümmert weiter. Ehe der Tag zu Ende war, stand Shanghai in Flammen. Das war der erste Auftritt des zivilisierten Europas. Feuer und Tod, Plünderungen, Verhaftungen und Hinrichtungen. In den nächsten Tagen wurden Unmengen weißer Asche und verkohlter Leichen in den Huangpu gekippt. Die Arbeit wurde von klapperdürren Kulis mit Karren ausgeführt. Hinter ihnen standen die neuen Herren – die Engländer – mit ihren gewaltigen Peitschen.

In den nächsten Jahrzehnten wuchs die Stadt rasch. Aus ein paar Zehntausend wurden Hunderttausende, Millionen. China war riesig. Die Engländer erkannten, dass es unmöglich war, das ganze Land zu kolonisieren. Indem sie Shanghai in die Knie zwangen, konnten sie den Gewinn des Handels im Jangtse-Delta abschöpfen. Das realisierten auch die Amerikaner, die Franzosen, Russen und Japaner.

Die Stadt, die jetzt Gestalt annahm, wurde die größte und prächtigste in ganz Asien und erhielt viele Beinamen: Paris des Ostens, Stolz des Ostens, Drachenkopf, Stadt des Reichtums, Stadt der Verheißungen, Hure des Orients, Größtes Sündenbabel östlich von Suez und so weiter. Shanghai wurde der Treffpunkt ganz Asiens, ja der Welt. Hier trafen sich Millionäre, Missionare, Seeleute, Weltenbummler, Zöllner, Sünder, Gangster, verarmte Bauern, Kulis, Zuhälter und Prostituierte. In dieser Stadt, in der Frauen zum Preis eines Bonbons gekauft werden konnten, war alles erlaubt.

Das Schaufenster der Stadt, die Flaniermeile, Bund genannt, sah aus wie aus einem Märchen entsprungen. Viktorianische Architektur auf chinesischem Boden, üppig dekoriert und hoch aufragend. Hier spazierten die weißen Herrenmenschen mit ihren Schnurrbärten und Bierbäuchen hin und her, in Anzug, Weste und Zylinderhut. Mit weißen Schuhen und Spazierstöcken mit Knäufen aus Elfenbein und Silber. Einige ließen sich in eleganten Kutschen chauffieren, andere in schwankenden Sänften hinter schweren Vorhängen aus Seide und Brokat, durch die vornehmer Zigarrenrauch hervordrang, durch die Gegend tragen. Hinter dem Bund, aber immer noch am Fluss, lagen in langen Reihen die Lagerhäuser, angefüllt mit Waren aus dem Inneren Chinas. In den Spielhöllen wechselten unglaubliche Summen im Lauf einer Nacht den Besitzer, und während die Sterne funkelten, lagen die Ärmsten der Armen im Rinnstein und riefen um Hilfe.

Kein Stadtteil war ärmer als der chinesische. »Ich habe der chinesischen Stadt einen Besuch abgestattet«, schrieb der dänische Offizier der Marine Balthasar Münter 1888. »Der Schmutz, dem ich dort begegnete, lässt sich nicht beschreiben.« Wohin sich der Däne auch wandte, musste er über Bettler mit halb verfaulten Armen und Beinen klettern. Sie lagen kreuz und quer und führten ihre offenen Wunden vor. Kulis eilten hin und her und trugen große, stinkende Kübel mit Fäkalien. Der ganze Stadtteil war ein ungeheuerlicher Laden, die Häuser waren zur Straße hin offen und hatten schiefe, überhängende Dächer. Vor jedem Haus hingen vergoldete Namensschilder und zwar so tief, dass sich »große Menschen aus dem Norden« unweigerlich die Köpfe anstießen. Auf kleinen Plätzen standen Geschichtenerzähler, Schlangenbeschwörer, Jongleure, Bettler, Priester und ab und an »ein Mandarin mit seinem schmutzigen Gefolge«. Münter beendete seinen Besuch damit, dass er in eine

Grauen erweckende Opiumhöhle hineinschaute, die »voller gelber, hustender Leichen« war.

Als das neue Jahrhundert dämmerte, war die Ungleichheit regelrecht zementiert. So sollte es sein. Der weiße Mann war zum Herrschen geboren, im Osten wie im Westen.

Aber dreizehn empörte Chinesen wollten es anders. An einem Julitag 1921 trafen sie sich in einem grauen Ziegelhaus im französischen Stadtteil. Chinas erste Kommunisten hatten sich ungesehen in die Stadt geschlichen. Auf der Tagesordnung stand die heiligste aller Aufgaben: die Gründung der kommunistischen Partei Chinas. Unter den Teilnehmern der Versammlung befand sich ein langhaariger Bauernsohn aus der Provinz Hunan, der 28-jährige Mao Zedong. Wenige Tage später kam ihnen die Polizei auf die Spur, und die Teilnehmer flohen Hals über Kopf. Erstaunlicherweise gelang es ihnen jedoch, die Gründungsversammlung auf dem Meer vor Hangzhou in einer gemieteten Yacht und vom Sommernebel verborgen abzuschließen. »Wir, die Stifter der kommunistischen Partei, werden die herrschende Klasse stürzen und eine neue Gesellschaft auf der Grundlage von Gerechtigkeit und Brüderlichkeit erschaffen.«

Dann legten sie wieder am Kai an, um in alle Richtungen im Nebel zu verschwinden.

Für die Bewohner Shanghais bedeutete die Parteigründung wenig – zunächst jedenfalls. Das Leben ging weiter wie früher. Nach dem Sturz des Kaisers 1911 war China eine geschwächte Republik, in der Misswirtschaft herrschte. Statt die fremden »Barbaren« zu bekämpfen, begannen sich die Chinesen untereinander zu streiten. In diesem Chaos versuchte General Chiang Kai-shek, ein Freund des Westens, das Land unter einer Regierung zu vereinigen. Im Jahre 1926 war es ihm gelungen, Süd- und Zentralchina unter seine Herrschaft zu bringen, aber starrköpfige Generäle hatten im Norden immer noch das Sagen, und in Shanghai sammelte sich eine neue, gefährliche Kraft: die Kommunisten. Chiang war ein verbissener Antikommunist, und es gab Hinrichtungen und ein großes Blutvergießen. Auf dem Bund wurden Hunderte der Armen in die Knie gezwungen und einen Kopf kürzer gemacht. Die rohen Gesellen aus dem Westen sahen lachend zu.

Die Kommunisten zogen sich angeschossen zurück, das Leben in Shanghai ging weiter wie vorher. An einem grauen und kalten Wintertag 1949 kehrten sie jedoch zurück. Dieses Mal verfügten sie über ein so großes Heer, dass niemand auch nur einen Finger zu rühren wagte. Eine Million Mann! Für Chiang Kai-shek war die Schlacht verloren. Die nächsten Wochen und Monate fuhr eine Armada großer und kleiner Schiffe über die Meerenge nach Taiwan.

Im Astor House Hotel wurde die Bar über Nacht geschlossen, und der Barpianist eilte kurzatmig durch die Winternacht nach Hause. Das taten die Go-go-Tänzerinnen, die Zuhälterinnen und Prostituierten ebenfalls. Als der Morgen anbrach, wehten rote Fahnen auf allen Türmen der Stadt.

Rote Fahnen?

Viele Jahre sind vergangen. Ein halbes Jahrhundert. Die Fahnen sind weniger geworden. Das zweithöchste Gebäude Shanghais ist der Oriental Pearl TV Tower, 468 zum Himmel aufstrebende Meter hoch, ein Turm aus Eisen und Stahl. Aus der Entfernung fühlt man sich an eine startbereite Rakete erinnert. In den Kuppeln haben die Architekten alles untergebracht, was Menschen glücklich macht, Cocktailbars, Whirlpools, Billardhallen, Diskotheken, Karaokebars, Kinos, Restaurants, Friseursalons, Hotels und Bankettsäle. Nichts wurde vergessen, auch nicht die öffentliche Aussichtsplattform.

Die Fahrstuhlführerin in Hütchen, Uniform und weißen Handschuhen begrüßt mich mit einer tiefen Verbeugung. Sie drückt leicht auf einen grünen Knopf. Sieben Meter in der Sekunde werden wir aufsteigen. Das bedeutet, dass wir auf den zweithöchsten Turm mit seinen 420 Metern genau sechzig Sekunden brauchen. In diesen sechzig Sekunden wird sie uns alles über die Geschichte, Schönheit und Vortrefflichkeit des Turmes mitteilen.

Sie holt Luft, und der Wortschwall beginnt. Der Turm wurde 1995 errichtet, »*and on a bright, sunny day, ladies and gentlemen, you can see all the way to the Yangtze River!*« Der Jangtse sei ein Drachen und Shanghai der Kopf des Drachen.

Auf der Aussichtsplattform stehen die Besucher vor den Ferngläsern Schlange. Es kostet einen Yuan pro Minute, eine der größten Städte der Welt zu betrachten.

»Shanghai hat tagsüber sechzehn Millionen Einwohner, nachts sind es nur dreizehn Millionen«, erklärt mein Nebenmann. »Dort wohne ich.«

Er deutet nach Südwest in Richtung Flughafen. Dort liegt der Stadtteil Hongqiao.

»Wie viele Menschen wohnen da?«

»Vier Millionen.«

Unter uns fließt der Huangpu in einem weiten Bogen. Er kommt von Süden und ergießt etwa ein Dutzend Kilometer nördlich der Stadtgrenze sein schmutziges Wasser in den Jangtse. Große und kleine Schiffe treiben langsam vorbei, und die Luft der Stadt wird ständig vom kurzen und langen Aufheulen der Schiffssirenen erfüllt. Auf der anderen Seite des Flusses stehen nebeneinander die stolzen Bauwerke der Vergangenheit. Dort sind jedoch keine Rikschas und keine feinen Herren in Anzügen mit Stock und Schnurrbart mehr zu sehen, sondern Tausende von frühlingshaft gekleideten Chinesen, die sich treiben lassen.

Von meinem Turm aus sehe ich im Westen eine Straße, die schwarz von Menschen ist und in ein Meer aus unbekannten, grauen Häusern führt. Das ist die Nanjing Lu, die wichtigste Einkaufsstraße der Stadt. Als ich Shanghai 1974 zum ersten Mal besuchte, erinnerte die Nanjing Lu an einen Drachen mit gebrochenem Rücken. Schlafend und still lag sie da, fast ohne Leben. Mao war noch am Leben. Die Menschen hatten kein Geld, und es gab nur wenige Läden. Aber jetzt ist der Drache erwacht. Die Nanjing Lu ist bevölkert, und wenn der Abend kommt, verwandelt sie sich in ein Lichtermeer. Die Restaurants sind überfüllt, und süßlicher Shanghai-Pop klingt durch die milde Luft. Aus dem fünften Stockwerk des Sofitel dröhnen Salsarhythmen, und aus den Drehtüren des ehrwürdigen Peace Hotels dringt fröhlicher Dixieland.

Nur einen Steinwurf entfernt zwischen Peace Hotel und Suzhou Creek liegt ein kleiner Park. In früheren Zeiten war dieser Frauen und Männern aus dem Westen vorbehalten. Kein Chinese kam dort rein und auch keine Hunde.

Von meinem Turm aus sehe ich noch mehr: einen Wald aus Wolkenkratzern. 1974 gab es noch keinen einzigen. Sie waren nicht einmal in Planung. Jetzt funkeln sie in der Frühlingssonne, einer höher als der andere. Wolkenkratzer zeichnen sich nur selten durch ihre Schönheit aus, aber in Shanghai haben ihnen die Architekten eine extravagante, pastellene Hülle verpasst mit rosa Säulen und einem an eine Marzipantorte erinnernden Dach. Bislang mussten anderthalb Millionen Menschen ihre Häuser verlassen, um diesen aufragenden Schönheiten Platz zu machen, und weitere Millionen werden ihre Sachen zusammenpacken müssen. Die protestierenden Habenichtse werden mit der klassischen Frage abgefertigt: »Ihr stellt eure eigenen Interessen doch wohl nicht über die des Landes?«

Die Stadt hat eine eigene Börse, und Leute, die sich mit Zahlen auskennen, prophezeien, dass die Metropole das Finanzzentrum Asiens werden und Tokio, Hongkong und Singapur übertreffen wird. Im Jahre 2010 findet die große Weltausstellung in Shanghai statt.

Was war geschehen?

Die Brüder Hua haben sich sattgesehen. Ihre Augen sind schmal und rot gerändert. Beide sind über achtzig. Wenig später sehen wir uns im Teesalon wieder.

»Setzen Sie sich doch«, sagt Hua Xizhe, der ältere der beiden. »Ich unterhalte mich gerne mit Ausländern.«

Hua Xizhe schlief, als Mao 1949 in die Stadt einmarschierte.

»Sie kamen in der Nacht. Ich erwachte morgens gegen fünf und wollte auf der Straße Wasser holen. Dort lagen Hunderte von Soldaten in langen Reihen. Die Rote Armee! Viele von ihnen waren noch halbe Kinder, ein paar von ihnen noch richtige. Einer von ihnen war nicht älter als acht oder neun. Wir hatten lange befürchtet, dass schwere Kämpfe ausbrechen und Shanghai in Flammen aufgehen würde. Stattdessen kam es zur reibungslosesten Machtübernahme der Geschichte. Wir schliefen in die neue Zeit hinein!«

Maos Sieg war für viele Chinesen eine Erleichterung. Die Bewohner Shanghais waren jedoch bald enttäuscht. Mao betrachtete Städte als Parasiten, die in Schach gehalten werden mussten. Die Bauern hatten die Kommunisten an die Macht gebracht, nicht die Städter. Hatte Shanghai nicht hundert Jahre lang ausländischen Interessen gedient? Rasch wurden Hunderte von Menschen verhaftet und ins Gefängnis geworfen. Andere wurden aufs Land zwangsumgesiedelt, Prostituierte und Opiumsüchtige in Umerziehungslager geschickt.

Als Nächstes waren die Privatunternehmer dran. Schließt die Läden, schließt die Werkstätten, schließt die Fabriken – weg mit der Privatinitiative! Türen und Tore wurden verriegelt und verschlossen. Nur das »Volk«, in Wirklichkeit der Staat, sollte Waren und Dienstleistungen produzieren. Eine seltsame Stille senkte sich über die Stadt, die einmal voller Leben gewesen war. Bunte Lampions wurden durch Parolen wie »Es lebe die Revolution« ersetzt. Die Freizeit wurde von endlosen politischen Diskussionen aufgezehrt, inklusive Selbstkritik und gemeinsamer Lektüre des Parteiorgans »Jenmin Jiapo« – »Tageblatt des Volkes«. Für die frisch eingestellten Arbeiter der Revolutionsgießerei Nummer zwei bestand die Revolution darin, Statuen des Vorsitzenden Mao zu produzieren. Hua Biwu, der jüngere der Brüder, tat nichts anderes, als solche Statuen zu gießen, und zwar von 1951, bis er 1974 in Rente ging. Die höchste war 48 Meter hoch.

»Ich kann nicht mehr sagen, wie viele es waren, aber mehrere Tausend werden es gewesen sein.«

Während die Gießer imponierende Ergebnisse vorweisen konnten, waren die Ergebnisse auf anderen Gebieten bescheiden. Mao beherrschte es meisterhaft, die Armut gleichmäßig zu verteilen, er wusste jedoch nicht, wie man neue Werte schuf.

Im Jahre 1954, nach fünf Jahren unter den neuen Herren, hatte der ältere Bruder Hua genug. Wie viele andere Unternehmer verließ er still und leise Shanghai Richtung Hongkong. Er ließ sein Lebenswerk, eine Textilfabrik mit 240 Angestellten zurück, denn jetzt wollte der Staat für Kleider sorgen. Als er 1962 zurückkehrte, stand die Fabrik wie eine leere, gespenstische Hülle da. Der staatlichen Bürokratie war es nicht gelungen, die Maschinen in Gang zu setzen, und den Arbeitern war gekündigt worden. Durch die Straßen liefen Millionen von Menschen in identischer Kleidung, in formlosen Hosen und Jacken. So wollte es Mao – das Leben sollte proletarisch sein. Als Hua den Vorschlag machte, die leere Halle mit neuen Maschinen zu füllen, erhielt er rasch ein Nein zur Antwort. Das neue China wollte keine Hilfe von alten, abgehalfterten Kapitalisten entgegennehmen.

Währenddessen fuhr sein Bruder fort, mit Hochdruck Statuen herzustellen. Das Jahr 1959 war ihr bestes Jahr. Die Volksrepublik feierte ihr zehnjähriges Jubiläum, und die Mao-Verehrung hatte gerade begonnen. Aus dem ganzen Land kamen Bestellungen für Statuen in allen Größen. Alle wollten sich in der Liebe zum großen Vorsitzenden gegenseitig übertreffen. Daher wurden weitaus mehr Statuen bestellt, als bezahlt werden konnten, aber das spielte keine Rolle, der Staat deckte das Defizit. Gleichzeitig hungerten Millionen Chinesen, viele der Menschen verhungerten.

Im Jahre 1972 machte Hua Xizhe seinen nächsten Besuch. Die Fabrik stand immer noch da, groß und leer und vollkommen ausgeweidet. Dieses Mal fehlte auch das halbe Dach, und wo es hineingeregnet hatte, wuchs frisches grünes Gras. Man erzählte Hua, die Menschen aus der Gegend hätten in den 6oer-Jahren für kurze Zeit dort Gemüse angebaut. Aber dann kam 1966 die Kulturrevolution, und jeder Ansatz privater Produktion wurde als »Auswuchs des Kapitalismus« gebrandmarkt. Rettich und Salat wurden herausgerissen und ausgemerzt.

In den staatlichen Läden gab es fast kein Gemüse. Es gab jedoch viele Angestellte, denn niemand sollte im neuen Paradies auf Erden arbeitslos sein.

Für den Bruder Hua Biwu war die Kulturrevolution ein einziger Albtraum. Die Rotgardisten, Hunderte Jugendliche mit roten Armbinden, rückten in die Gießerei ein und warfen den Arbeitern vor, zu langsam zu arbeiten. Alten Arbeitern, die sich schon 25 Jahre abgerackert hatten, unterstellte man, die Revolution zu sabotieren. Das Volk sehne sich nach Mao-Standbildern! Wie könne es ihnen nur einfallen, schon nach acht, zehn oder zwölf Stunden nach Hause zu radeln? Die Konfrontation endete damit, dass die Hälfte der Arbeiter, um die hundert Mann, zur Umerziehung aufs Land geschickt wurden. Hua Biwu behielt seine Arbeit jedoch. Aber in den nächsten Jahren musste er bis zu sechzehn Stunden am Tag arbeiten.

»Sehen Sie sich meine Hände an«, sagt er. »Die sind zu nichts mehr nütze.«

Er zeigt mir die Brandverletzungen und krempelt den Ärmel des rechten Armes hoch. Bis zum Ellbogen ist die Haut rot und vernarbt. Hua Biwu ist bis ans Ende seiner Tage gezeichnet.

Die Kulturrevolution dauerte zehn lange Jahre. Als Mao 1976 für immer die Augen schloss, war Shanghai fast bankrott. Die ganze Stadt war zum Stillstand gekommen. Die Menschen schwärmten in ihren sackartigen Kleidern, mit leeren Taschen und mattem Blick durch die Straßen. Alle waren auf dem Weg zur Arbeit, aber arbeiteten sie auch? Das Leben bestand aus Warten. Shanghais Finanzen wurden auch dadurch nicht besser, dass Peking den größten Teil des bescheidenen Überschusses für sich beanspruchte. Um Dinge instand zu halten oder neu zu bauen, blieb kaum etwas übrig.

Im Jahre 1986 kehrte Hua Xizhe zum dritten Mal zurück. Seit Maos Tod waren zehn Jahre vergangen. Ermuntert von Deng Xiaoping, dem neuen Vorsitzenden, hatten die Chinesen begonnen, mit dem Kapitalismus zu flirten. Hua wurde mit offenen Armen empfangen. Die Parteibonzen lächelten. Die Stimmung hatte sich verändert. Jetzt war aus der leeren Textilfabrik eine lärmende Markthalle geworden. Hierher kamen die Bauern, um den privaten Überschuss zu verkaufen, Kohl, Tomaten, Eier, Hühner und lebende Ferkel. Das

Dach war repariert, und der Slogan an einer der Längswände nagelneu: »*Fang cai* – werde reich!«

Trotzdem wirkte Shanghai wie eine graue, arme Stadt. Die hundert Jahre alten Häuser bedurften dringend der Renovierung. Sechs Jahre verstrichen. In der Zwischenzeit gelang es der Führung noch – 1989 – einen Volksaufstand im Herzen des Landes niederzuschlagen, auf dem Platz des himmlischen Friedens im Zentrum von Peking. Der Zorn des Volkes hatte ihr Angst gemacht, und sie legte Reformen auf Eis. Demokratie, nein danke, keine weiteren Experimente. Mao wurde wieder aus dem Schrank geholt, und Tausende Ausländer kehrten enttäuscht in ihre Heimat zurück.

Aber dann kam das Jahr 1992. Es war Winter, und die Luft war kalt. Deng Xiaoping, der kleine, aber bedeutende Mann, bestieg den Nachtzug nach Shanghai mit Frack und schwarzer Schirmmütze. Allem Anschein nach handelte es sich um eine private Reise. Sie war jedoch nicht so privat, dass ihn nicht Hunderte Journalisten begleitet hätten. Das »Tageblatt des Volkes« und alle anderen Tageblätter sowie die Fernsehgesellschaften mit ihrem Kabelgewirr waren vertreten.

Deng hatte eine Botschaft an das ganze Volk, an eine Milliarde Menschen, und Shanghai sollte die Stätte des erlösenden Wortes werden: »Seid mutig! Schreitet rascher voran!«

Nur fünf Worte. Aber die Einwohner Shanghais begriffen, worum es ging. Im Laufe der nächsten Wochen warfen sich Millionen Chinesen in das große Meer, sie wollten sich von dem eisernen Griff des Staates befreien und reich werden. Türen und Tore wurden weit geöffnet, und die Veränderungen glichen einer Flutwelle. In den staatlichen Medien wurde Dengs Reise als *xun* gefeiert, ein Ausdruck, der früher für die Reisen der Kaiser verwendet worden war. Die Reden, die er hielt, wurden als *nanxun jianghua*, »Reden auf der Reise des Kaisers nach Süden«, bezeichnet. Drei Monate später erschienen sämtliche kurze und lange Reden in Buchform. Die erste Auflage, 22 Millionen Exemplare, war innerhalb von drei Tagen vergriffen. Es gab weitere Auflagen.

Die Chinesen sollten nicht nur mutig sein und rascher voranschreiten, sondern Deng wollte auch, dass sie vom kapitalistischen Westen lernten. Wenn der Kapitalismus rascher Resultate erzielte als der Sozialismus, warum dann nicht auf mehr Kapitalismus setzen? Schließlich ging es ja darum, zu produzieren und dem Volk ein besseres Leben zu geben. Deng wollte weiterhin einigen das Recht gewähren, als Erste reich zu werden. Nicht alle Einwohner Chinas würden im gleichen Tempo vorrücken können. Wenn einige zuerst reich würden, würden sie für das restliche Volk ein Beispiel abgeben.

Gleichzeitig war es Deng sehr wichtig, zu betonen, dass das politische System unverändert bleibe. Nur die Kommunisten sollten das Land regieren dürfen. Ein Land, ein Volk, eine Partei – und viele große und kleine Kapitalisten.

Noch immer kursieren Geschichten über das, was in Shanghai in der folgenden Zeit geschah. Die Leute waren vollkommen aus dem Häuschen. Wie damals, als Yaohan, die japanische Warenhauskette, ihr erstes Haus am 23. Dezember 1992 eröffnete. Tausende Shanghai-Bewohner fanden sich ein. In der Schreibwarenabteilung gab es einen Füllfederhalter aus massivem Gold. Der Leiter der Abteilung hatte den Preis, mehr des Scherzes halber, auf 88 888 Yuan festgesetzt, 8888 Euro, ein Vermögen. Acht ist eine Glückszahl in China, und je nach Aussprache bedeutet das Wort das Gleiche wie Geld verdienen. Fünf Achten hintereinander stehen für unglaublich viel Geld. Alle waren begeistert. 88 888 Yuan!

Und da geschah es, ein resoluter Herr mit zurückgekämmtem Haar bahnte sich einen Weg zum Verkaufstresen. Rasch legte er die 88 888 Yuan auf den Tisch und verschwand wieder!

Die Jahre nach Maos Tod, insbesondere die fröhlichen 90er-Jahre, zeigten, dass die Chinesen beträchtliche Werte gespart hatten. Jetzt kamen sowohl Geldscheine als auch Schmuckstücke ans Licht. Einige gingen shoppen, andere investierten in die eigenen Unternehmen oder spekulierten an der Börse. Auch die Exilchinesen, immerhin insgesamt etwa fünfzig Millionen, ließen sich mitreißen. In der Zeit nach Dengs kaiserlicher Reise, fuhren sie in Scharen in ihre alte Heimat, um sich Goldgräbern anzuschließen. Milliarden Dollar wurden investiert. Ein großer Teil des Kapitals fand seinen Weg nach Shanghai. Japan und die westlichen Länder versprachen sich ein gutes Geschäft, und Milliarden strömten ins Land. Nie zuvor hatte sich ein so großer Markt so rasch der Welt geöffnet.

Plötzlich schwamm Shanghai im Geld. Auch aus Peking kamen gewaltige staatliche Subventionen. Das Ergebnis war die schnellste und sensationellste Stadtumwandlung in moderner Zeit.

»Schauen Sie«, sagt Hua Xizhe und blickt sich um. »Die alte Dame ist nicht wiederzuerkennen.«

Und was ist aus Huas alter Textilfabrik geworden?

»Die ist weg! Alles ist weg!«

Im Jahr 1996 wurde das Grundstück für eine Millionensumme an eine japanische Gesellschaft verkauft. Als Hua Xizhe 1954 vom Staat abgefunden wurde, bekam er für das Gebäude und die Maschinen nur ein paar Tausend Yuan. »Aber ich will nicht klagen«, sagt er. »Ich habe in Hongkong gut gelebt.«

Hua Biwu, der Gießereiarbeiter, ging 1982 in Rente. Da war es mit der Revolutionsgießerei Nummer zwei vorbei. Mao schlief in seinem Sarkophag, und neue Götter waren noch keine erfunden. Alle Arbeiter, 164 Mann, wurden entlassen. Seither verbringt der jüngere Bruder seine Zeit zusammen mit seinen ehemaligen Kollegen im Fuxing-Park, einer der grünen Lungen Shanghais. Sie sitzen an den runden Steintischen und spielen Karten und betreiben Qigong, die Kunst des richtigen Atmens.

Auch Hua Biwus einziger Sohn Deji arbeitete einige Jahre in der Revolutionsgießerei Nummer zwei, aber bereits 1979 wurde er an eine staatliche Annahmestelle für Altmetall vor der Stadt versetzt. Im Jahr darauf landete das erste Mao-Standbild auf diesem Schrottplatz, und seitdem werden es immer mehr. Alte, in Metall gegossene Parolen, tonnenweise leere Phrasen, wurden ebenfalls dem Recycling zugeführt. Die metallenen Schriftzeichen, die zur Weltrevolution aufriefen und den Tod des Klassenfeindes forderten, wurden in lange Metallplatten verwandelt und aufgestapelt. Maos Mund wurde zerschreddert, und seine Augen wurden mit Vorschlaghämmern aus dem Kopf gehauen.

Was der Vater einmal gegossen hatte, musste der Sohn zerstören.

»Wir haben Vorschlaghämmer und Schneidbrenner benutzt«, erzählt Deji. »Das war eine schwere Arbeit.«

Heute haben moderne Maschinen diese Arbeit übernommen. Die Annahmestelle existiert noch, aber im neuen Jahrtausend gibt es keine Standbilder mehr, die abgewrackt werden müssten, und auch keine Parolen mehr. Aber immer noch existiert genug Altmetall in China.

Was macht Deji jetzt?

»Ich bin Künstler geworden«, sagt er. »Bildhauer.«

Hua Deji hält mir eine Hochglanzbroschüre hin. Seine Werkstatt liegt in dem alten chinesischen Stadtteil, nicht weit von dem berühmten Yuyuan-Garten entfernt.

Der Weg dorthin ist laut und lang. Aber keine Mühe ist zu groß, wenn schlanke, frisch gegossene Frauenkörper in der Ferne locken. Die Wanderung nimmt eine Stunde in Anspruch, erst geht es an langen Reihen neuer hoher Häuser vorbei. Vor den Drehtüren der Hotels stehen kleine Pikkolos in roten Uniformen mit Epauletten und seidenen Schnüren. Es geht die breite Fuzhoustraße mit ihren Restaurants, Bars und Nachtklubs entlang, dann nach links in das älteste Viertel der Stadt, in dem der Offizier der Marine, Münter, 115 Jahre zuvor zwischen den halb Lebendigen und halb Toten im Zickzack gehen musste. »Dreck und Gewimmel überall.«

Jetzt ist der Dreck verschwunden, das Gewimmel ist aber immer noch da. Verkäufer und Händler auf jedem Quadratmeter. Jeder dunkle Eingang verheißt Gaumenfreuden, frisch gekochte Krebse und Tintenfisch in Sojasauce. Gedämpfte Weizenklöße und duftende Suppen, Konfekt und glasierte Plätzchen. Weiter hinten sitzen die Weissager mit ihren bunten Kartenspielen. Eine aufdringliche Frau schon fortgeschrittenen Alters bietet falsche Rolex-Uhren feil. In dem Treppeneingang hinter einem Weissager werden echte japanische Videorekorder verkauft. Für empfindsamere Gemüter gibt es hinter einem Friseur, der sein Geschäft auf der Straße betreibt, einen Tempel. Der bläuliche Dunst der Räucherstäbchen steigt auf und dringt in Dr. Liaos chinesische Kräutergalerie. Ein alter Mann mit nacktem Oberkörper, ein Mann mit einem Spatzenkörper, schiebt eine Garküche vor sich her. Er singt den Preis seiner Nudelsuppe, seine Stimme ist schwach und meckernd.

Noch lebt der chinesische Stadtteil mit seinen niedrigen, krummen Dächern, aber der Druck der neuen Zeit ist groß. Wie die Chinesen zu sagen pflegen: »Wenn das Neue kommt, muss das Alte weichen.«

Am Rand des Stadtteils dröhnen die Bulldozer. Die Bewohner der Randgebiete müssen weichen. Aber der Yuyuan-Garten wird bleiben. Die grüne Lunge ist vier Hektar groß, plätschernde Bäche, künstliche Berge und Seen voller Goldfische. Elegante Brücken verbinden die vielen Pavillons, in denen die Besucher unter roten Dächern sitzen und ihren Tee genießen. Geschaffen wurde der Garten vor 500 Jahren von einem Landschaftsarchitekten. Der Garten war sein Lebenswerk.

Der große Palast am Rande des Gartens entstand erst nach seinem Tod. Er stellt ein vollendetes Beispiel aristokratischer, chinesischer Architektur dar. Sein Inneres hat man jedoch in einen Warentempel verwandelt.

Die Werkstatt, nach der ich suche, liegt in einem unansehnlichen Hinterhof. Dort sitzen Hua Deji und sein alter Vater vor einer Gipsstatue der Venus, der Göttin der Liebe. Deji sitzt in der Hocke und nimmt der Göttin die wichtigsten Maße ab. Er legt ihr ein Maßband um die Hüften und nickt zufrieden.

»Die Menschen wollen heutzutage Liebe«, sagt er und lacht. »Sie wollen die Venus.«

»Und keinen Mao«, meint sein Vater Biwu trocken.

Hua Biwu hat, seit er sich erinnern kann, immer geraucht. Eine lange Pfeife mit einem Elfenbeinmuster ist sein liebster Besitz. Er pafft der weißen Göttin ständig graue Rauchwolken ins Gesicht.

»Wie oft habe ich dir schon gesagt, du sollst hier nicht rauchen?«, faucht Deji. »Glaubst du, die Leute wollen schwarze Göttinnen kaufen?«

Der Vater lacht verlegen und legt die Pfeife beiseite.

»Wie läuft der Verkauf?«, frage ich.

»Ausgezeichnet! Heutzutage wollen viele Leute ihre Wohnung mit einer Venus schmücken. Besonders junge Leute.«

Deji bezeichnet sich als Bildhauer, aber das ist eine Übertreibung. Er ist Gipsgießer. Seine Gussformen stehen ordentlich aufgereiht hinter dem Fahrradständer. Und da der Lagerraum begrenzt ist, gießt er ausschließlich auf Bestellung. Die Kunden können zwischen fünf verschiedenen Größen wählen. Die kleinste kostet sechzig Yuan, sechs Euro, die größte fünfmal so viel. An einem guten Tag schafft er ein Dutzend Göttinnen, da kommt schon einiges Geld zusammen.

Deji fragt, ob ich eine Statue kaufen will. Aber das geht nicht. Soll ich eine Venus, eine Liebesgöttin, 6378 Kilometer mit mir bis zur Quelle des Jangtse herumschleppen? Beide nicken verständnisvoll. Es sei aber trotzdem nett, dass ich vorbeigekommen sei. Deji reicht mir seine Visitenkarte.

»Vergessen Sie mich nicht«, sagt er. »Und denken Sie daran, dass ich meine Venusse auch nach Norwegen schicken kann. No ploblem!«

Leben ist wichtig

Er trägt eine rote Armbinde mit gelben Schriftzeichen.

Frühmorgens verlässt die *Ostwind* gleitend Huangpu. Die Stadt ist
still und grau, die Wasserfläche vor uns ebenfalls. Dichter Nebel
treibt über das schmutzige Wasser, wir sind allein. Die Passagiere,
überwiegend Frauen und Männer schon fortgeschrittenen Alters,
verschwinden gähnend in ihre kleinen Kabinen. Bald hört man es
aus allen Richtungen schnarchen, und wo die Türen weit offen
stehen, sieht man bleiche Füße unter den Baumwolldecken hervor-
ragen. Von den Eisenbetten baumeln Jacken, Büstenhalter und
Plastiktüten, auf dem Boden liegen Gemüseabfall und schwarze
Stoffschuhe. Blauer Zigarettenrauch dringt aus dem hintersten Bull-
auge der *Ostwind*.

Der Offizier mit der roten Armbinde hat einen Auftrag. Er blickt
gewichtig drein, das Schiff soll durchsucht werden. Im undeut-
lichen Übergang von der Nacht zum Tag nimmt er eine Taschenlampe zu Hilfe. Jede Ecke erhält Besuch, selbst das Waschbecken
auf dem untersten Deck. Er beendet seine Runde damit, dass er ein
schweres Metallschild aufhängt, und zwar direkt hinter dem Waschbecken an dem Gitter, das anzeigt, dass hier, genau hier, die *Ostwind* aufhört zu existieren. Auf dem Schild steht: »Selbstmord ist
strafbar!«

Eine merkwürdige Warnung, vollkommen unverständlich. Dass
Selbstmord verboten ist, könnte ich zur Not ja noch verstehen. Aber

strafbar? Wie will man jemanden bestrafen, der sich das Leben genommen hat?

Der Offizier mit der gewichtigen Miene wirft einen letzten Blick in die Runde. Alle sind inzwischen eingeschlafen, nur noch ich kann Selbstmord begehen. Aber das macht vielleicht nicht so viel, denn ich bin ein *waiguoren*, ein Fremder, der in diesen Gegenden eigentlich nichts verloren hat.

Die Taschenlampe erlischt. Der Offizier begibt sich zur Ruhe, er verschwindet eine steile Treppe hinunter und ist weg. Jetzt sind nur noch ich und das Schild da. Als ich die Sache näher untersuche, sehe ich, dass es mit einem Vorhängeschloss befestigt ist. Das Schloss ist groß und schwer, und der Schlüssel liegt in der tiefen Hosentasche des Offiziers.

Selbstmord in China?

Das Land erlebt doch einen Boom. Alle Kurven zeigen nach oben. Warum also Selbstmord begehen?

Die Antwort ist möglicherweise einfach: Länder mit starkem Wachstum unterliegen großen Veränderungen. Und große Veränderungen können für uns Menschen schwer zu verkraften sein. Viele sehen sich als Verlierer und im Tod den einzigen Ausweg. Zahlen der Weltgesundheitsorganisation zeigen, dass es um China schlimm bestellt ist. Jedes Jahr begehen 300 000 Chinesen Selbstmord, das sind 21 Selbstmorde auf 100 000 Einwohner oder doppelt so viele wie in den meisten anderen Ländern. In unserem Teil der Welt werden die meisten Selbstmorde von Männern begangen, in China stellen die Frauen die Majorität, insbesondere jene unter vierzig. Viele von ihnen wohnen auf dem Land. Ihr Ehemann ist zum Arbeiten in die Stadt gegangen. Die Frau bleibt mit der Verantwortung für ein oder zwei Kinder zurück. Sie muss die Wäsche erledigen, Wasser holen, Essen kochen und sich um Hühner, Schweine und Landwirtschaft kümmern. Und ständig hat sie ihre Schwiegereltern im Genick.

»Mädchen, die in China auf dem Land aufwachsen, haben nie das Gefühl, geliebt zu werden. Eigentlich sind sie bedeutungslos«, schreibt Song Liya, Redakteurin eines chinesischen Frauenmagazins. »Nan zhong nu qing«, lautet ein altes Sprichwort. »Der Mann ist schwer, die Frau leicht.«

Als in Shanghai 1990 eine Notrufnummer für Selbstmordgefährdete eingerichtet wurde, kam über die Hälfte der ersten 35 000 Anrufe von Frauen, die auf dem Land lebten. Etliche riefen sogar aus Shaanxi, Gansu und Xinjiang an, aus Orten, die mehrere Tausend Kilometer entfernt sind. Sie jammerten und schrien, und ihre Stimmen überschlugen sich.

In China ist es einfach, dieses Leben zu verlassen, zumindest auf dem Land. Dort stehen überall Plastikkanister mit Unkrautbekämpfungsmitteln herum. Ein Schluck oder zwei, dann Schmerzen in der Brust, Krämpfe und Koma, schließlich das Ende.

Auf der *Ostwind* gibt es keine Unkrautbekämpfungsmittel. Aber der Tod durch Ertrinken ist schließlich auch eine Möglichkeit.

Shanghai, jetzt verlasse ich deine große Umarmung. Schwer und grau liegst du da, das eigentliche China wartet. In einer Stunde oder zwei werden wir die breite Mündung des Huangpu verlassen und flussaufwärts gleiten. Im Nebel kann ich die Wolkenkratzer und Baukräne ausmachen, Lagerhäuser und andere Gebäude. Ob die Mädchen aus dem Nachtklub schon schlafen? Noch dauert die Nacht an. Sollte ich es den anderen Passagieren nicht gleichtun und unter die Decke kriechen?

Ich habe keine Kabine, aber auf dem Achterdeck ist Platz. Dort, in der Nähe des Selbstmord-Schildes finde ich ein rundes Bett aus Tau. Aus der Entfernung sieht es aus wie ein zu groß geratenes Vogelnest, nur der Vogel fehlt. Ein kurzer Anlauf, ein Dreisprung, und schon liege ich. Hochzufrieden mache ich es mir in meinem Bett bequem. Es ist vollkommen gratis und duftet außerdem noch gut.

Für solche Sprünge braucht man leichtes Gepäck. Und das habe ich. In meinem Rucksack verwahre ich nur wenig Kleidung. Kleider lassen sich waschen, warum also zu viel mitnehmen? Zahnpasta und Zahnbürste habe ich natürlich dabei sowie 75 Yard englische

Zahnseide. In dem einen Seitenfach liegen mein Fotoapparat, mein Minidiscplayer sowie meine Mundharmonika und in dem anderen mein chinesisches Kurzwellenradio, das Tecsun heißt und nur so groß wie eine Zigarettenschachtel ist. Mein kleines Wörterbuch habe ich ebenfalls dabei. Es sieht aus wie ein Taschenrechner. Es hat einen Bildschirm und viele kleine Tasten. Es kann auch sprechen, aber nur auf Kommando.

Ein redendes Wörterbuch?

Ich habe es vor einigen Jahren in Hongkong gekauft und es steckt voller digitaler Technik. Schreibe ich: »Is there a room vacant?«, dann fragt das kleine Gerät auf Chinesisch: »You meiyou kong fangjian?« Die Stimme ist klar und deutlich, der Tonfall stimmt. Gerate ich in ein entlegenes Tal und bitte um »Huhn mit Reis«, dann taucht die Bestellung sofort in Form von chinesischen Schriftzeichen auf dem Display auf. Anschließend drücke ich den kleinen Knopf, der die chinesische Stimme aktiviert. Wird mir von dem Huhn übel, dann schreibe ich: »I am sick«, und das Wörterbuch ruft: »Wo shengbingle!«

Mit meinem eigenen Chinesisch ist es nicht weit her. Mein sprechendes Wörterbuch beherrscht jedoch 8800 Zeichen, also mehr als genug. Die meisten Chinesen können gerade mal 3000.

Meine schweren Bücher bereiten mir allerdings Kummer. Sie wiegen zu viel. Ohne Bücher verliert das Leben jedoch seinen Sinn. Ich führe zwei Kategorien mit mir, zeitlose und aktuelle. An diesem Morgen nehme ich Lin Yutangs »Weisheit des lächelnden Lebens« aus meinem Gepäck. Das ist sowohl zeitlos als auch aktuell.

Es ist wichtig zu leben, nicht zuletzt in Selbstmordzeiten. Aber was für einen Hintergrund hatte Lin für seine Ansichten?

Lin Yutang war Lebenskünstler, Schriftsteller und Professor der Sprachwissenschaften. Er wurde 1895 geboren und starb 1976, im selben Jahr wie der Vorsitzende Mao Zedong. Leider wurde um seinen Tod nicht das gleiche Aufheben gemacht wie um Maos. Die Bücher, die er verfasste, enthalten jedoch mindestens so viel Lebensweisheit wie die des Vorsitzenden. »Weisheit des lächelnden Lebens« erschien 1937 und brachte Lin Yutang internationalen Ruhm ein. Er wurde sogar für den Nobelpreis vorgeschlagen. »Ich habe dieses Buch in aller Demut verfasst, um euch ein paar Ratschläge zu geben. Sie sind vielleicht bei Lichte besehen nicht so wichtig, aber, Leser, leih dein Ohr diesem Geplauder, wenn du nichts Besseres zu tun hast«, schreibt Lin Yutang im Vorwort.

Ich habe genug Zeit. Ich lehne mich, die Nebelschwaden über und das Tauwerk unter mir, in meinem Bett zurück. Das Inhaltsverzeichnis wirkt sehr vielversprechend: Das Problem des Glücks. Die chinesische Theorie von der Muße. Vom Träumen. Erdverbundenheit. Vom Tee und von der Freundschaft. Von Blumen und Blumenhaltung. Die Kunst des Gesprächs. Vom Sitzen auf Stühlen. Nicht zuletzt: »Vom Im-Bett-Liegen.« All das spricht mich an. Bereits jetzt sind wir Brüder im Geiste, Lin und ich. Nichts kann uns mehr trennen, vom Nachwort, dem Register und dem Umschlag einmal abgesehen.

»Es ist erstaunlich, wie wenige Menschen sich klarmachen, was das Im-Bett-Liegen für eine wichtige Kunst ist«, schreibt Lin, »dabei sind neun Zehntel der bedeutendsten wissenschaftlichen und philosophischen Entdeckungen der Menschheit, wenn mich nicht alles täuscht, in einem Augenblick gemacht worden, in dem der betreffende Wissenschaftler oder Philosoph im Bett lag, zwei Uhr nachts oder fünf des Morgens.« Und weiter: »Im Bett zu liegen gehört zu den größten Freuden des Lebens. Wer mir darin zustimmt, ist ehrlich – das habe ich schon vor langer Zeit herausgefunden. Wer das bestreitet, lügt, außerdem sind das vermutlich Leute, die tagsüber viel herumliegen. Sie wollen das nur nicht zugeben!«

Aber wie sollen wir liegen?

Das ist für einen echten Lebenskünstler eine ungeheuer wichtige Frage. Lin weist auf Konfuzius hin, den großen Moralphilosophen, der vor 2500 Jahren lebte. Seiner Meinung nach sollte ein kluger Mensch nie »ausgestreckt wie ein Leichnam« im Bett liegen. Nein, der kluge Mensch soll auf der Seite liegen, mit angezogenen Beinen. Lin Yutang geht noch einen Schritt weiter und stellt fest, dass die Größe und Beschaffenheit der Kissen von großer Bedeutung seien.

Die Kissen sollten groß und weich sein und einen Neigungswinkel von dreißig Grad haben. So könne man leichter einen oder zwei Arme unter den Hinterkopf schieben. »In dieser Haltung kann der Dichter unsterbliche Poesie schreiben, der Philosoph vermag das menschliche Denken umzuwälzen, und dem Naturwissenschaftler gelingen epochemachende Entdeckungen.«

»Du viel beschäftigter Mensch«, fährt Lin dann fort, »arbeite weniger, liege mehr in deinem Bett! Du, der du um fünf, sechs oder sieben Uhr aufstehst, bleib länger liegen! Vergiss das Telefon, die Besprechungen und die Rechnungen, bleib einfach liegen. Bald wirst du entdecken, wie wohltuend das ist, sowohl physisch als auch mental. Weil du entspannt daliegst, wird dein Blutkreislauf gleichmäßiger und leichter. Du denkst leichter, neue Ideen strömen wie plätschernde Bäche durch deinen Kopf, Gefühle und Geräusche werden deutlicher, selbst der Gesang der Vögel wird schöner. Viele viel beschäftigte Menschen sind sich nicht im Klaren darüber, dass sie den ganzen Tag selbst in den größten Städten vom Gesang der Vögel umgeben sind.«

Mein Bett aus Tauwerk hätte ruhig etwas weicher sein können. Im Übrigen ist der Morgen aber voller Faulheit, voll milder, ausgedehnter Nebelbänke und rhythmischem Plätschern der Wellen an der Bordwand. Wir nähern uns Yangzhou, und in der Ferne, wo sich der Fluss mit dem Meer vereinigt, kann ich ein zitterndes, blutrotes Feuer ausmachen. Das ist die alte Geschichte in neuester Auflage: Im Osten geht die Sonne auf. Ihre Geburt erfolgt im Laufe weniger Minuten. Das Feuer wird zu einem Flammenmeer. Rasch verschwindet der Nebel, und die *Ostwind* begrüßt den Tag mit einem lang anhaltenden Tuten. Durch das hohle Dröhnen aufgeschreckt, fliegen die Vögel auf der Reling auf.

Marco Polo (1254–1324) hatte ganz recht. Wo sich der Jangtse dem Meer nähert, erinnert auch der Fluss an ein Meer. »An einigen Stellen ist er hundert Kilometer breit, an anderen achtzig oder sechzig Kilometer. Es dauert hundert Tage, den ganzen Fluss hinaufzufahren.« Marco Polo war der erste Reisende, welcher der Welt von der Existenz des Jangtse berichtete. Nie habe er etwas Ähnliches gesehen! So lebhaft sei der Schiffsverkehr, dass er jenen auf allen Flüssen und Meeren der Christenheit übertreffe. Der Fluss fließe durch sechzehn Provinzen, berichtete er, und an seinen Ufern lägen über zweihundert Städte.

Langsam dreht die *Ostwind* nach Westen ab. In nur vier Stunden werde ich in Yangzhou an Land gehen, jener Stadt, in der Marco Polo drei Jahre lang Bürgermeister gewesen sein soll. Wir fahren an der lang gestreckten Chongming-Insel vorbei, welche die Flussmündung teilt. Sie liegt lang und flach wie ein Pfannkuchen auf der Steuerbordseite. Es freut mich, dass die Flussreise mit einer Insel beginnt, denn sagte nicht schon Mark Twain: »Ein Fluss ohne Inseln ist wie eine Frau ohne Haare. Sie kann so gut und tugendhaft sein, wie sie will, du verliebst dich nicht in sie.«

»Wohin fahren Sie?«, fragt der Student, der gerade aufgewacht ist.

»Zur Quelle des Jangtse«, antworte ich berauscht von den Sonnenstrahlen und von der Freiheit.

»Bitte? Dieses Schiff fährt doch nur bis Yangzhou.«

»Ich weiß. Aber mein Ziel ist die Quelle.«

»Und wo liegt die?«

»Keine Ahnung, irgendwo in Tibet.«

»Wie lange brauchen Sie dafür?«

»Hundert Tage.«

Er lächelt skeptisch und stellt sich dann zögernd in die Schlange vor dem Waschbecken. Die Sonne hat die Massen geweckt, alte Männer mit knittrigen Hosen und nackter Brust stehen auf Deck und reiben sich die Augen. Einige suchen nach ihren Zigarettenschachteln, andere haben mit Qigong begonnen – ihre Bewegungen sind langsam und anmutig. Qigong fördert das Wohlbefinden und die mentale Ausgeglichenheit. Aus der Kombüse quillt Wasserdampf, die Köche sind ebenfalls erwacht. Aus den Lautsprechern dringen undeutlich die Morgennachrichten aus Peking. Die Stimme klingt ernst. Der Sozialismus ist eine ernste Angelegenheit.

»Folgen Sie mir«, sagt der Student. »Der Kapitän möchte Sie gerne begrüßen.«

Kapitän Wang steht in Sandalen, Shorts und weißem Netzunterhemd auf der Kommandobrücke und sieht überhaupt nicht aus wie ein Kapitän. Er geht auf die sechzig zu und spricht aus Erfahrung.

»Wie in aller Welt wollen Sie zur Quelle des Jangtse kommen?«, will er wissen. Sein Blick wirkt vorwurfsvoll.

»Ich werde die Zeit zu Hilfe nehmen.«

Einer von Wangs Kollegen gießt mir einen Tee ein und bittet mich weiter hinten auf einer Holzbank Platz zu nehmen. Über der Bank hängt ein verblichenes Poster mit drei Frauen im Bikini, die einen weißen Strand entlanglaufen. Sie erinnern an Gazellen.

»Haben Sie von den Niagarafällen gehört?«, fährt der Kapitän fort. »Der liegt in A-me-li-ka. Sie wissen doch sicher, dass man die Niagarafälle nicht hochschwimmen kann. Genauso wenig kann man die Wasserfälle des Jangtse hochschwimmen.«

»Ich hatte auch gar nicht die Absicht zu schwimmen.«

»Nein?«

»Wo ich mit dem Schiff fahren kann, nehme ich das Schiff. Und wo das nicht geht, benutze ich andere Transportmittel.«

»Wie zum Beispiel?«

»Pferde, Esel, Maultiere, Autos, Busse, egal was.«

Kapitän Wang schüttelt den Kopf und lacht. Die anderen Männer auf der Brücke lachen ebenfalls.

»Autos? Busse? In Tibet? In unserer Kombüse hängt ein Bild von Tibet. Dort oben gibt es nichts, nur Berge, Schnee und Eis. Einige dieser Berge sind 8000 Meter hoch. Das ganze Jahr über toben dort Schneestürme. Alle tragen riesige Pelzmäntel und sehen aus wie Wilde. Aber versuchen Sie es ruhig, es wird Ihnen nicht gelingen.«

Trotzdem trennen wir uns freundschaftlich.

Meine chinesische Landkarte ist riesig. Sie auszubreiten stellt eine Geduldsprobe dar, sie zusammenzufalten einen Intelligenztest. In

Reserve habe ich noch vier Regionalkarten, Ostchina und Jangtse-Delta, Mittelchina, Südwestchina und Tibet.

China ist 9,6 Millionen Quadratkilometer groß. Dieses Land besitzt alles, angefangen von den Reisfeldern im Osten bis hin zu den Wüsten im Westen, von schneereichen Wintern im Norden bis hin zu feuchten, subtropischen Wäldern im Süden. In diesem Land leben 1,3 Milliarden Menschen, die 56 Völkern angehören. Seit jeher nennen die Chinesen ihr Land das Reich der Mitte. Außerhalb wohnen die Barbaren. Mit diesen Unmenschen Umgang zu pflegen war eigentlich unnötig. Da sie jedoch existierten, war es unvermeidlich, dass es hin und wieder zu Kontakten kam. Wenn das geschah, mussten die Barbaren ihre Unterlegenheit durch Tributgeschenke und kriechende Sendboten an den Kaiser von China, den bedeutendsten Menschen auf Erden, anerkennen.

Ich selbst bin ohne ein einziges Tributgeschenk nach China gekommen. Aber die Chinesen, die mich auf meiner großen China-Karte herumkriechen sehen, verstehen natürlich, dass ich ein Barbar bin. Ich habe die Karte auf dem Deck vor der Taurolle ausgebreitet. Damit sie nicht in den Fluss geweht wird, habe ich sie mit zwei halb leeren Farbdosen, meinem Rucksack und einer verrosteten Kette beschwert.

So, schön stillhalten, flieg nicht weg!

Wie ein Spürhund folge ich dem Jangtse Richtung Quelle. Jede Flussbiegung duftet gut, Weihrauch, Gewürze und Jasmin, Knoblauch und Tigerbalsam, es riecht aber auch nach Menschen, nach Schweiß, nach fürchterlich viel Schweiß. Ich höre laute Rufe und das ohrenbetäubende Menschengewimmel auf Landungsbrücken, in den Städten, auf den schwankenden Gangways und die wütenden, sich windenden Warteschlangen. Mir steigt der Duft der schlanken Bambushaine in die Nase und der roten Blumenbeete, ich meine die Tropfen stiebender Wasserfälle zu spüren, und als ich den Blick hebe und mich nach Tibet vorarbeite, habe ich den Klang der Messingglocken im Ohr, die Mantras der Mönche, und vor mir ragen die schneebedeckten Berge auf. Ganz oben meine ich einen kleinen, rieselnden Bach auszumachen. Die Quelle des Jangtse.

Wong How Man, ein untersetzter, Brille tragender Mann aus Hongkong, hat mich auf diese Reise gelockt. Als kleiner Junge, gebeugt über einem Wasserkrug sitzend, lernte er folgendes bekanntes chinesisches Sprichwort: »Wenn du Wasser trinkst, sollst du an die Quelle denken.« Er nahm es ernst. Er dachte an die Quelle. Sie ging ihm nicht mehr aus dem Kopf. Er hatte das Flussfieber jahrelang im Körper. Im Jahre 1985, als erwachsener Mann, hielt er es nicht mehr aus. Er zog mit einem Rucksack los. Am 3. September 1985, nachdem er sich monatelang durchs unwegsame Gebirge gemüht hatte, beugte er sich über die reine Quelle des Jangtse und trank.

Anschließend schrieb er in sein Tagebuch: »Das Wasser war kalt, aber es wärmte mein Herz.«

Jetzt will ich dieses Wasser trinken. Niemand wird mich von diesem Vorhaben abbringen, von den Wettergöttern und der chinesischen Sicherheitspolizei einmal abgesehen. Die ersten 3000 Kilometer scheinen kein Problem darzustellen. Im Riesenslalom fahre ich auf dem Fluss Richtung Westen. Diese Etappe führt durch Jiangsu, eine Küstenprovinz mit 75 Millionen Einwohnern. Dann bewege ich mich in die Nachbarprovinz Anhui (65 Millionen), Jiangxi (45 Millionen), Hubei (64 Millionen) und Hunan (68 Millionen). Von dort geht es in die Drei Schluchten weiter. Dahinter liegt die bevölkerungsreiche Provinz Sichuan – die größte Provinz Chinas – mit ihren 97 Millionen Einwohnern.

Bis dahin müsste alles glattgehen. Anschließend biegt der Fluss jedoch nach Südwesten ab. Die Landschaft wird unwirtlicher, die Besiedelung spärlicher. Hinter der Stadt Yibin hört der Flussverkehr ganz auf – wenn ich weiterwill, muss ich mir andere Transportmittel suchen. Die Provinz südwestlich von Sichuan heißt Yunnan (45 Millionen) und stellt ein Mosaik ethnischer Minderheiten dar. Von dort aus folge ich den Stromschnellen und Gebirgen zum Dach der Welt – nach Tibet. Ich habe hundert Tage eingeplant, aber falls ich mehr brauche, kann ich meine Reise auch um Tage und Wochen verlängern.

Auf allen vieren meine ich bereits die Probleme, die in Tibet lauern, wittern zu können. Das Reich im Gebirge ist viermal so groß wie Norwegen, hat aber nur 2,5 Millionen Einwohner. Mich würden dort sehr schöne Eindrücke erwarten, aber nur sehr wenige Straßen und unendliche Leere, große, unwirtliche Berge, Monsun und weißen Nebel, unwegsame, entvölkerte Dörfer und kleine und große tollwütige Hunde, Schnee und Schneematsch, schweigsame, verschlossene Mönche und pelzbekleidete Nomaden zu Pferd, Sprachprobleme und Missverständnisse, aber vielleicht auch die eine oder andere Freundschaft.

»Wieso knien Sie so da?«, fragt der Student.

Immer noch spiele ich Spürhund, die Nase in der Karte vergraben.

Die Karte verrät nicht, dass sich die Chinesen von heute in entgegengesetzter Richtung bewegen. Sie verlassen das Landesinnere und streben der Küste und den Küstenstädten zu. Die größte Völkerwanderung in der Geschichte der Menschheit findet gerade jetzt statt. Mindestens 150 Millionen Bauern haben seit 1980 Haus und Hof verlassen, und weitere 150 Millionen werden es in den nächsten zehn Jahren noch tun. Diese Flutwelle wird sich mit unaufhaltsamer Kraft nach Osten ergießen, und erst in fünfzig Jahren, wenn 450 Millionen Menschen aufgebrochen sein werden, wird sie nachlassen. Viele der Städte, in denen diese Menschen wohnen werden, gibt es heute noch nicht, nicht einmal auf dem Reißbrett. Aber mit der Zeit werden sie als große rote Punkte auf meiner China-Karte auftauchen.

Kein Wunder, dass die Schiffe, die auf dem Jangtse verkehren, zum Bersten voll sind. Flussaufwärts gibt es jedoch immer Platz.

»Soll ich Ihnen helfen, die Karte zusammenzufalten?«, fragt mich der Student.

Mit großer Mühe falten wir China vom Himmelssee (Tian Chi) im Westen bis nach Taiwan im Osten wieder zusammen.

Der Jangtse ist der längste, wildeste und bösartigste Fluss der Welt, stellte Pearl S. Buck fest, aber an diesem Morgen ist er erstaunlich freundlich und mild. Der Wind ist lau, und nur wenige Schiffe sind unterwegs. Ein paar Fischerboote treiben vorbei, ein nordkoreanischer Stückgutfrachter, ein iranischer Tanker, ein paar Dutzend Containerschiffe verschiedener Nationalität – zu behaupten, dass dies hier den gesamten Schiffsverkehr auf allen Flüssen und Meeren der Christenheit zusammengenommen übertrifft, ist übertrieben.

»Frühstück!«

Ein plötzlicher Schrei. Der Koch weckt Lebende und Tote. Er steht in voller Montur auf dem Achterdeck, eine Kelle in der einen, eine Glocke in der anderen Hand.

»Frühstück, Leute, stellt euch an!«

Es wird im Freien serviert. Zwei weitere Köche erscheinen mit einem großen Kessel, in dem sich ein Brei aus Reis und Huhn befindet. Riecht gut. Noch besser riecht der Kessel Nummer zwei, eine nahrhafte Mandarinfischsuppe mit Schinken und Pilzen. Die Chinesen nennen sie *songsao yu geng*. Die frohe Botschaft verbreitet sich wie ein Lauffeuer durch die Kabinen. »*Songsao yu geng! Songsao yu geng!*« Wenig später drängen sich die Menschen auf dem Achterdeck. Eine Großmutter kommt hinkend mit zwei Enkelkindern herangeeilt. Das kleinere fällt in die Pfütze vor dem Waschbecken.

»Ich habe euch doch gesagt, ihr sollt euch anstellen! Wisst ihr nicht, was eine Schlange ist?«, ruft der Chefkoch verzweifelt.

Nein, in China weiß niemand, was eine Schlange ist. Bald sind die Köche von den Massen, von ausgestreckten Händen und lauten Rufen umzingelt. Alle wollen zuerst bedient werden.

Die Unfähigkeit der Chinesen, sich anzustellen, ist legendär. Aber jedes Phänomen hat seine Erklärung, in diesem Fall ist sie möglicherweise sehr einfach: Es gibt 1,3 Milliarden Chinesen. Das sind ungeheuer viele – Höflichkeit und Anstellen sind ein Luxus, den sie sich nicht leisten können. Wenn 200 Leute auf einen Bus warten, in dem es zehn freie Plätze gibt, dann bleibt die Höflichkeit auf der

Strecke. Die Drängler finden bald Nachahmer. Es geht ums Überleben, und was für die Schlangen am Bus gilt, gilt auch für die Schlangen an der Essensausgabe.

»Stopp!«

Der Chefkoch haut einem Drängler die Kelle auf die Finger.

»Das ist nicht erlaubt!«, protestiert der Drängler laut aufkreischend.

»Ich mache, was ich will. Schließlich habe ich gekocht!«

Ein paar nervöse Sekunden lang demonstriert der Koch seine Allmacht, indem er die Deckel auf die Töpfe legt. Er hält sie mit ausgestreckten Armen fest und schließt die Augen. Die Menge meutert, aber erst, als sich die Drängler beruhigt haben, nimmt er die Deckel wieder ab.

Dann gibt es doch noch etwas zu essen. Es reicht für alle. Die meisten frühstücken in der Hocke, selbst achtzigjährige Greise machen es sich in dieser Stellung bequem. Sie sitzen vornübergebeugt, den Kopf über der Schüssel, und schieben sich das Essen in den Mund. Sie schmatzen und spucken, husten und räuspern sich, keuchen und rülpsen, denn so hört sich eine chinesische Mahlzeit an. Sie wird von Geräuschen begleitet, die meisten unartikuliert. Das sei sehr in Ordnung, schreibt Lin Yutang.

»Wenn ein Chinese einen Löffel gute Suppe isst, so lässt er dabei herzhaftes Schmatzen vernehmen. Ich weiß, im Westen wäre das bei Tisch ganz unmöglich. Aber ich habe auch den starken Verdacht, dass die westlichen Tischsitten, die uns anhalten, unsere Suppe geräuschlos zu essen und überhaupt beim Speisen möglichst wenig Genuss zu verraten, daran schuld sind, dass dort aus der Kochkunst nie etwas Rechtes werden will. Warum unterhalten sich die Leute aus dem Westen immer so gedämpft bei Tisch? Warum machen sie so erbarmungswürdige, wohlanständige und korrekte Gesichter? Was überhaupt die sogenannten guten Manieren bei Tisch angeht, so bin ich ganz überzeugt: Das Kind lernt in dem Augenblick zum ersten Mal die Sorgen des Lebens kennen, in dem die Mutter ihm das Schmatzen verbietet.«

»Schmeckt es Ihnen nicht? Sie essen so langsam.«

Der Student, der mich lange umkreist hat, betrachtet mich skeptisch. Er selbst hat sich eine weitere Portion Mandarinfischsuppe geholt, und die Suppe ist ihm über das Kinn gelaufen.

»So isst man seine Suppe!«

Er hebt seine Schüssel und neigt sie leicht. Dann schiebt er sein Gesicht hinein und macht sich mit den Stäbchen an die Arbeit. Ein paar Minuten später ist die Schüssel leer. Am Ende kommt ein lautes, langes, erlösendes Rülpsen.

Bevor wir uns erheben, deute ich auf das seltsame Schild, das vor unseren Augen baumelt: »Selbstmord ist strafbar!« Was soll das eigentlich?

»Das müssen Sie doch verstehen! Die Frauen springen einfach über Bord. Auf dieser Fahrt zwar noch nicht, aber im Winter ist das passiert, in aller Frühe, als es noch dunkel war. Der Kapitän wurde alarmiert und hielt das Schiff an. Dann suchten alle mithilfe der Scheinwerfer, aber sie wurde nicht gefunden. Sie muss sofort ertrunken sein.«

»Waren Sie selbst auf dem Schiff?«

»Nein, aber andere haben es mir erzählt. Das war am 10. Februar, zwei Tage vor Neujahr im Jahr des Pferdes. Das Schiff war voll, alle wollten zum Feiern nach Hause. Plötzlich wirft sie sich in den Fluss.«

»Wie alt war sie denn?«

»Sie war jung, vielleicht zwanzig.«

»Hat man sie nicht gefunden?«

»Keine Ahnung.«

Aus dem Morgen wird Vormittag, und einige beginnen bereits, nach dem Ziel der Reise Ausschau zu halten. Andere sind wieder eingeschlafen, gesättigt von der Mandarinfischsuppe, den Nudeln, dem Huhn und dem Reis. Recht bald schlafe auch ich, aber nur um von den dumpfen Sirenen der Ostwind geweckt zu werden.

Yangzhou, die Stadt Marco Polos, ist nahe.

Marco Polo, von dem dieses Buch handelt, herrschte ganze
drei Jahre über diese Stadt auf Befehl des großen Khans.

MARCO POLO, »EINE BESCHREIBUNG DER WELT«

Zu Hause bei Marco Polo

Wenn ich doch nur vor 720 Jahren am Kai von Yangzhou angelegt hätte! Dann hätte ich vielleicht Marco Polo in der Volksmenge
entdeckt, ein markantes Gesicht aus Venedig, braun gebrannt von
der Sonne, mit schwarzem, lockigem Haar. Er hätte in seinem langen Seidenmantel, umgeben von Würdenträgern, dagestanden, vielleicht etwas o-beinig, denn wer würde nicht o-beinig, wenn er fast
20 000 Kilometer von Europa nach China geritten wäre?

Yangzhou liegt am Nordufer des Jangtse, 260 Kilometer westlich
von Shanghai. Marco Polo war nach eigener Aussage drei Jahre lang
Bürgermeister dieser Stadt. Aber war er eigentlich jemals dort?

»Velly cheap!«, ruft der erste Chinese, als ich wieder festen Boden
unter den Füßen habe. Er zieht eine kleine Marco-Polo-Figur aus
seiner Plastiktasche.

»Velly, velly cheap!«

Der große Sohn Venedigs im Ausverkauf. Er kostet nur zwanzig
Yuan. In den verrauchten Gassen hinter den Landungsbrücken werden die Händler zu einer heulenden Horde. Marco Polo wird in allen
Größen feilgeboten, sowohl stehend auf einem Sockel als auch auf
dem Pferderücken sitzend, stolz und stattlich in beiden Ausführun-
gen, den stählernen Blick in die Ferne gerichtet. Marco Polo ritt 1275
in das sagenumwobene Xanadu ein, 500 Kilometer nördlich von Peking. Dort kniete er vor Kublai Khan, dem Mongolenkaiser, der über
ganz China und den größten Teil Asiens herrschte, nieder. Die
nächsten siebzehn Jahre verbrachte Marco Polo als Ratgeber des
Kaisers in China.

In dem Buch, das sein Vermächtnis ausmacht und das unter verschiedenen Titeln erschienen ist, wie beispielsweise »Eine Beschreibung der Welt«, erzählt Marco Polo sehr viel von Kublai Khan, dem Mongolenkaiser, aber sehr wenig von Yangzhou. Er begnügt sich damit zu erwähnen, die Stadt sei schön und wohlhabend und ein wichtiger Knotenpunkt für den Schiffsverkehr auf dem Jangtse. Warum so einsilbig? Diese Einsilbigkeit ist schwer zu verstehen, wenn wir seine eingehenden Beschreibungen anderer chinesischer Städte wie Peking, Suzhou und Hangzhou lesen. Kann Yangzhou wirklich so langweilig gewesen sein?

Frances Wood, Sinologin und Leiterin der chinesischen Abteilung der British Library, hat ihre eigene Version vorgelegt. Marco Polo war nie in China. Er verließ zwar erst siebzehnjährig im Jahre 1271 zusammen mit seinem Vater und seinem Onkel Venedig, aber statt den weiten Weg nach China auf dem Pferderücken zurückzulegen, nahmen sie irgendwo im Nahen Osten Quartier, möglicherweise in Konstantinopel oder auf der Krim. Dort hörte sich Marco Polo phantastische Reiseberichte aus nah und fern an, rührte sie zusammen, und schon war ein Bestseller geboren.

Die Marco-Polo-Experten streiten. Einige finden es höchst unwahrscheinlich, dass der Venezianer den weiten Weg nach China zurückgelegt haben soll, andere nicht. Diejenigen, die Wood anzweifeln, fragen sich, warum Marco Polo keine einzige Spur in Konstantinopel oder auf der Krim hinterlassen hat, falls er dort wirklich zwanzig Jahre oder noch länger lebte. Damals wimmelte es in Konstantinopel von Venezianern, aber keiner von diesen erhob Anspruch darauf, ihm dort begegnet zu sein. Trotzdem hat Wood recht, dass Marco Polos Werk ernste, teilweise unverständliche Mängel aufweist. Nirgends wird die Chinesische Mauer erwähnt, kein Wort fällt über die chinesischen Schriftzeichen, über den Tee und die abgebundenen Füße der Frauen. Und über Yangzhou erfährt man kaum etwas.

Wer kann mir jetzt helfen?

Jedenfalls nicht der Manager meines Hotels, der zusammen mit dem Rest des Personals, mindestens 150 Personen, damit beschäftigt ist, Luftballons aufzublasen. Sie sitzen auf einem Stück Rasen in der Hocke, alle in kleidsamen Uniformen, außer Atem und hochrot im Gesicht. Andere hängen ein rotes Spruchband über dem Entree auf. Es flattert leicht in der Frühlingsbrise, die Buchstaben sind aber deutlich zu lesen: »Miss Yangzhou 2002. *A warm welcome to everyone!*«

Die Wahl der schönsten Frau Yangzhous steht bevor, ein großes Ereignis. Seit der Machtübernahme der Kommunisten 1949 waren Schönheitswettbewerbe in China verboten. Aber jetzt sollen die Frauen wieder im Rampenlicht stehen. Das sei höchste Zeit, findet einer der geschniegelten Männer vom Veranstaltungskomitee. Er heißt Rong und läuft mit einem Walkie-Talkie in der einen und einem cremegelben Handy in der anderen Hand hin und her. Ein ständiges Hin und Her. Vieles muss klappen, und bis zum Beginn der Veranstaltung sind es nur noch sechs Stunden!

Im Bankettsaal sind bereits die Fernsehkameras aufgestellt. Ein Kabelgewirr führt durch die Hintertüren in die Sendebusse von Jiangsu TV. Die Provinz Jiangsu hat 75 Millionen Einwohner, und Rong ist überzeugt, dass sich 40 Millionen die Direktübertragung ansehen werden. Auch andere Medien haben ihr Kommen angekündigt, sogar die Parteizeitung »Tageblatt des Volkes«. Alle befinden sich im Miss-Wahl-Fieber, selbst die Kommunisten sind ekstatisch.

»Das ist ein gutes Zeichen«, sagt die Assistentin Rongs, eine Frau mittleren Alters mit hochgestecktem Haar und langen, rot lackierten Fingernägeln. »Endlich verehren sie die Schönheit. Früher verehrten sie Jiang Qing.«

»Jiang Qing?«

»Die Frau Maos. Ich kann mich gut an sie erinnern. Während der Kulturrevolution hat sie Millionen Frauen verfolgt. Alle sollten aussehen wie sie. Sie sollten große, unförmige Hosen tragen und so hässlich wie möglich aussehen. Kein Make-up, kein Parfüm, keine Locken – nichts! Das Haar sollte kurz geschnitten und platt sein, nur kleine Mädchen durften Zöpfe tragen. Schöne Frauen wurden ins Gefängnis geworfen.«

»Ach?«

»Beispielsweise Wang Guangmei. Sie war die Frau von Präsident Liu Shaoqi und wurde ins Gefängnis gesteckt, weil sie bei einem Staatsbesuch in Indonesien ein Seidenkleid getragen hatte. Das war unproletarisch. Aber heute Abend werden wir alle Seide tragen!«

»Darf ich zuschauen?«

»Von welcher Model-Agentur kommen Sie?«

»Ich ... ich komme aus Skandinavien.«

»Aus Skandinavien? Skandinavische Frauen sind die schönsten der Welt! Ich verschaffe Ihnen einen Platz hinter den Preisrichtern direkt am Catwalk.«

Ungewohnte Umgebung. Viel Neues. Wer ist diese Zhuo Ling, die mich von allen Wänden anlächelt? Sie ist die gegenwärtige Miss China, neunzehn Jahre alt und eine überwältigende Schönheit. Bald wird sie nach Puerto Rico fahren, um dort am Miss-Universum-Wettbewerb teilzunehmen. Rongs Assistentin findet, dass sie gute Chancen hat, ich solle mir nur die Augen, die Zähne und die Grübchen ansehen. Wenn sie gewinnt, dann wird der nächste Wettbewerb in China ausgetragen (sie wurde Zweite und bei ihrer Rückkehr als Volksheldin gefeiert).

Können sich die Frauen dieses Abends mit Zhuo Ling messen?

Schwer zu sagen, denn keine von ihnen hat sich bislang gezeigt. Sie sind jedoch bereits eingetroffen. 24 kostbare Diamanten warten im kühlen Hinterzimmer des Hotels. Die Tür wird von breitschultrigen Männern mit schwarzer Sonnenbrille und Knopf im Ohr bewacht. Ich weiß nicht, was dort drinnen vorgeht, aber ich kann es mir vorstellen. Unter geheimnisvollen Lampen werden die letzten Unreinheiten abgeschliffen und das letzte Make-up aufgelegt, alles unter Leitung kritischer Visagistinnen. Im Hintergrund warten die Modeschöpfer mit ihren Kreationen von der Stange, denn die Kleider sind fast ebenso wichtig wie die Frauen. Oder etwa nicht?

Dämmerung und Abend. Am Nachthimmel funkeln die Sterne. Entlang der Auffahrt des Hotels flackern Fackeln in langen Reihen. Die Ballons, die einige Stunden zuvor aufgeblasen worden sind, werden in den Bankettsaal getragen. Die Lobby mit dem tiefroten Teppich und dem gediegenen Kronleuchter wimmelt von Gästen in Festlaune. Über allem liegt eine Parfümwolke. Kleine Gläser klirren, man benimmt sich gesittet. Jetzt ist es nur noch eine Stunde bis Veranstaltungsbeginn.

Plötzlich geschieht etwas. Ein aufgeblasener, mit weißen Federn bedeckter Plastikschwan, etwa fünf Meter lang und vier Meter hoch, wird in die Lobby und Richtung Bankettsaal gerollt. Aus dem Weg! Aus dem Weg! Der Korrespondent von »The Star«, der englischsprachigen Zeitung Shanghais, vertraut mir an, dass die Kandidatinnen auf dem Schwanenrücken in den Saal gebracht werden sollen. Aber jetzt gibt es ein Problem. Der Hals des Schwans ist zu lang. Er passt nicht durch die Tür!

»Wir müssen Luft rauslassen«, ruft einer der Männer. Er wischt sich im Licht eines Scheinwerfers den Schweiß von der Stirn.

»Luft rauslassen? Aber dann ist es doch kein Schwan mehr!«

»Dann pumpen wir ihn halt anschließend wieder auf.«

Eine gute Idee. Die Luft wird langsam herausgelassen, bis der Schwan Kopf, Schnabel und Hals hängen lässt. Das Cocktail trinkende Publikum folgt dem Spektakel mit großen Augen. Mit einem zischenden Geräusch fällt alle Eleganz in sich zusammen. Jetzt reicht es! Der Schwan wird zugestöpselt. Im nächsten Moment wird das punktierte Federvieh in den Saal gerollt, in dem Ballons von Wänden und Decke hängen.

»Jetzt müssen wir ihn wieder aufpumpen!«

»Womit?«

»Mit einer Pumpe.«

»Die ist aber nicht hier.«

»Wo ist sie denn?«

»In der Werkstatt!«

Während das Publikum die Anweisung erhält, seine Plätze einzunehmen, fährt ein grüner Jeep mit quietschenden Reifen die Auffahrt hinunter. Wenige Minuten später ist er mit einer großen Elektropumpe zurück. Gott sei Dank! Jetzt beginnt der Schwan wieder zu wachsen. Hals und Kopf erheben sich, und auch Flügel und Federn wirken fülliger. Ein prachtvoller Anblick, die Versammlung applaudiert. Jetzt sind wir alle bereit. Sehr sittsam sitzen wir an unseren runden Tischen, nur das Essen und die Schönheiten fehlen. Eine Viertelstunde vor der Sendung wird das Essen aufgetragen. Kleine, bunte Leckerbissen tauchen vor meinen Augen auf. Mein Weinglas wird bis zum Rand gefüllt.

»Sind Sie Scout oder Journalist?«, fragt mein Nebenmann.

»Keines von beidem, nur ein normaler Tourist.«

»Wirklich? Und Sie sind trotzdem reingekommen?«

Er sieht mich erstaunt an. Er selbst kommt aus Peking und arbeitet bei einer Modell-Agentur, die New Concept 98 heißt. Eine kreative Agentur, erfahre ich, voller Dynamik und voller Visionen. Bei der Peking-Auto-Show unlängst habe die Agentur 64 Models gestellt. Einige hätten Prospekte verteilt, andere auf Kühlerhauben gesessen. Die schönste habe auf einem Mercedes Platz genommen. Er zeigt mir stolz das Foto. Das Mädchen, ein großäugiges Wunder, lehnt sich in einem gelben Seidenkleid lasziv gegen ein schwarz glänzendes Auto. In einer Hand hält sie einen gelben Bambusfächer. Kein Wunder, dass sich die Männer um sie drängen.

Aber das berühmteste Model der Agentur ist auf etwas ganz anderes spezialisiert.

»Was?«

»Laptops. Sie macht Reklame für Toshiba. Man sieht sie überall, sogar an Fassaden in Japan und in den USA.«

Mehr kann er mir nicht erzählen, denn jetzt ist es neunzehn Uhr. Das Licht wird gedimmt, die Türen öffnen sich, und die Mädchen treten in bodenlanger Seide ein. Rasch nehmen sie ihre Plätze auf den Flügeln des rosenrot angestrahlten Schwans ein. Aus den Lautsprechern dringen schwache Flötentöne, später kommen weitere Instrumente dazu, Violine, Triangel und auch die *bipa*, die chinesische Geige mit zwei Saiten. Ferngesteuert bewegt sich der Schwan langsam den Mittelgang entlang. Höflicher Applaus begleitet die Mädchen, bis der Schwan die breite Rampe erklommen hat, die auf die Bühne führt.

Dort wartet der Bürgermeister Yangzhous, ein großer Mann mittleren Alters mit rasiertem Schädel. Höflich verbeugt er sich vor den Kandidatinnen und dem Saal. In seiner kurzen Rede betont er, es sei die Pflicht der Behörden, das Leben des Volkes zu bereichern. Freude, Schönheit und Vergnügen gehörten zum avancierten Sozialismus. »Chi qing chun fan!«, ruft er. »Nützt eure schöne Jugend!«

Die Mädchen sitzen immer noch auf ihren Schwanenfedern, denn jetzt muss das Publikum erst einmal essen. Und während gegessen wird, müssen die Mädchen uns so hübsch anlächeln, wie sie nur können.

Der Journalist von »The Star« isst mit der einen Hand und macht sich mit der anderen Notizen.

»Wie gefällt Ihnen Nummer vierzehn?«, fragt er.

»Eine ungewöhnliche Schönheit«, antworte ich. »Sie hat das Zeug zur Siegerin.«

Aber der Scout von New Concept 98 ist anderer Meinung.

»Ihre Füße sind zu groß.«

»Die Füße?«

Der Scout lehnt sich zurück und schüttelt missbilligend den Kopf.

»Wenn sie erst einmal auf einer Kühlerhaube liegt, sind die Füße wichtig, da diese den Leuten zugewandt sind. Das Erste, was sie sehen, sind die Füße. Schlimmstenfalls werden sie davon abgeschreckt, und sie gehen weiter.«

Der Journalist nickt. Das sieht er ein.

Aber welche der 24 Kandidatinnen hat die kleinsten Füße?

Schwer zu sagen, denn die Beleuchtung ist nicht gut. Der Journalist und der Scout sind sich jedoch einig, dass die Kandidatin Nummer zwei Chancen haben müsste. Ihre Füße sind erstaunlich klein, aber wie sieht es mit dem Lächeln aus?

»Etwas steif, gefällt mir nicht«, meint der Scout. Das Mädchen hat jetzt zwanzig Minuten lang gelächelt.

Endlich ist das Essen vorbei. Der Conférencier ergreift das Wort, und die Preisrichter machen eine wichtige Miene. Der Scout beugt sich zu mir herüber.

»Die Autoindustrie ist im heutigen China sehr wichtig. Ein Autosalon löst den anderen ab. Wir können uns nicht mit Models mit großen Füßen aufhalten!«

Für Laptops spielen Frauen mit kleinen Füßen jedoch keine sonderliche Rolle. Für Handys auch nicht.

»Die Finger und das Gesicht sind wichtiger«, sagt er.

Ein Trommelsolo, ein dröhnendes Becken, es ist Showtime. Die Scheinwerfer von Jiangsu TV strahlen heller als zuvor. Nach den einleitenden Worten des Moderators gehen die Models nacheinander um den Schwan herum. Sie gehen schnell, denn die Sendung endet Punkt 20 Uhr, wenn die Abendnachrichten beginnen.

Die Preisrichter machen sich rasend schnell Notizen, und um 19.55 Uhr wird Nummer vierzehn zur Miss Yangzhou des Jahres ausgerufen. Das Publikum applaudiert dröhnend, und der Bürgermeister stolziert mit den Auszeichnungen, einer Krone und einer Seidenschärpe, auf die Bühne. Der Scout von New Concept 98 seufzt. Die Füße sind einfach zu groß. Für einen Autosalon lässt sie sich nicht verwenden, so viel ist sicher.

»Aber vielleicht kann sie ja für irgendwelche Handys Reklame machen?«

»Tja«, meint er und wirft seine Seidenserviette auf den Fußboden. »Mal sehen.«

Trotzdem wird sie an dem Wettbewerb zur Miss Jiangsu teilnehmen, und falls sie den auch gewinnt, dann wird sie für Miss China kandidieren.

Der Plastikschwan schlägt mit den Flügeln. Alles erhebt sich und applaudiert, als er langsam aus dem Saal gleitet, dieses Mal mit Miss Yangzhou und dem Bürgermeister.

Der Bürgermeister von Yangzhou?

Wieder muss ich an Marco Polo denken. Im Frühjahr und Sommer 2000 reiste ich auf Marco Polos Spuren durch China und schrieb darüber das Buch »Der Weg nach Xanadu«. Ich hatte damals jedoch keine Gelegenheit, seine Behauptung zu überprüfen, er sei Bürgermeister geworden. Ich war einfach zu erschöpft und hatte keine Kraft mehr. Jetzt bietet sich mir die Gelegenheit.

Fang Mosha ist Historiker. Er ist uralt, altersfleckig und verschrumpelt. Das Licht des Jangtse fällt durch zwei schmale Schlitze, seine Augen. Sein winziges Büro an der Yangzhou-Universität ist mit Marco-Polo-Dokumenten angefüllt. Sie liegen in jedem Winkel. Einige sind stark vergilbt. An der Decke dreht sich ein quietschender Ventilator. Fang begrüßt mich mit einer schmalen, kraftlosen Hand. Dann gibt es den üblichen Tee, fade und lau, und dazu einen Teller mit Kürbiskernen. Womit kann er mir sonst dienen? War Marco Polo einst Bürgermeister von Yangzhou oder nicht?

»Schauen Sie«, sagt Fang und hält mir eine zerknitterte Fotokopie hin. Seine Hand zittert, und das tun die Schriftzeichen von 1308 ebenfalls. »Hier haben Sie die Namen aller Bürgermeister Yangzhous Ende des 13. Jahrhunderts. Marco Polo kam 1275 nach China und verließ das Land siebzehn Jahre später. In diesem Zeitraum hatten wir hier aber keinen Bürgermeister mit Namen Marco Polo.«

»Könnte er einen anderen Namen benutzt haben?«

»Gute Frage. Damals herrschten die Mongolen in China, und Ausländer in ihren Diensten nahmen oft mongolische Namen an. Es gibt tatsächlich einen Namen, der uns sehr viel Kopfzerbrechen bereitet hat.«

»Und zwar welchen?«

»Ein gewisser Poulad wurde 1284 zum Direktor der Salzverwaltung in Yangzhou ernannt. Sie wissen vielleicht, dass hier in der Stadt große Mengen Salz abgebaut wurden? Es waren also tüchtige Männer zur Verwaltung des Salzhandels nötig. Ob dieser Poulad mit Marco Polo identisch ist, wissen wir nicht. Der Name klingt jedoch nicht chinesisch. Er könnte Italiener, aber auch Mongole gewesen sein.«

»Poulad? Mongolisch klingt das doch nicht?«

»Nein, eigentlich nicht.«

»Taucht der Name Marco Polo denn nicht in anderen, chinesischen oder mongolischen Archiven aus dieser Zeit auf?«

»Nein. Aber er könnte natürlich wirklich unter einem anderen Namen in Erscheinung getreten sein. Übrigens ist es eine Tatsache, dass die Mongolen nie eine sonderliche Ordnung in ihren Archiven hatten. Schließlich waren sie Nomaden. Mit der Zeit gab es immer mehr Ausländer am mongolischen Hof, unter anderem Perser und Araber. Aber nur wenige von ihnen haben wir in den Archiven aus dieser Zeit ausfindig machen können.

Weiter habe ich dazu nichts zu sagen«, meint er dann.

Aber andere haben mehr zu sagen, unter ihnen Li Zefen. Professor Li hat die Geschichte der mongolischen Yuan-Dynastie in fünf Bänden verfasst. Li hält es für wahrscheinlich, dass Marco Polo mehrere Sprachen beherrschte, Türkisch, Persisch, Mongolisch und möglicherweise Arabisch, Chinesisch jedoch nicht. In seinem Buch verrät er immer wieder mangelnde Einsicht in die Sprache und Kultur der Chinesen. Wie hätte er also Bürgermeister einer Stadt sein können, in der die meisten Menschen Chinesisch sprachen? Ein solcher Mann hätte dem Mongolenkaiser kaum nützlich sein können. Nein, Marco Polo war vermutlich nie Bürgermeister von Yangzhou. Li möchte jedoch nicht ausschließen, dass er die Stadt irgendwann einmal besuchte.

Unumstritten ist, dass sich mehrere Italiener im frühen 14. Jahrhundert in Yangzhou niedergelassen hatten, vermutlich als Kaufleute. Ihre 650 Jahre alten Grabsteine wurden 1952 gefunden. Hatte Marco Polo sie dazu inspiriert, nach Osten zu ziehen? Schwer zu sagen. Die Steine beweisen jedoch, dass die lange Reise von Italien nach China durchaus möglich war und von vielen unternommen wurde. Wenn andere es geschafft haben, warum nicht auch Marco Polo?

Marco Polo kehrte 1295 nach Venedig zurück und erhielt bald den Spitznamen *Il Milione*, der Millionenmann. Das Anwesen, auf dem er wohnte, hieß *Corte del Milion*. Kaum einer glaubte Marco Polos phantastische Geschichten. Schließlich war die Zivilisation in Europa beheimatet und nicht in China. Das Buch, das er geschrieben hatte, war an einer der Brücken der Stadt festgekettet, sodass jeder innehalten und darin lesen konnte. Viele schüttelten nur den Kopf. Wie konnte es sich dieser Marco Polo nur erlauben, zu behaupten, dass ein Volk am anderen Ende der Welt besser lebte und besser aß als die Europäer? Er war ein Lügner, ein Angeber. Als Marco Polo 1324 im Sterben lag, forderte man ihn auf, seine Behauptungen zu widerrufen. Letzte Chance, bekenne dich zu deinen Lügen! »Ich bereue nichts«, antwortete der Sterbende, »und ich habe nicht einmal die Hälfte von dem erzählt, was ich gesehen und gehört habe!«

Vergleichsweise glücklich und mit ungetrübtem Glauben an Marco Polo verlasse ich Yangzhou. Aber in der Ferne kann ich bereits eine Tragödie ausmachen.

Vorwärts und nicht vergessen

»Reisen Sie allein?«

Der Blick ist prüfend. Ehe ich noch antworten kann, fährt der Mann fort.

»Ausländer, die China besuchen, sollten nicht allein reisen. Es ist besser, als Gruppe zu reisen. Warum reisen Sie eigentlich allein?«

Wir haben uns am »Zutritt verboten«-Schild vorbeigestohlen, ich zuerst, er hinterher, und befinden uns nun ganz vorn im eisernen Bug des Schiffes. Ein neuer Tag, ein neues Schiff, die *Changjiang II.* Sie hält Kurs auf Nanjing, die frühere Hauptstadt Chinas. Keine lange Reise, nur drei gemächliche Stunden. Wir pflügen nach Westen, durch eine flache, frühlingsgrüne Landschaft. Auf beiden Seiten liegt das bevölkerungsreiche China mit mehr als 2000 Einwohnern pro Quadratkilometer. Rauch verfolgt uns ständig, denn hier leben Bauern und Industriearbeiter Seite an Seite. Schwarze Säulen voller Ruß steigen zum Himmel und werden zu einem flatternden Trauerflor.

»Ich habe Sie sofort bemerkt«, sagt er. »Bereits vor der Abfahrt haben Sie auf dem untersten Deck herumgeschnüffelt.«

Das stimmt. Ich habe mich dort zehn Minuten lang umgesehen und einen Film verknipst. Übermüdete und schlafende Chinesen, unter anderem eine junge Mutter, die ihr Kind stillte. Über ein Stahlseil gebeugt fotografierte ich heimlich ein Ehepaar, das aus seinen Schüsseln aß. Als ich zwei blau-weiße Füße entdeckte, die in der Kabine hinter der Kombüse unter einer zerknitterten Wolldecke

65

hervorragten, konnte ich mich nicht beherrschen. Ich zoomte und knipste.

»Wir haben Sie alle gesehen. Sie haben mehrere Fotos gemacht. Wovon eigentlich? Warum können Sie nicht einfach Ruhe geben?«

Auf dem Kopf trägt er eine gelbe Schirmmütze, in der Hand einen gelben Wimpel. Als Fremdenführer ist er es gewohnt, dass alle in Gruppen reisen. Japaner beispielsweise reisen immer als Gruppe. In dieser frühen Morgenstunde begleitet er 32 disziplinierte Japaner nach Nanjing. Sie befinden sich auf dem dritten Deck, und dort gehören sie auch hin. Sie schleichen auch nicht wie ausländische Spione auf dem Boot herum. Alle tragen eine gelbe Schirmmütze, und alle befolgen die Schilder an Bord. Ob ich nicht wisse, dass das unterste Deck den Chinesen vorbehalten sei?

»Gruppenreisen sind am besten«, sagt er und zieht sich mit ernster Miene zurück.

Gruppenreisen? Er muss im Geschichtsunterricht geschlafen haben.

Im Dezember 1937 fand die fürchterlichste Gruppenreise der Geschichte statt: Tausende japanische Soldaten fuhren den Jangtse entlang, andere marschierten. Ihr Ziel war Nanjing. Die große und stolze Stadt, die seit 2300 Jahren existierte, war ein Symbol für die chinesische Kultur. Hier hatten zahlreiche Kaiser Hof gehalten, und hier hatte die Regierung der Republik China angeführt von Chiang Kai-shek ihren Sitz. Im Umland gediehen Getreide und Gemüse, und quer durch diese Fruchtbarkeit floss der Jangtse, die Lebensader Chinas.

Bereits 1931 hatten japanische Soldaten Nordostchina, die Mandschurei, erobert. Sie verlangten nach mehr. Wie die Deutschen nach »Lebensraum« auf der westlichen Halbkugel dürsteten, so wollten die Japaner diesen auf der östlichen.

Unterwegs machten sie sich über Suzhou her, eine der schönsten Städte. Nach ihren Verheerungen waren nur noch 500 der 350 000 Einwohner der Stadt übrig. Den meisten war jedoch die Flucht gelungen. Aber auch die Dörfer wurden geplündert und niedergebrannt. In einem ermordeten die Japaner alle 602 Bewohner. Selbst die Hunde wurden zu Tode gehackt. Kinder, die sich in den Reisfeldern versteckt hatten, wurden aufgespürt, aufgespießt und zerstückelt. Bald begannen die Soldaten einen Wettbewerb, wer die meisten Menschen töten könne. In japanischen Zeitungen, beispielsweise dem »Japan Advertiser«, wurden die Bestialitäten mit großer Begeisterung beschrieben. Der Titel der China-Reportage vom 7. Dezember 1937 lautete: »Leutnants wetteifern darum, wer als Erster hundert Chinesen getötet hat.« Die Offiziere Toshiaki und Takeshi hatten eine Wette abgeschlossen. Jetzt ging es darum, das Schwert für Kaiser und Vaterland zu schwingen.

Wenige Tage später schrieb die Zeitung, beide hätten die magische Grenze überschritten. Weil sie sich verzählt hatten, hätten sie beschlossen, weitere hundert zu töten. Im Übrigen benötigte Toshiaki ein neues Schwert: »Das alte Schwert wurde beschädigt, als er versuchte, sowohl den Helm als auch den Schädel eines Chinesen zu spalten. Das erwies sich als schwierig.« Niemand reagierte, auch Kaiser Hirohito nicht. Er hätte das tun können, tat es aber nicht. Stattdessen huldigte er den japanischen Soldaten mit schwülstigen Worten. Gott hätte ihnen eine heilige Aufgabe gegeben, sie sollten also vorrücken.

Aber nicht allen gefiel das Töten. Mehreren Soldaten war dieses Fach neu. Tajima war einer von ihnen: »Einmal sagte Leutnant Ono zu uns: ›Bislang habt ihr noch keinen einzigen Menschen getötet, deswegen sollt ihr heute etwas Training erhalten! Ihr dürft die Chinesen nicht für Menschen halten. Denkt daran, dass sie weniger wert sind als Hunde und Katzen. Seid mutig! Wer von euch etwas üben will, tritt vor!‹

Niemand trat vor. ›Niemand von euch hat es verdient, sich japanischer Soldat zu nennen. Meldet sich niemand freiwillig? Nun denn, dann befehle ich!‹ Er rief einen Namen nach dem anderen auf: ›Otani, Furukawa, Ueno, Tajima!‹ Mich auch!

Ich hob mein Bajonett mit zitternden Händen, und während der

Leutnant die Hand ausstreckte, schrie und fluchte, ging ich langsam auf den Chinesen zu, der am Rand des Grabes stand und Todesängste ausstand. Er hatte sich bereits sein eigenes Grab gegraben. In meinem Inneren bat ich um Vergebung. Dann stach ich mit geschlossenen Augen, die Flüche des Leutnants in den Ohren, das Bajonett in den versteinerten Chinesen. Als ich die Augen wieder öffnete, war er ins Grab gefallen. ›Du bist ein Mörder, ein Krimineller‹, sagte ich zu mir selbst.«

Recht bald hatten alle das Töten gelernt. Neue Rekruten wurden in Dämonen verwandelt, und diese Verwandlung vollzog sich meist im Laufe von Wochen, seltener Monaten. Sie mussten nur begreifen, dass die Chinesen Untermenschen waren. Einige gaben zu, dass es ihnen leichtfiel zu töten. Hatten sie nicht gelernt, dass ein menschliches Leben im Gegensatz zu dem des Kaisers nichts wert war? Und wenn schon das Leben eines Japaners so wenig bedeutete, wie sah es dann erst mit dem des Feindes aus?

Der Angriff auf Nanjing erfolgte am 13. Dezember. Zu diesem Zeitpunkt hatte die Regierung die Stadt bereits verlassen, und die Bewohner waren schutzlos. Auf zahlreichen Gebäuden wehten weiße Fahnen, aber die Japaner wollten Blut sehen. Die Chinesen sollten begreifen, wer die Herrscher des Ostens waren! An der Spitze des Bösen marschierte General Tani Hisao, der Oberkommandierende der sechsten Division des Invasionsheeres. Hisao ließ seine Männer einfach gewähren. Plötzlich, wie auf Kommando, verwandelte sich jeder Zivilist in eine Schießscheibe. Selbst kleine Kinder wurden wie Kaninchen gejagt – und erschossen. Frauen wurden vergewaltigt und anschließend ermordet. Männer wurden geköpft oder lebendig begraben. Das Blut floss in Strömen in den Jangtse.

Fünf Tage nach dem Angriff ritt Matsui Iwane, der Oberkommandierende aller japanischen Truppen in China, in Nanjing ein. Matsui war ein kränklicher Mann. Er litt an Tuberkulose und war müde. Er hatte seine Truppen im Vorfeld angewiesen, diszipliniert aufzutreten. Der Anblick, der sich ihm darbot, erschütterte ihn. »Ich fühle mich einsam«, sagte er. »Wie soll ich über eine solche Eroberung jubeln?«

Aber niemand hörte ihm zu. Im selben Augenblick, in dem Matsui weitergereist war, ging das Morden mit unverminderter Heftigkeit weiter. Einmal wurden sogar 57 000 Menschen auf einmal hingerichtet, erzählt Rong Weimu, Historiker der chinesischen Wissenschaftsakademie. Die zum Tode verurteilten wurden zum Jangtse beordert und der Reihe nach aufgestellt – einer schrecklich langen Reihe. Die Salven waren stundenlang zu hören, und während sich die Nacht über die Stadt senkte, färbte sich das Flusswasser rot.

Mehrere Jahre später stellte das International Tribunal for the Far East (IMTFE) fest, dass mindestens 260 000 Menschen bei den Gräueln, die als Massaker von Nanjing in die Geschichte eingingen, den Tod gefunden hatten. Nicht einmal durch die Atombomben auf Hiroshima und Nagasaki kamen so viele Menschen ums Leben. Und wäre nicht ein Mann gewesen, ein Deutscher und Nationalsozialist, wären die Verluste noch größer gewesen.

Der Ingenieur John Rabe wohnte bereits seit dreißig Jahren in China. In Nanjing leitete er die chinesische Niederlassung von Siemens. Er war groß, kahlköpfig und trug eine Brille. Er war immer tadellos gekleidet, eine Führungspersönlichkeit. Recht früh wurde er ein überzeugter Anhänger Hitlers. »Hitler ist ein Geschenk an das deutsche Volk«, soll er zu seinen Kollegen bei Siemens gesagt haben. »Ohne Hitler gibt es keine Zukunft.«

Als nun die Rauchwolken über Nanjing trieben, ging dieser Nationalsozialist auf die Barrikaden, um die Allerschwächsten zu verteidigen. Er wurde der Chef der sogenannten Schutzzone der Stadt, einem kleinen Areal, das von 250 000 verzweifelten Menschen bewohnt wurde. Diese Zone war auf Rabes Initiative hin eingerichtet worden. Er hatte früh geahnt, was kommen würde. Deswegen hatte er ein Telegramm an Hitler geschickt und ihn gebeten, seinen Einfluss bei den Japanern geltend zu machen: »Wir Zivilisten, Chinesen und Ausländer, haben nur einen Wunsch – zu überleben! Heil Hitler!«

Er erhielt nie eine Antwort, aber die Zone erhielt die Genehmigung der Japaner. Weiße Fahnen markierten ihre Grenzen. In der Zone drängten sich die Menschen. Eines Tages, während er durch die Stadt ging, entdeckte Rabe 400 marschierende chinesische Soldaten. Sie wollten gegen die Japaner kämpfen! Rabe war klar, dass sie dem sicheren Tod entgegenmarschierten, und lotste sie deswegen hinter die Mauern seiner Schutzzone. Aber auch dort waren sie nicht sicher. Die Japaner kamen ihnen auf die Spur und stürmten die Zone unter wilden Schreien. Den Soldaten wurden Handschellen angelegt, und sie wurden zum Richtplatz geschleift.

»Habe ich richtig gehandelt?«, fragte sich ein nachdenklicher Rabe in seinem Tagebuch. »Oder habe ich alles falsch gemacht?«

In den nächsten Wochen suchten mehrere Tausend chinesische Soldaten Zuflucht in der Zone, ein Verstoß gegen die Regeln. Die Japaner waren ihnen auf den Fersen. Tag und Nacht wurden sie abgeholt und erschossen, und Rabe musste ohnmächtig zusehen. Aber die große Mehrheit, die Zivilisten, ließ man in Frieden. Wenn es doch nur genug Essen und Wasser für alle gegeben hätte! Für Rabe bestand jeder Tag aus schwierigen Verhandlungen, aber da er Deutscher und Nationalsozialist war, hatten die Japaner ziemlichen Respekt vor ihm. Für die Chinesen war er ein lebender Buddha. Wohin er auch ging, flehte man ihn um Hilfe an. Auch am ersten Tag des Jahres 1938: »Die Mutter einer anziehenden jungen Frau fiel weinend auf ihre Knie und bat mich um Hilfe. Als ich in ihr Haus trat, sah ich einen vollständig nackten Soldaten auf dem Mädchen liegen, das hysterisch schrie. ›Gutes neues Jahr!‹, rief ich dem Schwein, so laut ich konnte, zu. Sofort machte sich der Nackte mit den Hosen in der Hand davon.«

Die Vergewaltigungen schockierten Rabe. Die japanischen Soldaten durchstreiften die Stadt und warfen sich hemmungslos auf die Frauen. Keine Frau zwischen acht und achtzig konnte sich sicher fühlen. Nach der Vergewaltigung wurden die Frauen ermordet. »Ich sah sie mit eigenen Augen, und ich sprach mit einigen von ihnen, bevor sie starben.« Rabe bot sich in jeder Straße der gleiche grauenvolle Anblick, während an den Wänden japanische Parolen leuchteten: »Habt Vertrauen in die japanische Armee! Japan will China beschützen! Begrüße die leuchtende Zukunft!«

In der Schutzzone war Rabe rund um die Uhr im Einsatz. Einmal warfen sich ihm mehrere Tausend weinende Frauen zu Füßen. Hilf uns! Beschütze uns! Lautstark erklärten sie, dass sie lieber gemeinsam Selbstmord begehen, als die Zone verlassen wollten. Während Bomben fielen und Brände wüteten, veranstaltete er Geburtstagsfeiern für die Kinder. Er zündete Kerzen an und teilte Geschenke aus. Jedes Neugeborene erhielt ein Geldgeschenk. Jungen zehn Dollar und Mädchen neun Dollar. In einem Brief an Hitler erklärte er, warum sich Mädchen mit weniger begnügen mussten. »Wie Sie vielleicht wissen, sind Mädchen in China nicht so viel wert wie Jungen.«

Im Februar 1938 fuhr Rabe nach Deutschland zurück. Er wollte Hitler von den Vorfällen unterrichten und die Welt alarmieren. Aber der Führer gewährte ihm keine Audienz. Stattdessen begann Rabe Vorträge über seine Erlebnisse zu halten. Tausende hörten ihm zu. Schließlich hatte die Gestapo genug: Rabe wurde festgenommen und verhört. Die Gestapo wies ihn nachdrücklich an, den Mund zu halten. Kein Wort mehr über Nanjing!

Schwierige Jahre folgten. Siemens beschäftigte ihn in untergeordneter Stellung, und Rabe rackerte sich ab. Das Geld reichte nie, und seine Familie hungerte. 1946 beantragte er, von seiner nationalsozialistischen Vergangenheit rehabilitiert zu werden – ohne Erfolg. Er blieb ausgestoßen, und seine Leiden gingen weiter.

»In Nanjing war ich ein lebender Buddha, aber hier bin ich ein lebender Paria«, schreibt er in seinem Tagebuch.

Im Jahre 1948 erfuhren die Einwohner von Nanjing von Rabes elenden Lebensumständen. Spontan sammelten sie tausend amerikanische Dollar, damals eine recht beachtliche Summe. Der Bürgermeister der Stadt reiste mit dem Geld eigens nach Deutschland. Bei der Zwischenlandung in der Schweiz kaufte er große Mengen Kaffee, Tee, Mehl, Wurst und andere Fleischwaren und Butter. Alles für

Rabe. Von jetzt ab erhielt er jeden Monat ein Essenspaket aus China. Die chinesische Nationalistenregierung mit Sitz in Nanjing bot ihm an, dass er zurückkehren dürfe, und stellte ihm eine Ehrenpension in Aussicht.

Aus verschiedenen Gründen lehnte Rabe ab. Zwei Jahre später starb er.

»Er war Chinas Oskar Schindler«, schreibt Iris Chang in ihrem Buch »Die Vergewaltigung von Nanking«.

Was erwarte ich? Massengräber? Stille?

Die *Changjiang II* hat ihre kurze Fahrt beendet. Vor meinen Augen liegt das neue Nanjing. Die Stadt begrüßt mich mit Hochhäusern und Wolkenkratzern, Menschen und Lärm. Die Vergangenheit scheint plattgewalzt worden zu sein. Von Dächern und Hauswänden leuchtet Reklame. Die Reklame ist japanisch: Asahi. Canon. Sony. Suzuki. Fujitsu. Fujichrome. Toshiba. Toyota. Panasonic. Nikon. Nissan. Yamaha. Mazda. Mitsui. Mitsubishi. Alle paar Schritte werde ich zum Karaoke aufgefordert, und zwei Straßen im Zentrum werden von japanischen Restaurants und Bars dominiert. Hier isst man Sushi, Sashimi und Kobe-Rind und spricht dazu reichlich dem Sake zu.

Aha, denke ich, die Japaner sind zurück.

Japan ist Chinas unmittelbarer Nachbar. Die ersten Jahrzehnte nach dem Kriege blieben die beiden Länder auf Distanz. Keine Verbindungen, kein Dialog. Die Japaner schämten sich, und die Chinesen waren verbittert. Erst 1972 wurde der damalige japanische Ministerpräsident Kakuei Tanaka in der Studierkammer des Vorsitzenden Mao in Peking vorstellig. Tanaka, ein kleiner und kräftiger Mann, verbeugte sich tief vor dem gebrechlichen Vorsitzenden und sagte: »Hochgeehrter Vorsitzender Mao, wir bitten sowohl Sie als auch das chinesische Volk um Entschuldigung! Nie wieder Krieg!«

Tanaka überreichte Mao eine große und schöne Gedichtsammlung – Gedichte über Blumen, Liebe und Frieden. Sie war in rote Seide gebunden.

So begann ein neues Kapitel im Verhältnis zwischen diesen beiden Giganten Asiens. Jetzt, dreißig Jahre später, wird in den Straßen von Nanjing Japanisch gesprochen. Die Invasoren sind Geschäftsleute in dunklen Anzügen, die Waffen sind Geldscheine, Galadiners und höfliche Überredungskünste. Die Japaner haben Milliarden auf dem chinesischen Festland investiert. Die Erklärung dafür ist einfach: Der chinesische Arbeiter kostet nur den Bruchteil eines japanischen.

»Als ich meinen Betrieb von Osaka nach Nanjing verlegte, musste ich 600 Arbeitnehmer entlassen. Die Entlassenen liefen durch die Straßen, schlugen auf Trommeln und riefen: ›Kasuga, du bist ein Teufel!‹ Aber was hätte ich tun sollen?«, fragt Takeo Kasuga, der glückliche Besitzer der China Nippon Textile Company. Er ist ein kleiner Mann mit Augen, die vor Tatendrang leuchten.

Wir gehen durch die Hallen, in denen Frauen in langen Reihen an Nähmaschinen sitzen. Chinesische Frauen, gestern noch Bauernmädchen, heute schon Textilarbeiterinnen. Keine schaut hoch, sie haben keine Zeit dazu. Die Finger bewegen sich mit den Maschinen um die Wette. Spitze Nadeln rasen rauf und runter, und es wird zickzack und in scharfen Kurven genäht. Die geringste Unaufmerksamkeit, und alles ist verdorben. Der Lärm der Nähmaschinen ist gewaltig, aber Kasuga ruft mir ins Ohr, dass dies die Chinesen nicht weiter bekümmere.

»Chinesen sind Lärm gewohnt!«

»Wie bitte?«

»Ich habe gesagt, dass Chinesen Lärm gewohnt sind!«

»Ich verstehe Sie nicht!«

»Ich sage, dass die Chinesen den Lärm gewohnt sind! Gehörschutz ist unnötig.«

Hergestellt werden Trainingsanzüge für die USA, verschiedene Modelle und alle Größen. Verpackt werden sie in rasendem Tempo in Halle 8.

»Wir müssen preislich konkurrieren!«, schreit Kasuga mit schriller Stimme.

Wieder an der frischen Luft stellt der Japaner fest, dass es richtig war, die Produktion nach Nanjing zu verlegen. Die Chinesen müssten allerdings noch lernen, disziplinierter zu arbeiten.

»Inwiefern?«

»Sieben bis acht Prozent der Ware ist Ausschuss. Das ist zu viel. In Japan beträgt die Quote nur ein Prozent. Außerdem gibt es zu viele Krankmeldungen. Wir können keine kranken Arbeiterinnen gebrauchen.«

Kasuga kam 1942 zur Welt. Er erinnert sich nicht an den Krieg, und in der Schule in Osaka hörte er nichts vom Massaker von Nanjing. In den Geschichtsbüchern war von dem Krieg mit China, einer Tragödie, die zwanzig Millionen Menschen das Leben gekostet hatte, nur in wenigen schwammigen Zeilen die Rede. Noch heute wird die Vergangenheit totgeschwiegen. In Geschichtsbüchern und Lexika ist die Untat zu einem Fehler geworden, und es gibt Historiker, die behaupten, das Massaker von Nanjing habe nie stattgefunden. »Hätten unsere Soldaten auch nur dreißig Zivilisten getötet, wären wir schockiert gewesen«, äußerte einer von ihnen 1996. Einflussreiche Politiker und sogar Mitglieder der Regierung haben es gewagt, das Gleiche zu sagen. China hat lautstark protestiert, ohne dass das etwas genützt hätte.

Aber auch über China breitet sich der Schleier des Vergessens aus. Ganze 88 Prozent der Bevölkerung sind nach dem Krieg geboren. Heute leben in Nanjing nur noch 1800 Überlebende von 1937. Viele von ihnen sind zu alt, um überhaupt noch etwas sagen zu können, andere haben sich entschlossen zu schweigen. Alte Wunden aufreißen ist schmerzhaft.

Gibt es überhaupt jemanden, der davon erzählen will?

Die Suche übernimmt Liang, mein Führer vor Ort.

Einige Tage später klopfen wir bei einer alten Frau an. Aus dem Haus sind Gekläff, leise Stimmen und Töpfeklappern zu hören. Ein Baby schreit. Li Ying wohnt in einem der alten Stadtteile Nanjings. Hier sind immer noch überwiegend Fahrradklingeln zu vernehmen. Ein Mann mittleren Alters mit nacktem Oberkörper und Bauch öffnet die klapprige Holztür. Leise, fast beschämt, erzählt er, Li Ying würde auf ihre täglichen Spaziergänge im Viertel verzichten. »Und das ist der Grund«, sagt er und deutet auf die Neonreklame auf der anderen Straßenseite: »Mitsubishi, heute, morgen, immer!«

Li ist 84 Jahre alt und hat erstaunlicherweise immer noch kohlrabenschwarzes Haar. Ihre Augen sind schwermütig und rot gerändert. Ihre Stimme klingt wie eine quietschende Schranktür.

»Ich war siebzehn und im siebten Monat schwanger, als die Japaner kamen. Sie haben mit einem Bajonett 37 Mal auf mich eingestochen. Ich habe das Kind verloren. Meinen Mann haben sie geköpft. Jetzt will ich eine Entschädigung! Alle, die gelitten haben und die noch leben, müssen eine Entschädigung erhalten!«

Li Ying hat auf einem niedrigen Hocker im unordentlichen Innenhof Platz genommen. Sie ist klein und leidet an Gicht, trägt schwarze Kleidung und das schwarze Haar in einem Knoten. In ihren Händen hält sie einen Stock. Ohne Aufforderung führt sie ihre alten Narben vor, beide an der rechten Schulter, die eine ist acht Zentimeter lang, die andere kaum noch zu sehen.

»Haben Sie eine Entschädigung verlangt?«

»Ja, schon vor zwei Jahren. Ein paar von uns haben die gleichen Forderungen gestellt. Die Regierung unterstützt uns.«

»Haben Sie eine Antwort erhalten?«

»Nichts! Und jetzt sind wir alt. Wir sterben bald. Wenn wir noch etwas von der Entschädigung haben wollen, dann müssen wir sie jetzt bekommen.«

Sie stößt ihren Stock mit Nachdruck auf den Boden.

Li Ying hat kein Interesse daran, über ihre eigenen Erlebnisse 1937 zu sprechen. Sie interessiert nur die Entschädigung. Gleichgültig, wonach ich frage, beginnt sie von dem Geld zu sprechen, auf das sie Anspruch zu haben glaubt. Ehe ich gehe, meint sie noch, sie hasse alles Japanische. Solange die Mitsubishi-Reklame auf der anderen Straßenseite hänge, würde sie das Haus nicht verlassen. Bis auf Weiteres würde sie auf dem Hof ihre Kreise drehen, um einen Haufen zerbrochener Dachziegel, zwei rostige Fahrräder, eine unbrauchbare Gasflasche, eine defekte Taschenlampe und anderen Unrat herum. Betrüblich, aber das Geißblatt, das zur Traufe hinaufrankt, duftet sommerlich.

Respektvoll verabschieden wir uns von Li Ying. Wir sehen noch, wie sie sich erhebt. Langsam, wie in Zeitlupe, greift sie zu ihrem Stock, um ihre Runden zu drehen. Die Straße muss warten.

Es fragt sich, ob sie die Westliche Flusspromenade jemals wiedersehen wird. Japanische Yen wird sie vermutlich auch nie zu Gesicht bekommen. Als China 1972 seine Beziehungen zu Japan normalisierte, verzichtete die Regierung in Peking auf ihre langjährigen Entschädigungsansprüche. Für die Japaner ist die Sache damit abgeschlossen.

Von der Westlichen Flusspromenade ist es nicht weit bis zur Gedächtnishalle für die Opfer des Krieges. Diese Halle wurde 1985 auf einem der Massengräber der Stadt errichtet. Hier fanden 8000 Zivilisten den Tod. Liang und ich wandern durch eine Museumslandschaft aus schweren Granitblöcken. Die Steine sollen den Tod symbolisieren. Die Fotos an den Wänden haben Fotografen der japanischen kaiserlichen Armee aufgenommen, Hinrichtungen in Schwarz-Weiß. In der Galerie im Untergeschoss halten wir inne und schauen durch die frisch geputzten Glaswände. Dahinter liegen Berge grauweißer Knochen. Zwei Schreibtische sind auch zu sehen. Der eine ist wesentlich kleiner als der andere. »An diesem Tisch kapitulierte Japan am 15. August 1945.«

Es ist Nachmittag, und es sind nur wenige Besucher unterwegs. Zwei Schulklassen gehen schwatzend durch die Halle.

»Pst!«, ermahnt sie die Aufseherin. »Ruhe!«

Die nächste Gruppe benötigt keine Ermahnungen. Es handelt sich um acht alte Männer in Rollstühlen. Langsam werden sie an den Granitblöcken und Glaswänden vorbeigeschoben. Einer hat sich ein viereckiges Schild mit großen Schriftzeichen an die Brust geheftet: »Ich habe das Nanjing-Massaker überlebt.« Vor der Glaswand machen sie halt. Der Mann mit dem Schild räuspert sich, seine Stimme ist kaum zu hören.

»Dort liegen meine Freunde«, flüstert er und zieht ein weißes Taschentuch aus seiner Brusttasche. Mehr kann er nicht sagen, weil ihm die Tränen kommen.

Mein Führer erzählt mir, dass Pan Kaiming achtzig Jahre alt ist. An einem Dezembertag 1937 musste er sich mit 300 anderen zur Hinrichtung aufstellen. »Feuer!«, rief ein japanischer Offizier, und alle fielen hintenüber, auch Pan Kaiming. Die Japaner hielten ihn für tot, aber Stunden später krabbelte er vollkommen benommen aus dem Massengrab. Er hatte überlebt!

»Seither hasse ich alles, was rot ist«, sagt er.

Diese Äußerung ließe sich missverstehen, aber alle nicken, alle verstehen ihn.

Der nächste Tag. Ich folge der Stadtmauer, welche die größte Grabstätte der Welt eingrenzt. An einigen Stellen ist sie begehbar. Sie wurde im 14. Jahrhundert während der Ming-Dynastie errichtet und ist 33,7 Kilometer lang. 200 000 Arbeiter brauchten 21 Jahre bis zu ihrer Vollendung. Jeder Ziegel ist mit dem Namen des Ziegelbrenners und des Maurers versehen. Bevor der Ziegelbrenner seine Steine weitergab, wurden sie getestet. Auf minderwertige Steine stand die Todesstrafe. Ein Hieb mit dem Schwert, und das Leben war vorbei.

Die Mauer wirft Schatten, sichtbare und unsichtbare. In den sichtbaren Schatten sitzen alte Männer auf Bambusstühlen. Einige sind eingeschlafen, und das Kinn ruht auf ihrer Brust. Ihre Spazierstöcke sind umgefallen, und in den Ginkgos singen die Vögel. Einer der Alten mit wächserner Haut liegt zurückgelehnt, den Mund weit geöffnet. Er wirkt wie tot. Andere spielen an runden Steintischen Bridge. Weiter hinten sitzt ein verdorrtes Ehepaar und trinkt grünen Tee aus Gläsern mit Schraubdeckel.

Hinter einem Wachturm stoße ich auf eine improvisierte Kunstausstellung. An der Mauer hängen auf fünfzig Meter Länge große und kleine Tuschezeichnungen, überwiegend figurativ, Blumen, Vögel, Berge und Flüsse. Die farbenfrohen Motive machen sich gut auf der grauschwarzen Mauer. Einer der Aussteller hat sich auf feuerspeiende Drachen spezialisiert, eine junge Frau malt Phönixe. Sie erzählt mir, dass der Vogel Phönix die Auferstehung und das Leben symbolisiert. Der griechische Historiker Herodot erzählte, dass Phönix alle 500 Jahre von Arabien nach Heliopolis flog, um seinen Vater zu begraben. Dabei verbrannte er, stieg aber aus der Asche wieder auf. Nanjing ist wie Phönix. Etliche Male lag die Stadt tot und begraben da, sie ist aber jedes Mal wieder auferstanden.

Die Frau nickt und lächelt, wir verstehen uns.

Der nächste Aussteller beschäftigt sich mit Kalligrafie, luftigen Schriftzeichen von Künstlerhand. Seit 2000 Jahren pflegen die Chinesen die Kunst der Kalligrafie. Es gibt unzählige Formen. Die Zeichen können groß und explosiv sein, aber auch klein und zierlich. Von länglichen Papieren leuchten klassische Poesie, Lehrsätze von Konfuzius, Mengzi und Lao Tse sowie kurze, knappe Lehrsätze über die Kriegskunst aus der Feder des Sun Tsu, eines militärischen Theoretikers, der vor 2500 Jahren lebte.

Einer dieser Lehrsätze lautet:

Wenn man den Feind und sich selbst kennt,
dann ist der Sieg nicht in Gefahr.
Wenn man den Himmel und die Erde kennt,
dann ist der Sieg vollkommen.

Der nächste Abschnitt der Stadtmauer ist sehr verfallen. Hier hält sich fast niemand auf, außer ein paar Männern, die an die Mauer pinkeln. Hinter einem Turm höre ich ein paar kleine Mädchen lachen. Sie sind dabei, einen grauen, schmutzigen Pudel zu waschen. Das Waschwasser spritzt in alle Richtungen. Ein paar Meter weiter lernt ein Mann englische Vokabeln. Den Kopf an die Mauer gelehnt erklärt er laut: »I am very happy!« Und die Mauer antwortet: »I am very happy!«

Leise gehe ich weiter. Den nächsten Abschnitt habe ich für mich.

Von dem Turm in der Ferne höre ich jedoch laute Rufe: Schwere Lasten mit Steinen werden mit dem Flaschenzug nach oben gezogen.

»Vorsicht!«, ruft jemand, aber nicht auf Chinesisch, sondern auf Japanisch.

Die Japaner sind zurück, aber nicht um niederzureißen, sondern um aufzubauen. Vor mir in einer Mauernische von 1384 stehen sanfte Japaner mit Schutzbrille und Schutzhelm. Keiji Onoda, ein kleiner Mann mit wachen Augen, erzählt, dass er aus Hiroshima, der Partnerstadt Nanjings, kommt, um Gutes zu tun. Zusammen besteigen wir den achtzehn Meter hohen Turm.

Von dort aus hat man eine weite Aussicht. Unter uns hört man die sechs Millionen Einwohner der Stadt. Ich erzähle Onoda, dass ich Hiroshima bereits 1977 besucht habe. Schon damals hätte ich gefunden, dass die Stadt eine der schönsten Japans sei. Alles sei neu gewesen, die Häuser, die Straßen, die Parks und die Denkmäler, und durch diesen Wohlstand fließe in einem großen Bogen der Ota. Nanjing sei fast so schön. Wer wage zu behaupten, dass die Welt stillstehe?

»Wir haben unsere großen, stolzen Städte verloren«, schrieb die Schriftstellerin Han Suyin 1944. »Die Erde ist getränkt vom Blut unserer Toten. Der Rauch unserer brennenden Häuser verdunkelt den Himmel. Aber die Geschichte wird nicht von eroberten Städten, brennenden Orten oder verwüsteten Landstrichen geschrieben. Wir haben einen großen Teil unseres Landes verloren, China aber nicht. Überall, wo ein tapferes und unbeugsames Herz schlägt, liegt ein China, das nicht erobert werden kann.«

China wurde nie erobert, und am Fuße des Turms findet ein Fest statt. Japanische Köche verteilen an alle Interessierten Kleinigkeiten und Süßigkeiten. Die Backwaren sind mit japanischen und chinesischen Fähnchen dekoriert. Es wird gelacht. Und aus den Lautsprechern klingt gefällige Musik in Dur.

Aber dann geschieht etwas. Ein Alter tapert vorbei. Ein Koch hält ihm einen Becher mit Süßigkeiten hin, der mit zwei kleinen Papierfähnchen dekoriert ist. Der Alte bleibt stehen, und seine Augen blitzen wütend auf. Er schlägt dem Koch den Becher aus der Hand. Eine Sekunde später liegen der glasierte Apfel und die roten Kirschen zusammen mit den Fähnchen im Schmutz.

Die Alten können nicht vergessen, die Jungen schon. Zwei Tage später wird in meinem Hotel eine Hochzeit gefeiert. Chinesische Braut, japanischer Bräutigam. Die roten Lampions leuchten, und am Himmel funkeln die Sterne. Als das Paar eintrifft, füllt sich die Lobby mit gedämpftem Jubel. Die Braut trägt ein langes Brautkleid und lächelt und verbeugt sich in alle Richtungen. Der Bräutigam, der eine grau gestreifte Hose und ein schwarzes Jackett trägt, lächelt und verbeugt sich ebenfalls. Er müsste nur noch einen Zylinder tragen. Von der vergoldeten Buddhastatue im Hintergrund verbreitet sich der süßliche Duft von Räucherstäbchen.

»Inzwischen gibt es viele solche Hochzeiten«, meint ein Angestellter des Hotels. Er verfolgt die Szene ganz entspannt.

Japan hat Milliarden in China investiert. Das zeugt von Fortschrittsgläubigkeit. Mit jedem Jahr, das vergeht, schließt China zu Japan auf. Japans Ökonomen bezeichnen Japan als Land des Sonnenuntergangs und beginnen von China als dem Land des Sonnenaufgangs zu sprechen. Dank seiner billigen Arbeitskräfte ist China zur Produktionsstätte der ganzen Welt geworden.

Zweifellos ist der Mensch ein Wesen, das nur schwer zufriedenzustellen ist. Ich bin mir in der Tat unsicher, ob Gott jemals einen Himmel finden wird, der gut genug für uns ist.

LIN YUTANG

Gib mir eine Pagode!

Es wurde genug gestorben. Bitte keine Massengräber mehr! Ich will etwas, zu dem ich aufschauen kann, das in ewigem Trotz in den Himmel ragt. Gib mir eine Pagode!

China ist voller Pagoden. Es soll mehrere Tausend geben; verstrichenen Jahrhunderten und Mao und anderen bösen Mächten zum Trotz stehen sie immer noch. Runde Türme, lotrecht – kein Parkinson, keine Fallsucht, sie sind nicht einmal schief. Die älteste Pagode ist die Songye-Pagode in der Provinz Henan. Sie ist 41 Meter hoch und wurde im Jahre 523 errichtet. Keine Macht der Erde hat ihr bislang etwas anhaben können, auch nicht die Erdbeben, die diese Gegend ab und zu heimsuchen.

Pagoden haben vor allen Dingen eine religiöse Funktion. In ihnen werden Schriften und Schätze aufbewahrt, und jede Etage, jede Stufe des spitzen Turmes symbolisiert die Sehnsucht des Menschen nach der Ewigkeit. In China spielten die Pagoden auch eine praktische Rolle. An der Küste dienten sie als Leuchttürme für die Seefahrt, ebenso wie einige Pagoden am Jangtse.

»An Bord!«

Ein neues Schiff, die *Flussprinzessin*, legt mit einem langen Tuten des Nebelhorns ab. Die Schiffsschraube hinterlässt einen Schaumstreifen, und die Stadt des Todes verschwindet im zarten Morgennebel.

Pagode, wo bist du?

Der Buddhismus kam früh nach China. Buddha oder Siddhartha Gautama, wie er eigentlich hieß, wurde vor gut 2500 Jahren geboren, und zwar nicht in China, sondern in Nordindien. Nur kümmerliche fünf Mönche lauschten seiner ersten Predigt. »Es gibt zwei Extreme, o Mönche, denen ihr nicht folgen solltet. Das eine ist der hemmungslose Lebensgenuss, das andere ist die vollständige Lebensentsagung.« Buddhas Lösung war der goldene Mittelweg, bestehend aus einer einfachen Lebensweise, moralischem Verhalten und ehrlicher Arbeit.

In den nächsten Jahrhunderten breitete sich die neue Lehre in alle Richtungen aus, auch über das Gebirge nach China. Mönche in purpurroten Gewändern trotzten den Schneestürmen: Sie wollten hinauf und in das größte aller Reiche hinein. Von der Westecke des Reiches folgten sie der Seidenstraße nach Osten, bis ans Meer, ja bis nach Japan. Die Seidenstraße bevölkerte sich mit Mönchen, Pilgern, Malern, Dichtern, Bildhauern und Architekten. Pagoden wurden errichtet, und Millionen Chinesen suchten Trost in der neuen Lehre. Vorher hatten sie sich mit unterschiedlichen Formen der Ahnenverehrung begnügt. Als Mao 1949 die Macht ergriff, war das Land mit Pagoden, Tempeln und Klöstern übersät.

Nach und nach wurden diese Heiligtümer geschlossen. Mao ließ die Mönche und Nonnen auf die Reisfelder jagen. Arbeitet! Betet nicht! Wer sich weigerte, wurde ins Gefängnis geworfen. Glücklicherweise musste Maos Mutter diese schwarzen Jahre nicht mehr erleben. Sie war zutiefst religiös und kniete täglich mit ihren Räucherstäbchen im Tempel in Shaoshan, ihrem Heimatdorf in der Provinz Hunan.

Heute sind beide tot. Mao und seine Mutter. Wem von beiden es wohl im Jenseits besser geht?

Westlich von Nanjing zieren mehrere hohe Pagoden die Landschaft. Sie erheben sich auf Höhenrücken und Bergen und riechen schon von Weitem nach frischer Farbe. Wäre ich der Kapitän der *Flussprinzessin*, dann würde ich anlegen und hinauflaufen, und zwar alle Treppen, bis ich am obersten Fenster stünde und über den

Flickenteppich aus grünen Reisfeldern schauen könnte. Aber die *Prinzessin* will weiter.

»Dieses Schiff gefällt mir nicht«, meint mein Kabinengefährte. »Die Leute spucken überallhin. Als ich in Nanjing an Bord ging, bekam ich eine Kabine, die nicht geputzt war. Auf dem Boden war grüner Rotz. Ich bat um eine andere Kabine. Die war fast genauso schlimm. Ein älterer Mann lag in der linken unteren Koje und spuckte in einen mitgebrachten Spucknapf, einen weißen Topf mit einem Klappdeckel.«

Er schlägt sich auf die Schenkel und seufzt.

»Aber Sie sind ein zivilisierter Mensch«, fährt er fort. »Das sehe ich Ihnen an. Sie spucken nicht, weil Sie aus dem Westen kommen. In China spucken die Leute dauernd. Alle spucken, besonders die Männer. Das ist eine Unsitte und lässt auf unser niedriges kulturelles Niveau schließen.«

Er ist Anfang sechzig, tadellos gekleidet, hat eine hohe Stirn und eine gewichtige Miene.

»In China gibt es immer alle möglichen Kampagnen. Wir sollten einmal eine nationale Kampagne gegen das Spucken durchführen! Ich habe den größten Teil meines Lebens in Peking verbracht, und dort unternehmen wir alles, um mit solchen Unsitten aufzuräumen. Das passt auch nicht zu einer Stadt, die die Olympischen Spiele ausrichtet. Dort können schließlich nicht alle herumlaufen und spucken! Wenn man heute auf den Platz des himmlischen Friedens oder in der Wangfujing, der langen Einkaufsstraße, spuckt, dann muss man fünfzig Yuan Strafe zahlen. Darin hat die Stadtverwaltung meine ganze Unterstützung. Neulich hat sie eine Kampagne gegen die zwölf Übel ins Leben gerufen.«

»Die zwölf Übel?«

»Ja, spucken, fluchen, sich vordrängeln und ähnliche Unarten. Ich erinnere mich nicht mehr an sämtliche Punkte. Ganz oben auf der Liste stand jedoch das Spucken.«

»Ist es dadurch besser geworden?«

»Alles braucht seine Zeit! Sie müssen bedenken, dass wir mehrere Tausend Jahre lang gespuckt haben.«

Das ist vermutlich ganz richtig. In der älteren Reiseliteratur gibt es etliche anschauliche Schilderungen der chinesischen Spuckgewohnheiten. »Der gelbe Mann kann sehr charmant sein«, schrieb der Däne Balthasar Münter 1888, »aber wie er spuckt! Man fühlt sich nur selten sicher, denn die Luft ist von nassen Geschossen erfüllt. Sicherheitshalber sollte man immer ein Taschentuch in der Jackentasche mitführen.«

Zwölf Jahre später begann der Boxeraufstand, ein nationaler Aufruhr, der sich gegen den Kaiser und die Ausländer in China richtete. Vermutlich zum ersten Mal in der Geschichte der Menschheit wurde das Spucken als Waffe im Kampf verwendet. Während die Boxer auf Peking zumarschierten, sangen sie aus vollem Hals: »Der Kaiser hat viele Banner – wie wahr! Die ausländischen Soldaten sind zahlreich – wie wahr! Aber wenn jeder Chinese nur einmal ausspuckt, dann werden sie ertrinken!« Während der nächsten Monate regnete es Spucke in den sommerwarmen Straßen Pekings. Wenig angenehm, die ausländischen Truppen ließen sich davon jedoch nicht anfechten. Blei war stärker als Spucke, und bald lagen die Boxer röchelnd in ihrem Blut.

Etliche Jahrzehnte später lancierte Präsident Chiang Kai-shek eine nationale Kampagne, die Bewegung für ein neues Leben. Der Präsident und seine Frau wollten das Volk Moral lehren, und dazu gehörten Christentum und dem Spucken zu entsagen. Noch im Jahre 1948, als die Niederlage des Nationalistenregimes unausweichlich war, schickte er Soldaten auf die Straßen Pekings, um Spuckende aufzugreifen. Es nützte nichts. Im Jahr darauf wurde seine Regierung von einem Bauernsohn besiegt, der seit seiner Kindheit ständig in alle Himmelsrichtungen gespuckt hatte. Mao war ein Mann mit einfachen Bauernmanieren, und sein Spucknapf war sein liebster Besitz. Auch als Richard Nixon, der Präsident der USA, 1972 seine Studierkammer betrat, stand sein Spucknapf dort, groß, rund und mit rosa Blumen zierlich dekoriert.

Etliche Jahre später kam der Ministerpräsident Indonesiens auf Besuch. Mao war tot, Deng Xiaoping an der Macht. Ministerpräsident Lee war als ein Verfechter extremer Reinlichkeit bekannt. Dengs Assistenten fanden es unpassend, einen Spucknapf herumstehen zu haben, und entfernten ihn kurzerhand.

Während der Unterhaltung hatte Deng plötzlich das Bedürfnis zu spucken.

»Wo ist mein Spucknapf?«, fragte er und sah seinen Assistenten streng in die Augen.

»Wir haben ihn rausgetragen«, antwortete einer von ihnen leise.

»Trag ihn wieder rein!«

Der Spucknapf wurde wieder hereingetragen, und Deng spuckte nach Herzenslust. Aber warum spucken die Chinesen überhaupt?

»Sie glauben, dass sie das müssen«, sagt mein Kabinengefährte. »Sie sagen, es sei gut für die Gesundheit. Spucke und Schleim müssen den Körper verlassen, sonst werden sie krank. Aber diese Theorie ist falsch. Ihr im Westen schluckt die Spucke einfach herunter, werdet deswegen aber auch nicht krank. Ich glaube sogar, dass ihr gesünder seid als wir. Sind Sie nicht auch dieser Meinung?«

Der Frühstücksgong ertönt, und die Passagiere strömen in den Speisesaal. Wir stellen uns in der Suppenschlange an, und nachdem unsere Schüsseln gefüllt sind, suchen wir uns einen Platz an den runden Plastiktischen.

Unter den Ventilatoren in der Mitte des Saals sitzen zwei Männer Anfang vierzig. Sie sind aus dem Westen und tadellos gekleidet. Sie werden nicht weiter beachtet, bis sie die Augen schließen, die Hände falten und laut beten. Ihre Stimmen sind laut und tief, voll und tragend, sie beten im Chor:

»Before we eat this food, dear Lord,
we bow our heads to pray;
and for your blessings and your care
our humble thanks we say. Amen.«

Die Suppenesser sehen sich erstaunt an. Was haben die beiden gesagt?

Alan und Steve kommen aus dem kleinsten Staat der USA, aus Rhode Island. Sie sind Brüder, und Alan erzählt mir, dass ihnen Gott der Allmächtige den Auftrag erteilt habe, die 1,3 Milliarden Einwohner Chinas zu bekehren. Am ersten Weihnachtsfeiertag 1999 erhielten sie eine Anweisung von oben. Jetzt sind die Brüder schon zum zweiten Mal in China. Beim ersten Mal schmuggelten sie etwa dreißig Bibeln ins Land. Letzte Woche überschritten sie die Grenze jedoch ohne ein einziges heiliges Buch, von ihren eigenen Exemplaren einmal abgesehen. Warum?

»Weil inzwischen Bibeln hier im Land gedruckt werden! In Nanjing! Millionen Bibeln jedes Jahr. Warum dann also schmuggeln? Wir können sie schließlich hier kaufen. It's unbelievable!«

Das war ihnen lange unbekannt. Bei ihrem Aufenthalt in Nanjing kauften die Brüder mehr als 200 Bibeln von der Amity Printing Company, Chinas einziger Bibeldruckerei. Der Handel erfolgte über einen Vermittler. Alan zeigt mir die Quittung. Er wirkt hingerissen. Die Amity Printing Company druckte ihre erste Bibel 1987, elf Jahre nach Maos Tod. Vor zwei Jahren konnten sie 25 Millionen Exemplare mit Dankgebeten feiern. Die meisten Bibeln sind auf Chinesisch, aber die Amity Printing Company versucht auch die Minderheiten wie die Koreaner zu berücksichtigen. Die Amity Printing Company stellt zudem Taschenbibeln her. Steve zeigt mir ein Exemplar, ein kleines Buch mit einem roten Plastikeinband.

»Erinnern Sie sich an die Mao-Bibel?«, fragt er. »Damals wurde ein Exemplar für jeden Chinesen hergestellt. Wenn doch nur die neue Taschenbibel auch diese Verbreitung erreichte!«

Alan nickt. Sein Gesicht ist gerötet und sein Blick etwas wild.

»Die Druckerei liegt in einem ehemaligen Reisfeld außerhalb Nanjings. Isn't it fantastic?«

Natürlich ist das phantastisch. Mao hätte es kaum gefallen, dass seine Bibel durch eine richtige im Taschenformat abgelöst wird. Aber die Zeit vergeht, und zwar schnell.

Die ersten Missionare gingen in China im 19. Jahrhundert an Land. Sie folgten den Kanonenbooten. Einige kamen sogar mit den Kanonenbooten. Damals war das Land schwach und arm, und man trieb die Chinesen vor sich her. Mission und Ausplünderung gingen Hand in Hand. Einer der ersten protestantischen Missionare in China, der Schotte Robert Morrison, arbeitete als Dolmetscher für die British East Asia Company, die Speerspitze des British Empire in Asien. Ein anderer bekannter Missionar, der Deutsche Karl Gützlaff, ließ sich während des ersten Opiumkrieges von 1839 bis 1842 von den britischen Truppen als Dolmetscher anheuern. Den Engländern gelang es, große Handelsprivilegien zu erringen, und den Chinesen wurden große Mengen Opium aufgezwungen. Bald lagen Millionen Chinesen im Rinnstein und rauchten Opium. Verfall, Auflösung – Tod.

Als man Gützlaff in sein Grab senkte, ehrte man ihn für seinen Beitrag zur Expansion des Westens in Asien.

»Du hast mehr für das Empire getan als für Gott«, meinte einer seiner Glaubensbrüder.

Lange Zeit hatten es die Missionare sehr schwer. Die Chinesen waren an der neuen Religion nicht sonderlich interessiert. Ein Missionar, ein Engländer, schrieb nach Hause und berichtete, es sei ihm gelungen, im Laufe von achtzehn Jahren vier Chinesen zu taufen. Zwei von ihnen seien geistig behindert gewesen. Aber dann kam Bewegung in die Sache. Um 1850 begann ein verwirrter junger Mann namens Hong Xiaquan weit im Süden des Landes einen Aufruhr. Hong behauptete, er sei der jüngere Bruder Jesu. Folgt mir! Hong versprach den Bauern das Paradies auf Erden ohne Steuern und Abgaben. Alle sollten Boden erhalten, alle sollten glücklich werden. Sein Ziel war es, die Qing-Dynastie zu stürzen und eine neue »himmlische Dynastie« zu gründen, deren Kaiser er werden würde.

Die Bauern verstanden nicht sonderlich viel von Hongs mystischer, religiöser Lehre, aber das Versprechen, für irdische Gerechtigkeit zu sorgen, war ihnen mehr als genug. Millionen schlossen sich Hongs »himmlischem Heer« an, das wie ein Orkan über das Land fegte.

Dieser sogenannte Taiping-Aufruhr währte vierzehn Jahre, von 1850 bis 1864. Die Aufrührer stürmten nach Norden und plünderten, brandschatzten und vergewaltigten. Im Jahre 1853 rückten Hong und seine Männer in Nanjing ein, das sie zur »himmlischen Hauptstadt« erklärten. Der Missionar Isaac Roberts wurde zum Außenminister ernannt. Erst elf Jahre später gelang es der kaiserlichen Armee, den Aufstand niederzuschlagen. Nanjing wurde gestürmt und niedergebrannt. Kein einziger Aufrührer ergab sich. Die meisten begingen Selbstmord, andere sprangen in den Wallgraben, der die Stadt umgab, und ertranken. Hong nahm sich das Leben, indem er eine Mischung aus Wein und Goldstaub trank. Lord Elgin, ein britischer Abgesandter, besuchte die Stadt wenige Tage später. Die drückende Stille, die ihn umgab, erinnerte ihn an Pompeji.

So endete der Erlösungsfeldzug des jüngeren Bruder Jesu. Der Taiping-Aufruhr kostete zwischen zwanzig und dreißig Millionen Menschenleben.

Viele Missionare betrachteten Hongs Projekt mit Schrecken und Grauen. Andere wussten nicht, was sie davon halten sollten, wieder andere sympathisierten sogar mit ihm. Aber die Chinesen hatten genug. Bitte keine weiteren Erlöser! Lasst uns in Frieden!

Die engen Bande zwischen Mission und westlichem Imperialismus waren mit der Zeit vielen Chinesen ein Dorn im Auge. Immer wieder versuchten sie den Aufstand und wurden in die Knie gezwungen. Während des Boxeraufstands 1900 wurden mehrere Tausend Aufständische in Peking auf offener Straße von ausländischen Truppen geschlachtet. Die Boxer, die in Wirklichkeit arme Bauern waren, forderten ihr Land zurück. Viele Missionare flüchteten vorübergehend, andere suchten in Pekings großer katholischer Kathedrale Schutz. Aber als sich der Pulverdampf gelegt hatte, kehrten sie beschützt von westlichen Waffen zurück.

Im Jahre 1911 wurde das Kaisertum abgeschafft, und China wurde Republik. Die westlichen Großmächte behielten jedoch ihre Handelsprivilegien. Missionare und Kaufleute scharten sich um den Präsidenten Chiang Kai-shek, den mächtigen Vorsitzenden der nationalchinesischen Partei. Chiang war Christ, was die Missionare zu schätzen wussten. In vielen Briefen berichteten sie ihren Heimatgemeinden von den edlen Eigenschaften des Präsidenten – dass er außerdem ein Tyrann war und sich mit korrupten Leuten umgab, schien sie nicht weiter zu interessieren. Für sie war lediglich wichtig, dass er im Reich der Mitte das Christentum förderte.

Im Jahre 1949 läuteten dann jedoch die Glocken der Revolution. Chiang flüchtete über das Meer nach Taiwan. Viele Missionare wählten den gleichen Weg. Mao übernahm die Macht, und die Missionare, die das Land nicht freiwillig verließen, wurden nach und nach dazu gezwungen. Von jetzt an hatten es die Gläubigen, Christen, Muslime und Buddhisten, immer schwerer. Schließlich sahen sie sich alle gezwungen zu überwintern.

Natürlich taten die Missionare in hundert Jahren auf chinesischem Boden auch sehr viel Gutes. Sie gründeten unzählige Schulen, in denen Tausende Kinder aus armen Familien ihren ersten Bleistift erhielten. Sie errichteten kleine und große medizinische Einrichtungen, in denen die Leiden von Arm und Reich behandelt wurden. Sie lebten oft unter extremen Verhältnissen die Nächstenliebe. Als der Vorhang fiel und Mao die Macht übernahm, verließen sie ein China mit grob gerechnet drei Millionen Christen.

Und heute?

Mein Kabinengefährte kehrt entsetzt vom Frühstück zurück. Mehrere Männer hätten auf den Boden gespuckt! Das wäre in Peking undenkbar. Man könne zwar alles Mögliche über die Pekinger sagen, aber auf den Boden spucken? Im Restaurant?

»Das müssen Bauern sein«, sagt er. »Ihnen fehlt die Bildung.«

Er selbst ist Archäologe. Ziel seiner Reise sind die Drei Schluchten, ein Flussabschnitt, der vier Tagesreisen entfernt liegt. Dort errichten Zehntausende Arbeiter den größten Staudamm der Welt. Er soll 186 Meter hoch werden. Hinter dieser Mauer wird sich ein 600 Kilometer langer See bilden, was in etwa der Entfernung von Hamburg nach München entspricht. Mehrere Hundert Städte und

Dörfer werden in den Fluten versinken. Fast 1,5 Millionen Menschen werden umziehen müssen und zahllose Kulturdenkmäler verloren gehen.

»Wann wird das Wasser aufgestaut?«

»In dreizehn Monaten.«

Hunderte Archäologen aus ganz China sind auf dem Weg in die Drei Schluchten. Jetzt gilt es zu retten, was noch zu retten ist. Jahrelang haben die Archäologen wie besessen in der engen Schlucht gegraben, bei jedem Wetter, im Sommer und im Winter. Sie haben zahllose Funde gemacht, bemalte Keramik, Inschriften und tausend Jahre alte Gedichte. Sie haben Siedlungsplätze und Gräber, Krüge und Gefäße gefunden. Pfeile und Bogen, Messer und Schwerter. Ming-Porzellan. Gold und Edelsteine. Buddhistische Plastiken und alte Opferstätten, darunter einen 1700 Jahre alten Tempel. Jetzt wird dieser Tempel Stein für Stein auf sicheren Grund weiter nach oben verlegt. Zum Umzugsgut gehört auch der uralte Tempelhain, ein ganzer Wald windschiefer Weisheit. Was sich bewegen lässt, wird bewegt. Aber viel wird auch verloren gehen. Wenn die Archäologen fünfzig oder hundert Jahre Zeit gehabt hätten, dann hätten sie das meiste retten können, aber in sieben oder acht? Nein, das geht nicht.

Der Shibao-Tempel, der für seine komplizierte Holzarchitektur berühmt ist, soll von einem hohen Damm beschützt werden. Das wird etliche Millionen kosten.

»Aber darüber können wir später sprechen«, sagt er und erhebt sich. »Denn jetzt muss ich zur Inspektion.«

»Zur Inspektion?«

»Es gefällt mir nicht, dass an Bord gespuckt wird. Jetzt muss ich sehen, was eigentlich los ist.«

Er erhebt sich abrupt und verschwindet in die diesige Frühlingsluft.

Nach vier Flussbiegungen ist er zurück. Eigentlich sei das Boot gar nicht so schlimm. Die meisten Passagiere wirkten reinlich, und die Mannschaft sei gerade dabei gewesen, das frisch gestrichene Achterdeck abzuspritzen. Aber ab und zu hat er doch unhygienisches Verhalten beobachten können, insbesondere in der Karaokebar, dort sei der burgunderrote Teppichboden von ausgetretenen Zigaretten vollkommen ruiniert.

»In China stellen wir die schönsten Teppiche her. Es gibt Suzhou- und Hangzhou-Teppiche. Die aus Hami sind auch nicht schlecht. Aber manchmal frage ich mich: Was soll das? Ich habe zu Hause in Peking einen großen Teppich auf dem Boden liegen. Er hat mich einen halben Jahreslohn gekostet. Deswegen lasse ich auch nicht jeden in die Wohnung. Beispielsweise die Verwandtschaft meiner Frau. Das sind Bauern. Sie spucken. Wenn sich mein Schwager räuspert, um zu spucken, hört er sich an wie ein wildes Tier, das aus dem Zoo in Peking ausgebrochen ist.«

»Und er darf nicht in die Wohnung?«

»Wir treffen uns vor dem Haus.«

»Jetzt wollen Sie also Grabungen vornehmen?«

»Ich und graben? Ich arbeite in der Verwaltung.«

»Verwaltung?«

»Ja. Ich grabe nicht gerne.«

Er faltet seine mageren weißen Hände. In vier Tagen wird er sich im Feld befinden.

Vor der Kabine 28 sitzen Alan und Steve unter einer orangefarbenen Schwimmweste und lesen. Alan hat sich in eine Biografie über Francisco de Xavier vertieft, den ersten Missionar, der im 16. Jahrhundert nach China ging. Xavier war Jesuit und nahm von Portugal den Seeweg nach Asien. Nach zahllosen Entbehrungen ging er auf der Insel Shangchuan Dao nur zehn Kilometer vom chinesischen Festland entfernt an Land. Dort wurde er krank und starb am 3. Dezember 1552. »Heilige Jungfrau Maria, heiliger Vater im Himmel, helft mir!«, lautete sein letztes Gebet.

Auf Sanxian gab es kaum eine Menschenseele, die er hätte bekehren können. Aber die Jesuiten, diese Einsatztruppe der katholischen Kirche, kehrten wieder. Heute gibt es etliche Millionen chinesische Katholiken.

»450 Jahre sind vergangen, seit Xavier starb«, sagt Alan. »Nach China zu fahren und sein Wirken fortzusetzen ist das Mindeste, was wir tun können.«

Alan ist mager und dunkelhaarig. Seine Augen leuchten vor Tatendurst. Steve hingegen ist klein und eckig, hat breite Schultern und einen Stiernacken, der in einen glatt rasierten Schädel übergeht.

Offiziell gibt es in China vier Millionen Katholiken. Gezählt werden aber nur die Mitglieder der anerkannten katholischen Kirche. Hinzu kommt eine unbekannte Anzahl Gläubige, die sich im Verborgenen trifft und papsttreu ist. Sie fühlen sich bedroht, und die Behörden betrachten sie mit Misstrauen. Die Weisungen des Papstes überschreiten alle Grenzen. Das macht ihn in ihren Augen zu einem gefährlichen Mann. Außerdem erkennt er das rivalisierende Regime in Taiwan an, für sie ein Verbrechen.

Auch die protestantische Kirche ist gespalten. Die offizielle hat zehn bis fünfzehn Millionen Mitglieder. Die inoffizielle soll mindestens ebenso groß sein. Die Versammlungen finden in Privathäusern statt, und ständig klopft die Polizei an die Tür.

Die Regierung kontrolliert die fünf anerkannten Religionen, die Protestanten, Katholiken, Buddhisten, Moslems und Taoisten, mithilfe des Büros für religiöse Angelegenheiten, in dem die Kommunisten das Sagen haben. In den Parteistatuten steht schwarz auf weiß, dass Parteimitglieder Atheisten zu sein haben. Sie dürfen nicht in die Kirche gehen, und als gute Kommunisten sollen sie ihre Kinder im Geiste von Marx, Lenin und Mao erziehen. Aber das Gesetz ist eine Sache, die Wirklichkeit eine andere. Eine Untersuchung aus dem Jahre 1995 zeigt, dass ein Fünftel der Parteimitglieder, also etwa zehn Millionen Kommunisten, die eine oder andere Religion pflegt.

»Die Leute sind hungrig«, sagt Alan und schwenkt sein Buch. »Sie sind hungrig auf das Evangelium.«

Aber für Alan und Steve ist es nicht so einfach, in die Fußstapfen von Francisco de Xavier zu treten. Ausländer dürfen in China das

Evangelium nicht predigen. Im Gesetz steht, dass die Kirche, sei es die evangelische oder katholische, selbstständig zu sein habe. Kein Geld von außen, keine Bibeln, keine Evangelisten. Alles hat sich außerdem innerhalb der vier Wände einer Kirche abzuspielen, weder in Wohnungen noch auf der Straße, noch sonst wo.

»Natürlich ist das schwierig«, gibt Alan zu. »Aber wann ist es jemals leicht gewesen, Gottes Wort zu predigen? Hat es nicht immer schon Verfolgungen gegeben? Sollen wir etwa zu Hause in Rhode Island bleiben, nur weil die chinesische Führung irgendwelche Vorschriften erlassen hat? Als Francisco de Xavier nach China fuhr, durften Ausländer dort nicht einmal an Land gehen. China sollte den Chinesen vorbehalten bleiben. Trotzdem fuhr er.«

Er hebt die zerfledderte Biografie hoch und streicht über das heiligenscheingeschmückte Porträt Pater Franciscos.

Das Antlitz des Paters ist ebenmäßig und schön, sein Blick ist milde. Der Heiligenschein ist rosa. In Wirklichkeit war er ein strenger Mann, ein Prediger, der die Verdammnis predigte. Wohin er auch kam, stellte er die Menschen vor eine einfache Entscheidung: endloses Festmahl am Tisch des Herrn oder ewige Qual in den teuflischen Abgründen. Das pflegte sich auszuzahlen. Allein am Kap Komorin, dem südlichsten Punkt Indiens, taufte er 10 000 Verängstigte im Laufe eines Monats.

Alan und Steve wollen Bibeln an Chinesen verteilen, die sich aufrichtig für die gute Nachricht interessieren. Gratis. Ohne Versprechungen, ohne Verpflichtungen. Sie sollten jedoch lesen können, unterstreicht Steve. Nicht alle können das. Millionen Chinesen sind Analphabeten.

Weiter hinten steht ein Chinese in sauberen und schönen Kleidern. Er ist etwas stämmig, trägt eine runde Brille und einen Mittelscheitel. Er wirkt klug und aufgeweckt, und während die Missionare ihre Botschaft mit ausholenden Gesten illustrieren, kommt er näher.

»Hi there«, sagt Steve. »Come closer!«

Im nächsten Augenblick hat sich der Unbekannte zu uns gesellt.

Er legt seinen Arm auf die Schwimmweste und richtet einen prüfenden Blick auf Steves dicke Biografie.

»You must be foreigners«, sagt er zögernd. *»What are you reading?«*

Deutlich und langsam erklärt Alan, worum es geht, um einen spanischen Missionar, der vor 500 Jahren nach China reiste, aber auf der unwirtlichen Insel Shangchuan Dao vor Hongkong strandete. Leider sei er dort krank geworden und gestorben. Gott habe jedoch Großes mit China vor, erklärt Alan. Was Francisco de Xavier begonnen habe, müssten andere beenden.

Während die Reisfelder vorbeigleiten, bittet der Chinese darum, in dem ungewöhnlichen Buch blättern zu dürfen. Das darf er mehr als gerne. Rasch durchblättert er die achtzehn Kapitel. Ab und zu hält er inne, um die bunten Darstellungen Pater Franciscos zu betrachten. Auf einer von ihnen ist außerdem noch eine Schar halbnackter Inder zu sehen, die vor dem Pater auf den Knien liegen. »Goa 1542. Pater Francisco predigt armen Indern.« Auf einem anderen Bild sind vier japanische Samurais in der gleichen Stellung zu sehen. Ihre Schwerter liegen still und machtlos im Gras. Die vier schauen verschreckt zu dem Pater hoch. Alan erklärt, dass Francisco de Xavier sowohl Inder als auch Japaner bekehrte, aber, betont er, keinen einzigen Chinesen.

Der Chinese will wissen, welche Religion er vertrat.

»Das Christentum!«

»Oh, that's a very famous religion! I've heard about it!«

Alan ist hingerissen, auf einen Chinesen gestoßen zu sein, der so gut Englisch spricht. Einem Dialog der Kulturen steht nichts mehr im Wege. Der Chinese erklärt, er sei noch nie in einer Kirche gewesen, aber da das Christentum aus dem Westen komme, müsse einiges dafür sprechen. Er weiß jedoch nicht genau, was. Der Westen sei dem Osten schließlich in vielem voraus, meint er. »Alle haben dort ein Auto und wohnen in schönen Häusern. Daran gibt es keinen Zweifel.«

Diese Reaktion ist für viele Chinesen typisch. Alles aus dem Westen ist cool. Es spielt keine Rolle, ob es sich um Autos, Moden,

Marlboro, McDonald's, Kentucky Fried Chicken, Pizza Hut, Burger King, Manchester United, David Beckham, Julia Roberts oder Britney Spears handelt.

Alan will wissen, ob der junge Chinese je eine Bibel gesehen hat. Hat er nicht. Dann ist es wirklich höchste Zeit! Steve steckt seinen glatt rasierten Schädel in Kabine 22 und fischt eine Minibibel aus seinem Koffer. Der rote Plastikeinband funkelt wie ein kostbarer Rubin in der Sonne.

»Die bekommen Sie umsonst! Lesen Sie sie sorgfältig!«

Der junge Mann lächelt verlegen, bald erscheinen weitere Passagiere. Sie wollen auch ein rotes Buch umsonst. Eine alte Frau in ausgebeulten Hosen ruft etwas, was niemand versteht. Sie scheint verwirrt zu sein. Ein Offizier eilt herbei und führt sie weg. Alan und Steve einigen sich rasch darauf, keine weiteren Bibeln auszuteilen. Sie wollen an Bord kein Aufsehen erregen. Außerdem wollen sie mehrere Monate lang durch China reisen. Die Saat des Wort Gottes wollen sie mit Sorgfalt ausbringen und nicht einfach wahllos in der Gegend verstreuen. Alan gibt Steve ein Zeichen, sich in die Kabine zurückzuziehen.

Aber es ist zu spät. Ein Chinese in weißem Hemd und grauem Pullover bahnt sich seinen Weg und sagt:

»Ich habe gehört, Sie sind Katholiken?«

»*You're right!*«, antwortet Alan.

»Vertreten Sie die Ansichten des Papstes?«

»Tja, nicht ganz. Aber der Papst ist Gottes Stellvertreter auf Erden.«

»Der Papst ist doch ein Gegner der Empfängnisverhütung?«

»Das stimmt. Solche seltsamen Eingriffe entsprechen nicht dem Willen Gottes.«

»Aber was soll ohne Kondome und die Pille aus China werden?«

»*No problem!* Gottes Wille geschehe, und Gottes Wille ist das Beste für alle, egal ob wir Amerikaner oder Chinesen sind.«

»Aber hören Sie doch. Die Bevölkerung Chinas nimmt jedes Jahr um zwölf Millionen zu. Ohne Kondome und die Pille würde diese Zahl dreißig oder vierzig Millionen betragen.«

»Woher wollen Sie das wissen?«

»Ich bin Arzt. Ich weiß, wovon ich rede. Was wird geschehen, wenn die Bevölkerung Chinas jährlich um dreißig oder vierzig Millionen zunimmt?«

»Fürchtet euch nicht, Gott ist gut. Lassen wir seinen Willen geschehen, so wird niemand Not leiden. Bejaht Gott, Gott wird euch mit Reis im Überfluss belohnen. Amerika hat ihn schon vor langer Zeit bejaht, und wir exportieren Lebensmittel in die halbe Welt, selbst nach China. Viel zu viele Menschen sorgen sich um das Morgen, aber Gott hat einen Plan, und zwar nicht nur für das Morgen, sondern für jeden Tag in aller Ewigkeit.«

»Pah, wir haben Fünfjahrespläne! Finden Sie, dass wir Chinas Zukunft einem Gott überlassen sollen, den wir nie gesehen oder gehört haben?«

Er wird lauter. Hinter ihm stehen zwei Dutzend seiner Landsleute und bekommen den Mund nicht mehr zu.

Erneut erscheint der Offizier. Höflich bittet er die Passagiere, sich in ihre Kabinen zu begeben.

Die *Flussprinzessin* hat Kurs auf Südwest genommen. Alles andere wäre auch irrsinnig, denn der Fluss bestimmt alles. Noch ist der Jangtse breit und mächtig, das Wasser kommt uns wie flüssige Milchschokolade entgegen.

Die Destination der *Flussprinzessin* ist Wuhan, eine Großstadt mit sechs Millionen Einwohnern. Auf dem Weg legen wir in mehreren kleineren Städten an, und ich habe vor, an Land zu gehen, wo es mir besonders gut gefällt. Wenn ich einen Flötenspieler auf dem Kai stehen sehe, der das Lied der Lerche spielt, oder wenn mich ein leuchtend roter Sommerapfel anlacht, eine schöne Frau oder eine zum Himmel strebende Pagode, dann sind es nur ein paar Schritte bis zur Gangway.

Wir fahren durch Reis- und Rettichfelder und an sonnenwarmen

Felsen und Tee- und Beerenbüschen vorbei. Hinter einer weiten Flussbiegung tauchen Hunderte Bauern auf einem dunkelgrünen Kohlfeld auf. Sie arbeiten sich in Pflugform voran. Es wird gejätet. Einige schauen auf und winken. Hier liegt das reiche China, in dem zweimal im Jahr geerntet wird. Das Durchschnittseinkommen eines chinesischen Bauern beträgt 200 Euro. Aber in dieser Gegend verdienen sie zwei-, drei- und viermal so viel.

Der Jangtse teilt die Bauern im Süden und im Norden in zwei Klassen. Die Bauern südlich des Flusses bekommen immer genug Regen. Der Himmel hat es so bestimmt. Jeden Sommer geht der Monsun auf die zentralen und südlichen Provinzen nieder. Unter diesen Bedingungen kann man Reis anbauen. Im Norden haben die Bauern jedoch mit Dürre und mageren Ernten zu kämpfen. Dort ist es besser, Weizen anzubauen. Aber genau hier in der Ebene westlich von Nanjing erstrecken sich die Reisfelder auf beiden Seiten des Flusses. Der Sommerreis reift.

Und wo bleibt der Monsun?

Ab und zu heben die Bauern den Blick, aber der Himmel antwortet lediglich mit einem blauen Schweigen. Noch ist es Mai, der Monsun ist noch nicht so weit. Hinter dem Horizont, niemand weiß so richtig, wo, liegt er wie ein schlafendes Tier. Aber wenn er erwacht, dann mit Gebrüll. Der Himmel wird schwarz, und aus diesem schwarzen Teppich ergießen sich ungeheure Mengen Wasser. Gleichzeitig schmilzt hoch oben in Tibet der Schnee – Tausende Quadratkilometer. Aus dem Schmelzwasser entsteht der Jangtse. So wird China von zwei Seiten angegriffen, von zwei Tieren, die beide gegen Mittsommer erwachen.

Zu viel Wasser ist nicht gut, zu wenig auch nicht. Aber wenn das Wasser in der richtigen Menge kommt, dann hat China vor Jahresende 500 Millionen Tonnen Getreide produziert und damit genug, dass 1,3 Millionen Menschen satt werden.

Alan und Steve interessieren sich nicht sonderlich für Getreideanbau. Sie wollen Seelen retten und kein Getreide ernten. Aber auch diese Ernte gehört Gott.

»Die Menschen müssen an etwas glauben können«, erklärt Alan. »Mao ist weg, die Menschen befinden sich in einem Vakuum. Deswegen wenden sie sich Gott zu.«

Lange war Mao der einzige Gott. Seine Lehrsätze wurden wiederholt, als wären sie Bibelsprüche. Die Menschen fielen vor den riesigen Standbildern des Mannes auf die Knie und baten um Reis und Wohlstand. Aber 1981, fünf Jahre nach seinem Tode, wurde er in einem langen Dokument des Zentralkomitees wieder zum Menschen gemacht. Er sei zwar ein großer Revolutionär gewesen, habe jedoch auch viele große und ernste Fehler begangen. Seither ist Mao immer mehr zum Menschen geworden.

Jetzt suchen die Chinesen nach neuen Antworten, nicht nur beim Christentum, sondern auch bei anderen Religionen wie dem Buddhismus und dem Islam.

Die Chinesen werden oft als areligiöses Volk bezeichnet. Aber das stimmt nur mit Einschränkungen. Jeder Tourist besucht in Peking den Platz des himmlischen Friedens. Die Straße, die dorthin führt, heißt Straße des ewigen Friedens. Vier Kilometer südlich des Platzes liegt der Tempel des Himmels. Der Himmel ist in China allgegenwärtig.

Das begann in ferner Vergangenheit. Vor mehr als 3000 Jahren, also lange bevor Sokrates und andere große Denker Europa prägten, entwickelte der Herzog von Zhou die Theorie, der Kaiser habe seinen Auftrag vom Himmel erhalten, der Himmel könne ihm diesen aber auch wieder entziehen. Kurz vorher hatte der Herzog den korrupten Kaiser der Shang-Dynastie gestürzt. Er hatte das Bedürfnis, seine Handlung zu rechtfertigen. »Ein Kaiser kann nicht tun, was er will«, stellte der Herzog fest. »Wenn er es unterlässt, für sein Volk zu sorgen, dann fällt er im Himmel in Ungnade, und der Himmel wird dem Volk einen neuen Kaiser geben.«

Kluge Worte. Von da an sorgten die Kaiser dafür, dass sie mit dem Himmel auf gutem Fuß standen. Aber da Kaiser auch nur Menschen waren, fiel es ihnen nicht immer leicht, den Erwartungen zu entsprechen. Die chinesische Geschichte handelt von der Blüte und dem Fall von Dynastien. Einigen war ein Leben von mehreren hundert Jahren beschieden, andere existierten nur wenige Jahre. Die Qin-Dynastie (221–207 v. Chr.) gab es nur vierzehn Jahre lang. Kaiser Qin war ungewöhnlich brutal, folglich verlor er das »Mandat des Himmels«.

Von da an war es wichtiger als je zuvor, Direktkontakt zum Himmel zu haben. Aber erst im frühen 15. Jahrhundert, während der Ming-Dynastie, begann die Arbeit am Tempel des Himmels in Peking. Hierher kam der Kaiser, der Sohn des Himmels, um am Jahreswechsel um gute Ernten und die Vergebung des Himmels zu beten. Er kniete vor dem fünf Meter hohen Rundaltar nieder. »Geheimnisvoller Herr, ich wende mich im Gebet an dich. Komm in deinem kostbaren Wagen zu diesem Altar! Ich, dein Diener, beuge demütig mein Haupt zur Erde in der Hoffnung, dass du deine Segnungen über mich ausgießen wirst.«

Die Ming-Dynastie währte fast 300 Jahre, von 1368 bis 1644, aber dann war Schluss.

Wenn sich eine Dynastie ihrem Untergang nähert, geschehen mit Sonne und Mond merkwürdige Dinge. Das ganze Universum gerät aus dem Gleichgewicht, Flüsse verändern ihren Lauf, die Erde bebt, und die Sterne huschen über den Nachthimmel. Die Bauern haben mit Überschwemmungen und Dürre zu kämpfen, nichts ist normal. So zeigt der Himmel seine Unzufriedenheit mit dem Kaiser.

Am 27. Juli 1976 war der Himmel voller Zorn. Tangshan, eine Stadt südöstlich von Peking, wurde von einem fürchterlichen Erdbeben heimgesucht, und 240000 Menschen wurden in den Ruinen begraben. In Peking versuchte die Regierung, die Tragödie totzuschweigen. Sie wusste, alle würden den Vorfall für ein böses Omen halten. Aber die Gerüchte sprachen sich herum, bis es in ganz China hieß: »Habt ihr von dem Erdbeben in Tangshan gehört? Die Zeit des Vorsitzenden Mao ist vorbei!« Sechs Wochen später starb Mao.

Aber obwohl der Himmel immer seinen Platz im chinesischen Denken hatte, war er nie besonders aufdringlich. Die Chinesen pflegen zu sagen: »Respektiere den Himmel, aber halte ihn auf Abstand.«

Im traditionellen Denken der Chinesen gibt es keinen Erlöser und kein Leben nach dem Tod. Das Leben ist hier und jetzt. Um das Erdenleben so sicher wie möglich zu machen, sorgen die Chinesen für ihre kleinen Hausgötter wie zum Beispiel für ihren Küchengott, den der Himmel jeder Familie gesandt hat, um ihr Leben zu prüfen und dem Himmel Bericht zu erstatten. Der Küchengott ist eine kleine Statue, die sich in den Häusern der meisten Chinesen, insbesondere der Landbevölkerung, findet. Am chinesischen Neujahr wird er mit allen möglichen Süßigkeiten, mit Honig und Obst, bestochen, damit er dichthält und nichts Unvorteilhaftes über den Lebenswandel der Familie ausplaudert.

Aber auch der Dorfgott fordert das Seine. Die Chinesen nennen ihn Chenghuang. In chinesischen Schriften heißt es, dass der erste Chenghuang-Tempel 239 errichtet wurde. Solange die Leute ihren Dorfgott milde stimmen, werden sie reiche Ernten und immer genug Reis in ihren Schüsseln haben. Der Dorfgott schenkt Sonne und Regen in der richtigen Menge, und wenn böse Geister drohen, dann verscheucht er sie mit Gebrüll.

Mein unsichtbarer Reisegefährte und meine unerschöpfliche Quelle Lin Yutang war nicht sonderlich gläubig. Er war Sohn eines presbyterianischen Geistlichen und wollte als junger Mann selbst Geistlicher werden. »Heute bin ich Heide!«

Warum? Weil er am Fest des Lebens teilnehmen wollte.

»Das Leben ist hier und jetzt. Warum soll man am großen Fest nicht teilnehmen, während es stattfindet? Wer kann garantieren, dass das Jenseits existiert und dass dort wirklich ein Fest stattfindet? Sollen wir es wirklich riskieren, uns ein ganzes Leben lang einzumauern, zu flehen und zu beten, um Zutritt zu einer Ewigkeit zu erhalten, die es nicht gibt? Die Theologenhirne sind von der Frage des ewigen Lebens derart eingenommen und von der Frage des Glücks so wenig, dass sie uns von der Zukunft nur die vage Vorstellung eines Himmels vermitteln können. Fragt man sie aber, was wir dort tun und wie wir dort glücklich werden sollen, dann kommen sie uns mit ganz verblasenen Andeutungen von Chorälesingen und Herumwandeln in weißen Gewändern. Mohammed hat doch wenigstens ein anschauliches Bild künftigen Glücks entworfen: Da fließt Wein in Strömen, und es gibt saftige Früchte und schwarzhaarige, großäugige, sinnenfrohe Mägdelein, womit wir armen Laien etwas anfangen können. Wenn der Himmel nicht bedeutend lebendiger und einladender gestaltet wird, haben wir keine Veranlassung, uns ihm sonderlich entgegenzusehen, um den Preis, dass wir darüber womöglich unser Dasein auf Erden vernachlässigen. Wenn wir auf Urlaubsreise fahren wollen, machen wir uns auch vorher die Mühe, etwas über den Ort in Erfahrung zu bringen, an den wir reisen wollen. Und wenn das Reisebüro mit ganz unbestimmten Auskünften kommt, verliere ich das Interesse und bleibe lieber daheim.«

Gewiss gebe es viel Schmerz im Leben, fährt Lin Yutang fort. Da der Mensch ein eitles und habsüchtiges Wesen sei, sei mehr als dieses eine Leben erforderlich. Der Mensch begnüge sich nicht damit, siebzig, achtzig oder neunzig Jahre zu leben, auch nicht mit hundert. Tausend Jahre seien auch zu wenig. Selbst Millionen und Milliarden. Er wolle ewig leben! Der Mensch verlange, am Tisch des Herrn zu sitzen und Harfenmusik und betörenden Engelsgesang zu hören. Keine Mücken, keine Typhusbazillen, keine bösen Gutsbesitzer, keine Krankheiten – nur Glück. Das Erdenleben sei nichts anderes als eine Vorbereitung auf das nächste Leben, ganz nach der Logik des Sokrates, der ein böses Weib für eine natürliche Vorsehung hielt, um den Charakter des Mannes zu stärken.

Lin Yutang beendet seine Betrachtung mit einem langen Loblied auf unseren eigenen Planeten.

»Unser Erdball ist ein ausgezeichneter Ort. Da haben wir den Wechsel von Tag und Nacht, wir haben Morgen und Abend, auf einen heißen Tag folgt eine kühle Dämmerstunde, und ein stilles, klares Frührot verkündet einen betriebsamen Morgen – etwas Besseres kann man sich gar nicht denken. Dann haben wir den Wechsel von Sommer und Winter, zwei an sich schon vortreffliche Jahreszeiten, die aber überdies, als eine besondere Köstlichkeit, vom Frühling und vom Herbst fürsorglich herangeleitet werden – etwas Besseres kann man sich gar nicht denken. Zum Dritten haben wir die schweigsamen, feierlichen Bäume; sie spenden Schatten im Sommer und wehren im Winter der warmen Sonne nicht den Zutritt – etwas Besseres kann man sich gar nicht denken. An vierter Stelle denkt an die Blumen und Früchte, die im Kreislauf der Monate blühen und reifen – etwas Besseres kann man sich gar nicht denken. Zum Fünften haben wir wolkige, diesige Tage im Wechsel mit klaren, sonnigen – etwas Besseres kann man sich gar nicht denken. Zum Sechsten gibt es Frühlingsregen und sommerliche Gewitter, trockenen, herben Herbstwind und winterlichen Schnee – etwas Besseres kann man sich gar nicht denken. Zum Siebenten denkt an Pfauen und Papageien, an Lerchen und Kanarienvögel: Sie singen unvergleichliche Melodien, und etwas Besseres kann man sich gar nicht denken. Ferner haben wir, achtens, den ganzen Tierpark, als da sind Affen, Tiger, Bären, Kamele, Elefanten, Rhinozerosse, Krokodile, Seelöwen, Kühe, Pferde, Hunde, Katzen, Füchse, Eichhörnchen, Murmeltiere und Tiere aller Art und Herkunft, dass niemand sie aufzählen kann – etwas Besseres kann man sich gar nicht denken. Zum Neunten gibt es Regenbogenfische, Schwertfische, Zitterrochen, Walfische, Elritzen, Muscheln aller Arten, Hummer, Garnelen, Schildkröten und Meerestiere aller Art und Herkunft, dass niemand sie im Kopfe hat – etwas Besseres kann man sich gar nicht denken. Zum Zehnten haben wir prächtige Riesenkoniferen, feuerspeiende Berge, prachtvolle Höhlen, gewaltige Berggipfel, sanft geschwungene Hügel, friedliche Seen, gewundene Flüsse und schattige Ufer – etwas Besseres kann man sich gar nicht denken. Der Speisezettel nimmt gar kein Ende; für jeden Geschmack ist gesorgt, und das einzig Vernünftige ist's, dass man am Fest teilnimmt und nicht klagt, das Leben sei eintönig.«

Was ist also der Sinn des Lebens?

»Für Chinesen liegt der Sinn des Lebens nicht im Leben nach dem Tod, denn der Gedanke, dass wir leben, um zu sterben, ist nicht zu fassen. Der wahre Sinn des Lebens, sagen die Chinesen, sei vollkommen klar, er bestehe darin, sich über das einfache irdische Leben zu freuen, insbesondere das Familienleben und die harmonischen sozialen Verhältnisse ... Das zwingt uns, das Beste aus unserer Zeit auf Erden zu machen, bevor die Komödie vorüber ist. Unser Mangel an Religion ermöglicht uns diese Konzentration.«

»Haben Sie schon gegessen?«, fragt mein Freund, der Archäologe.

Nein, ich habe seit dem Mittagessen nichts mehr gegessen. Aber gleich ist Abendessen, denn die Dunkelheit hat sich schwer über das Jangtse-Tal gebreitet. Der Tag war friedlich und warm, der Sommer ist im Anmarsch.

Der Archäologe zieht eine kleine Flasche aus seinem Gepäck. Die Flüssigkeit ist schillernd und durchsichtig. Der Schraubverschluss riecht nach sechzigprozentigem Alkohol. Er sieht mich an und zwingt sich zu einem Lächeln.

»Sie glauben vielleicht, dass ich Alkoholiker bin. Überhaupt nicht! Aber vor jedem Essen spüle ich meine Essstäbchen mit Alkohol ab. Das hilft. Alle sollten das tun. Dann stecken sie sich nicht an.«

»Steckt man sich an?«

»Wenn ich verreise, nehme ich immer meine eigenen Essstäbchen mit. Das sollten Sie auch tun. Wer weiß schon, was für Essstäbchen man uns gibt? Solange sie in Plastik oder Papier verpackt sind, ist es in Ordnung. Aber wenn nicht, dann können sie schon oft benutzt worden sein. Schlimmstenfalls bekommt man Hepatitis A oder B. Aber kein Aids. Keine Sorge, Aids bekommt man nicht. Das wird anders übertragen, das habe ich in der Zeitung gelesen. Falls Sie eigene Essstäbchen haben, dann können Sie von meinem Alkohol haben.«

Er reicht mir die Flasche, aber ich habe ohne eigene Essstäbchen keine Verwendung für sie.

Die Frühlingsnacht auf dem Jangtse ist sehr milde. Die Prinzessin pflügt gemächlich gen Westen. Der Archäologe und ich haben aus großen Suppenschüsseln gegessen. Am nächsten Morgen treffe ich Alan und Steve. Alan gähnt, Steve hat rot unterlaufene Augen. Sie konnten nicht schlafen. Sie gingen gegen Mitternacht in ihre Koje, wurden aber von ständigem Geklopfe geweckt. Lange taten sie so, als wäre nichts, sie glaubten, irgendwelche angetrunkene Chinesen würden nach ihren Kabinen suchen, aber so war es nicht.

»Es war die Frau von gestern«, erzählt Alan. »Die Verwirrte. Sie rief und schrie.«

»Was wollte sie?«

»Sie rief: ›Baib, baib.‹ Erst begriffen wir nichts, aber dann ging uns auf, dass sie die heilige Bibel meinte.«

»Und? Hat sie eine bekommen?«

»Was sollten wir tun? Eine alte Frau bittet uns im Dunkel der Nacht um Gottes Wort. Wir gaben ihr ein Exemplar. Schließlich sind wir ja zur Missionierung nach China gekommen. Die Hungrigen sollen gesättigt werden. Außerdem haben wir noch 198 Bibeln.«

»Wenn nötig, können wir auch nach Nanjing zurückfahren und weitere Bibeln kaufen«, meint Steve.

Das Tal liegt im goldenen Licht des Morgens. Eine Stadt taucht in der Ferne auf. Das gesichtslose Jiujiang mit ebenso vielen Einwohnern wie Norwegen. So ist es in China. Städte, von denen man noch nie gehört hat, werden von mehreren Millionen Menschen bewohnt. Und was sehe ich aus dem Chaos grauer Häuser aufragen?

Eine Pagode. Die große Siegespagode.

Aber welcher Sieg wurde an diesem Ort errungen?

Wollen wir eine Revolution durchführen, dann können wir
uns nicht wie eine Frau mit abgebundenen Füßen bewegen!

Es fällt oft schwer, zwischen Geschichte und
dem Gestank eines Stinktieres zu unterscheiden.

Wochenende auf dem Berg der Weisheit

Unter einem Kirschbaum in Jiujiang steht ein alter Mann mit einem
weißen dünnen Bart und verkauft Gedichte. Es handelt sich um alte
Gedichte, einige wurden vor 1300 Jahren in Stein gehauen. Da hier
gelegentlich Ausländer an Land gehen, hat sich der Alte die Mühe
gemacht, einige davon ins Englische zu übersetzen. Ich kaufe mir
ein Tang-Gedicht von 714 für einen Yuan.

Jiujiang ist voller Leben. Unter den Weiden am Gantang Hu,
einem der beiden kleinen Binnenseen der Stadt, stehen die Flötenspieler und begrüßen den Frühling. In einem vorbeitreibenden Ru-
derboot liegt ein junger Mann, den Kopf in den Schoß seiner Geliebten gelegt. Die Flötentöne mischen sich mit Gelächter und dem
trägen Geräusch der Ruder. Trotzdem hat die von Hügeln umgebene
Stadt etwas Düsteres, tief Tragisches. Denn hier wurde einmal ein
Beschluss gefasst, der für mindestens 25 Millionen Menschen den
Hungertod bedeutete. Hinter diesem Beschluss stand ein Mann,
der für sich in Anspruch nahm, groß und unfehlbar zu sein. Die Beratung fand auf einem grünen Berg statt. Ich kann ihn weiter hinten sehen. Die runde Spitze ist von weißen Wolken verborgen. Die
Tragödie vom Lu-Gebirge wird China bis weit in die ferne Zukunft
verfolgen.

Das Lu-Gebirge oder Lushan, wie die Chinesen sagen, soll aus

99 Gipfeln bestehen. Der höchste ist nur 1474 Meter hoch. Nichts Besonderes eigentlich, aber der Vorsitzende Mao liebte diesen Ort.

Von der großen Siegespagode aus habe ich einen guten Blick auf das Gebirge, die Stadt und den Fluss. Einer der Mönche begleitet mich die sieben Etagen bis zur Spitze.

»Dort liegt Lushan«, sagt er und deutet Richtung Süden.

Er ist jung und lächelt gutmütig. Er ist glatt rasiert und trägt ein bodenlanges, etwas schmutziges Gewand. Unter uns lärmen 4,4 Millionen Menschen. Es gefällt mir, so dazustehen, frei und schweigend, über den Alltag erhoben, und die Geräusche und Gerüche des unruhigen Menschenmeeres in mich aufzunehmen. Es ist nicht nötig, etwas zu sagen oder die Hand auszustrecken. Das Leben selbst spricht seine deutliche Sprache.

Die große Siegespagode ist tausend Jahre alt. Aber trotz beharrlicher Versuche gelingt es mir nicht, herauszufinden, welcher Sieg mit ihr eigentlich gefeiert wird. Aber allein die Tatsache, dass sie schon so lange steht, muss als ein Sieg, ein Triumph gewertet werden. Selbst Mao, selbst die Rotgardisten ließen sie in Frieden. Jetzt riecht es auf allen sieben Etagen nach Terpentin.

Nur einen Steinwurf weit entfernt liegt der rostrote Nengren-Tempel. Dort wohnt mein Freund, der Mönch, in einem länglichen Ziegelbau zusammen mit etwa dreißig Glaubensbrüdern. Sie erwachen bei Sonnenaufgang und schlafen bei Sonnenuntergang ein. Ohne weiteres Aufhebens darum zu machen, beten sie ihre Gebete im weihrauchgeschwängerten Dunkel des Tempels. Ganz still und ohne Weiteres sind sie von der massiven Unterdrückung, die sie während der Mao-Epoche erdulden mussten, wieder auferstanden. Laut offizieller Schätzungen gibt es in China rund hundert Millionen Buddhisten. Es können aber auch mehr sein. Wer will in einem Land wie China schon zählen, und außerdem: Es gehört wenig dazu, sich Buddhist nennen zu können.

»Hierher kommen alle möglichen Leute, sogar Parteisekretäre«, sagt der Mönch und deutet auf die roten Gebetskissen auf dem Boden vor dem vergoldeten Buddha. »Sie fallen auf ihre Knie, schließen die Augen, heben die Räucherstäbchen und beten. So geht das bei uns.«

»Worum beten sie?«

»Um Glück und Frieden. Nehmen Sie nur meine Schwester. Früher ist sie nie in den Tempel gegangen. Aber in letzter Zeit war sie jeden Tag hier. Sie hat neuerdings Schwierigkeiten.«

»Schwierigkeiten?«

»Sie hat sich in einen Mann verliebt, den ich nicht kenne. Aber er interessiert sich nicht für sie. Jetzt bittet sie Buddha um Hilfe.«

»Und geht es jetzt besser?«

»Keine Ahnung. Aber beten hilft. Einer der Parteisekretäre hier in der Stadt hatte vor zwei Jahren wirklich Ärger. Jemand behauptete, er sei korrupt. Aber dann kam er hierher. Er betete ständig, morgens und abends. Und jetzt ist er mächtiger als je zuvor.«

Mao betete nicht. Er war der höchste Gott. In den 50er-Jahren kam er ständig nach Jiujiang. Er fuhr jedoch immer rasch mit seiner Limousine der Marke Rote Fahne durch die Stadt in das angenehme, kühle Lushan-Gebirge. Man jagte die Leute von der Straße, während die Kolonne mit Polizeieskorte auf den Berggipfel fuhr. Dort pflegte er seine Jünger zu versammeln, in der Regel das Politbüro, aber ab und zu auch andere zentrale Organe der Partei. Im Sommer 1959 war es Zeit für eine neue Beratung. In China war es heiß und schwül, aber auf dem Lushan gab es schattige Wälder und saubere, kühle Luft. Trotzdem war Mao in Kriegslaune. Jemand hatte seinen Heiligenschein in Frage gestellt, ein Kapitalverbrechen!

»Ich erinnere mich noch an dieses Jahr«, sagt der älteste der Mönche, ein Mann Anfang siebzig mit schmalen Augen, die er nur mit Mühe aufbekommt. »Aber von mir erfahren Sie nichts.«

Im Jahre 1959 währte die Revolution bereits zehn Jahre.

Die ersten Jahre waren halbwegs erfreulich verlaufen. Zum ersten Mal in der langen Geschichte Chinas hatten die Bauern alle ein Stück Land bekommen, nicht groß, aber immerhin. Die Gutsbesitzer waren enteignet und in extremen Fällen zum Tode verurteilt worden. Auf Maos Initiative hin hatten sich die Bauern nach einiger Zeit erst zu Kooperativen, dann zu Kollektiven zusammengeschlossen.

Die gleiche Entwicklung gab es in der Industrie. Privates Unternehmertum wurde verboten. An einem Dezembertag 1956 gab Mao bekannt, dass alle Privatunternehmen vor Ende des Jahres 1957 in staatlichen Besitz übergehen sollten – zwölf Jahre früher als geplant. Das wurde mit einer Massenversammlung auf dem Platz des himmlischen Friedens in Peking gefeiert. 200 000 Parteimitglieder riefen Parolen zu Maos Ehre. Was die Verlierer an diesem Tag taten, darüber schweigt die Geschichtsschreibung.

Nach einem Jahrzehnt des Krieges war endlich Frieden ins Land eingezogen. Die Produktivität stieg sprunghaft. Aus den neuen Fabriken strömten Traktoren, Lastwagen, Personenautos und sogar Limousinen. Straßen wurden gefegt, und zum ersten Mal seit Menschengedenken fuhren die Züge pünktlich. Inflation und Korruption gehörten der Vergangenheit an. Prostituierte kamen ins Umerziehungslager und Millionen Opiumsüchtige in den Entzug. Tausende von Schulen wurden eröffnet. An frisch gestrichenen Pulten saßen Kinder mit leuchtenden Augen. Allerdings war das neue China keine Demokratie. Aber wann war es das jemals gewesen? Nie. Das Wort Demokratie war den Chinesen, bevor es der Revolutionsheld Sun Yatsen um 1890 eingeführt hatte, vollkommen unbekannt gewesen. Für die Mehrheit der Bevölkerung war es wichtiger, Reis in den Schüsseln zu haben.

Plötzlich änderte sich das Klima. 1957 kam Mao auf den Gedanken, die Loyalität des Volkes auf die Probe zu stellen. Er begann mit den Intellektuellen, die er schon immer im Verdacht gehabt hatte, politische Freidenker zu sein.

Indem er die Intellektuellen aus der Reserve lockte, wollte Mao die Spreu vom Weizen trennen, die Loyalen von den Illoyalen. Viele gingen naiv auf sein Angebot ein. Man stelle sich vor, der große Vorsitzende Mao forderte sie auf, ihre Meinung zu sagen – über die Führung, über die Partei, über alles zwischen Himmel und Erde! In den nächsten Monaten äußerten 100 000 Intellektuelle ihre Meinung. Einige geißelten alles schriftlich und mündlich.

»Eine wunderbare Zeit«, schrieb einer der bekanntesten Schauspieler Chinas, Ying Ruocheng, 1999. »Frühling lag in der Luft, die Menschen lächelten und lachten.«

Aber dann hatte Mao genug. Plötzlich wurden 300 000 Kritiker festgenommen und als »Rechte« abgestempelt. Alle verloren ihre Stellungen und kamen ins Gefängnis oder Arbeitslager.

Der Klassenkampf sei jetzt wichtiger als je zuvor, denn der Klassenfeind verberge sich überall. Die Söhne und Töchter der hingerichteten Gutsbesitzer wurden vor die Massen gezerrt und kritisiert, nicht etwa, weil sie etwas falsch gemacht hätten, sondern aufgrund ihrer Erbanlagen. Maos Reaktion brachte ganz China zum Verstummen. Aber der Vorsitzende wollte voran. Er war schon lange der Meinung, dass es eine Abkürzung auf dem Weg zur klassenlosen Gesellschaft, zum Kommunismus, geben müsse. Jetzt war es so weit.

Die Gelegenheit bot sich 1958. Im April dieses Jahres wurde Chinas erste Volkskommune eingerichtet. In der Provinz Henan schlossen sich mehrere Dörfer zusammen, um die Revolution mit einem »Elektroschock« voranzubringen. Die neue Organisation war »frisch wie die Morgensonne«, die Zeit der Wunder war gekommen. In den nächsten Monaten zog der Rest des Landes nach. Bald trafen in Peking Meldungen von wahnsinnigen Rekorderten ein.

Eines der Ziele der Volkskommunen war es, das Privateigentum abzuschaffen, und zwar vollständig und endgültig. Selbst ein Huhn auf dem Hof, das sich in Privatbesitz befand, galt als kapitalistischer Gräuel. Hungrige Seelen, die der Versuchung nicht widerstehen konnten, ihr eigenes Gemüse anzubauen, wurden festgenommen und bestraft. Private Angelausflüge wurden verboten. Goldfischgläser wurden zertrümmert und private Küchengeräte eingesammelt und in gemeinschaftliches Eigentum überführt.

Im Sommer 1958 ging die Parteiführung so weit, Frauen und Männer zu zwingen, getrennt zu leben. In einigen Kommunen wohnten die beiden Geschlechter an entgegengesetzten Enden des Dorfes.

Gefühle durften der Revolution nicht im Wege stehen. Von jetzt an durften sich Ehepaare nur noch zweimal im Monat privat treffen. Selbst Mao schüttelte über diese Vorschrift den Kopf – war zweimal wirklich genug, um den Bevölkerungszuwachs aufrechtzuerhalten? Diejenigen, die sich mit der Reproduktionslehre beschäftigten, bejahten. Und so war es auch. Das »Tageblatt des Volkes« jubelte: »Die Kernfamilie, die Tausende von Jahren existiert hat, gehört für ewige Zeiten der Vergangenheit an. Von nun an werden wir die Volkskommune als unsere Familie betrachten.«

Wem gehörten aber nach Auflösung der Familien die Frauen und Kinder? Würden die schönen Frauen in den Dörfern von nun an allen gehören? Es kam zu schwierigen Diskussionen, und da sich die örtlichen Parteiführer unsicher waren, baten sie die höheren Behörden um Rat. Die Antwort lautete in etwa folgendermaßen: Auf diesem Gebiet erfolgen bis auf Weiteres keine Veränderungen. Ganz ausgemerzt war die Familie also nicht.

Die Bauernbevölkerung sah sich von jetzt ab gezwungen, Mahlzeiten in den neuen, gemeinsamen Speisesälen einzunehmen. Davon, zwischendurch mal einen Happen zu Hause einzuwerfen, konnte nicht mehr die Rede sein. Die Parteileitung ging von Haus zu Haus und kontrollierte, ob auch niemand irgendwo etwas zu essen versteckt hatte. Der Arbeitstag begann häufig bereits um fünf und dauerte bis spät in der Nacht. Anschließend fanden noch die Selbstkritik und sozialistische Theatervorstellungen statt. Alle mussten teilnehmen, denn der Geist der Revolution musste in allen verankert werden.

Chen Boda, einer von Maos Experten, begann Pläne zur Abschaffung des Geldwesens zu entwickeln. Was sollten die Chinesen mit Geld, wo im Land jetzt bald der Überfluss herrschen würde? Die Engländer und Amerikaner sollten sich ruhig die Hände mit Kupfermünzen und Geldscheinen schmutzig machen, aber für die Chinesen, das voranstürmende Volk, gehörte dieses Stadium der Vergangenheit an. Kluge Köpfe wurden zusammengerufen, ein Entschluss wurde aber nicht gefasst.

Mao verkündete, der Kommunismus sei nah. Aber was war eigentlich Kommunismus?

Die Bauern waren ratlos, aber Landwirtschaftsminister Tan Zhenlin wusste alles: »Als Erstes werden wir uns satt essen, und zwar nicht nur mit Reis, sondern mit allem, was die Natur bereithält: Fleisch, Fisch und Eier sowie Delikatessen wie Affenhirn und Vogelnester. Jeder bekommt, was er braucht! Wir werden zweitens genug Kleider haben. Fort mit der blauen Arbeitskleidung. Die neuen Kleider werden elegant und bunt sein. Nach der Arbeitszeit werdet ihr euch in Seide, Satin und Baumwolle hüllen. In jeder Volkskommune wird es Fuchsfarmen geben, und im Winter werden wir Mäntel aus Fuchspelz tragen. Drittens werden wir neue Häuser bauen, alle werden in hohen Häusern, in Wolkenkratzern, wohnen. In Nordchina werden wir Fernwärmewerke bauen, und in Südchina wird es Klimaanlagen geben. Wir werden Elektrizität, Telefone, fließend Wasser und Fernsehen haben! Viertens wird das Reisen einfacher werden. Jede Volkskommune wird ihren eigenen Flugplatz bekommen. Ja, bald wird jeder Chinese sein eigenes Flugzeug besitzen!«

Die Bauern jubelten. So etwas hatten sie noch nie gehört.

»Die Summe all dessen ist der Kommunismus!«, stellte Tan Zhenlin fest.

Auch die Schriftsteller trugen ihre Beschreibungen bei. Zhou Libo prophezeite, China werde in weniger als fünf Jahren in die kommunistische Glückseligkeit eintreten. Dann würde es das ganze Jahr über blühen, und wer vor der Befreiung Bettler gewesen sei, würde in Seidenkleidung herumlaufen und Flöte spielen. Was solle jedoch aus dem überschüssigen Essen werden? Kein Problem. Man könne es den revolutionären Völkern in Asien, Afrika und Lateinamerika geben.

Aber Mao wollte noch mehr. China sollte Großproduzent von Eisen und Stahl werden. Er erteilte allen Dörfern den Befehl, einen Schmelzofen zu bauen. Womit sollten sie diese Öfen aber füllen? Mit Töpfen, Besteck und anderem Alteisen, Privatbesitz, den die

Bauern nicht mehr benötigten. Innerhalb von fünfzehn Jahren, versicherte Mao, würde China in der Lage sein, mehr Stahl als die USA und Großbritannien zu produzieren. Die Kapitalisten würden schon noch ihr blaues Wunder erleben! Sicherheitshalber wurde jedem Dorf eine Produktionsquote zugeteilt.

Bald begannen 440000 Schmelzöfen im ganzen Land zu rauchen. Der »Stahl« erwies sich jedoch als unbrauchbar. Während die Bauern von morgens bis abends umgeben von Flammen und beißendem Rauch schwitzten, verfaulte die Ernte, tonnenweise Getreide und Gemüse, auf den Feldern.

Es kam zur größten Hungerkatastrophe der Geschichte. Millionen Chinesen, möglicherweise bis zu hundert Millionen, schwebten zwischen Leben und Tod. Abgemagerte Frauen und Männer gruben mit bloßen Händen nach Schnecken und Wurzeln. Essen, Essen, Essen – gebt uns etwas zu essen!

Was tun?

»Wir treffen uns auf dem Gipfel des Lushan«, sagte Mao zu seinen nächsten Mitarbeitern.

Alle machten sich in ihren Limousinen auf den Weg.

»Haben Sie keinen Hunger?«, fragt mich mein Freund, der Mönch. Er reicht mir einen Korb mit getrockneten Aprikosen.

Wir setzen uns auf die Tempeltreppe und essen eine leckere Aprikose nach der anderen. Weiter hinten schlurfen die anderen Mönche, ständig essend, hin und her. Aus der Tempelküche dringt Wasserdampf. Der Koch rührt heftig in einem großen Kessel, er bereitet irgendeine Suppe zu. An Essen fehlt es nicht.

»Wohin wollen Sie jetzt?«

»Auf den Gipfel des Berges.«

»Gut! Dort oben gibt es viele gute Restaurants. Aber die sind teuer.«

Seit mehr als 2000 Jahren ist der Lushan beliebt, er ist ein Sanatorium mit direktem Kontakt zu den Wolken und zum Himmel. Chinas erster bekannter Historiker, Sima Qian, lobte diesen Ort bereits im Jahre 2 n. Chr. Auch die westlichen Abenteurer des 19. Jahrhundert entdeckten das Gebirge relativ rasch, die Missionare ebenfalls. Die erste lutherische Missionskonferenz fand bereits 1888 auf dem Lushan statt. Dichter ließen sich in den Bergen nieder und schrieben schöne Gedichte, Maler schwangen ihre Pinsel. Einflussreiche Chinesen machten sich in Scharen auf den Weg, Generäle, Gutsbesitzer, Mafiabosse und Opiumschmuggler. Auch Präsident Chiang Kai-shek verbrachte mehrere Wochen jeden Sommer in einer prächtigen, staatlichen Villa in diesen Bergen. Nachdem Chiang über das Meer nach Taiwan geflüchtet war, zog Mao in diese Villa ein.

Der Weg ins Paradies führt in Serpentinen nach oben. Der Minibus überquert Wasserfälle und Schluchten, und der Himmel kommt immer näher. An einem steilen Hang werden wir von einem Affenrudel aufgehalten, das über die Straße tanzt. Einer der Affen springt auf die Motorhaube und macht dem Fahrer eine lange Nase. Seltsame Villen im bayrischen Fachwerkstil mit kleinen Türmchen und niedlichen Fensterläden klammern sich an die Hänge. Vor mir taucht ein großes Schild auf: »Lushan Villas«. Die Häuser sind funkelnagelneu, und mein Führer, ein lautstarker Mann, erzählt, die örtliche Bevölkerung habe diesem Dorf bereits einen neuen Namen gegeben: »Aspen Villas«.

»Haben Sie von Aspen in Colorado gehört?«, fragt er. »Das liegt im Gebirge. Wer dort wohnt, ist wahnsinnig reich. Wir haben das im Fernsehen gesehen.«

Seit Maos Tod haben sich große Veränderungen in Lushan vollzogen. Die Parteielite sucht diesen Ort nicht mehr auf. Stattdessen fährt sie im Mercedes nach Beidaihe, einem wohlhabenden Seebad 220 Kilometer östlich von Peking. Der Staat hat daher einige der Villen meistbietend an die neureichen Millionäre des Landes verkauft. Gleichzeitig ist sehr viel gebaut worden. Wir kommen an einem Traumhaus nach dem anderen vorbei, etliche in Hellrosa und Ocker, mit geschwungenen Balkons und neugotischen Türmen. Eines der Häuser gehört einem Textilmagnaten aus Hongkong. »Aber«, meint mein Führer, »keine dieser Villen kann sich mit Villa 175 messen.«

»Villa 175?«

»Die des Vorsitzenden Mao.«

Das Ziel unserer Gebirgsfahrt ist Guling, ein Ort, der Anspruch darauf erhebt, aus tausend Villen zu bestehen. Wir fahren durch Wälder aus Kiefern, Edeltannen, Wacholder und Zypressen, an mit gelben und roten Blumen bewachsenen Hängen vorbei und an wilden Azaleen. In Lushan gibt es 3000 verschiedene Pflanzen. An den kleinen Seen zwischen den Bergen gibt es Kraniche, Schwäne und Störche. Es geht weiter, vorbei an einer weißen Pagode und einem Abgrund, um den Brautschleier eines Wasserfalls herum, an einer Felswand entlang, auf der sich die ältesten Dichter Chinas mit ihren Versen verewigten, durch einen Tunnel aus blaugrünen Schlingpflanzen, den Himmlischen Lotosteich und einen heiligen Meteoriten hinter uns lassend über eine geschwungene Marmorbrücke und an einem großen botanischen Garten vorbei. Dann tauchen wir plötzlich in eine weiße, schillernde Wolke ein, aus der Guling auftaucht.

»Wo ist Hausnummer 175?«, frage ich den Führer.

»Hinter dem Bergrücken dort hinten. Es ist noch nicht zu sehen.«

»Wer wohnt heute dort?«

»Niemand. Dieser Ort ist heilig.«

Der Busbahnhof von Guling ist voller chinesischer Touristen. Einer kommt auf mich zu und sagt: »*Paradise on earth!*« Er wendet sich dem Paradies zu und hebt den Arm.

Ein anderer, ein junger Mann, zupft mich am Arm und fragt:

»Wollen Sie im Bett des Vorsitzenden Mao schlafen?«

»In seinem Bett?«

»Das kostet 1500 Yuan. Kommen Sie, ich führe Sie!«

Er deutet auf ein verdächtig heruntergekommenes Gebäude auf der anderen Seite des Abgrunds.

Im nächsten Moment taucht ein zweiter Schwindler auf.

»Wollen Sie in Zhou Enlais Bett schlafen?«

Zhou Enlai war 25 Jahre lang Maos Premierminister.

Der Gipfel ist von Schwindlern und Gaunern bevölkert. Alle locken sie mit den Betten der großen Männer der Revolution. Aber die heiligen Stätten stehen nicht zum Verkauf, jedenfalls noch nicht.

Am nächsten Tag wandere ich um die grüne Spitze des Berges herum. Eine Villa neben der anderen, alle Baustile sind vertreten, Neugotik, Klassizismus, Jugendstil. In der Villa 310 wohnte die amerikanische Nobelpreisträgerin Pearl S. Buck, deren Romane mit chinesischen Schauplätzen weltberühmt sind. Dahinter eine große Kirche. Die Jesu-Himmelfahrts-Kirche wurde 1910 von amerikanischen Missionaren errichtet. In der Broschüre, die ich irgendwo aufgelesen habe, steht, die Architektur sei gotisch, einfach, hell und erhaben. Sowie: »Während des Plenums des Zentralkomitees 1959 wurde die Kirche von Vorsitzenden Mao, dem Premierminister Zhou und anderen Parteigrößen als Tanzsaal benutzt.«

Jetzt ist die Kirche wieder eröffnet, und alle, die möchten, können auf rotem Plüsch vor dem Altar knien.

Bis zur Villa 175 ist es nicht weit. In der Broschüre steht: »Von den Alpen inspiriertes Haus mit mittelalterlichen Anklängen.« Zwei Gärtner stehen über die Beete gebeugt und jäten. Maos Villa, mit einem grauschwarzen Mosaik verkleidet, wirkt grob, aber zugleich verfeinert. Wäre ich etwas später gekommen, hätten mich die Wächter vielleicht hereingewinkt. Stattdessen muss ich mich mit dem mehrstimmigen Gesang der Vögel aus den Bäumen begnügen.

Weiter den Hang hinauf liegt das Gebäude, in dem die Parteiführer 1959 zusammentraten. Es ist palastartig, umgeben von hohen Zypressen und blühenden Dahlien. Man stelle sich vor: Die Tür steht offen. Ein langer, grauer, leerer Saal. Auf der dunklen Bühne steht ein Rednerpult.

»Die Versammlung ist eröffnet«, rief Mao mit seiner hohen, durchdringenden Stimme.

2. Juli 1959. Mao hatte schlechte Laune. Sein größter Kritiker, der legendäre General Peng Dehuai ebenfalls. Zwei Bauernsöhne, zwei Krieger auf derselben Bühne.

Im Saal war das Zentralkomitee der kommunistischen Partei versammelt, etwa 200 Männer und ein paar wenige Frauen. In der ersten Reihe thronte General Peng mit buschigen Brauen, glatt rasiertem Kopf und stählernem Blick. Er hatte den Langen Marsch, 10 000 Kilometer von Süden nach Norden, zurückgelegt, und eine Schlacht nach der anderen gewonnen. Als der Koreakrieg 1950 ausgebrochen war, hatte Mao ihn zum Oberkommandierenden der chinesischen Streitkräfte ernannt. »Kameraden, was wären wir ohne General Peng?«, hatte Mao einmal gefragt und diese Frage gleich selbst beantwortet: »Tot!«

Als die Massen im Winter 1959 zu hungern begannen, reagierte Peng mit der Entschlossenheit des Generals. Die Wahrheit musste auf den Tisch! Ohne seinen Herr und Meister um Erlaubnis zu fragen, war er auf Inspektionsreise nach Hunan gefahren. Die Begegnung mit seiner Heimatprovinz war ein Schock. Schwarze Trauerzüge schleppten sich mit Bündeln und auf Bambusstöcke gestützt die Straßen entlang. Die Getreidelager waren leer. Die Menschen waren verzweifelt.

Peng gab seinen Gefühlen mit einem Gedicht Ausdruck:

Das Getreide liegt auf der Erde verstreut,
und das Kartoffelkraut ist verwelkt.
Die Starken sind losgezogen, um Stahl herzustellen.
Nur Kinder und alte Frauen sollen die Ernte einbringen.
Wie sollen sie das kommende Jahr überleben?
Erlaubt mir, meine Stimme im Namen des Volkes zu erheben!

Mao tobte, als Peng nach Peking zurückkehrte und erzählte, was er gesehen hatte. Schließlich war er ebenfalls in Hunan zur Welt gekommen! Ohne zu zögern, gab er den Befehl, seinen Sonderzug, mit dem er immer reiste, zu putzen und bereitzumachen. Er wollte nach Hunan. Mao war im Dorf Shaoshan zur Welt gekommen, und jetzt war es wirklich höchste Zeit, dass er sich ein Bild davon machte, wie glücklich die Bauern waren!

Während der Zug des Vorsitzenden durch China rollte, arbeiteten die Parteibonzen in Shaoshan mit Hochdruck, das Dorf auf Vordermann zu bringen. Das war auch bitter nötig. Reissäcke, Mais und Kohl wurden aus anderen Landesteilen herangeschafft und auf dem Marktplatz des Dorfes aufgestapelt. Ganze Schweinekoben wurden entlang dem Weg zu dem länglichen Lehmhaus aufgestellt, in dem Mao seine Kindheit verbracht hatte. Blühende Beete entstanden über Nacht. Die Bonzen gingen von Haus zu Haus und teilten an alle Interessierten neue Kleider aus. Die Häuser wurden geputzt und mit roten Bannern verziert, die Maos Größe und die Unbesiegbarkeit der Revolution priesen.

Als Mao schließlich eintraf, erglänzte Shaoshan in grenzenlosem, vorkommunistischem Glück.

Es entstand natürlich ein weiteres Gedicht:

Meine Erinnerung an die Vergangenheit ist unveränderlich,
und ich verfluche den unerbittlichen Gang der Zeit.
Ich befinde mich in meinem Geburtsort.
Rote Fahnen flattern auf den Spießen der versklavten Bauern,
schwarze Hände heben die Peitsche des tyrannischen Grundbesitzers.
Nur weil sich so viele opferten, wurde unser Wille trotz allem stark,
sodass wir es wagten, Sonne und Mond zu befehlen,
uns einen neuen Tag zu bringen.
Ich liebe es, die vielfältigen, wogenden Reis- und
Bohnenfelder zu betrachten,
während allerorten die Helden
im Abendnebel nach Hause zurückkehren!

Zwei Gedichte, zwei Wirklichkeiten.

Dann begann die Schlacht auf dem Berggipfel. In seiner langen Rede gestand Mao ein, dass vieles schiefgegangen sei. Aber, fügte er hinzu, der Kurs, den er und die Partei gehalten hätten, sei in der Hauptsache richtig gewesen.

An diesem Abend schrieb General Peng einen langen Brief an

Mao, einen privaten Brief, der 10 000 Schriftzeichen umfasste. Er klagte Mao des kleinbürgerlichen Fanatismus an, er habe sich von falscher, erlogener Statistik in die Irre führen lassen. Der »Große Sprung nach vorn« habe China nicht vorangebracht, sondern eher zurückgeworfen. Er selbst habe sechs Wochen in ihrer Heimatprovinz verbracht. Nirgends habe er die vielfältigen, wogenden Reis- und Bohnenfelder gesehen und auch keine Helden, die im Abendnebel von den Feldern nach Hause zurückkehrten.

Mao war außer sich vor Wut. Obwohl der Brief nicht zur Veröffentlichung bestimmt gewesen war, sorgte er dafür, dass er vervielfältigt und an die Delegierten verteilt wurde.

»Wenn ich angegriffen werde, schlage ich immer zurück!«, schrie der Vorsitzende. »Dieses Prinzip habe ich immer befolgt!«

Die Tage vergingen, und die Stimmung wurde immer gereizter. Mao und die anderen Parteiführer verbarrikadierten sich in verschiedenen Villen, während Kuriere mit Taschen voller verbaler Schmutzwäsche hin- und herliefen. »Ich wurde in eine arme Bauernfamilie hineingeboren«, donnerte Peng. »Ich weiß, was eine Hungersnot ist! Ich weiß, wie sie schmeckt, und das macht mir Angst!«

Schließlich war die Stimmung so angespannt, dass Mao damit drohte, Lushan zu verlassen.

»Ich werde aufs Land ziehen und die Bauern zu einem Sieg über die Regierung anführen. Und wenn ihr von der Volksbefreiungsarmee mir nicht folgt, dann werde ich eine neue Rote Armee aufstellen!«

Das überzeugte noch den letzten Zweifler. Maos Drohung schlug wie ein Blitz in die Versammlung ein. Mitte August, nach sechs dramatischen Wochen, verließen die schwarzen Limousinen wieder den Berggipfel. Peng Dehuai, der stets siegreiche General, hatte eine herbe Niederlage erlitten.

Die Konfrontation endete damit, dass General Peng als Verteidigungsminister abgesetzt und unter Hausarrest gestellt wurde. Später kamen die Rotgardisten und quälten den alten Mann zu Tode. Die kleinen Generäle der Revolution brachen in sein Schlafzimmer ein und führten ihn, Hände und Füße in schweren Ketten, ins Freie. Im Januar 1967 wurde er, immer noch in Ketten und mit einer weißen Narrenkappe auf dem Kopf, mehreren Tausend Rotgardisten vorgeführt. Auf der Narrenkappe stand »Verbrecher«. Peng wurde befohlen, sich den Massen auszuliefern. Aber der Exgeneral schwieg. Zur Strafe wurde er ohne Wasser und Essen in eine Dunkelzelle geworfen. Man misshandelte ihn so schwer, dass mehrere Rippen brachen und eine seiner Lungen punktiert wurde.

»Du bist ein kapitalistischer Kriegstreiber!«, riefen die Rotgardisten. »Wir werden dich bekämpfen, bis du stinkst!«

Jede »Kampfsitzung« dauerte zehn Stunden. Nach 130 »Sitzungen« musste Peng vor 40 000 Soldaten im Arbeiterstadion in Peking niederknien. Diese Sitzung dauerte mehrere Stunden. Ob er seine »Verbrechen« gestand, ist unsicher. Die Quellen sind äußerst spärlich.

Der alte Soldat starb an einem kalten Herbsttag 1974. Eine Version der Geschichte besagt, dass man ihm auf seinem Totenbett auf direkten Befehl des Vorsitzenden Mao die Medizin verweigerte. Seiner Nichte gestattete man, ihm über sein müdes, mitgenommenes Gesicht zu streichen, bevor der Sarg geschlossen wurde. Nach dem Einäschern der Leiche wurde die Urne nach Chengdu, die Hauptstadt der Provinz Sichuan, geschickt. Auf der Urne stand: »Nr. 327 – Wang Zhuan, 32 Jahre, aus Chengdu«. Selbst noch im Tode war er eine Unperson.

»Brauchen Sie einen Reiseführer?«, fragt mich eine Frau in Jeans, T-Shirt und Joggingschuhen.

Sie ist kaum älter als zwanzig. Sie lächelt mich strahlend an, und ihr Englisch ist gar nicht so übel.

»Hier saß immer der Vorsitzende Mao«, sagt sie. »Auf diesem Stuhl. Sie können sehen, dass es sich um einen einfachen Stuhl handelt, und warum? Weil der Vorsitzende Mao das einfache Leben liebte. Wie er einmal gesagt hat: ›Wir müssen dem Volke von ganzem Herzen dienen und dürfen uns nie von den Massen unterscheiden.‹«

Sie beugt sich vor und streicht liebevoll über die Armlehnen. Zu keinem Zeitpunkt bezeichnet sie Mao als den großen Führer, ein Fortschritt. Aber immer noch ist Mao auf dem Gipfel des Lushan ein großer Mann. Keine Bilder sind dort größer als die Maos, keine Büsten schwerer. Bald zeigt es sich, dass die Führerin kaum etwas über die Geschehnisse weiß, die sich in diesem Saal 1959 abspielten. Sie hat nur die kurze, offizielle Lektion gelernt, und um diese vorzutragen, nimmt sie gerne ein paar knisternde Geldscheine entgegen.

»Entschuldigen Sie, aber wo saß Peng Dehuai?«

»Peng? Was für ein Peng?«

Die Hälfte von Chinas 1,3 Milliarden Einwohnern wurde nach Maos Tod geboren. Die neuere Geschichte ist nicht unbedingt ihre Spezialität. Je jünger die Geschichte, desto spürbarer ist sie. Unbehagliche Kapitel werden unter den Teppich gekehrt. In chinesischen Schulbüchern ist von der Konfrontation zwischen Mao und Peng überhaupt nicht die Rede. Die Geschichtsschreibung wird durch Propaganda, Beschönigungen und Vereinfachungen ersetzt. Selbst Chinesen mit einer guten Ausbildung haben oft nur schwache Kenntnisse ihres Landes. »Wo haben Sie das alles gelesen?«, fragen sie häufig. »Sie wissen mehr als wir. Wir wissen so wenig …«

In der Zwischenzeit sterben die Zeitzeugen. Die Alten nehmen ihre Geheimnisse mit ins Grab. Wer hat dir kleinem Menschen das Recht gegeben, die Geschichte zu deuten? Dieses Recht hat nur die Partei. Das Ergebnis ist eine kollektive Amnesie – fast das Schlimmste, was einer Nation zustoßen kann.

Als die Führung vorbei ist, beginnt es zu regnen. Die ersten Tropfen seit Wochen. Die weißen Wolken, die sich um den Gipfel des Lushan zusammengezogen haben, geben einen feinen Regen ab.

»Der Himmel weint!«, ruft meine Führerin und läuft davon.

Auch 1959 weinte der Himmel. Es regnete wochenlang, und würde der Monsun nicht seinem eigenen Rhythmus folgen, hätte es vermutlich anschließend noch jahrelang geregnet.

Die Versammlung auf dem Lushan endete mit zwei großen Verlierern: Peng Dehuai und dem Volk. Die Leiden der nächsten Jahre lassen sich kaum beschreiben. China befand sich am Rande des Abgrunds. Millionen Hungernde verließen ihre Höfe. Kinder wurden am Wegesrand zurückgelassen. »Die Straßen vom Dorf in die Nachbarprovinz waren mit Lebenden und Toten bedeckt, und von tiefen Gruben auf beiden Seiten hörte ich durchdringende Schreie«, erzählte ein Flüchtling. »Als ich in eine der Gruben hinabschaute, sah ich, dass diese Schreie von kleinen Kindern kamen, die von ihren Eltern zurückgelassen worden waren. Die Gruben waren exakt so tief, dass die Kinder nicht aus eigener Kraft hinausklettern konnten. Wollte jemand ein paar vollkommen abgemagerte Kinder haben, dann konnte er sich einfach bedienen.«

In der Provinz Anhui endete Maos Experiment in einem Inferno aus Leiden und Tod. Offizielle Parteidokumente beweisen, dass ganze Dörfer verhungerten. Diejenigen, die am längsten aushielten, überlebten, weil sie sich gegenseitig aufaßen. »Mit zum Schlimmsten gehörte, dass sich die Eltern entscheiden mussten, wer als Erstes sterben sollte«, heißt es in einem Bericht. »In der Regel fiel die Wahl auf die kleinen Mädchen. Die Jungen schonte man so lange wie möglich. Eine Mutter sagte dann zu ihrer Tochter: ›Bald besuchst du deine Großmutter im Himmel.‹ Man hörte auf, ihr zu essen zu geben. Sie bekam nur noch Wasser. War die Tochter tot, wurde sie gegen die tote Tochter der Nachbarn getauscht. So blieb den Eltern erspart, ihre eigenen Kinder aufzuessen. Sie kochten das Fleisch und bereiteten eine Art Suppe daraus zu.«

Dieser Austausch toter Kinder sei in der Provinz Anhui recht üblich gewesen, schreibt Jasper Becker in seinem Buch »Hungry Ghosts. China's Secret Famine« (Hungrige Geister. Chinas geheimgehaltene Hungersnot). Die Praxis wurde *yi zi er shi* – tausche Kinder, beschaffe Essen – genannt.

Der Parteichef in Anhui, Zeng Xisheng, war in den 30er-Jahren, während des Langen Marsches, Maos Leibwächter gewesen. Mao liebte Zeng, und Zeng liebte Mao. Jedes Mal, wenn Mao ein Wunder in Aussicht stellte, schlug Zeng ein weiteres Wunder vor. Das Volk in

Anhui konnte alles leisten! Und er musste Wort halten. 1958 war die Ernte in Anhui sehr schlecht, aber da Kamerad Zeng Wunder angekündigt hatte, musste er berichten, die Bauern hätten eine Rekordernte eingefahren. Wunderbar, antwortete Mao, gib uns die Hälfte. Anhui gab Millionen Tonnen Getreide ab. Ein Teil davon wurde sogar ins Ausland verkauft.

Währenddessen starben die Kinder, und im schlimmsten Fall wurden sie aufgegessen. Nicht nur in Anhui, sondern auch in anderen Teilen des Landes wie in der Gegend von Longxi in der Provinz Gansu. Sie hatte damals zwölf Millionen Einwohner. Nach der Katastrophe waren nur noch zehn Millionen übrig, einzelne Quellen sprechen von neun Millionen.

Das ganze Land litt, aber die Grenzen waren geschlossen – nur den Glücklichsten gelang die Flucht. Tausende liefen über die Minenfelder an der Grenze zu Hongkong, andere schwammen oder versuchten die Gebirge zur Sowjetunion zu überqueren und wurden dort erschossen. Sogar Nordkorea wurde ein begehrtes Ziel, aber die Grenzsoldaten Kim Il Sungs empfingen die Geflüchteten mit einem Kugelhagel.

Die Bauern, die noch die Kraft dazu hatten, lehnten sich auf. In zahllosen Volkskommunen verschafften sie sich mit Sicheln und Spießen bewaffnet Zutritt zu den Getreidelagern. Die Schwächsten wurden weggejagt, die Stärkeren konnten mit ihrer Beute entkommen. Diese inneren Auseinandersetzungen kosteten manchmal viele Todesopfer, einmal sogar 3000. Lange Eisenbahnzüge wurden überfallen und ausgeraubt, der stellvertretende Befehlshaber Maos, Liu Shaoqi, sah sich gezwungen, die ganze Nation zu warnen: Sollten die Aufstände weitergehen, dann würde China einen schlimmeren Bürgerkrieg erleben als die Sowjetunion in den Jahren 1918–21.

Auf den Hunger folgten die Selbstmorde.

»Sie kamen in Wellen«, schreibt Robert Loh in »Escape from Red China«. »Der Anblick von Menschen, die aus Fenstern sprangen, war nichts Ungewöhnliches, und die Sargtischler hatten Hochkonjunktur, die Krematorien ebenfalls. In den Parks patrouillierten Wachmänner, die verhindern sollten, dass sich die Leute an den Bäumen aufhängten. Und im Jangtse trieben die Leichen in Massen ...«

Jasper Becker selbst ist mit seinen Schätzungen, wie viele Menschen aufgrund von Maos ungeheurem Fehler verhungert sein könnten, vorsichtig. Er zitiert jedoch andere, etwa Chen Yizi, einen hohen Beamten, der 1989 in die USA flüchtete. Chen gehörte Anfang der 80er-Jahre zu einer offiziellen Kommission, welche die Hungersnot untersuchen sollte. Die Kommission bestand aus 200 Mitgliedern, die Zugang zu internen Dokumenten hatten und alle Provinzen des Landes besuchten. Ihre Schlussfolgerungen waren erschütternd: Zwischen 43 und 45 Millionen Menschen hatten einen unnatürlichen Tod erlitten. Allein in Sichuan, der Kornkammer Chinas, waren neun Millionen Menschen umgekommen. Die Shanghaier Zeitschrift »Gesellschaft« schätzte die Zahl der Opfer 1993 auf mindestens 40 Millionen, während Fang Lizhi, der auch als Chinas Sacharow bekannt geworden ist, bescheidene 25 Millionen ansetzte. Eines ist jedoch sicher, Millionen von Menschen erlitten wegen eines Mannes den Hungertod.

Um Mao zu schonen, entschied sich die Parteiführung, den Wettergöttern die Schuld an dem Leid zu geben. In den Jahren 1959, 1960 und 1961 war das Wetter jedoch nicht sonderlich schlecht. Die Meteorologen entdeckten nichts Ungewöhnliches und die Zeitungen auch nicht. Das Wetter wurde erst in späteren Jahren schlecht. Außerdem gab man den sowjetischen Revisionisten die Schuld daran, die wirtschaftliche Zusammenarbeit mit China aufgekündigt zu haben. Das stimmt tatsächlich, die Zusammenarbeit endete 1960. Der Verlust war jedoch nicht so groß, als dass er eine landesweite Hungersnot hätte auslösen können.

In dieser Zeit besuchten mehrere westliche Linksintellektuelle China, ohne einem einzigen hungernden Chinesen zu begegnen. Der Amerikaner Edgar Snow, für seine enge Freundschaft mit Mao bekannt, begegnete einem »glücklichen und zufriedenen Volk«. Die Bauern auf den Reisfeldern sangen bei der Arbeit – in einer Volkskommune, die er besuchte, sangen sie sogar mehrstimmig. François Mitterand, dem späteren Präsidenten Frankreichs, gewährte man ein zweistündiges Interview mit dem großen Führer. Er war sehr beeindruckt. Das Interview wurde am 23. Februar 1961 in »L'Express« gedruckt. Mitterand kam zu dem Schluss, Mao sei kein Diktator, sondern ein Humanist, ein »neuer Menschentypus«.

Das Internationale Rote Kreuz und andere Organisationen boten Mao Lebensmittel an. Aber Mao lehnte ab.

»In diesem Land gibt es keinen Hunger«, versicherte Mao. »Ich wiederhole, Hunger gibt es nicht!«

Ab und zu ist man versucht, aus der Wirklichkeit zu flüchten.

Die Taoisten waren immer auf der Flucht, fort von den großen und kleinen Führern, fort von den Zeremonien und Pflichten, fort von Kleinlichkeit und Begehren. Auf dem Lushan gibt es mehrere taoistische Verstecke, kleine Tempel mit roten Säulen und geschwungenen, türkisfarbenen Dächern. Der erste wurde vor über tausend Jahren errichtet. In einem dieser Tempel sitzt ein schweigender Mönch in einem blau-weißen Gewand und starrt in das Nebelmeer. Er trägt sein langes Haar in einem großen Knoten. Obwohl die Luft mild und feucht ist, hat er sich bis zum Kinn in seine weiten Ärmel gewickelt. Sein Griff ist fest, sein Blick entrückt. Sitzt er etwa schon seit 1959 so da?

Der Tempel wäre jedenfalls alt genug. Eine moosbewachsene Inschrift verrät, dass der steinerne Altar bereits im 13. Jahrhundert errichtet wurde.

Im Unterschied zum Christentum, Islam und Buddhismus ist der Taoismus eine chinesische Erfindung. Sein Begründer Lao Tse (der alte Meister) lebte vor etwa 2600 Jahren. Wir wissen nicht sonderlich viel über ihn, und die Historiker sind sich nicht einmal sicher, ob er überhaupt gelebt hat, aber eine Version der Geschichte macht geltend, dass er 604 v. Chr. als Sohn einer vornehmen Familie geboren wurde. Seine Mutter war 72 Jahre lang mit ihm schwanger, und auch bei der Niederkunft ging es recht wundersam zu: Er wurde aus der Achselhöhle geboren und zwar mit weißem Haar und Bart, was auf grenzenlose Weisheit schließen ließ. Später im Leben wurde Lao Tse Archivar in Luoyang, der damaligen Hauptstadt Chinas. Trotz seines Status hasste er das Stadtleben, die Pflichten und die ständigen Mühen. Er wollte weg. Ohne eine Träne zu vergießen, zog er sich in ein Leben in Einsamkeit zurück.

Lao Tse wurde 87 Jahre alt. Es heißt, er habe sein Leben mithilfe von Kräutern und Magie verlängert. Liang, mein Reiseführer, behauptet, dass alle Taoisten alt werden.

»Das ist wirklich rätselhaft«, sagt er. »Sie verfügen über irgendwelche Zauberformeln.«

Auch die Taoisten litten unter Mao. Heute soll es etwa 1500 taoistische Tempel mit 250 000 Mönchen und Nonnen in China geben.

Aber was wollen sie eigentlich?

Liang nähert sich dem Mönch mit vorsichtigen Schritten.

»Warum sitzen Sie da?«, fragt er.

Der Mönch starrt weiter ins Leere.

»Warum sitzen Sie da?«

»Sprechen Sie mich nicht an«, erwidert er, seine Stimme ist kaum zu verstehen.

»Warum wollen Sie nicht sprechen?«

»Ich existiere nicht. Ich bin nichts.«

Das »Tao Te King«, das heilige Buch der Taoisten, besteht nur aus 500 Schriftzeichen. Tao bedeutet Weg. Um glücklich und harmonisch zu werden, soll der Mensch dem Weg folgen. Man soll Reichtum, Status und Macht scheuen und überhaupt so wenig Aufhebens wie möglich von sich selbst machen. Dies gilt auch für die Herrschenden. Die Steuern sollen niedrig sein, und die Richtschnur für jeden Eingriff in das Leben des Volkes ist das Wohlergehen desselben. Kriege mit anderen Ländern sind ausgeschlossen. Frieden, ja Anonymität, ist immer das Beste.

Die Geschichte vom Meister der Wolken illustriert sehr gut die Denkweise der Taoisten. Der Meister der Wolken war ein einfacher taoistischer Mönch. Er hatte nie Angst. Wenn er durch das Gebirge wanderte, knieten die Tiger vor ihm nieder, und wenn er über das stürmische Meer segelte, verneigten sich die Drachen ehrfürchtig vor ihm. Eines Tages ging der Meister der Wolken durch das Portal des Königspalastes. Er überquerte die Brücke der neun Drachen und ging anschließend gelassen eine breite Allee entlang. In der Ferne leuchtete das Königsschloss wie ein funkelnder Smaragd. Ohne weiter nachzudenken, spazierte er in den Thronsaal und sagte: »Eure Majestät, ein demütiger Taoist begrüßt Euch!«

Der Meister der Wolken unterließ es jedoch, niederzuknien. Der König war sehr erstaunt.

»Ich bin König über die vier Meere! Und auch wenn du ein taoistischer Mönch bist, so lebst du doch innerhalb der Grenzen des Königreiches. Was fällt dir ein, mir so ohne Ehrfurcht zu begegnen?«

»Ich komme von den Wolken und den Flüssen.«

»Was meinst du mit Wolken und Flüssen?«

»Mein Herz ist so frei wie die Wolken, und meine Gedanken fließen wie das Wasser.«

»Ach! Und was passiert, wenn sich die Wolken auflösen und die Flüsse vertrocknen?«

»Wenn sich die Wolken auflösen, dann hängt ein gelber Mond am Himmel, und wenn die Flüsse austrocknen, dann funkelt eine Perle vor meinen Augen.«

Jetzt verstand der König, dass er einem klugen Mann gegenüberstand.

»Erst gefiel mir die Art nicht, wie du mich begrüßt hast. Aber jetzt, nachdem ich deine Antworten gehört habe, verstehe ich, dass du ein großer und weiser Heiliger bist.«

Der Diener des Königs bat den Meister der Wolken Platz zu nehmen, und das tat er.

»Obwohl Ihr König seid, wisst Ihr nicht so viel. Ihr scheint lediglich zu wissen, dass ein König Anspruch auf den höchsten Respekt hat. Aber wisst Ihr, dass es Religionen in diesem Land gibt, den Konfuzianismus, den Buddhismus und den Taoismus, und dass der Taoismus die größte dieser drei ist?«

»Warum das?«

»Weil der Taoist nie vor jemandem niederkniet, auch nicht vor Königen, Fürsten und Ministern. Er lebt zurückgezogen und meidet die Fallen der politischen Macht. Er weist die Welt der falschen Kleinlichkeit zurück und weiht sein Leben lieber der Suche nach der Wahrheit. Er distanziert sich von Ruhm und Reichtum. Er findet sein Glück in den Wäldern und im Gebirge, er kann mit Begriffen wie Ehre und Schande nichts anfangen und sucht seine Zuflucht in dunklen Höhlen. Nachts schläft er unter einer Decke aus leuchtenden Sternen, tagsüber im Sonnenschein. Er trägt einen Mantel aus Baumwolle und flicht sich einen Hut aus blühenden Blumen, sein Bett besteht aus grünem Gras. Er trinkt aus frischen Quellen und isst Zypressensamen, um so lange wie möglich zu leben. Er klatscht in die Hände, wenn er singt, und schläft in den Wolken, wenn der Tanz vorüber ist. Er spricht mit seinen Freunden über den Weg und alle möglichen Bücher bei einem Glas Wein. Er verachtet Reichtum und findet sein Glück in der Reinheit und der Armut. Er lebt ein sorgenfreies Leben und verbringt seine Zeit damit, über die Blüte und den Fall von Dynastien nachzudenken.«

Still und ohne sich zu verbeugen, verließ der Meister der Wolken den prächtigen Königspalast.

Julius Cäsar, Hitler, Stalin und Mao hatten das Ziel, die Ersten und Stärksten zu sein. Aber auf dem Weg dorthin schafft man sich immer Feinde. »Wir sind nie die Ersten auf der Welt«, warnte Lao Tse. »Selig sind die Idioten, denn niemand ist glücklicher als sie.« Dann fügt er noch hinzu: »Dummheit ist die größte Weisheit, Stottern ist die größte Beredsamkeit.« Spätere Taoisten verehrten die Dummheit. Ein gewisser Liu Chungyuan (um 800 n. Chr.) ging so weit, die Ortsnamen in seinem Heimatdorf zu verändern. Die Anhöhe, auf der er wohnte, benannte er »dumme Anhöhe«, den Fluss dahinter »dummer Fluss«.

Allmählich geht einem der Unterschied zwischen Buddhisten und Taoisten auf: Ziel der Buddhisten ist es, keine Wünsche zu haben, die Taoisten wünschen sich, nicht erwünscht zu sein. Nur der, der nicht erwünscht ist, kann ein freier Mensch sein, und nur ein freier Mensch kann glücklich sein. Daher warnt uns Zhuangzi, der wichtigste Schüler Lao Tses, davor, zu nützlich zu werden. Lass das Leben seinen Lauf nehmen, und wenn dir ein Unglück widerfährt, lehne dich gelassen zurück und warte auf den nächsten Tag.

Das tat auch der alte Mann, der in einer Burg auf einem hohen Berg wohnte: Eines Tages verlor er sein Pferd. Seine Nachbarn kamen zu Besuch, um ihm ihr Mitgefühl auszudrücken. Aber der alte Mann meinte: »Woher wollt ihr wissen, dass das Unglück bedeutet?« Mehrere Tage später kehrte das verschwundene Pferd mit einigen Wildpferden zurück. Wieder erschienen die Nachbarn, dieses Mal, um ihm zu gratulieren. Aber der alte Mann meinte: »Woher wollt ihr wissen, dass das Glück bedeutet?« Der Sohn des alten Mannes begann zu reiten. Eines Tages fiel er vom Pferd und brach sich das Bein. Wieder kamen die Nachbarn voller Mitgefühl. Aber der alte Mann sagte: »Woher wollt ihr wissen, dass das Unglück bedeutet?« Im Jahr darauf brach Krieg aus, alle Männer des Landes wurden einberufen, um zu kämpfen. Der Sohn kam jedoch davon, weil er untauglich war.

Liang und ich setzen uns an den Rand des Abgrunds und lassen die Beine im Nichts baumeln. Im Nebel erahne ich die Umrisse einer trotzigen, windgebeugten Kiefer. Der Stamm sprengt sich aus dem nackten Felsen, aber hundert Jahre Wind und Regen haben den Baum in die Knie gezwungen. Trotzdem weigert er sich zu fallen. Auf diesem Berg gebe es viel Weisheit, sagt Liang – viele teuer erkaufte Erfahrungen. Deswegen nenne er ihn auch den Berg der Weisheit. Das hätten die Dichter auch schon getan. Nirgends auf der Welt sei mehr geschrieben worden als hier. Tausende Gedichte, Erzählungen und Romane.

Ich hätte jetzt gerne Lin Yutang bei mir gehabt. Er liebte die schweigende, unberührte Natur und fragte ständig: »Wohin führt uns die Entwicklung?« Er deutete auf den Asphalt, die Autobahnen und Wolkenkratzer, auf alles, was von dem Leben der Menschen Besitz ergriffen hatte. »Der Geist der Natur hat uns verlassen, und jetzt versuchen wir, die Bäume zu bändigen. Wenn wir uns überhaupt noch daran erinnern, sie an unseren Straßen zu pflanzen, dann sorgen wir dafür, sie zu nummerieren, sie zu desinfizieren und sie zu beschneiden, bis sie die Form angenommen, die den Menschen gefällt. Wenn wir Blumen pflanzen, dann vorzugsweise im Kreis oder in Sternform oder in Form verschiedener Buchstaben des Alphabets. Und wenn wir eine Blüte sehen, die nicht in dieses Muster passt, dann sind wir genauso entsetzt, als würden wir einen West-Point-Kadetten sehen, der nicht im Gleichschritt marschiert.«

Die unberührte Natur könne zufällig und chaotisch wirken. Aber selbst dort wie auch im Leben der Menschen gebe es eine Rangordnung, behauptete Lin Yutang. Es gebe edle Bäume und unedle Bäume. Eine Kiefer sei edel. Sie habe etwas Nobles, Schweigsames und Würdiges an sich. Sie sei so hoch, dass sie alles Lebende überwachen könne. Wie alte, kluge Männer verstehe sie alles. Aber sie sage nichts, und darin liege ihre Größe. Der einzige Baum, der sich mit der Kiefer messen könne, sei die Zeder. Stark auch diese, mit mächtigen Wurzeln und fähig, den stärksten Stürmen zu trotzen.

Der Pflaumenbaum repräsentiere hingegen Romantik und Liebe. Kein Wunder, dass sich Poeten und Maler seit jeher mit diesem beschäftigten. Lin Hoqing, ein Dichter der Song-Dynastie (960–1279), heiratete sogar einen Pflaumenbaum. Jeden Morgen kniete er vor seinem Geliebten nieder. Er sprach eine Stunde lang mit ihm und strich leicht und vorsichtig mit seinen langen, mageren Dichterhänden über jeden Ast. Bevor er zu Bett ging, sagte er ihm liebevoll Gute Nacht. Aus der Ehe ging eine Flut berauschender Gedichte hervor.

Der Pflaumenbaum blüht im Frühling, und das gilt auch für die Liebe. Der Bambus symbolisiert sowohl Stärke als auch Fügsamkeit, während der Weidenbaum etwas Feminines an sich hat. Er ist so graziös, dass der Mann bei seinem Anblick sentimental wird. Es wird ihm warm ums Herz, und er weigert sich, ihn freiwillig zu verlassen. Eine Weide in einer schwachen Brise – kann es etwas Schöneres geben? Es gibt Orte in China, an denen Weiden sich kilometerweit im Wind beugen, an Flüssen, Kanälen und Seen. Das Ergebnis sind Weidenbaumwogen, oder *liulang*. Pirole lieben es, in Weiden zu sitzen und zu singen. Deswegen gibt es in Hangzhou am Westsee auch eine Allee, die »Die Pirole singen in den Weidenbaumwogen« heißt. Ich bin selbst hindurchgewandelt, es war märchenhaft.

Aber am eindrucksvollsten sei denn doch die Kiefer. Ein Garten mit allen möglichen Bäumen, aber ohne eine Kiefer sei ebenso unvollständig wie eine Gesellschaft, die nur aus Frauen und Kindern bestehe. Der Meister – der starke und strenge Meister – fehle.

Vor mir atmet der komplette Garten.

Aus dem Nebel tauchen vier ältere Männer mit Vogelkäfigen aus Bambus auf. Sie halten sie in Kopfhöhe wie eine Laterne in der Dunkelheit. Vorsichtig stellen sie die Käfige auf den flachen Felsen hinter uns, und sofort beginnen die Vögel zu zwitschern. Die Männer wohnen unten im Dorf, und Liang kennt sie gut. Der Älteste, ein wächserner Greis, erzählt mit hoher, pfeifender Stimme, dass sie zweimal am Tag hier hoch kommen.

»Hier oben gibt es viel Sauerstoff«, sagt er und lacht. »Besonders morgens und am Abend. Und wenn die Vögel Sauerstoff bekommen, dann singen sie aus vollem Hals.«

Hinter den Bambusstäben kann ich sowohl Kanarienvögel als auch Papageien ausmachen. Einer der Papageien steckt seinen roten Schnabel aus dem Käfig. Er hat eine Botschaft an die Welt:

»Schön! Schön! Schön!«

Und schön ist es wirklich. Aus der tiefen, felsigen Schlucht kommen die Rufe als schwaches Echo zurück.

Ich habe für Vögel in Käfigen nie etwas übrig gehabt. Vögel sollen frei sein, und es gefällt mir, dass Lin Yutang, mein literarischer Reisegefährte, ebenfalls dieser Meinung war. Ab und zu wies er alte Männer zurecht, denen er mit ihren Vogelkäfigen begegnete. So weit gehe ich nicht. Und als ich die vier Alten beobachte, die sich liebevoll mit ihren Vögeln unterhalten und sie mit Sesam füttern, hat das etwas Versöhnliches. Nach einer Weile öffnen sie eine hellgrüne Thermoskanne, und der Duft von Jasmin breitet sich aus. Der Dampf vermischt sich mit dem feuchten Nebel, und einer der Vögel stimmt eine lange, ekstatische Arie an. Eine Stunde später machen sich die vier Alten lächelnd und glücklich wieder auf den Weg.

Die Natur sei ein Sanatorium, schreibt Lin Yutang. Sie kuriere alle möglichen Krankheiten des Menschen, nicht zuletzt Größenwahn. Der Mensch werde in den richtigen Zusammenhang gerückt. Beim Anblick eines weiten Gebirges und offener Horizonte werde er klein und demütig. Deswegen haben die chinesischen Landschaftsmaler die Menschen immer als kleine, fast unsichtbare Punkte auf ihren luftigen Panoramen untergebracht. Auf dem Gemälde »Der Mensch betrachtet das Gebirge nach dem Schneefall« ist es fast unmöglich, den Menschen auszumachen. Obwohl, wenn man sucht, findet man ihn schließlich. Er sitzt unter einer majestätischen Fichte, klein, hilflos und einsam. Weiter hinten erstreckt sich der Neuschnee bis in die Ewigkeit. »Deswegen ist eine Gebirgswanderung auch so gesund für Körper und Seele«, stellt Lin fest. »Man wird seinen törichten Ehrgeiz und seine unnützen Sorgen los.«

Vielleicht hätte Mao ja mehr Zeit auf dem Gipfel des Lushan verbringen sollen? »Ein weiser Mann hält sich nicht für groß und deswegen vollbringt er große Dinge«, stellte schon Lao Tse fest.

Mao wurde bereits 1935 zum Vorsitzenden der kommunistischen Partei gewählt. Damit wurde er *Mao zhu'xi*, der Vorsitzende Mao. Immer wieder fühlte er sich von seinen nächsten Gefolgsleuten provoziert. Eine Bemerkung oder eine unbeabsichtigte Handlung genügten, um sein Misstrauen zu erregen. In Wirklichkeit hatte keiner von ihnen die Absicht, ihn zu stürzen. Aber machtsüchtig, wie er war, ging er gegen einen nach dem anderen vor. Stalin hätte sie aufs Schafott geschickt, nicht so Mao. Stattdessen ließ er sie ohne die geringste Hilfe im Gefängnis verrotten.

Der Nebel treibt wie Watte vorbei. Es geht auf den Abend zu.

Liang unternimmt einen letzten Versuch, den taoistischen Mönch zum Sprechen zu bewegen.

»Sagen Sie doch endlich was!«

Aber Schweigen ist Gold.

Unten fließt der Jangtse vorbei. Von einem Elend
zum anderen gehen die grauen Wellen,
fließt der Fluss der Trauer.

NORDAHL GRIEG, »KINESISKE DAGE«

Unter Sündern

Ich verabschiede mich von dem Berg, auf dem die Revolution zum
Erliegen kam.

Die *Boyang*, mein neues Zuhause, macht sich zitternd vom Kai
los. Die starre Stahltrosse schlägt auf die Schiffswand, ehe sie ein-
gerollt wird. Von der Brücke ertönt ein knisterndes Megafon. Der
Kapitän dirigiert seine Mannschaft mit knappen, scharfen Kom-
mandos. Es geht auf den Abend zu, und die Dämmerung macht sich
auf unserem langen Schiff breit. Die Lichter Jiujiangs von den Hügeln und von den Hausbooten mit ihren roten Laternen verfolgen
uns auf den ersten Kilometern. Aber dann, ganz plötzlich, sind wir
von vollkommener Dunkelheit umgeben.

Ein Schiff ist eine scharf abgegrenzte Welt. Gleichzeitig stellt das
Leben an Bord eine Spiegelung der Wirklichkeit jenseits des Schiffs-
rumpfes dar. Genau deswegen ist ein chinesisches Schiff eine Klassengesellschaft.

Mao wollte die Klassengesellschaft abschaffen. »Vergesst nie den
Klassenkampf!« Heute ist dieses Wort tabu. Chinesen, die die Fäuste
ballen und Klassenkampf fordern, werden festgenommen und angeklagt, die politische Stabilität zu bedrohen. Die Begründung lautet,
die »Ausbeuterklassen« hätten aufgehört zu existieren. In Wirklichkeit wurde der Klassenkampf wenige Jahre nach Maos Tod abgebla-
sen. Der letzte Parteivorsitzende, der dieses Wort in den Mund
nahm, war Maos Nachfolger, der Vorsitzende Hua. 1981, nach fünf
Jahren am Ruder, wurde er gefeuert.

Heute erfreut sich die chinesische Klassengesellschaft bester Gesundheit, und an Bord der frisch gestrichenen *Boyang* bleiben die Klassen unter sich. Ganz unten, wo das Flusswasser an Deck spritzt, drängen sich die Ärmsten der Armen, die Arbeitslosen, die vertriebenen Bauern, die Analphabeten, die Mittellosen. Sie bilden eine zähe, dunkle Masse, die schnarchend zwischen Bündeln, Taschen und Müll liegt. Zwei längliche Räume dienen als Schlafsäle. Der Gestank ist unbeschreiblich, denn die Toiletten sind verstopft. Der Boden ist mit dem Fett umgestürzter Speiseölflaschen verklebt, Speiseeimer aus Plastik liegen herum. Ab und zu werfen die Reisenden den Müll direkt in den Fluss.

Auf dem nächsten Deck wohnen jene, die etwas mehr besitzen, die eine Arbeit in Aussicht haben oder die jeden Tag die Zähne putzen wollen. In jeder Kabine stehen zwölf Eisenbetten. Die Passagiere auf diesem Niveau haben das sprichwörtliche Licht am Ende des Tunnels erblickt, und wenn das Leben es gut mit ihnen meint, dann können sie es sich bald leisten, auf dem dritten Deck zu reisen. Denn dort trifft man die erfolgreichen, lauten Männer mit Handy und großem Schlüsselbund am Gürtel. Ständig ziehen sie ihre Handys hervor, und wenn sie einmal Empfang haben, dann brüllen sie laut in Richtung der Hügelrücken, die langsam vorbeigleiten. Die Frauen wirken froh und ausgelassen. In ihren Plastiktäschchen haben sie Rouge, Kamm und Spiegel. Hier stehen sechs Eisenbetten in jeder Kabine.

Auf dem vierten Deck wohnen Kader und wichtige Männer mit offiziellem Auftrag. Hier gibt es Doppelkabinen. Alle tragen immer eine wichtige Miene zur Schau. Sie kennen sich kaum untereinander, und statt sich zu unterhalten, vertreiben sie sich die Zeit mit Kette rauchen. Einige trinken Dosenbier, aber niemand liest. An Bord werden keine Zeitungen oder Illustrierten verkauft und keine Bücher. Was ich lese, interessiert sie nicht. Schon seltsam, dass ich mich in dem Land befinde, in dem 600 Jahre vor Gutenberg die Kunst des Buchdrucks erfunden wurde.

Alles in allem erinnert die Klassenstruktur der *Boyang* an ein Gemälde, das ich vor mehreren Jahren in Peking im Museum gesehen hatte. Dort war die kapitalistische Gesellschaft als Pyramide dargestellt. Die unterste Etage wurde von schwitzenden Sklaven getragen. Mit jeder Etage gab es weniger Menschen, und die zu verrichtende Arbeit wurde leichter. Ganz oben thronte ein fetter Kapitalist mit Zylinderhut und Zigarre.

Der offizielle Titel des Bildes lautete: »Der böse Kapitalismus«.

Rou, ein anständiger Mensch, sitzt auf der Bettkante und klammert sich an seiner schwarzen Plastiktasche fest. Er ist bekümmert über das, was sich in dem einzigen Gemeinschaftsraum des Schiffes abspielt.

»Als ich vor einer Stunde an Bord ging, saßen dort mehrere Männer im Mah-Jongg-Raum und spielten Poker. Auf dem Tisch lag ein Haufen Geldscheine. Einer von ihnen streckte seinen Kopf durch die Tür, grinste und sagte: ›Komm rein! Spiele und werde reich!‹ Natürlich habe ich Nein gesagt, und das sollten Sie ebenfalls tun. Tun Sie so, als würden Sie sie nicht sehen! Diese Männer haben wirklich nur böse Absichten. Sie wollen uns mit Drogen betäuben und uns dann unser Geld abnehmen!«

Rou ist gut gekleidet und hat ein langes, schmales Gesicht.

»Das ist schon oft passiert. Leute sind in schlechte Gesellschaft geraten und haben sich von *maotai* und weißen Tabletten betäuben lassen.«

»Und dann?«

»Dann sind sie eingeschlafen und am nächsten Tag mit Kopfschmerzen und leeren Taschen aufgewacht.«

»Und die Diebe?«

»Die waren lange vor ihrem Opfer an Land gegangen, in Wuxue, Huangxi, Wuhan oder wo auch immer! Sie sollten sich also von den Spielhöllen hinten im Schiff fernhalten.«

Rou und ich wohnen wie die Prinzen. Zweibettkabine mit Dusche und Toilette. Genug Platz, und solange wir Kartenspiel, *maotai* und weiße Tabletten meiden, werden wir morgen früh ausgeschlafen erwachen.

»Die Chinesen lieben das Glücksspiel«, meint er, »und ich hasse es.«

Solange Mao das Sagen hatte, war es verboten, um Geld zu spielen. Die Sünder wurden mit Gefängnis bestraft. Sogar die Todesstrafe wurde verhängt. Aber jetzt ist das Laster der Vergangenheit mit voller Kraft zurückgekehrt. Rou behauptet, dass sich die Chinesen mit mehr als fünfzig Glücksspielen amüsieren, angefangen von Poker über Roulette und Black Jack bis hin zu staatlichen Lotterien. Wer Zeit und Geld hat reist nach Macau, um seiner Spielleidenschaft zu frönen. Macau, lange eine portugiesische Kolonie, liegt an der Südküste Chinas. 1999 wurde die Stadt an China zurückgegeben, und jetzt ist unter den rosa Kuppeln des Casino Lisboa so viel Betrieb wie nie zuvor. Jedes Wochenende strömen Tausende lärmende Chinesen über die Grenze, um ihr Glück zu versuchen. Das Leben am Schlagbaum erinnert an einen Volksaufstand. Die Gewinner werden wie Helden gefeiert. Sie lassen sich mit ihren bunten Losen von der Presse fotografieren, und wenige Tage später fahren sie in einem Mercedes oder Volvo durch die Gegend.

Rous Urteil ist deutlich: »Es gefällt mir nicht!«

Im Stillen kann ich nur Graham Greene zustimmen: »Etwas Unvorhersehbareres als den Sozialismus gibt es nicht, Frauen einmal ausgenommen.«

Maos Sozialismus lief darauf hinaus, dass alle gleich sein sollten. Der Sozialismus von heute lässt extreme Ungleichheit zu, denn über Ungleichheit, Konkurrenz und Wertschöpfung führt der Weg zur klassenlosen Gesellschaft – zum Kommunismus. Diese Form heißt offiziell *Sozialismus mit chinesischen Vorzeichen.*

Und das Ergebnis?

Die Lebensumstände der meisten, selbst der Ärmsten, haben sich verbessert. Bessere Häuser, besseres Essen. Es gibt auch Konsumgüter, die früher nicht erhältlich waren. Früher träumten die Chinesen von Fahrrad, Armbanduhr und Nähmaschine. Jetzt kaufen sie Kühlschränke, Fernseher und Videorekorder und nicht zu vergessen: Handys! Jeden Tag werden in China 150 000 neue Handys angemeldet. 270 Millionen Chinesen haben die offizielle Armutsgrenze hinter sich gelassen. Es gibt mehr Wahlmöglichkeiten, die Tempel sind wieder geöffnet, und die Partei, die früher so mächtige Kommunistische Partei, lässt die Bewohner des Landes in Frieden.

Gleichzeitig hat sich China zu einem Land mit dramatischen sozialen Unterschieden gewandelt. Immer noch existieren Chinesen, die nur ein paar Euro im Jahr verdienen – ein Betrag, den die Millionäre in Shanghai eben mal an der Garderobe im Jockey-Club lassen. Und es werden ständig mehr Millionäre. Angeblich sind es Zehntausende. Die Zahl steigt mit jeder Woche. Die Liste der fünfzig reichsten Männer Chinas, veröffentlicht von der Zeitschrift »Forbes«, wurde 2001 von Rong Yiren angeführt, der ein Vermögen von 1,9 Milliarden Dollar besaß. Die Nummer fünfzig besaß immerhin auch noch 42 Millionen Dollar. Diese Entwicklung hat China zu einem der inegalitärsten Länder der Welt gemacht. Selbst Indien, das ungerechte Indien, steht noch besser da.

Und wer wird im China von heute reich?

Die Cleveren natürlich. Jene, die *guanxi*, Beziehungen, haben. Ich helfe dir und du hilfst mir. *Guanxi* hat Tradition und wird auf allen Gesellschaftsebenen praktiziert, nicht zuletzt zwischen normalen Chinesen und der Partei – Korruption ist allgegenwärtig. Man besticht einander mit Geld und teuren Restaurantbesuchen. Man trinkt *maotai* und isst Peking-Ente, vorzugsweise mit Blattgold garniert, denn Gold bringt Glück. Die Machthaber bieten staatliche Aufträge, preiswerte Darlehen, billige Immobilien und niedrige Steuern an. Im Jahre 2001 reagierte die Partei mit der Bestrafung von 800 000 Parteimitgliedern. Einige wurden vor Gericht gezerrt und hingerichtet. Die meisten Korruptionsfälle bleiben jedoch unentdeckt.

China fehlt Demokratie. Die Gesetze sind lückenhaft, die Justiz ist jämmerlich. Umso wichtiger ist es, sich im System zurechtzufinden. Wer nicht die richtigen Leute kennt und nichts zu bieten hat, erreicht auch nichts. Das bedeutet nicht, dass jeder Millionär im heutigen

China ein Schurke ist. Aber diejenigen, die sich aus dem Nichts zur »Forbes' Top Fifty«-Liste hochgearbeitet haben, haben sicher Dreck am Stecken. Yang Bin, der drittreichste Mann des Landes, sitzt bereits im Knast. Yang machte von sich reden, als er auf chinesischem Boden eine Kopie des holländischen Königsschlosses baute.

Auch Lai Changxing knauserte nicht. Lange beeindruckte er seine Umgebung damit, dass er den Armen druckfrische Geldscheine vor die Füße warf. In seiner Heimatstadt Xiamen fuhr er mit einem Mercedes mit Panzerglas herum, und Ende der 90er-Jahre erfüllte er sich seinen Traum, eine Miniaturkopie der Verbotenen Stadt zu errichten. Sicherheitshalber ließ er sie vom Präsidenten des Landes eröffnen. Laut Regierungsschätzungen gelang es Lai, ein Vermögen von vier Milliarden Dollar anzuhäufen. Das Geld verdiente er bei der größten Schmuggeloperation in Chinas Geschichte. Aber dann wurde dem 44-Jährigen der Boden unter den Füßen zu heiß, und voraussehend, wie er war, nahm er die erstbeste Maschine nach Vancouver.

»Auch wenn wir den Schurken drei- oder viermal hingerichtet hätten, wäre es nicht zu viel gewesen«, erboste sich der Premierminister in Peking, als Lais Verschwinden bekannt wurde. Wenig später wurden sieben seiner nächsten Mitarbeiter mit Genickschuss hingerichtet, 293 weitere kamen ins Gefängnis.

Neben den großen Fischen gibt es unzählige kleine. Millionen Chinesen haben sich in den »großen See« geworfen, angelockt vom Traum von Freiheit und Reichtum. Der private Beitrag zum Bruttosozialprodukt steigt mit jedem Jahr – es heißt, er habe bereits dreißig Prozent überschritten. Noch vor einer Generation gab es keinen einzigen Privatunternehmer in ganz China. In den kommenden Jahren werden es noch mehr werden. Dann ist es wichtig, sich zurechtzufinden und *guanxi* zu haben. Bestechung kann auch nicht schaden.

»Jetzt machen wir einen Ausflug zum Achterdeck«, sagt Rou plötzlich. »Sie sitzen sicher noch da.«

»Wer?«

»Die Pokerspieler.«

Poker auf dem Fluss des Lebens. Wir folgen dem Geschwätz und den Rufen. Die Salons hinten im Schiff sind voll von Männern, die über Spielsteine und Karten gebeugt dasitzen. Sie fluchen und rauchen, und aus den Luken steigt der Tabakqualm. In einem Salon wird Billard gespielt, in einem anderen Mah-Jongg. Die Chinesen lieben dieses Spiel, das aus 144 Bambus- oder Elfenbeinspielsteinen besteht. Jeder Stein hat ein bestimmtes Symbol, und wer seine eigenen Steine als Erster los ist, hat gewonnen. Es heißt, es sei wie das Schachspiel ein Spiel für Intelligente, aber Poker?

»Schauen Sie sich die an«, sagt Rou. »Sie spielen Poker!«

Wir gehen an einer Tür nach der anderen vorbei. Rou versucht hineinzuschauen, wird aber verscheucht. Außenstehende sollen nicht in die Karten schauen.

Eine junge Frau, die auf dem Schiff arbeitet, bringt einen Bambuskorb mit klirrenden Bierflaschen. Die Pokerspieler bestehen darauf, aus der Flasche zu trinken, die Pappbecher sind etwas für Memmen. Mitten auf dem Tisch liegen unter einer grellen Neonröhre mehrere grüne Scheine mit dem kraftlosen Mondgesicht des Vorsitzenden Mao. Wenn Mao jetzt zum Leben erwachte und aus den schmutzigen, zerknitterten Scheinen kröche? Dann würde er den runden Pokertisch umwerfen und die Spieler in ihre Kojen jagen. Mao erlaubte sich viele Freiheiten, aber an einem Pokertisch wurde er nie gesehen.

»Das nenne ich *baijinzhuyi*«, zischt Rou.

»Bitte?«

»*Baijinzhuyi*! Verehrung des Geldes!«

Als Rou und ich das Achterschiff der *Boyang* verlassen, dauert die Geldverehrung immer noch an. Ein junger Mann läuft hinter uns her und bedauert, dass für uns kein Platz an den Spieltischen war. Wenn wir die Spieltische aufgesucht hätten, als das Schiff noch am Kai lag, hätte es vielleicht noch einen Platz gegeben. Aber jetzt nicht mehr.

»Denken Sie dran! Man muss früh kommen!«

Wieder in der Kabine, liest mir Rou einen Artikel aus dem »Tagblatt der Jugend«, dem Zentralorgan der 72 Millionen Jungkommunisten vor. Die Überschrift ist lang und umständlich: »Werft die abgenutzte Doktrin des Gleichheitsdenkens über Bord!« Der Autor schreibt, dass die Kommunisten das Gleichheitsdenken immer noch als Ballast mit sich herumschleppten. Die neue Zeit fordere jedoch Kreativität und Kühnheit. Wer verlange, dass die Chinesen gleich sein sollten, würde in Wirklichkeit wollen, dass sie in alle Ewigkeit arm sein sollten. Und das könnten die Jungkommunisten nicht akzeptieren!

»Mao war radikal, das gebe ich zu, aber wieso sollen wir uns jetzt dem entgegengesetzten Extrem zuwenden und den Gott des Reichtums anbeten? Können wir nicht dem goldenen Mittelweg folgen?«

Vor zwei Jahren starb Rous Vater. Und was geschah bei der Beerdigung? Um die richtige Stimmung zu erzeugen, entschloss er sich, fünf professionelle Klageweiber zu mieten. Diese waren auf einmal wieder sehr in Mode und ließen sich ihre Dienste gut bezahlen. Sie können auf viele verschiedene Arten weinen. Rou entschied sich für eine, die 200 Yuan pro Frau kostete. Die Zeremonie begann, und die Frauen begannen zu weinen. Sie waren so überzeugend, dass die ganze Versammlung in Tränen ausbrach. Als die Zeremonie vorüber war, steckte Rou den Frauen ihre 200 Yuan zu. Die Verwandten weinten jedoch weiterhin, sie heulten und schrien und wollten gar nicht mehr aufhören. Sie wollten auch ihren Lohn!

»Sie sagten: ›Die Tränen der Klageweiber waren nicht echt, unsere sind echt! Dafür musst du uns auch anständig bezahlen!‹«

Der Streit artete beinahe in ein Handgemenge aus. Schließlich gab Rou jedem 100 Yuan. Ein unerwartet teures Begräbnis.

Rou ist im Dienste des Volkes auf Reisen. Er ist auf dem Weg zum Dongting-See, dem großen Binnensee in Zentralchina, der an einen Tintenfisch erinnert. An seinen Ufern wohnen zehn Millionen Menschen. Bald, vielleicht in einem Monat bricht der Monsun über Land und Volk herein, und von den schneebedeckten Bergen in Tibet strömen Milliarden Kubikmeter Schmelzwasser. Deswegen ist es wichtig, dass die Deiche in Ordnung sind. Dafür ist der Ingenieur Rou zuständig. Ein von Deichen umgebener Binnensee lasse sich mit einem Wasserballon vergleichen, erklärt er. Bekomme er ein Loch, dann platze er. Rou illustriert das Phänomen mit einer Zeichnung auf der Rückseite einer Quittung. Aus kleinen Löchern spritzt Wasser in alle Richtungen.

»Ah!«, sagt er und macht ein langes, gurgelndes Geräusch. »Wasser!«

Jetzt befinden sich die besten Ingenieure Chinas auf dem Weg zu dem gefährlichen See. Sie sollen 280 Kilometer Deiche untersuchen. Wo sie Schwächen in den Erdwällen entdecken, werden starke Männer zur Tat gerufen. Mehr Erde, mehr Steine! Die Wälle sind kilometerlang mit Plastik abgedeckt. Wenn der Regengott schließlich heranprescht, muss das letzte Loch abgedichtet sein. Wenn das Flutwasser jedoch über die Deichkante steigt, was dann?

»Dann kommt die Volksbefreiungsarmee! Dann kommen Sandsäcke auf die Deichkronen!«

»Und wenn das nichts nützt?«

»Das wäre eine Katastrophe wie im Jahr 1998! Alles misslang, der Ballon platzte. 4100 Menschen ertranken, und 1,8 Millionen mussten fliehen.«

Rou kann das nicht vergessen. In der Nacht zum 8. August 1998 stieg das Wasser des Dongting-Sees um anderthalb Meter. Große landwirtschaftlich genutzte Flächen verwandelten sich in eine Wasserwüste. Am nächsten Vormittag flog er während eines schrecklichen Unwetters in einem Hubschrauber über das Gebiet. Inmitten der Wasserwüste entdeckte der Pilot einen schwachen Baum, und in diesem Baum saß ein lebendiges Wesen, ein Mensch. Als sie näher kamen, sahen sie, dass sich ein etwa fünfjähriger Junge an die Baumkrone klammerte. In seinen Augen stand die Angst. Sie versuchten näher zu kommen, aber die Böen waren zu stark. Später am Tag ließ der Wind nach, und der Pilot machte einen neuen Versuch. In der Zwischenzeit war das Wasser gestiegen, und der Junge im Baum war verschwunden.

»Eine Katastrophe!«, sagt Rou ein weiteres Mal.

In der Abenddämmerung klopft es an der Tür unserer Kabine, und Rou springt auf. Ein kleiner Mann schaut herein. Er will uns ein phantastisches Produkt verkaufen, eine selbst gebraute Medizin, die das Haar wachsen lässt. Aus einer Plastiktasche zieht er eine braune Flasche, die bis zum Rand mit einer dunklen, dickflüssigen Masse gefüllt ist.

»Und davon wächst das Haar?«, fragt Rou und fährt sich mit der Hand über seinen kahlen Schädel.

»Garantiert. Nach nur drei Wochen beginnt das Haar zu wachsen.«

»Woraus haben Sie sie hergestellt?«

»Aus Ingwer und anderen Kräutern.«

»Aber warum heißt sie Aba?«

»Aba ist ein großes Waldgebiet in Sichuan. Wenn Sie diese Medizin drei Monate lang verwendet haben, dann wächst Ihnen Ihr Haar wie ein Wald auf dem Kopf. Alle, die sie ausprobiert haben, sind zufrieden.«

Die Flasche kostet 85 Yuan. Rou kauft gleich zwei. Außerdem schreibt er sich noch den Namen und die Adresse des Verkäufers in sein Notizbuch, damit er später noch mehr kaufen kann. Schon am selben Abend massiert er sich die zähe Mischung in die Kopfhaut, und der Duft von Ingwer und anderen unbestimmbaren Zutaten breitet sich aus. Der Hausierer geht zur nächsten Kabine weiter, und die Passagiere, überwiegend Männer mit schütterem Haar, kaufen bereitwillig. Die Chinesen glauben an heimliche Kräutermischungen, und sogar die Parteizeitung ist voller Anzeigen für Wundermittel.

»Schon seltsam, mit Ihnen zusammen zu sein«, sagt Rou, bevor wir zu Bett gehen.

»Warum?«

»Sie riechen gar nicht nach Milch und auch nicht nach Butter oder Käse.«

»Ich habe schon seit Wochen keine Milch mehr getrunken.«

»Leute wie Sie riechen sonst immer nach Milch, Butter oder Käse.

Haben Sie von Tibet gehört? Dort wohnen die Tibeter. Die riechen! Ich war mehrmals berufsbedingt in Tibet. Die Tibeter bauen keinen Reis an und auch kein Gemüse und keinen Tee. Ihr Essen besteht aus Milch, Butter und Käse und etwas Fleisch. Bei meinem ersten Besuch wurde mir fast übel. Beim zweiten Mal ging es besser und beim dritten Mal noch etwas besser. Als ich letztes Jahr in Belgien und Holland war, nahm ich genau den gleichen Geruch wahr. Die Leute tranken Unmengen Milch. In Holland waren wir in einer Stadt namens Gouda. Auf dem Markt, einem schönen viereckigen Platz, verkauften sie nichts anderes als gelben Käse. Käse, Käse, Käse! Alte Weiber, große und dicke, standen hinter Käsepyramiden. Die größten erinnerten an Schleifsteine und wogen sicher über hundert Kilo, genau wie die Käse in Lhasa. Ich sagte zu meinen Freunden: ›Lasst uns gehen!‹, und das taten wir.«

Bevor wir einschlafen, isst Rou noch etwas aus einem viereckigen Metallgefäß: Nudeln, Gemüse und Chili. Wir fahren durch das Chililand, durch Chinas schärfste Küche. Auf Tausenden von Hängen wachsen die Chilipflanzen rot und scharf. Alle riechen nach Chili, Revolutionäre, Konterrevolutionäre und selbst die Babys auf den Schößen ihrer Mütter. Von den Flussufern duftet es nach Chili, von den Landungsbrücken und kleinen Booten, von den Stuhlsitzen, Plastiktischdecken, Gardinen und vom Zeitungspapier. Und in unserer gemeinsamen Kabine sticht mir der Chilidunst in die Nase.

Rou wedelt mit den Essstäbchen vor meinem Gesicht herum und zeigt mir ein rotes Stück Chili.

»Chili ist gesund. Besonders im Sommer, wenn es warm und feucht ist. Chili senkt die Körpertemperatur, dann lebt es sich leichter. Wie spät ist es übrigens?«

»Mitternacht.«

»Es ist gut, dass Sie keine Milch trinken«, meint er und löscht das Licht.

In der grauen Dämmerung, lange bevor die Massen erwachen, steht Beate aus Deutschland und starrt in den Jangtse. Sicherheitshalber hat sie noch einen Feldstecher, Schweizer Fabrikat, dabei. Wonach hält sie Ausschau?

»Nach kleinen Mädchen«, sagt sie. »Kleinen, ertrunkenen Mädchen.«

»Haben Sie welche gesehen?«

»Nein. Aber Leute, die früher diese Reise gemacht haben, sagen, dass sie kleine Mädchen den Fluss haben hinuntertreiben sehen.«

Ich habe den Jangtse auch schon früher bereist. Glücklicherweise ist es mir erspart geblieben, Leichen vorbeitreiben zu sehen. Es ist jedoch erwiesen, dass unerwünschte neugeborene Mädchen in den Fluss geworfen werden und ertrinken. Deirdre Chetham erzählt von dieser Praxis in ihrem Buch »Before the Deluge: The Vanishing World of the Yangtze's Three Gorges«. Chetham wohnte in den 80er-Jahren in China und war viel auf dem Jangtse unterwegs. Die Chinesen hätten die Gewohnheit gehabt, alles möglich in den Fluss zu schmeißen, angefangen von Müll bis hin zu Maschinen. »›Gei Changjiang chi‹, pflegten sie zu sagen. ›Lass es den Fluss verspeisen!‹ Aber auch Menschen wurden geopfert. An Bord eines Schiffes konnte es passieren, dass die Kellnerin, während sie das Mittagessen servierte, rief: ›Schaut mal, eine Leiche!‹ Die Gäste stürzten auf die eine oder andere Seite des Schiffes, und dort schwamm dann ein aufgedunsener Körper, vielleicht ein kläglicher Bauer, ein elendes Selbstmordopfer oder ein neugeborenes Mädchen.«

Die Kellnerin versuchte sich auch immer gleich an einer Erklärung des Todesfalles. Die Gäste wandten sich jedoch ab, denn wer zu lange eine Leiche anstarrt, zieht den Zorn böser Mächte auf sich. Auch die Behörden scheuen davor zurück, sich um die Leichen zu kümmern, und so treiben sie dahin, bis ins Meer. Obwohl manchmal der eine oder andere dabei beobachtet wurde, wie er einen Toten an Land zog. Schließlich konnte sich in dessen Taschen etwas Wertvolles verbergen.

»Schauen Sie!«, sagt Beate und deutet aufs Wasser. Aber das, was wie ein Menschenkopf aussieht, ist etwas ganz anderes, möglicherweise ein Kohlkopf.

Keine Mädchenleiche an diesem Morgen. Und trotzdem: In China fehlen 41 Millionen Frauen. In einer sogenannten Normalgesellschaft sind die Geschlechter, grob gerechnet, ausgeglichen. Aber China ist nicht normal. Kongzi, der Moralphilosoph, der vor 2500 Jahren lebte, sagte, es sei die Pflicht eines jeden Chinesen, einen Sohn in die Welt zu setzen. Heute praktizieren die Behörden die Ein-Kind-Politik, allerdings mit gewissen Ausnahmen. Umso wichtiger ist es, dass das eine Kind ein Junge ist. Besonders den Bauern, die vom Boden und von harter Arbeit leben, ist es wichtig, das alte Gebot zu befolgen. Der Junge führt den Familiennamen weiter, er erbt, er hat die Muskeln. Und Muskeln sind in den armen, ländlichen Regionen Chinas wichtig.

Überall auf der Welt kommen ganz unabhängig von der Hautfarbe mehr Jungen als Mädchen zur Welt, normalerweise beträgt das Verhältnis 106 zu 100. Dieser Unterschied gleicht sich später im Leben aus, da Männer eine niedrigere Lebenserwartung haben. In China kommen jedoch 116 Jungen auf 100 Mädchen, und die Differenz wird mit jedem Jahr größer.

In der Zeitschrift »Women of China« lese ich von der 29-jährigen Xiao Hui, einer Bäuerin, die endlich einen Jungen zur Welt gebracht hat. Vorher hatte sie fünf Mädchen abgetrieben.

»Ich konnte mich nicht wehren. Mein Mann und meine Schwiegereltern verlangten einen Jungen. Aber jetzt sind sie glücklich.«

»Sind Sie selbst glücklich?«

»Ich habe keine Gefühle mehr. Ich bin nicht glücklich und ich bin nicht unglücklich, ich fühle nichts mehr.«

Neue Techniken, wie das Ultraschallgerät, ermöglichen es, Mädchen bereits in der Gebärmutter zu erkennen. In China ist pränatale Diagnostik gesetzlich verboten. Ultraschallgeräte sollen nur dazu verwendet werden, eventuelle Missbildungen des Fötus zu erkennen. Der Arzt darf das Geschlecht des Kindes nicht preisgeben. Aber wen kümmern schon die Gesetze. Die Ärzte verraten gerne das Geschlecht, wenn sie dafür ein paar Yuan extra in ihren Kitteltaschen haben. Außerdem gibt es viele Quacksalber in China. Wie in Indien fahren sie von Dorf zu Dorf: »Ultraschall! Ultraschall! Zahlen Sie heute 500 Yuan – dann brauchen Sie sich morgen nicht mit einem Mädchen abschleppen!«

97,7 Prozent der Schwangerschaftsabbrüche im heutigen China betreffen weibliche Föten. Die männlichen kommen davon. Meistens jedenfalls.

»Falls ein Jungenfötus aus der Gebärmutter entfernt wird, liegt in der Regel ein Missverständnis vor«, erzählt der Arzt Ma Ying dem »Tageblatt der Jugend«. »Um die Wahrheit zu sagen, auf die Geräte ist nicht immer Verlass. Wir können uns irren. Wenn so etwas passiert, dann sind die Mütter immer vollkommen hysterisch. Sie sind nicht zu trösten.«

Aber nicht alle können sich eine Ultraschalluntersuchung oder einen Abort leisten. Glücklicherweise begrüßt der größte Teil der chinesischen Eltern seine Mädchen freudig. Aber jene, die das nicht tun, verursachen unbeschreibliche Leiden. Schlimmstenfalls wird das Kind direkt nach der Geburt erstickt oder in einem Wassereimer ertränkt. Andere werden dem Flussgott geopfert. Still, nackt und namenlos treiben sie in die Ewigkeit.

Andere dürfen am Leben bleiben, die Anleitung holt man sich im »Buch der Lieder«:

Wenn ein Sohn geboren wird,
dann lasst ihn im Bett schlafen,
kleidet ihn in die schönsten Stoffe
und gebt ihm Jade, damit zu spielen.
Wie gewaltig sein Schrei klingt!
Möge er in karminroten Kleidern heranwachsen
und ein Herr über Klan und Stamm werden!

Wenn eine Tochter geboren wird,
dann lasst sie auf der Erde schlafen,

hüllt sie in gewöhnliche Kleider
und gebt ihr einen zerbrochenen Dachziegel, um damit zu spielen.
Möge sie ihrem Mann Essen und Wein geben,
aber sonst kein Aufhebens um sich machen
und ihren Eltern keine Schande bereiten.

Das »Buch der Lieder« wurde vor fast 3000 Jahren geschrieben.

Aber dann kam Mao. »Die Frau trägt den halben Himmel!«, erklärte er an einem graukalten Oktobertag 1949. Von nun an sollten Frauen und Männer dieselben Rechte und Pflichten haben. Wieder geschah viel Gutes. Am laufenden Band wurden neue Gesetze erlassen. Aber auch heute noch erleben viele kleine Mädchen, dass ihnen die Jungen vorgezogen werden. Die Jungen bekommen bessere Kleider, besseres Essen und mehr Aufmerksamkeit und dürfen länger die Schule besuchen. Wird ein Junge krank, dann rufen die Eltern sofort den Arzt. Keine Anstrengung ist zu groß. Ein Mädchen hingegen darf ruhig leiden. Stirbt sie, dann stirbt sie.

Adoption stellt aber auch eine Möglichkeit dar. Im alten China wurden unerwünschte Mädchen oft Nachbarn und Verwandten überlassen. Das ist auch heute noch der Fall. Außerdem haben kinderlose Ehepaare aus dem Westen ihre Augen auf den chinesischen Markt geworfen. Das hat zu einer Adoptionsindustrie geführt.

Beate aus Hannover starrt weiterhin auf das braune, schmutzige Wasser des Jangtse. Das Mädchen, das sie adoptieren will, sitzt in einem Laufstall in der Millionenstadt Wuhan.

»Ich kann immer noch nicht glauben, dass es wahr ist. In ein paar Tagen bin ich Mutter!«

Sie sagt das mit schwacher Stimme.

Zwölf deutsche Ehepaare haben die lange Reise nach China unternommen. Zwei Jahre lang haben sie sich mit Formularen und Anträgen abgemüht. Ihr Ziel liegt jetzt hinter der nächsten Flussbiegung. Die *Boyang* hat einen schwach gekrümmten Kurs genommen, genau wie der Fluss. Wir lassen die halbhohen Bergkämme hinter uns und gelangen in eine flache und eintönige Landschaft. Kilometerweit nur rechteckige Ackerflecken und Reisfelder, die auf Regen warten. In den Türen ihrer Häuser stehen die Bauern. Sie sind müde und haben frühmorgens noch steife Glieder. Sie reiben sich die Augen. In der Ferne steigt schwarzer Rauch auf. Das ist Wuhan. Beate sagt den Namen vor sich hin. Sie wiederholt ihn immer wieder, als wäre er ein Mantra. Unter der grauen Rauchglocke atmet Xiao.

»Wie alt ist sie denn?«

»Vierzehn Monate. Sie kann schon laufen!«

Beate steckt ihren Feldstecher in ihre Umhängetasche und zieht ein kleines Farbfoto hervor.

»Das ist Xiao, mein Kind!«

Xiao steht in ihrem Gitterbett. Mit ihren knubbeligen, kleinen Händen umklammert sie die Gitterstäbe. Ihr Gesicht ist klein und samtig, die fragenden Augen sind groß. Im Hintergrund sind mehrere andere Kinder zu erkennen.

»Ist sie nicht schön?«, fragt Beate und drückt das Foto an ihre Brust.

Xiao ist ein schönes Kind – eines von Zehntausenden, die China jedes Jahr in alle Himmelsrichtungen verlassen. Die chinesischen Adoptionsvermittlungen arbeiten auf Hochtouren, und die Schlange ausländischer Paare, die auf ein chinesisches Mädchen warten, wird mit jedem Jahr länger.

Langsam erwacht die deutsche Gesellschaft, und während die Sonne aufgeht, kommt Wuhan immer näher. Die Stadt soll acht Millionen Einwohner haben. Eigentlich handelt es sich um eine Verschmelzung dreier Städte, Hankou, Wuchang und Hanyang. Als die westlichen Truppen im 19. Jahrhundert in China einmarschierten, fuhren sie sofort den Jangtse hinauf, um Hankou, 1600 Kilometer von der Küste entfernt, einzunehmen. Die Stadt war damals wie heute ein Knotenpunkt im großen chinesischen Reich. Wer den Handel, die Reichtümer, die Kulis und die armen Massen im Inneren Chinas kontrollieren will, muss Hankou, Wuchang und Hanyang im Griff haben. Heute am letzten Maitag liegt China in Sonne gebadet da – ganz China, sämtliche 9,7 Millionen Quadratkilometer. Ich habe mein

Tecsun-Kurzwellenradio angemacht – die Stimme aus Peking war ekstatisch. Und backbord stehen zwölf erwartungsvolle deutsche Ehepaare. Sie halten sich in den Armen, denn dort hinten im Smog liegt Wuhan, und zwölf kleine Mädchen erwarten sie. Zwei der werdenden Mütter weinen.

Beates Stimme ist rau: »Heute werden wir unsere Kinder treffen. Aber erst in einigen Tagen werden sie uns gehören. Haben Sie Lust, bei der Zeremonie dabei zu sein?«

Langsam gleitet die *Boyang* in den Hafen von Wuhan. Das Tuten der Schiffssirene klingt wie Jubel. Das Flussufer ist von Wolkenkratzern, Mammuthotels und Bankpalästen gesäumt. Es gibt keine Frauen mit abgebundenen Füßen und herumwimmelnde Kulis mehr. Aber unerwünschte kleine Mädchen gibt es mehr als je zuvor.

Rou, mein Kabinengefährte, ist ebenfalls erwacht. Er steht lange schwankend da, die Augen unter den buschigen schwarzen Brauen zusammengekniffen. »Kommen Sie«, sagt er dann plötzlich und bedeutet mir, ihm nach achtern zu folgen. Wir wollen nachschauen, ob die Pokerspieler schon zu Bett gegangen sind. Tatsächlich! Die Spielhöllen sind schon lange verlassen, und leere Bierflaschen kullern im gleichmäßigen Takt des Schiffes hin und her. Die Aschenbecher erinnern an kleine Pyramiden, die gelben Zigarettenstummel liegen dicht an dicht.

»Schweine!«, murmelt Rou und schüttelt den Kopf.

Aber das Parteimitglied Rou kann sich damit trösten, dass die vorrevolutionäre Schweinerei noch schlimmer war. Bevor Mao die Macht ergriff, befuhren Kasinoboote den Jangtse. Die Passagiere verspielten im Laufe einer Nacht ihr letztes Hemd oder wurden unermesslich reich. Auch die Bordellschiffe waren nie weit.

Im Jahre 1920 fuhr Tan Shihua, ein junger Chinese, den Fluss hinunter. Er hatte sein Heimatdorf verlassen, um die Universität in der Großstadt zu besuchen. Es war eine wilde und gefährliche Zeit. Alles war erlaubt. Das Kaisertum war passé, die Republik ausgerufen worden, aber niemand regierte. Der Dampfer, auf dem er reiste, wurde von schwimmenden Kasinos und Bordellen verfolgt. Ständig sprangen Passagiere über die Reling, um zu spielen oder eine Prostituierte aufzusuchen. Die Spieler saßen bis spät in der Nacht unter flackernden Öllampen, die Luft war feucht und warm. Die Rufe der Männer und das durchdringende Geräusch der Würfel und Kupfermünzen waren weithin zu hören. Ab und zu gab es eine Schlägerei, ein Tisch wurde umgeworfen und mit schriller Stimme Rache gefordert.

Am Bord der Bordellboote saßen die Mädchen im Schein roter Lampions und warteten. Sie hatten geschminkte Gesichter, große goldene Ohrringe und schwere Halsketten. Wie schön sie doch waren! Verheißungsvolle Flötentöne drangen aus dem geheimnisvollen Inneren der Boote. Die Töne mischten sich mit leisem Stöhnen, mit Flüstern und einem ganzen Spektrum undefinierbarer Geräusche. Eine leise Stimme begann im Falsett zu singen, und Ausrufer begannen die Qualitäten der Mädchen zu preisen. Lüsterne Männer warfen den Mädchen lange Blicke zu, und diejenigen, die genug Geld in der Tasche hatten, machten ein diskretes Zeichen. Mit kräftigen Ruderschlägen gingen die Bordellboote in Position, sodass die Männer an Bord springen konnten. Zurück blieben die Armen, die kein Geld hatten, und in ihren Augen stand der Neid.

»Wenn man doch einmal mit solchen Frauen schlafen dürfte! In der lauen Sommernacht auf dem Langen Fluss!«

Die Bordellboote sind noch nicht zurückgekehrt, aber das ist eine Frage der Zeit, denn überall gibt es in China stationäre Bordelle. Warum einen Unterschied zwischen Land und Wasser machen? Das Reich der Mitte hat seine frivole Vergangenheit wiederentdeckt, und für die Historiker der Zukunft wird der Sozialismus nur eine kurze Episode in der langen Geschichte des Landes darstellen.

Wir gehen an Land. Die *Boyang* hat am Kai angelegt. Langsam wie schwarze Ameisen strömen alle an Land und in eine der härtesten Städte Chinas. Rou verschwindet in der Menge. Er soll zehn Millionen Menschen davor bewahren, zu ertrinken. Beate begnügt sich damit, ein kleines Mädchen zu retten.

»Kommen Sie am Sonntag?«, ruft sie durch den Lärm. »Zu der Zeremonie?«

Die Kinder der Revolution

Menschen, Schriftzeichen und Lärm.

Kein Reisender in China kann sie übersehen. Die Volkszählung im Herbst 2000 ergab, dass das Land 1265 Millionen Einwohner hat, die kapitalistischen Massen in Hongkong und Macau nicht einmal eingerechnet und die Einwohner von Taiwan auch nicht. In diesem Fall hätte sich die Zahl 1300 Millionen ergeben. Das sind 800 Millionen mehr als 1949, als Mao auf den Ehrenbalkon über dem Tor des himmlischen Friedens trat und rief: »Das chinesische Volk hat sich erhoben!«

Die Bevölkerung Chinas nimmt jedes Jahr um zwölf Millionen Menschen zu. Das ist eine geringe Zahl, erstaunlich gering, aber die Ein-Kind-Politik zeitigt Folgen. Wenn die Experten mit ihrer Prognose recht behalten, wird es in 25 Jahren keinen Bevölkerungszuwachs mehr geben und das Land dann zwischen 1550 und 1600 Millionen Einwohner haben. In Indien hingegen wird die Bevölkerungszahl in eine unfassbare Höhe ansteigen. Heute eine Milliarde, in hundert Jahren zwei Milliarden.

Trotzdem sind die Chinesen dazu verurteilt, in Enge zu leben. An der Kaikante bleibe ich im Gedränge, in der großen und schwarzen Menschenmenge, stehen. Und die Schriftzeichen? Marco Polo erwähnte sie überhaupt nicht. Sah er sie nicht?

Schriftzeichen sind das, was die chinesische Kultur zusammenhält. Im Lande gibt es Tausende Dialekte. Wenn ein *Beijing ren*, ein Bewohner Pekings, nach Shanghai fährt, hat er große Probleme, zu verstehen, was die Leute dort sagen. Fährt er noch weiter nach Süden, beispielsweise in die Stadt Guangzhou, versteht er überhaupt nichts mehr. Mandarin und Kantonesisch sind ebenso verschieden wie Norwegisch und Deutsch. Die Schriftzeichen verbinden die Chinesen jedoch. Die Zeichen für Teehaus, Restaurant oder Wäscherei sind im ganzen Land die gleichen.

Die ältesten chinesischen Schriftzeichen sind vor über 3000 Jahren in Tierknochen und Schildkrötenpanzer geritzt worden. Damals waren die Chinesen ausschließlich Bauern.

Wetter und Wind entschieden über Leben und Tod. Deswegen waren Prophezeiungen wichtig. Hatte der Weissager eine Frage gestellt, dann erhielt er seine Antwort, indem er einen Knochen oder Schildkrötenpanzer mit einer Metallspitze berührte. Die Kratzer, die entstanden, wurden als Schriftzeichen gedeutet. So entstand durch die Weissager die vielleicht reichste aller Schriftsprachen. Heute soll es mehrere Zehntausend Zeichen geben, vielleicht sogar an die 50000. Im Alltagsleben kommen die Chinesen jedoch mit weitaus weniger zurecht. Der Mann auf der Straße begnügt sich mit ein paar Tausend, und nicht wenige Chinesen können überhaupt nicht lesen.

Eine Inschrift! Die Zeichen sind in Stein gehauen, und die Schrift erinnert verdächtig an die des Vorsitzenden Mao.

Ich bin aus dem Menschenmeer im Hafen von Wuhan geflüchtet, den Fluss entlang, an vier Gebäuden vorbei, durch einen Glockenturm und eine leichte Flussbiegung entlang. Dort steht am Flussufer eine Säule. Nur wenige Leute beachten sie, aber sie steht trotzdem dort, tonnenschwer und aus schwarzem Granit, hoch, schlank und trutzig. Die Inschrift: »Wahre Revolutionäre fürchten weder Leiden noch Tod! Mao Zedong, 16. Juli 1966.«

Hinter der Säule sitzt eine ältere Frau in der Hocke und verkauft glasierte Äpfel und Lutscher von einer wackligen Schubkarre.

»Lutscher!«, ruft sie mit heiserer Stimme.

Genau hier war es. Mao, 72 Jahre alt, wollte seinen revolutionären Stahlwillen demonstrieren. Seit dem Krisengipfel auf dem Lushan waren sieben Jahre vergangen. Wieder wollte er die Revolution beschleunigen. Er hoffte, die klassenlose Gesellschaft in so kurzer Zeit wie möglich zu realisieren.

Mao war ein Bauernsohn. Das Haus, in dem er aufgewachsen war, bestand aus gelbbraunem, sonnengetrocknetem Lehm. Es lag an einem Fischteich, der zur Hälfte mit schönen Lotosblüten bedeckt war. Als kleiner Junge hatte er es geliebt, in dem Teich zu schwimmen. Einer seiner ersten veröffentlichten Artikel, »Eine Studie physischer Kultur« von 1917, handelt davon, wie wichtig es sei, schwimmen zu können. Maos These lautete, das chinesische Volk könne sich nur befreien, indem es Körpererziehung betreibe, unter anderem indem es »den Körper in Flüssen und im Meer abhärte«.

Als Mao 1949 in die Verbotene Stadt einzog, befahl er sofort: »Gebt mir ein Schwimmbecken!« Der Vorsitzende bekam seinen Pool, in dem er jeden Morgen seine Bahnen schwamm. Aber auch das salzige Nass zog ihn an. Li Zhisui, sein Leibarzt, erzählt, dass Mao an einem Julitag 1955 alle Warnungen in den Wind geschlagen und sich in die stürmischen Wogen vor dem Badeort Beidaihe geworfen habe. Seine Leibwächter hätten versucht, ihn daran zu hindern, aber der große Führer habe sich nicht aufhalten lassen. Die Natur musste besiegt werden. Der Kommandant der Wachtruppe Wang Dongxing geriet außer sich. Die ganze Führung bis hin zum Premierminister Zhou Enlai in Peking wurde alarmiert!

Anschließend war Mao außer sich.

»Idiot!«, schrie er Wang Dongxing an. »Du solltest wissen, dass ich auch unter solchen Bedingungen schwimmen kann!«

Im Jangtse schwamm Mao zum ersten Mal 1956. Umgeben von etwa vierzig Leibwächtern ließ er sich den Fluss hinabtreiben. Auch bei dieser Gelegenheit wurde seine Gefolgschaft fast hysterisch. Was wenn der große Führer von den Strudeln in die Tiefe gezogen und ertrinken würde? Was würde dann aus den Massen? Mao legte sich auf den Rücken und streckte seinen Schmerbauch in die Luft. Dann ließ er sich langsam Richtung Osten treiben. »Das nenne ich nicht schwimmen«, meinte Yang Shangkun, einer der Experten, die das Schauspiel vom Aussichtsdeck des Begleitschiffes *Der Osten ist rot* Nr. 1 verfolgten. »Er lässt sich ja einfach treiben.«

Ganze zwei Stunden lang ließ sich Mao treiben. Als er endlich wieder an Bord kletterte, wurde er mit Applaus, Ansprachen und Wein gefeiert. Yang Shangkun ergriff das Wort. Dieses Mal um den größten aller Menschen zu feiern. »Es gibt keinen Menschen, der stärker ist als der Vorsitzende Mao! Kein anderer Staatsmann betrachtet die Berge und Flüsse mit der gleichen Verachtung wie der Vorsitzende Mao. Niemand in der Geschichte kann sich mit ihm messen!« Und Wang Dongxing fügte hinzu: »Unser Volk hat vom Beispiel des Vorsitzenden Mao viel zu lernen – das Undenkbare zu denken und das Unmögliche zu tun.«

Schmeichelei und Heuchelei waren in Maos Umgebung an der Tagesordnung.

Der Schwimmausflug im Jahre 1956 war nicht nur ein Ausdruck dafür, dass Mao den Naturkräften trotzen wollte. Sein Wunsch, die wirtschaftlichen Gesetzmäßigkeiten aufzuheben, war noch stärker. Die Antwort war der »Große Sprung nach vorn«, ein unmöglicher Sprung. Mao machte eine Bauchlandung, sein Volk ebenfalls. Betreten musste er zugeben, dass er sich in wirtschaftlichen Belangen kaum auskannte, und nach Ende der Lushan-Konferenz trat er vom Posten des Präsidenten der Volksrepublik zurück. Er wurde von Liu Shaoqi abgelöst. In den nächsten Jahren versuchten dieser und ein weiterer aufsteigender Stern, Deng Xiaoping, die Räder wieder in Bewegung zu setzen. Die Bauern erhielten größere Freiheit, ein gewisser »Kleinkapitalismus« wurde gestattet, und die Produktion stieg sprunghaft. Aber im Hintergrund schlich Mao herum. Dem Vorsitzenden passte das alles nicht. Sie waren doch wohl Kommunisten?

Der Gegenangriff erfolgte 1966. Mao begab sich nach Wuhan – wieder wollte er schwimmen! Dieses Mal wagte es niemand zu protestieren. Bei der Lushan-Konferenz 1955 hatte er mit den wasserscheuen Parteikollegen abgerechnet: »Ihr habt keine formale Logik studiert! Wo es Wasser gibt, kann man auch schwimmen. Der

Jangtse führt bei Wuhan sehr viel Wasser, folglich ist es auch möglich, dort zu schwimmen! Überall kann man schwimmen, nur dort nicht, wo zu wenig Wasser ist, wo das Wasser zu Eis gefroren ist oder wo es Haie gibt. Begreift ihr? Ich bitte euch inständig, die formale Logik zu studieren!«

Mao zog in Mai Ling ein, die Wuhaner Villa der Parteileitung. Das Haus lag ein Stück außerhalb der Stadt in einer grünen, idyllischen Gegend, durch dichte Wälder abgeschirmt. Wo es Macht gibt, gibt es auch Verstecke. Von seiner weitläufigen Terrasse konnte Mao seinen Blick auf einem funkelnden See ruhen lassen. Und wünschte er sich noch mehr Wasser, konnte er in einem privaten Pool seine Bahnen schwimmen.

Als Erstes schrieb er einen Brief an seine Frau Jiang Qing:

»Jeden Tag lese ich mit großem Interesse Dokumente und anderes. Viel Chaos wird zu großer Unordnung führen. Dieser Zyklus wiederholt sich jedes siebte oder achte Jahr. Die Dämonen und Ungeheuer werden bald ans Licht treten!« Die Dämonen und Ungeheuer waren seine Rivalen in der Parteileitung, diejenigen, die den »kapitalistischen Weg« eingeschlagen hatten.

Mao hatte sich ein neues gigantisches Projekt einfallen lassen, die große proletarische Kulturrevolution. Indem er die Massen, insbesondere die Jugend, mobilisierte, wollte er »große Unordnung unter dem Himmel« schaffen. Er wollte es seinen Rivalen, Liu, Deng und allen anderen, zeigen und ein weiteres Mal den Marsch des Volkes zur klassenlosen, kommunistischen Gesellschaft beschleunigen. Er würde das Projekt, das 1959 abgebrochen worden war, wiederbeleben, koste es, was es wolle. China würde leiden, nun gut. Aber wenn sich der Rauch erst einmal verzogen hatte, dann würde die Luft sauberer sein als je zuvor.

»Ich erinnere mich noch gut«, sagt Tian Ziwen, der heute Sprachwissenschaftler an der Universität Wuhan ist. Wir sitzen unter einem großen Weidenbaum mit Aussicht auf den Fluss und das Leben.

Tian war in jenem Sommer Soldat. Er war 22 Jahre alt und stolzer Matrose auf einer der Fregatten der Marine. Anderthalb Jahre lang hatte er auf dem Jangtse patrouilliert. Als es Juli wurde, gab der Kapitän der Mannschaft Bescheid, sie dürften nach Hause in Urlaub fahren. Aus Bereitschaftsgründen durften sie jedoch nur gruppenweise Urlaub machen. Tians Urlaub sollte nach Plan am 16. Juli beginnen.

Der 16. Juli brach an, ein grauer, schwülwarmer Tag. Wuhan wird gerne als Chinas Sauna bezeichnet, und jetzt lag die Hitze erstickend über der Stadt. Halb nackt und verschwitzt schlief die Mannschaft im Morgengrauen. Plötzlich und brutal erklang die Glocke. Alle Mann an Deck! Der Kapitän hatte die Mitteilung erhalten, dass jeder Urlaub gestrichen sei!

»Uns war klar, dass etwas Ernstes bevorstand, wir wussten aber nicht, was«, erzählt Tian.

Im Laufe von Minuten standen Tian und die anderen Matrosen in ihren frisch gebügelten Uniformen an Deck.

Mao hatte die Angewohnheit, seine Reisen geheimzuhalten. Der Beschluss zu einer Reise oder Unternehmung wurde oft erst in letzter Sekunde gefasst. Das lag teilweise an Maos Impulsivität, genauso wichtig waren aber auch Rücksichten auf seine Sicherheit. Bereits 1950, wenige Monate nach seiner Machtübernahme, hatte Mao das kaiserliche System des Vorkostens des »kaiserlichen« Essens wieder eingeführt. Schließlich konnte es dem Klassenfeind einfallen, den Vorsitzenden vergiften zu wollen. Im Laufe der Jahre steigerte sich Maos Paranoia immer mehr, und im Sommer 1966 sah er selbst am helllichten Tag Gespenster.

Das Spektakel begann gegen fünf Uhr morgens.

»Der Kapitän befahl, fünf Li (ca. 500 Meter) den Fluss hinabzufahren und dort in Position zu gehen. Von jetzt an befand sich die Fregatte, ja die gesamte Volksbefreiungsarmee in der Region Wuhan in höchster Bereitschaft. Niemand erfuhr, warum. Wir ließen den Motor an und manövrierten langsam bis zur vorgegebenen Position. Der Kapitän schien in Panik geraten zu sein, und während das Morgenlicht immer stärker wurde, erhielten wir Anweisung, alle Wimpel und Flaggen zu hissen.«

Die Stunden vergingen, und nichts geschah. Währenddessen standen die Matrosen stramm und spähten in alle Himmelsrichtungen.

Gegen acht Uhr entdeckten sie etwas Seltsames: Rote Fahnen trieben von etlichen Begleitbooten umgeben den Fluss hinunter. Die Flaggen flatterten leicht in der Flussbrise. Ein schöner Anblick. Als die Prozession näher kam, sah Tian, dass die Flaggen von *vollständig angekleideten, schwimmenden Soldaten* getragen wurden. Von einem der Begleitboote dröhnte aus einem Lautsprecher flotte Marschmusik. Weiter hinten entdeckte Tian weitere Schwimmer. Einer von ihnen war ein alter Mann mit Bauch. Er ließ sich auf dem Rücken treiben. Der Vorsitzende Mao!

»Wir konnten es alle nicht fassen!«

Tian lacht.

An diesem Tag stellte der große Führer einen neuen Weltrekord auf. Laut »Tageblatt des Volkes« legte er 15 Kilometer in 65 Minuten zurück. Noch nie war ein Mensch so schnell geschwommen. Das ließ sich natürlich mit der starken Strömung erklären. Mao tat das Gleiche wie zehn Jahre zuvor: Er legte sich auf den Rücken und ließ den Fluss die Arbeit erledigen. Hinter ihm plantschten 5000 Jungkommunisten, die dem großen Führer ihre »unverbrüchliche Loyalität« beweisen wollten.

»Der Anblick des Vorsitzenden Mao machte uns munter und glücklich. Später sprangen dann auch wir in den Fluss. Wir wollten im selben Wasser baden! Einer der Matrosen begann das heilige Wasser zu trinken. Natürlich wurde er krank.«

Die Nachricht von der Schwimmpartie verbreitete sich wie ein Lauffeuer im Reich, und in Wuhan endete der Tag mit Kampfrufen und politischen Manifestationen. Ein riesiges Menschenmeer sammelte sich vor dem riesigen Mao-Standbild, um schwülstige Reden anzuhören. Tian und die anderen Matrosen von der Fregatte wurden aufgefordert, den Anblick des schwimmenden Vorsitzenden in Gedichtform zu beschreiben. Die Dichter wurden mit roten Rosetten und – etwas später – mit einem kleinen roten Buch belohnt, das bald eine Auflage von 500 Millionen Exemplaren erreichte, »Zitate des Vorsitzenden Mao«. In den folgenden Wochen standen die Matrosen in Reih und Glied und lasen laut aus dem roten Werk vor. Gingen sie an Land, wurden sie von Volksmassen empfangen, die im Chor zitierten. Die Leute lasen, riefen und schrien. Rote Spruchbänder, auf denen Klassenkampf und Rache gefordert wurden, hingen aus Fenstern und von Dächern. Das Lächeln wurde von geballten Fäusten abgelöst, Nachbarn prügelten sich – das Volk benahm sich, als wäre es verrückt geworden.

Zwei Tage, nachdem er im Jangtse geschwommen war, war Mao wieder in Peking. Zum ersten Mal seit 27 Jahren trug er wieder eine Uniform, eine grüne ohne Rangabzeichen. Am 18. August begrüßte er eine Million Rotgardisten vom Ehrenbalkon über dem Tor des himmlischen Friedens herab. Die Vorstellung begann damit, dass eine junge Rotgardistin Mao eine rote Armbinde anlegte. Mao fragte sie nach ihrem Namen, und das Mädchen antwortete: »Binbin«, was so viel wie »nett und höflich« bedeutet. Der Vorsitzende runzelte die Stirn.

»Du sollst nicht nett und höflich sein, du sollst rabiat sein!«

Tian Ziwen geht auf die sechzig zu. Sein kräftiges Haar ist so schwarz wie auf den Schwarz-Weiß-Fotos von 1966, die er mir zeigt. Der junge Tian steht Arm in Arm mit seinen Waffenbrüdern an Bord der grau gestrichenen Fregatte. Sie lächeln strahlend. Im Hintergrund weht die chinesische Flagge.

»Ich hatte damals große Pläne. Ich wollte Fremdsprachen studieren, am liebsten Italienisch. Sprachen waren das Einzige, was mich interessierte.«

Er konnte seinen Traum erst 1980 realisieren, als er an der Universität Wuhan zugelassen wurde. In den letzten Jahren hat er sich jedoch überwiegend mit der Sprache der Kulturrevolution beschäftigt.

»Die Gewalt erzeugt ihre eigene Sprache. Und die Kulturrevolution handelte von der Gewalt. Zwischen 1966 und 1976 entwickelte China eine ganz neue Sprache – ein vulgäres Vokabular aus Flüchen und Schimpfwörtern. Die Wandzeitungen waren voll davon. Vorgebliche Klassenfeinde wurden aus ihren Häusern gezerrt und als Hundeköpfe, Kriechtiere, Kuhteufel, Schlangengeister, Gesindel, Schwindler, Renegaten, Verschwörer, Schlangenbrut, Falschspieler, Streikbrecher, Pythonschlangen, Taschendiebe, Karrieristen, stinkende Schweine, Gespenster, Dämonen, Blutsauger, heulende Wölfe, giftiges Unkraut, Schädlinge, Schwarzhändler und vieles mehr abgestempelt. Normale Höflichkeit wurde als ›widerliche Etikette des Bürgertums‹ abgetan. Und da sich das Proletariat im Krieg befand, fanden militärische Ausdrücke Eingang in die Alltagssprache. Beispielsweise Gegenangriff, Generaloffensive, taktischer Rückzug und strategischer Vormarsch.«

Mao hatte der Jugend eine Blankovollmacht zum Aufruhr ausgestellt. »Bombardiert das Hauptquartier!«

Mit Hauptquartier war die Leitung der Kommunistischen Partei gemeint, alle, die den »kapitalistischen Weg« eingeschlagen hatten. Aber kleine und große Hauptquartiere gab es überall, in den Volkskommunen und Fabriken, in den Krankenhäusern und Schulen, sogar in den Wohnvierteln und bei den Leuten zu Hause. Bald befand sich China im Krieg. In Wuhan teilten sich die Einwohner in zwei Lager, die Millionenhelden und das Hauptquartier der Wuhan-Arbeiter. Beide erhoben Anspruch darauf, den Vorsitzenden Mao zu repräsentieren, und beide bewaffneten sich mit Dolchen, Messern und Schusswaffen.

Am 19. Juni 1967 trugen sie eine regelrechte Schlacht aus. Die beiden »Armeen« stürmten auf der großen Brücke über den Jangtse aufeinander zu, und wieder einmal färbte sich das Flusswasser rot. Die Kämpfe in den nächsten Wochen endeten mit einer empfindlichen Niederlage der Millionenhelden, und bei den folgenden Racheakten verloren Tausende ihr Leben. In der Provinz Hubei sollen 184 000 Menschen umgekommen sein.

Wo befand sich Tian Ziwen da?

»Auf Reisen. Meine Wehrpflicht war vorüber. Stattdessen fuhr ich mit der Bahn kreuz und quer durchs Land, und zwar gratis. Ich wurde Rotgardist wie alle anderen, und Rotgardisten brauchten nicht zu bezahlen. Wir stiegen aus, wo es uns gefiel, und kamen wir ein paar noch frei herumlaufenden Hundeköpfen, Kriechtieren oder Kuhteufeln auf die Spur, dann machten wir kurzen Prozess. Niemand konnte sich sicher fühlen, die Porträts des Vorsitzenden Mao einmal ausgenommen. Eines Abends kamen wir in ein Dorf bei Wuxi. Ein langweiliges Nest, in dem nichts los war. Aber als Rotgardisten verlangte es uns nach Action. Deswegen stürmten wir in das erstbeste Haus, in dem ein älteres Ehepaar Tee trank. ›Verdammte Greise, warum habt ihr es hier so gemütlich? Eine Revolution ist keine Teegesellschaft!‹ Wir schleppten sie ins Freie und forderten sie zu allen möglichen Geständnissen auf. ›Gestehe deine Verbrechen, sonst schlagen wir dir deinen Hundekopf ein!‹ Die Frau überlebte die Misshandlungen nicht. Der Mann überlebte, allerdings als Krüppel.

Von Wuxi stürmten wir nach Norden, und als echte Revolutionäre fanden wir, dass alle Bücher außer denen des Vorsitzenden Mao verbrannt werden müssten. Schließlich hatte Mao Kaiser Qin gefeiert, der befohlen hatte, alle Bücher des Landes zu verbrennen. Wir bildeten ein ›Bücherverbrennbataillon‹, und in den nächsten Monaten verbrannten wir Hunderttausende Bücher. Gemeinsam mit örtlichen Rotgardisten stürmten wir die Universität in Hefei, der Provinzhauptstadt von Anhui. Dort setzten wir die Zentralbibliothek in Brand, bevor wir in der Stadt Amok liefen. Wir plünderten Museen und Schulen und zerschlugen alles, was wir sahen, Statuen, Bilder, Gemälde, Uhren, Zierleisten, Kampfertruhen, Nippes und tonnenweise Porzellan. Bücher wurden immer verbrannt. Wir fielen in das Haus eines alten Intellektuellen ein und steckten tausend Jahre alte Schriften an. Der Alte flehte und bat, aber wir sagten: ›Schnauze, du stinkender Dämon!‹ Wir banden ihn an der Wasserpumpe fest und stülpten einen leeren Bottich über seinen Kopf. Dann zogen wir weiter.

Als wir Hefei verlassen wollten, war der Bahnhof überfüllt. Die Leute standen müßig auf den Bahnsteigen. ›Schwachköpfe! Kriechtiere! Stinkende Hundeköpfe! Warum steht ihr so da? Könnt ihr euch in der Wartezeit nicht nützlich machen!‹ Über Lautsprecher befahlen wir den Reisenden, einen Loyalitätstanz für den Vorsitzenden Mao zu vollführen. Wer nicht tanzte, sollte bestraft werden, und zwar gnadenlos. Sofort begannen tausend Menschen hin und her zu springen, sie wagten nicht zu protestieren. Um zu kontrollieren, dass auch alle gehorchten, gingen wir mit langen Stöcken auf den Bahnsteigen auf und ab. Drückeberger wurden mit Schlägen bestraft. Ganz hinten auf dem Bahnsteig saß hinter einem Pfeiler eine kränkliche Frau mit weißem Haar. ›Stinkendes altes Weib! Tanz, verdammt noch mal, tanz!‹ Wir zerrten sie hoch, aber es nützte nichts. Das ›Weib‹ war schwach und knickte wie ein Streichholz ein. Zur Strafe setzten wir ihr eine Narrenkappe mit der Aufschrift ›Antisozialistisches Element‹ auf. Die anderen tanzten anderthalb Stunden. Dann kam der Zug.

Auf dem Weg nach Norden hörten wir Gerüchte, die Rotgardisten hätten in Peking neue Verkehrsregeln eingeführt. Von jetzt an sollten die Verkehrsteilnehmer bei Grün anhalten und bei Rot weiterfahren. Schließlich war Rot die Farbe der Revolution. Da konnte man nicht bei Rot anhalten. Als wir in Zhengzhou, der Provinzhauptstadt von Henan, aus dem Zug stiegen, bemerkten wir sofort, dass der Verkehr bei Rot anhielt. Ein konterrevolutionäres Verbrechen! Wir rissen Radfahrer zu Boden und verprügelten sie an Ort und Stelle. In Zusammenarbeit mit den örtlichen Rotgardisten stürmten wir die Hauptwache der Polizei und gaben wenige Tage später der Bevölkerung die neuen Regeln bekannt. In den nächsten Monaten fuhren alle sowohl bei Rot als auch bei Grün. Autos und Fahrräder stießen ständig zusammen, und Hunderte von Menschen starben im Straßenverkehr.

Von Zhengzhou marschierten wir mit roten Fahnen in östlicher Richtung. Es war Frühling, und die Bauern in einem der Dörfer säten. ›Verdammte Bauerntrottel, warum sät ihr? Der Vorsitzende Mao hat euch befohlen, eine Revolution durchzuführen!‹ Sofort begannen wir nach Reaktionären zu suchen, denn der Vorsitzende Mao hatte gesagt, dass zehn Prozent der Bevölkerung Reaktionäre seien. Das Dorf hatte tausend Einwohner, und wir mussten dem Zehntel, das Mao und die Revolution sabotierte, auf die Spur kommen. ›Zeig uns die Hundeköpfe!‹ Der Vorsitzende des Dorfkomitees, ein nervöser Mann, antwortete, dass alle Bewohner des Dorfes Mao voll und ganz unterstützten. ›Erzähl uns nichts! Zeig uns die Hundeköpfe!‹ Schließlich stellte es sich heraus, dass der ehemalige Gutsbesitzer, ein Greis von 86 Jahren, immer noch am Leben war. Bereits 1950 hatte er seinen Besitz abgegeben und seither geschwitzt wie alle anderen Bauern. Aber jetzt wollten wir es ihm heimzahlen! Wir stellten ihn vor ›Gericht‹ und verurteilten ihn zum Tode. Am späten Abend tauchte sein Sohn auf, der von dem Aufstand, den wir veranstaltet hatten, keine Ahnung hatte. Auch er wurde zum Tode verurteilt. Am nächsten Morgen richteten wir beide hin. Der Vater war eine Schlange, der Sohn eine Schlangenbrut.

Einige Wochen später marschierten wir in den Geburtsort von Konfuzius, Qufu, ein. Mao hatte gesagt, Konfuzius sei ein Reaktionär, und obwohl er vor über 2500 Jahren gestorben war, war eine Generalabrechnung mit ihm wichtig. Das Tempelgebiet von Qufu ist fürchterlich groß. Die nächsten drei Wochen arbeiteten wir mit Hochdruck. Von morgens bis abends zerschlugen wir Plastiken, sogar noch nachts. Die Stadtleitung von Qufu besorgte uns Generatoren, damit wir im Schein provisorischer Lampen arbeiten konnten. Schließlich hatte Mao gesagt, wir müssten uns bis zum Äußersten anstrengen, die vier Alten durch die vier Neuen zu ersetzen: neue Ideologie, neue Kultur, neue Traditionen und neue Gewohnheiten. Die lokale Abteilung der Volksbefreiungsarmee besorgte uns Dynamit. Ganze Tempel wurden dem Erdboden gleichgemacht. Nachdem wir sechs Wochen gewütet hatten, erhielten wir den Befehl, uns aus der Gegend zurückzuziehen.«

Auf diese Art zog Tian sechzehn Monate lang von Ort zu Ort.

»Eigentlich müsste ich im Gefängnis sitzen. Aber dann würde ich mit fünfzig oder hundert Millionen anderen zusammen einsitzen.«

Im Jahre 1968 erhielten die Rotgardisten den Bescheid, sich nach

Hause zu trollen. Zu diesem Zeitpunkt war im Lande schon längst alles zum Stillstand gekommen. Die Fabriken standen still, und die Schulen waren geschlossen. Hunderttausende waren erschlagen und Millionen verfolgt, schikaniert und gefoltert worden. Ein Elektriker, der eine Briefmarke mit einem Mao-Porträt versehentlich verkehrt herum auf den Umschlag geklebt hatte, wurde festgenommen und sofort erdrosselt. Menschen wurden gezwungen, zu jeder Tageszeit vor Mao-Bildern und Mao-Büsten die Beichte abzulegen. Bei der Telefonvermittlung begannen die Angestellten jedes Gespräch mit dem Ruf: »Mao zhuxi wansui!« Lang lebe der Vorsitzende Mao! Geschäftsbriefe und offizielle Schreiben begannen immer mit einem Zitat des großen Führers, und täglich informierten Fernsehen, Radio und Zeitungen über die wunderbare Wirkung, die das Denken Mao Zedongs zeitigte. Blinde konnten wieder sehen, Lahme gehen, und Tote standen wieder auf!

Als Tian nach Wuhan nach Hause zurückkehrte, stand in der Stadt immer noch alles Kopf. Groß und Klein tat alles, um revolutionäre Gesinnung zu beweisen. Am 16. Juli, am zweiten Jahrestag des Flussschwimmens des Vorsitzenden, stürzten sich Zehntausende in den Fluss, um sich in den »aufgewühlten Wogen der Revolution« abzuhärten. Viele konnten jedoch gar nicht schwimmen. Die Naivsten glaubten, dass sie sich mithilfe von Maos kleinem roten Buch schon über Wasser halten konnten. »Fürchtet weder Leiden noch Tod!«, riefen sie. Im nächsten Augenblick waren sie weg – für immer. Nur das Druckwerk mit dem roten Plastikumschlag schwamm auf dem Wasser.

Andere sprangen in den Fluss, um zu sterben. Sie konnten einfach nicht mehr. Kein Tag verging ohne unzählige Selbstmorde.

»Zu diesem Zeitpunkt hatte ich genug. Mir war alles zu viel, und mir wurde übel. Übelkeit bereitete mir auch der Umstand, dass ein Viertel der Bewohner meines Stadtteils, 300 von 1200, getötet worden war.«

Die nächsten zehn Jahre stellten für Tian Ziwen eine ziemliche Durststrecke dar. Er wurde Asphaltarbeiter bei der städtischen Straßenverwaltung. Eine harte Arbeit. Als er endlich die Gelegenheit zum Studium erhielt, kam es ihm vor, als hätte er Zutritt zum Himmelreich erhalten.

»Italienisch. Es kam nur Italienisch in Frage! Die Vokale waren so klar, der Tonfall so wohlklingend.«

Aber die letzten Jahre hat er die hässlichste Sprache von allen, die Sprache der Rotgardisten, studiert. In einer Gruppe, zu der auch zwei andere ehemaligen Rotgardisten gehörten, hatten sie Tausende Wandzeitungen aus der schlimmsten Phase der Kulturrevolution studiert. Was hatte er dabei gelernt?

»Dass die Sprache eine gefährliche Waffe ist! Ein Krieg beginnt meist im Kleinen, mit unserer eigenen Wortwahl. Ein Adjektiv hier, ein Adverb dort, ein herablassendes Substantiv. Die gehässigen Wörter schleichen sich in die Sprache ein wie ein Krebsgeschwür. Der Feind, ganz gleichgültig, ob es sich um einen wirklichen oder einen eingebildeten Feind handelt, muss verteufelt werden. Hitler beschäftigte Goebbels, natürlich beschäftigte er Goebbels! Niemand konnte Reden halten wie er. Goebbels wiederholte alles immer wieder, und das taten die Rotgardisten auch. Keine Beweisführung. Beweise waren bürgerlicher Schnickschnack. Und dann kam der Krieg. Überall sahen wir Kriechtiere, Hundeköpfe und Dämonen. Als Rotgardisten hatten wir aufgehört, Andersdenkende als normale Menschen zu betrachten. Deswegen hatten sie auch keinen Respekt verdient.«

Noch immer ist die Kulturrevolution ein heikles Thema in China. Durchaus nicht jeder möchte darüber sprechen. Allzu viele waren beteiligt, allzu viele haben etwas auf dem Gewissen.

»Aber früher oder später müssen wir uns unserer eigenen Vergangenheit stellen«, beharrt Tian Ziwen. »Ständig verlangen wir, dass die Japaner niederknien und sich für ihre Verbrechen während des Zweiten Weltkriegs entschuldigen sollen. Dieser Meinung bin ich natürlich auch. Aber dann müssen wir auch selber bereit sein niederzuknien. Niemand hat größeres Leiden über das chinesische Volk gebracht als die Chinesen selbst.«

Einen ganzen Vormittag lang sitzen Tian und ich am Flussufer.

Fähren und Schlepper fahren hin und her, und vor uns steht ein tapferer Mann und angelt.

»Seltsam«, sagt Tian, »im Fluss gibt es keine Fische. Sie werden mit so schmutzigem Wasser nicht fertig.«

»Und der Mensch?«

»Der Mensch schon. Noch immer wird der 16. Juli mit einem Massenschwimmen im Jangtse gefeiert. Die Menschen haben aus der Geschichte nichts gelernt. Das ist schrecklich traurig. Aber wenn die Geschichte verschwiegen oder umgeschrieben wird, dann kann man aus ihr auch nichts lernen.«

Auf einem schwarzen Fahrrad verschwindet Tian Ziwen aus meinem Leben.

Und was ist heute aus dem Proletariat in Wuhan geworden?

In der Ferne sehe ich einen Wald aus hohen Schornsteinen, aus denen grauschwarzer Rauch quillt: das Eisen- und Stahlwerk Wuhan, ein staatliches Monstrum.

Vor vielen Jahren führte ich ein kleines Experiment durch. Es war ein klarer Morgen, und die Morgenschicht des Eisen- und Stahlwerks Wuhan musste zur Arbeit. 148 000 Mann bildeten die längste Fahrradprozession der Welt. Diese Fahrradprozession wollte ich sehen. Nachdem ich den Vorsitzenden Mao begrüßt hatte (er stand auf einem Sockel und winkte steif zu den Wolken aus Wasserdampf und Staub hinauf), folgte ich der breiten Auffahrt zum Hauptportal, einem kolossalen Triumphbogen, geschmückt mit einer roten Fahne. Die Parole über dem Portal war mit großen Schriftzeichen geschrieben: »Komm glücklich zu der Arbeit – gehe zufrieden heim!« Aber das Proletariat glänzte durch Abwesenheit, keine Menschenseele außer ein paar wenigen gähnenden Wachmännern war zu sehen.

Aber dann begann die Fabriksirene zu heulen. Die Nachtschicht war vorüber. Eine schwarze Menschenmenge wälzte sich aus dem Tor, die größte Wilde Jagd, die sich denken lässt, ein schweigender, radelnder Menschenschwarm, ein endloser Fluss. Der Fluss ergoss sich durch das große Portal und teilte sich dann in zahllose kleinere

Flüsse – einen zu jedem Fabrikschornstein und von ihm weg. Außer den Fahrradklingeln und dem gleichmäßigen Quietschen von 296 000 Pedalen war nichts zu hören.

Ein halbes Jahrhundert lang stellten die staatlichen Betriebe das Rückgrat der chinesischen Industrie dar. Zu Rekordzeiten beschäftigten sie 120 Millionen Arbeiter. Einmal angestellt, für immer angestellt, Sicherheit von der Wiege bis zur Bahre. Die größten staatlichen Betriebe waren wie Wohlfahrtsstaaten im Miniformat organisiert. Es gab Kantinen, Kindergärten, Kinderkrippen, Vorschulen, Grundschulen, Mittelschulen, Ärzte, Kinos, Theater, Sporthallen und Schwimmbäder. Einige Betriebe wie das Eisen- und Stahlwerk Wuhan verfügten über Krankenhäuser, Hochschulen und Universitäten. Die Frauen gingen mit fünfzig in Rente, die Männer fünf Jahre später. Die Rente war ausreichend, und wenn der Tod schließlich kam, bezahlte Vater Staat für Sarg, Kranz und Grab.

Viele dieser Betriebe wiesen nie einen Gewinn aus. Aber was spielte das schon für eine Rolle. Aus der Staatskasse in Peking kam immer frisches Geld. Kein staatlicher Betrieb sollte im Sozialismus in Konkurs gehen.

Aber jetzt sind diese goldenen Zeiten vorüber. Es gibt zu viele Verbindlichkeiten. Allein in den letzten vier Jahren haben die staatlichen Betriebe 43 Millionen Angestellte entlassen. Mindestens die Hälfte dieser Betriebe machen Verlust, viele mussten Konkurs anmelden, und es werden noch mehr werden. *»Sink or swim!«*, lautet der klare Bescheid der Regierung. Wer nicht ohne Hilfe zurechtkommt, muss dichtmachen. Die neue Politik entspricht den Forderungen der Welthandelsorganisation (WTO).

Am 1. Januar 2002 wurde China Mitglied der WTO. Bevor die Führung in Peking die Bedingungen der WTO akzeptierte, fanden lange und quälende Diskussionen statt. Die Reformbefürworter trugen jedoch den Sieg davon. Wahrscheinlich wird China von der Mitgliedschaft profitieren – langfristig. Aber erst einmal wird die Umstellung Opfer kosten. Obwohl den Chinesen eine Umstellungsperiode von drei bis fünf Jahren zugestanden wurde, werden diese Umstellungen Millionen weitere Arbeitslose zur Folge haben. Wu Gaogang, Wirtschaftswissenschaftler bei der chinesischen Wissenschaftsakademie, fürchtet, dass dies zu heftigen sozialen Unruhen führen kann. Dann würde man den »Barbaren«, angeführt vom reichen Westen, ein weiteres Mal die Schuld an Chinas Unglück geben.

Ein anderer Experte, der Shanghaier Wirtschaftswissenschaftler Gordon Chang, wartet mit fast apokalyptischen Prophezeiungen auf. In seinem Buch »The Coming Collapse of China« gibt er dem gegenwärtigen Regime nur noch fünf Jahre. Er meint, die chinesische Führung hätte sich verrechnet, als sie zur WTO Ja gesagt habe. In direkter Konkurrenz mit den internationalen Konzernen würden die chinesischen Staatsbetriebe nacheinander zusammenbrechen. Millionen würden arbeitslos, und Millionen würden marschieren. Die Folgen für die Umwelt könnten gewaltig werden. Im Jahre 1989 hätte das Regime schon Mühe gehabt, mit einigen Hunderttausend Menschen auf dem Platz des himmlischen Friedens in Peking fertig zu werden. Aber Millionen?

In Wuhan sitzen die Entlassenen massenweise auf den Bürgersteigen. Einige klammern sich an selbst geschriebene Plakate:

»Li Yuxing, entlassener Held der Arbeit. Gib mir eine neue Chance!«, steht auf einem verblichenen Stück Pappe.

»Yang Qingtao, Metallarbeiter. Ich brauche nicht viel zu essen, aber meine Kinder sollen schließlich auch heranwachsen. Sie brauchen Reis, Fleisch und Gemüse«, steht auf einem anderen.

»Ma Rong, junger Kämpfer, für Aufträge frei«, steht auf einem dritten.

Das Muskelpaket Ma liegt in der Sonne und schläft. Die Wahrscheinlichkeit, dass ihn jemand weckt, ist nicht sonderlich groß. In Wuhan gibt es fast eine Million Arbeitslose. Die Zahl nimmt mit jedem Monat zu. Laut Gerüchten sieht es in anderen Städten genauso aus. Die Arbeitslosigkeit ist ein landesweites Problem, die Quoten variieren jedoch stark. Am Schlimmsten ist es im Nordosten, wo es die Schwerindustrie schwerer hat als je zuvor. Die Maschinen sind veraltet und verbraucht, die Effektivität ist gering. Es gibt jedoch viele Arbeitnehmer. Das große Eisen- und Stahlwerk Anshan hat 210 000 Mitarbeiter. Die Direktion meint, 90 Prozent könnten entlassen werden, ohne dass die Produktion darunter leiden würde.

Und in Wuhan?

»Wir könnten die Hälfte entlassen«, meint Wu Wentian, einer der Direktoren.

»Und warum tun Sie es nicht?«

»Wir wagen es nicht! In China können wir nicht wie im Westen die Belegschaft auf ein Minimum reduzieren. Denn was würde passieren? Entlassen wir 100 000 oder 200 000, dann stürmen die wütenden Arbeiter die Zhongshan Dadao entlang! Das ist eine lange Straße, sieben oder acht Kilometer vom Anfang bis zum Ende. Wir müssen an die Stabilität denken! Entfesseln wir die Massen, wie das bei der Kulturrevolution der Fall war, dann riskieren wir Zusammenbruch, Auflösung und Tod.«

Wu zündet sich eine Zigarette an, schließt die Augen und inhaliert tief.

»Nein, wir müssen langsam vorgehen. Konfuzius hat uns befohlen, dem goldenen Mittelweg zu folgen. Buddha ebenfalls. Die staatlichen Betriebe werden effektiver werden. Einige werden auch ganz schließen müssen. Das braucht aber Zeit.«

Trotzdem rasseln die Arbeiter mit den Säbeln. Allein vergangenes Jahr fanden 182 000 kleine und große Aktionen statt: Sit-ins, Streiks und Demos. Hilfe bei der offiziellen Gewerkschaft zu suchen ist sinnlos. Sie hilft der Partei und nicht den Arbeitern. In einigen Betrieben sind Direktor und Gewerkschaftsvertreter ein und dieselbe Person. Streiks sind in China verboten, was die Bonzen der chinesischen Gewerkschaftsunion vollkommen in Ordnung finden. Wieso auch sollte man auch im Sozialismus streiken? Warum sollte man gegen sich selbst streiken? Schließlich hat die Arbeiterklasse im Land das Sagen. So lautet die offizielle Begründung. Deswegen begnügen sich die Gewerkschaften damit, den Arbeitern Abendkurse in Hygiene und Tischtennisturniere anzubieten. Tischtennis ist gesund, es stärkt die Kondition und die Konzentration.

Sporadische Versuche, unabhängige Gewerkschaften einzurichten, werden sofort unterbunden.

»Sie kommen doch aus Europa, oder? Erinnern Sie sich an Solidarność? Daran, was in Polen passierte, als man diese Gewerkschaft gewähren ließ? In den Fabriken wurde die Arbeit niedergelegt, die Leute prügelten sich, das ganze Land stand kopf. Und wenn das jetzt auch in China passieren würde?«

»Aber es kann doch keine Lösung sein, die Arbeiter nicht zu Wort kommen zu lassen!«

»Wir hindern niemanden daran! Die Arbeiter können alles sagen, aber die Kritik muss konstruktiv sein. Wir können keine Äußerungen und Aktionen gestatten, die das Land entflammen könnten. Das verstehen Sie doch.«

Bis auf Weiteres qualmen die Schornsteine in Wuhan. Wer gefeuert wird, muss mit einer bescheidenen Abfindung auskommen. Auf Dauer muss er etwas Neues finden oder ist auf die Hilfe der Familie angewiesen. Die Familiensolidarität ist in China sehr wichtig. Du hilfst mir, und ich helfe dir. Glücklicherweise. Not macht erfinderisch. Die meisten Entlassenen finden eine neue Arbeit. Unter einer Ulme auf der Zhongshan Dadao sitzt ein entlassener Metallarbeiter und verkauft frisch gekochte Eier. Ein anderer ist Schuhputzer, ein dritter wedelt mit langen Räucherstäbchen, da um die Ecke ein Tempel liegt.

Drei Geschäftsleute in spe.

Andere Entlassene werden von den unzähligen privaten Unternehmen übernommen. Im neuen China mit den WTO-Regeln werden Millionen von Menschen Arbeit im wachsenden privaten Sektor finden. Aber auch Privatbetriebe haben so ihre Tücken. Viele gehören rücksichtslosen Leuten, denen es nur auf den Profit ankommt. In einem Land mit zu vielen Menschen, finden sich immer gehorsame Arbeitskräfte. Die jungen Arbeitssuchenden vom Land nehmen alles. Die Folge? Schreckliche, zum Teil hochgefährliche Arbeitsverhältnisse, lange Arbeitstage und niedrige Löhne.

»Die Millionen, die sich auf Wanderschaft befinden, sind kaum ausgebildet. Einige können nicht einmal lesen. Solche Menschen stellen eine leichte Beute dar«, schreibt der Juraprofessor Ning Jiatun im »Chinesischen Gesetzesblatt«.

Und trotzdem. Aus den Gassen in Wuhan höre ich Hammerschläge und Gelächter. Man kann nicht behaupten, die Stadt wäre von Missmut geprägt, eher im Gegenteil. Die Chinesen haben schon früher gelitten. Weder Revolutionen noch Umstellungen sind unbekannte Erscheinungen unter dem chinesischen Himmel. Das Land hat bislang alles ausgehalten.

Aber wer kümmert sich um die kleinen Mädchen?

Beate und die anderen Deutschen wandern rastlos in der Lobby des Shengli Hotels herum. Die große Übergabe nähert sich. Die Deutschen haben vier Tage warten müssen.

»Ich habe das Gefühl zu gebären«, sagt Beate und drückt sich fest an ihren Mann.

Shengli bedeutet Sieg. Die zukünftigen Eltern haben sich fein gemacht. Die Frauen tragen lange Sommerkleider, Beate hat einen eleganten, beigefarbenen Hosenanzug angezogen. Sie warten auf einen Minibus mit Kindern, zwölf kleinen Mädchen und ebenso vielen Betreuerinnen aus dem Kinderheim. Die feierliche Übergabe soll in einem Saal im ersten Stock stattfinden. Er ist mit roten und gelben Ballons sowie Seidenbändern und -rosetten festlich geschmückt. Es gibt ein Rednerpult, Stühle mit Plastikbezug, Blumenschmuck, Limonade, Thermoskannen mit Jasmintee und Schalen mit Süßigkeiten. An der Wand hinter dem Rednerpult hängt eine alte Mao-Parole: »Wir haben Freunde auf der ganzen Welt!«

An diesem Tag kommen die Freunde aus Deutschland. Morgen kommen sie vielleicht aus Schweden oder aus den USA. Eine Zeremonie löst die andere ab. Die Übergabe erfolgt am Fließband, denn in China gibt es genügend unerwünschte kleine Mädchen. Eine Frau des Übergabekomitees sagt, sie freue sich über alle Freunde, insbesondere die amerikanischen.

»Wieso das?«

»Sie spenden mehr. Die Schweden und Deutschen geben kaum etwas.«

Die Zeremonie soll um zehn Uhr beginnen. Aber Punkt zehn ist noch kein Mädchen in Sicht. Die deutsche Gesellschaft hat sich vor dem Hotel aufgestellt und hält nach einem weißen Minibus Ausschau. Der Verkehr dröhnt vorbei. Alle Mütter halten ein Passbild in der Hand. Werden sie ihr Kind nach dem briefmarkengroßen Foto auch erkennen? Sie hätten ihre Kinder schon vor zwei Tagen begrüßen, sie in den Armen halten und mit ihnen kosen sollen, aber aus unbegreiflichen Gründen wurde die Versammlung abgesagt. Und jetzt können sie sich nur an die Passbilder klammern. Die kleinen Kinder sind sich so ähnlich, sie sind kaum zu unterscheiden. Beate betrachtet sich ein letztes Mal im Spiegel. Ist sie auch schön genug? Etwas Make-up auf Stirn und Nase. Noch einmal mit dem Lippenstift über die Lippen gefahren. Die anderen Frauen lassen sich davon anstecken, und bald starren alle in einen Taschenspiegel. Die Männer haben alle eine Videokamera in Bereitschaft.

Ein weißer Minibus!

Er kommt von Westen und wird von einem Polizeiauto mit Blaulicht eskortiert. Noch nie haben die Mädchen einen besseren Schutz gehabt als jetzt, bevor sie das Land verlassen werden, das sie verraten hat. Noch ehe der Bus ganz zum Stillstand gekommen ist, sind die Eltern schon herbeigestürzt und drücken sich die Nase an den Seitenscheiben platt.

»Ist das mein Kind? Ist das dein Kind?«

»Sie sieht aber gar nicht aus wie meines!«

»Das muss sie sein!«

»Ja, das ist sie. Das ist sie!«

Die Luft ist von halb erstickten Rufen erfüllt, und als die kleinen Mädchen in den ersten Stock getragen werden, eilen die Deutschen wie ein Kometenschweif hinterher.

»Darf ich sie in den Arm nehmen?«, fragt Beate.

»Warten Sie«, sagt Herr Hua, der chinesische Zeremonienmeister, ein ernster Mann mit großer Hornbrille und nach hinten gekämmtem Haar. Entschieden weist er die Eltern an, Platz zu nehmen. Erst einmal wird er eine Rede halten. Dann wird er den Eltern die offiziellen Adoptionspapiere überreichen. Schließlich werden sie die Kinder entgegennehmen.

Während sich Herr Hua an das Rednerpult stellt, setzen sich die Pflegerinnen mit den Mädchen auf dem Schoß auf die Tribüne. Wie süß sie sind! Keine von ihnen kann älter als ein Jahr sein, sie tragen jedoch schon lange Kleider in Rosa, Gelb, Orange und Hellrot. Blau ist nicht dabei. Eines der Mädchen beginnt zu schreien – es ist Beates kleine Tochter. Beate steht abrupt auf, ihr Mutterinstinkt ist bereits in Aktion. »Mein Kind!«, ruft sie laut. Aber noch gehört das Kind nicht ihr. Einer der Wachmänner bittet sie, wieder Platz zu nehmen, und Beate begibt sich widerwillig zurück auf ihren Platz.

»Liebe deutsche Freunde«, beginnt Herr Hua.

Diese Rede hat er schon oft verlesen. Dieser Tag, sagt er mit singender Stimme, sei ein Tag der Freude für die zukünftigen Eltern. Seine Stimme ist voller Ergriffenheit. Langsam und mit ausholenden Gesten unterstreicht er die Verantwortung, welche die Eltern übernehmen. Eine lebenslange Aufgabe liege vor ihnen. Die Kinder bräuchten Betreuung und Liebe, und so allein, wie sie jetzt auf der Welt seien, hätten sie nur noch ihre Adoptiveltern, auf die sie sich verlassen könnten. Sie hätten in China keinen Vater und keine Mutter, keine Onkel und keine Tanten. Niemanden. Von jetzt an gebe es keine Bande mehr. Er sei jedoch überzeugt davon, dass die Kinder in gute Hände kämen. Die Adoptiveltern seien geprüft und für gut befunden worden, alle Papiere in Ordnung.

»Ich kann Ihnen persönlich garantieren, dass die Kinder gesund sind! Vollkommen gesund!«

Beate schluchzt, die anderen im Saal ebenfalls.

Auf dem kleinen Tisch vor dem Rednerpult liegt ein Packen kleiner in Seide gebundener Bücher, die mit einer roten Schleife zugebunden sind. Herr Hua, der seine Rede jetzt beendet hat, nimmt ein Buch zur Hand und öffnet die rote Schleife. Zwischen den beiden Buchdeckeln lässt sich das wenige nachlesen, was über das Kind bekannt ist, wie es heißt, wo es zur Welt kam. Darunter ist das rote Siegel der Volksrepublik. Ein wichtiges Dokument, das nicht verloren gehen darf! Herr Hua hebt den Zeigefinger.

»Und jetzt übergeben wir die Kinder!«

Herr Hua ruft das erste Paar auf. Die Übergabe erfolgt leise, mit vorsichtigen, zitternden Händen. Anschließend seufzen die Eltern zufrieden. Beates Kind hat aufgehört zu schreien. Sobald sie es in den Armen hält, schläft es auf Beates Schoß ein. Seine Augen schließen sich langsam und friedlich. Schöner hätte es nicht sein können. Die Kleine wurde an einem Fluss gefunden, und deswegen heißt sie auch Jiang Xiao. Jiang bedeutet Fluss, Xiao klein. »Ausgesetzt aufgefunden«, steht in dem niedlichen, kleinen, in Seide gebundenen Buch. Wer sie aussetzte, weiß niemand. Ihr Geburtsdatum ist ebenfalls unbekannt. Das angegebene ist willkürlich.

Bald zeigt es sich, dass mehrere der Mädchen Jiang Xiao heißen. Alle wurden an einem Fluss aufgefunden. Nur die Geburtsdaten unterscheiden sich. Beate sieht betroffen aus.

»Jiang ist ein schöner Name«, meint eine der chinesischen Frauen tröstend. »Unser Präsident heißt Jiang!«

In China ist es, wie in den meisten anderen Ländern auch, verboten, seine Säuglinge auszusetzen. Deswegen sorgen die Eltern dafür, dass sie keine Spuren hinterlassen. »Ausgesetzt aufgefunden« kann bedeuten, dass das Kind nachts in einem Park abgelegt wurde. Oder an einem Fluss. Statt das Kind im Fluss zu ertränken, lassen die Eltern – meist die Mutter – es leben und hoffen, dass sich jemand seiner erbarmt. Wer es findet, ist verpflichtet, es in das nächste Kinderheim zu bringen. Wenn sich die Eltern nach drei oder vier Monaten nicht gemeldet haben, wird das Kind zur Adoption freigegeben.

Chinesische Mütter sind wie alle anderen, sie verlassen ihre Kinder schweren Herzens. Lin Qi, die Leiterin des Kinderheims, erzählt, die ausgesetzten Kinder hätten oft einen Abschiedsgruß der Mutter bei sich wie diesen: »Kleiner Jadeschatz, ich hätte dich so gerne behalten, aber aus Gründen, die ich nicht erklären kann, muss ich dich hier verlassen. Mögen gute Menschen dich finden und dir ein langes und glückliches Leben bescheren.« Oder: »Liebe Tochter, ich kann dich in dieser Welt nicht versorgen. Hasse mich deswegen nicht! In der nächsten Welt werden wir miteinander spielen, und ich werde dich in Liebe und Seide hüllen.«

Manchmal werden die Mädchen mit kleinen Geschenken ihrer Eltern ausgesetzt – ein Schmuckstück aus Jade, ein Bonbon, ein Kamm, ein Pandabär-Teddy, eine Puppe, eine Tüte getrocknete Aprikosen oder ein Lutscher. Lin Qi erzählt von einem Kind, das die Taschen voller gestempelter Busfahrkarten hatte. Die armen Eltern, sie hatten nicht mehr zu geben. Ein anderes Kind wurde mit einer Schachtel Zigaretten in der Tasche seines Jäckchens gefunden, ein drittes mit einer Ansichtskarte mit einem Sonnenaufgang vom Emei, einem der heiligen Berge des Landes.

Die meisten Mädchen werden im Freien ausgesetzt. Es kommt aber auch vor, dass die Mutter direkt nach der Geburt das Krankenhaus verlässt. Die Mutter gibt einen falschen Namen an, und in einer Großstadt wie Wuhan ist es unmöglich, sie ausfindig zu machen. Eine Frau sprang zwei Stunden nach der Entbindung aus einem Fenster im ersten Stock. Die einzige Spur war der Blutfleck auf der Erde.

»In diesen Fällen kennen wir zumindest das Geburtsdatum des Kindes«, sagt Lin Qi.

Sie ist klein und füllig, hat rote Wangen und kurzes, kräftiges Haar. Ich frage sie, ob ihre Arbeit zunimmt – ob die Zahl der ausgesetzten Mädchen zunimmt.

»Nein! Früher, in den 8oer-Jahren, war es schlimmer. Da waren es ungeheuer viele.«

»Warum das?«

»Als die Ein-Kind-Politik eingeführt wurde, wollten alle nur einen Jungen. Aber jetzt ist das nicht mehr so. Die Leute besitzen eine bessere Ausbildung, es hat etwas mit Reife zu tun. Außerdem dürfen die Bauern einen weiteren Versuch unternehmen, wenn das erste Kind ein Mädchen war. Aber von mehr als zwei Kindern kann nicht die Rede sein, das hat die Regierung verfügt.«

Ich hätte gerne Lin Qis Kinderheim besucht, aber Lin sagt, sie sei nicht »autorisiert«, mir Zutritt zu gewähren. Das ist verständlich, denn 1996 zeigte die BBC die einstündige Dokumentation »The Dying Rooms« über die Verhältnisse in den chinesischen Kinderheimen. Die Welt war fassungslos. Eines der Kinder, die kleine Mei Ling, machte besonders großen Eindruck. Das Filmteam fand sie in einem Heim bei Guangzhou, weit im Süden des Landes. Sie war abgemagert, verzweifelt, allein und verlassen. Keiner der Angestellten machte Anstalten, ihr zu helfen. »Mei Ling«, sagte die tiefe, anrührende BBC-Stimme, »soll sterben. Erst haben die Eltern sie im Stich gelassen und jetzt das Kinderheim.«

Laut des BBC-Manns vor Ort starb sie vier Tage später.

Die Zuschauer bekamen auch eine Zweijährige mit Hasenscharte zu sehen, die man auf einer Holzbank festgebunden hatte. Ohne dass sie sich hätte bewegen können, schlug ihr ein älterer Junge mehrmals in den Bauch. Niemand griff ein. Die Kamera zeigte etliche verängstigte kleine Mädchen, denen Verwahrlosung und Misshandlung anzusehen waren. Der Schlusssatz der BBC: »Chinas Kinderheime sind nichts anderes als Todeslager.«

Die Regierung in Peking protestierte lautstark. Der Film sei eine Lüge. In den folgenden Wochen wurden ausländische Journalisten von einem Kinderheim ins nächste gefahren. »Schaut!«, sagten ihre chinesischen Führer. »Das ist die Wirklichkeit!« Die Mädchen spielten und lachten, es gab keine Sterbezimmer, keine Verwahrlosung. Wer hatte also recht? Die BBC oder Peking?

Vermutlich beide, denn in China gibt es viele Wirklichkeiten.

Lin Qi verlässt das Hotel etwas gehetzt, denn bereits am nächsten Tag treffen sowohl Schweden als auch Amerikaner ein. Die Adoptivkinder müssen gewaschen und mit neuen Kleidchen ausgestattet werden. Auch die kleinen, in Seide gebundenen Bücher müssen ausgefüllt werden, Name, Geburtsdatum und »ausgesetzt aufgefunden«, dazu das rote Siegel der Volksrepublik China.

Für die deutschen Ehepaare beginnt ein neues Leben, für die Mädchen ebenfalls. Bald werden sie auf deutschem Boden landen.

Weiter, weiter zur Quelle des Lebens.

Wuhan badet in gelbem Mondschein. Der runde Mond hängt wie eine schwere Lampe am schwarzen Himmel. Das Schiff legt in nur einer Stunde ab. Aber in den Gassen am Fluss lasse ich mich von Stimmengewirr, Glockenschlägen und den Düften von Kastanien, Kampfer und Räucherstäbchen verführen. Die Gesichter, die an mir vorbeitreiben, haben eine bleiche, kränkliche Farbe, als stammten sie aus einem der Gemälde mit Eifersuchtsszenen von Edvard Munch. Ich folge der Straße des klugen Mannes, gehe eine schmale Treppe hinauf, überquere einen abendlichen Markt und biege in die Gasse der Weissager ein. Dort sitzen, jeder an einem Tisch, die Weissager.

»Sit«, sagt einer von ihnen. »Sit down! *Happy, happy, happy! Good luck!*«

Der Alte ist nur noch ein Skelett. Er grinst mich mit seinem gelben Pferdegebiss an. Er zieht einen Hocker heran, nötigt mich, Platz zu nehmen, und zündet eine Kerze an.

»Ha, ha, ha! *You and I!*«

Plötzlich fällt mir Tiziano Terzani ein. Der italienische Journalist erhielt 1976 in Hongkong von einem Weissager folgende Warnung: »Geben Sie acht! 1993 laufen Sie Gefahr zu sterben. In diesem Jahr dürfen Sie nicht fliegen. Ich wiederhole: Sie dürfen in diesem Jahr nicht fliegen!« Terzani war ein Mensch, der viel auf Reisen war. Das ganze Jahr über flog er von einem Ort zum nächsten. Schließlich beschloss er nach vielem Hin und Her, es wie die Asiaten zu machen und sich den Worten des Weissagers zu beugen. Keine Flugreisen, alles auf dem Landweg. Der Landweg nach Asien stellt natürlich eine Odyssee dar, aus der ein Buch wurde: »Fliegen ohne Flügel.« So entdeckte er das langsame Reisen wieder, die klügste Art zu reisen. Außerdem rettete er sein Leben.

»Ha, ha, ha! *You and I!*«

Jetzt befinde ich mich in den Händen des Weissagers. Er blättert in Papieren und fletscht seine Pferdezähne. Eine beachtliche Menschenmenge hat sich um uns herum versammelt, überwiegend dünne und kettenrauchende Männer mit gebeugten Rücken und kleinen, starrenden Augen. Mondschein beleuchtet die Gasse, der Abend ist verzaubert und drückend.

Chinas Weissager gehen seit 3000 Jahren ihrer Arbeit nach. Der Vorsitzende Mao forderte sie auf zu verschwinden, aber jetzt sind sie zurück. Wenn es dunkel wird, drängen sich die Massen in der Gasse der Weissager. Es gibt vieles, was sie wissen wollen. Verliebe ich mich bald? Wann soll ich heiraten? Bekomme ich viele Kinder? Ist es klug, Grün zu tragen? Ist die Lage meines Haus entsprechend den Himmelsrichtungen richtig ausgewählt? Was soll ich tun, um einen Jungen zu bekommen? Soll ich im Juli wirklich nach Peking reisen? Ist es wirklich klug, im Augenblick Aktien zu kaufen? Werde ich reich? Werde ich glücklich im Alter? Werde ich eine Krankheit bekommen? Gelbsucht oder Aids? Werde ich mit dem Flugzeug abstürzen? Wann werde ich sterben?

»Ha, ha, ha! *You and I!*«

Der englische Wortschatz des Weissagers ist nicht groß, aber bald erhalten wir die Hilfe einer jungen Frau. Ich muss preisgeben, in welchem Jahr und an welchem Tag ich geboren worden bin – auch die Uhrzeit ist wichtig. Kein Problem: Meine Mutter hat mir alles haarklein erzählt. Ohne in irgendeiner Tabelle nachzuschauen, stellt der Weissager fest, dass ich im Jahr der Ratte geboren bin. Der chinesische Mondkalender besteht aus zwölf Tieren, eines für jedes Jahr. Dieser Zyklus wiederholt sich in alle Unendlichkeit. Ob es mir nun gefällt oder nicht, ich bin und bleibe eine Ratte.

Jetzt wird diese Erkenntnis mit der Lehre von den fünf Elementen, Metall, Wasser, Holz, Feuer und Erde, verbunden. Der Weissager dreht seine Hand in alle Richtungen und zieht dann einen Packen vergilbtes Papier aus einer Schublade. Mein »Glückselement« sei Metall, sagt er, nachdem er auf Bogen Nummer zwei verfallen ist. In den anderen Elementen sei nicht viel Glück zu finden. Er kommt zu dem Schluss, dass ich beruflich erfolgreich sein, aber nie reich werde. Letzteres ist erstaunlich zutreffend.

»Von hier aus sollten Sie in westliche Richtung reisen.«

»Warum das?«

»Reisen Sie nach Osten, dann werden Sie sterben! Reisen Sie nach Westen, dann werden Sie leben!«

Die Männer weiter hinten sehen sich entsetzt an.

»Sie sollen der Sonne folgen, dann wird es Ihnen gut gehen. Sie sollen stark gewürztes Essen zu sich nehmen, und um Ihrer Gesundheit willen sollen Sie sich viel im Regen aufhalten. Achten Sie auf Ihre Lungen, und lernen Sie Kung-Fu und Fechten!«

»Wieso das?«

»Keine Ahnung. Ich bin Weissager. Meine Weisheit kommt von den Sternen.«

»Die besten Weissager verdienen sehr viel«, sagt die Frau, die mir hilft. »An einem guten Abend können sie bis zu tausend Yuan einnehmen. Einige werden pro Minute bezahlt. Sitzt man zehn Minuten oder eine Viertelstunde, kann es furchtbar teuer werden. Haben Sie sich im Voraus auf den Preis geeinigt?«

»Im Voraus?«

Der Weissager grinst breit.

»Ha, ha, ha! *Happy, happy!* Jetzt will ich Ihnen noch mehr erzählen. Da Metall Ihr Glückselement ist, sollen Sie immer in einem Bett aus Metall schlafen. Nie in einem Holzbett! Und wenn Sie am Schreibtisch sitzen, soll Ihr Gesicht nach Westen gewendet sein. Wenn Sie schlafen ebenfalls. Ihr Schlafzimmer sollte im westlichen Teil des Hauses liegen. Sie sollen immer bei offenem Fenster schlafen. Westwind bringt Ihnen Glück.«

Er legt seine Papiere wieder in die Schublade und reicht mir die Hand.

»Wohin reisen Sie jetzt?«

»Nach Westen!«

»*You happy!*«

»Was bin ich Ihnen schuldig?«

»*It's flee! Flee, flee, flee!*«

Seine Dienste waren gratis, sie waren »*free*«.

Vom Fluss höre ich ein dumpfes Tuten. Die Schiffssirene! Im Gesicht spüre ich eine milde Frühlingsbrise. Sie kommt von Westen.

Chang O, die Mondgöttin, wohnt im Mond.
Wenn der Mondschein auf die Erde herabflutet, werden
wir von Chang O gesegnet. Daran besteht kein Zweifel.

MEISTER WU

Mondschein auflecken

Der Mond hat in den letzten Tagen ordentlich zugenommen. Er hat sich immer weitere Ringe buttergelben Fettes zugelegt. Bald wird er nicht mehr größer werden. Seine Aura verbreitet ein seltsames Licht, eine zitternde Mischung aus Hellblau und Weiß. Es ist seltsam, was der Mond mit den Menschen anstellen kann. Banale Gedanken werden in die Flucht geschlagen. Er regt in uns die Sehnsucht, die Phantasie und die Träume an. Wir errichten Denkmäler für den Mond, und Kalender folgen seiner Bahn. Nie ist der Weltraum uns näher als bei Vollmond.

Die I Ping schaukelt wie ein Gespenst in den sanften Wogen des Jangtse. Die Welt ist schwarz und gelb. Die Passagiere, ein dunkler, unruhiger Zug, drängen an Bord. Die gebeugte Frau vor mir trägt ihr Gepäck an einer Tragstange aus Bambus. Jeder Schritt bereitet ihr Mühe. Aus dem Inneren des Schiffes sind das Geschrei von Säuglingen und leise Flötentöne zu hören. Aus der Kombüse quillt Wasserdampf.

Die I Ping soll uns vier Tagesreisen nach Westen bringen, am größten Staudamm der Welt vorbei und in die Drei Schluchten, durch die der Fluss, umgeben von hohen Bergen, mit brachialer Gewalt dem Meer zustrebt. Aber in dieser Nacht interessiert nur der Mond. Als sich die I Ping einen Weg in die Mitte des Langen Flusses bahnt, starren wir alle an Deck, Hunderte Passagiere mit erhobenem Blick, wie verhext auf die kreisrunde Scheibe. Auf beiden Seiten des Flusses liegt die Ebene im himmlischen Flutlicht da.

Aber bald wird der Frieden von einer durchdringenden Männerstimme gestört. Das ist Meister Wu, ein kleiner, beweglicher Mann, der seine Mitreisenden zum Qigong auf dem unteren Achterdeck zusammenruft.

»Mondschein auflecken!«, ruft Meister Wu. »Mondschein auflecken!«

»Was sollen wir auflecken?«, fragt einer der Passagiere.

»Den Mondschein! Sehen Sie nicht den Mond?«

Die Chinesen praktizieren Qigong bereits seit mehreren Tausend Jahren. Qi bedeutet »Kraft«, und gong «die Kraft stärken«. Durch tägliche Selbsttherapie soll größere Harmonie und Gesundheit erlangt werden. Die Grundübungen sind einfach und lassen sich allein oder in der Gruppe fast überall ausführen, selbst auf dem Achterdeck der I Ping.

Die Gruppe von Meister Wu besteht aus zwölf Personen, zehn Männern und zwei Frauen, alle sind Bauern.

»Wenn Sie sie genau anschauen, wird Ihnen klar, dass es sich um Analphabeten handelt«, sagt der Meister. »Als sie an Bord gingen, fanden sie nicht einmal ihre Kabinen. Ich musste ihnen die ganze Zeit erklären, was die Schriftzeichen bedeuten. Aber sie sind gelehrsam. Und jetzt wollen wir den Mondschein auflecken. Wenn Sie wollen, können Sie mit uns zusammen Mondschein auflecken. Schließlich beginnen auch Sie, alt zu werden.«

»Werde ich jünger davon, Mondschein aufzulecken?«

»Nicht unbedingt jünger, aber Sie leben länger.«

»Wieso das?«

»Weil Chang O, die Mondgöttin, im Mond wohnt. Wenn der Mondschein auf die Erde herabflutet werden wir von Chang O gesegnet. Daran besteht kein Zweifel.«

Während sich die Bauern zum Achterdeck begeben, erzählt Meister Wu, dass er von Ort zu Ort zieht, um seine Weisheit zu verbreiten. In den letzten Wochen war er in seinem Heimatdorf bei Wuhan, und da bald Vollmond ist, hat er die Bauern auf einen Ausflug eingeladen. Eine Gratisdampferfahrt, bezahlt vom Meister selbst. Diese

Leute hätten sich ihr ganzes Leben lang abgerackert, erklärt er. Sie hätten Revolutionen und Konterrevolutionen, Krieg und Frieden, Überschwemmungen und Dürre erlebt. Jetzt hätten sie ein paar Tage Urlaub verdient. Indem sie Qigong treiben und Mondschein auflecken, sollen die geschwächten Bauern neue Kraft schöpfen. Jeder Mensch habe viel Qi. Aber diese Energie müsse aktiviert und auf eine harmonische Art und Weise verteilt werden. Das geschehe am besten bei Vollmond.

»Mondschein auflecken!«, ruft Meister Wu ein weiteres Mal.

Auf dem unteren Achterdeck befiehlt er den Bauern, sich auf den Rücken zu legen. Eine der beiden Frauen, die vollkommen verhutzelt ist, fällt das schwer, aber Meister Wu hilft ihr langsam nach unten. Wie weh das doch tut! Wenig später liegen sie in Reih und Glied, vier Bauern in jeder Reihe.

»Streckt die Arme zu Chang O aus. Richtig. Ausstrecken!«

Die Bauern strecken ihre müden Glieder dem Mond entgegen.

»Und jetzt den Mund öffnen. Ihr sollt Mondschein auflecken!«

Dann liegen die Bauern da, Hände und Zunge ausgestreckt. Einige Minuten später haben diejenigen mit den steifsten Rücken genug, und bald sind alle auf den Beinen. Jetzt ist es Zeit für Qigong. Langsam, sehr langsam, beginnen die Bauern ihre genau einstudierten Bewegungen. Bereits vor 4000 Jahren wurden die ersten Qigong-Bewegungen in Stein gehauen und in Holz geschnitzt. Die therapeutischen Übungen begannen als Nachahmung der graziösen Bewegungen von Kranichen, Affen, Hirschen, Bären und Tigern.

Es geht auf Mitternacht zu, aber Meister Wu lässt seinen Jüngern noch keine Ruhe. Bewacht von Chang O vollführen die zwölf Silhouetten einen langsamen Tanz.

Am nächsten Tag erwachen die Bauern spät.

»Wir haben bis drei Uhr Mondschein aufgeleckt«, erzählt Meister Wu und schaut in den Himmel.

Auch heute ist der Himmel klar. Die Bauern können mit einer weiteren Mondscheinnacht rechnen. Meister Wu reibt sich die Hände und streicht mit einer Hand über eine Schwimmweste, die am Geländer hängt. Erschöpfte Männer, das will er. Er will ihnen ein besseres Leben geben, aber ein Jesus ist er nicht.

Nach zwei Tagen auf dem Fluss ist der Gesichtsausdruck von Meister Wu besorgt. Er ist vom politischen Offizier der I Ping verhört worden – eine unbehagliche Erfahrung.

»Er sagte: ›Sie benehmen sich merkwürdig und die anderen in Ihrer Gruppe auch. Sie schlafen tagsüber, aber nachts liegen Sie auf Deck und beten den Mond an. Warum beten Sie den Mond an? Sind Sie Anhänger der Falun Gong? Ich fahre jetzt schon seit mehreren Jahren auf diesem Schiff, aber so etwas ist mir noch nicht untergekommen.‹«

»Und was haben Sie gesagt?«

»Ich habe gesagt, dass wir zu Chang O, der Mondgöttin, beten. Aber von der hatte er noch nie gehört. Als Chinese nicht zu wissen, wer Chang O ist! Das ist wirklich eine Schande!«

Der Offizier drohte Meister Wu zum Abschluss eine Eintragung in seiner *dang'an* an.

»Aber das ist mir egal. Wer kann es mir verwehren, Chang O anzubeten? Wir Chinesen verehren die Mondgöttin seit 5000 Jahren. Und jetzt soll das plötzlich verboten sein? Das ist doch lächerlich!«

Er schlägt sich auf die Schenkel und lacht.

Die I Ping zieht sich durch ein Schachbrett aus hellgrünen Feldern. Die politische Stabilität an Bord ist vermutlich gut. Idylle auf allen vier Decks. Was darf man eigentlich im heutigen China sagen? Dan Simpson, der für den berühmten »Fodor's Guide« unterwegs ist, hilft mir in dieser Frage etwas weiter. Der sanfte Kanadier auf dem Oberdeck hat acht Jahre lang in China gewohnt und spricht die Sprache fließend. Wir sitzen in der Karaokebar und trinken lauwarmes Bier.

»Die Leute können im Großen und Ganzen sagen, was sie wollen. Gestern saßen hier ein paar Männer und äußerten sich unfreundlich über Li Peng.* Sie waren sehr laut und lachten. 1975 wurde einer Mutter von vier Kindern die Zunge abgeschnitten, weil sie sich herablassend über Mao geäußert hatte. Anschließend wurde sie erschossen. Heute kümmert sich niemand mehr darum, was die Leute privat in den Gassen, im Bus oder an Bord der I Ping zueinander sagen. Es ist liberaler geworden. Aber sobald sie ihre Unzufriedenheit organisieren, demonstrieren oder eine Partei gründen, bekommen sie Probleme.«

Er entwirft das Bild eines Landes, das sich mit jedem Jahr verändert, und zwar nicht nur wirtschaftlich, sondern auch politisch. Mao verlangte von den Bürgern aktive politische Unterstützung. Die Führung heute begnügt sich mit der Forderung, dass man ihr keine Steine in den Weg legt. Das ist ein wichtiger Unterschied. Aber sich ein genaues Bild von den politischen Veränderungen zu machen ist nicht einfach.

»Sie lassen sich nicht mithilfe von Statistik sichtbar machen. Trotzdem, die Menschen fühlen sich freier. Sie riskieren mehr, und meist passiert ihnen auch nichts.«

Deswegen schreckt Meister Wu auch nicht davor zurück, seine Anhänger zu einer weiteren Gebetsnacht auf dem Achterdeck zu versammeln. Sie wollen die Arme zu Chang O ausstrecken, und auch wenn ihm das einen Vermerk in seiner dang'an, seiner Mappe, eintragen sollte, werden sie bis zur Morgendämmerung Mondschein auflecken.

Der Jangtse ist wie die meisten Drachen. Er lässt sich nicht bändigen. Seit der Abreise aus Wuhan sind wir im Zickzack nach Südwesten gefahren, aber jetzt müssen wir einen Schwenk nach Norden vollführen. Der Kapitän legt das Ruder um, und die I Ping, ein

---

* Langjähriger Ministerpräsident und Mitglied des Politbüros der Kommunistischen Partei. Er spielte eine wichtige Rolle, als 1989 die Studentenrevolte auf dem Platz des himmlischen Friedens von Militär und Polizei niedergeschlagen wurde.

heruntergekommenes Schiff, gehorcht unter lautstarkem Protest. Am rechten Ufer liegt die Provinz Hubei, links liegt Hunan. Das hier ist das Herz Chinas, hier haben sich seit dem Anbeginn der Zeiten Revolutionen und Bauernaufstände abgelöst. Jede Ebene hat große Schlachten, Blutbäder, Siege, Fahnenflucht und Verrat gesehen. Heute wächst auf der blutgetränkten Erde kilometerweit gelber Raps. Aber dieses friedliche Bild verbirgt Millionen müder Glieder.

Mao kam in Hunan zur Welt. Er versprach den Bauern ein neues Leben, aber die Bauern in der Gruppe von Meister Wu sehen erschöpft aus. Die Leiden stehen ihnen ins Gesicht geschrieben, und obwohl sie jetzt zwei Nächte hintereinander Mondschein aufgeleckt haben, sind ihre Augen matt und ohne Leben. Es bleibt ihnen aber noch eine Nacht, und Meister Wu hebt den Arm und sagt, dass sie sich an diese ihr Leben lang erinnern werden. Wieder werden sie Mondschein auflecken, und während sie das tun, werden sie langsam zum Mond emporgehoben werden!

»Wie bitte?«

Die Bauern sehen ihren Meister fragend an.

»Wir nähern uns dem Gezhouba-Staudamm. Dort werden, während wir Mondschein auflecken und zu Chang O beten, die Wassermassen das Boot emporheben!«

»Bis zum Mond?«

»Nein, dreißig oder vierzig Meter.«

Meister Wu sagt, dass er dieses Emporgehobenwerden schon zweimal erlebt habe, beide Male bei Vollmond. Die Wirkung sei unglaublich und besser als ein halbes Jahr im Krankenhaus.

Gezhouba ist bislang der größte Staudamm am Jangtse. Wenn sich das Schiff der Staumauer nähert, wird es in die lange Schlange vor der Schleuse umgeleitet. Hat sich das Schleusentor geschlossen, tritt ein Zustand willkommener Ruhe ein. Das Schiff wird langsam in den Himmel emporgehoben, und Chang O und andere höhere Mächte schauen schweigend zu. Meister Wu geht von einem Bauern zum nächsten und fragt, ob sie genügend geschlafen hätten, denn heute Abend darf niemand gähnen, bevor das große Emporgehobenwerden vorüber ist. Einer der Bauern, zahnlos und klapperdürr, will wissen, wann es so weit sein wird. »Weiß nicht«, erwidert der Meister, »das hängt von der Schlange ab.«

Leise verlassen die Bauern das Deck und begeben sich in ihre Kojen zu ihren Wolldecken, um zu schlafen.

Zwei Stunden später meint Meister Wu, dass sie lange genug geschlafen haben. Er sieht in der Ferne die steilen Berge aufragen, aber bevor wir uns einen Weg in die majestätischen Landschaften Sichuans bahnen, werden wir die Große Erhebung erleben. Der Mond ist bereits an seinem Platz, ja, alles funkelt, angefangen vom Jupiter bis hin zum durchsichtigen Brautschleier der Milchstraße. Mit lauter Stimme kommandiert er die Bauern aus den Betten. Er geht von einer Kabine zur nächsten und reißt die Decken von den Schlafenden.

»Gezhouba ist nahe!«, brüllt er. »Gezhouba!«

Der mächtige Gezhouba-Staudamm wurde von 1970 bis 1988 errichtet. Er ist 54 Meter hoch und 2606 lang. Die zwei Kraftwerke haben 21 Turbinen. Die Uniform tragende Führerin, die jetzt das Kommando übernimmt, bittet uns, einen Blick auf die flutlichtbeleuchteten Schleusentore zu werfen. Die I Ping soll das Schleusentor Nummer zwei anlaufen. Die Führerin überschüttet uns mit technischen Daten, Turbinen, Kilowatt und der Energieversorgung des Landes. Meister Wu schüttelt resigniert den Kopf.

»Das wollen wir uns nicht anhören«, sagt er zu den Bauern. »Lasst uns gehen!«

Was hat die Energieversorgung des Landes schon im Vergleich mit der des Körpers zu bedeuten?

Im Trupp begeben sie sich auf das Achterdeck. Hier bietet sich genügend Platz und eine perfekte Sicht auf Chang Os gelbe Wohnung. Mein Kalender sagt mir, dass erst in zwei Tagen Vollmond sein wird, aber das macht nichts, denn das Licht ist wirklich verzaubernd. Auf Wus Anweisung hin sollen die Bauern ihre Batterien mit »medizinischem Qigong« laden. Damit wird die Gesundheit oder ein bestimmtes Organ gestärkt. Die Übungen können auch noch von alten Leuten ausgeführt werden. Eine andere Richtung wird als taoistisches oder buddhistisches Qigong bezeichnet. Sie soll das geistige Wohlbefinden stärken. Kampf-Qigong und Erotik-Qigong gibt es ebenfalls. Für die Bauern im Mondschein ist Letzteres wohl kaum noch von Bedeutung. Alles hat seine Zeit.

Dann schließen sie die Augen und begrüßen Chang O mit einem einstudierten Ballett. Langsamer kann man gar nicht tanzen.

»Genau, sooo, stehen bleiben«, sagt Meister Wu, als eine halbe Stunde vorüber ist.

Wie der Meister angekündigt hat, wird die Nacht lang. Erst drei Stunden nach Mitternacht tuckert die I Ping in die schmale Schleusenkammer. Die Bauern, die sich in der Zwischenzeit den Magen mit klebrigem Reis in Sojasauce vollgeschlagen haben, werden zu neuen Taten herbeigerufen. Ihrem Meister gehorchend und streng bewacht von den senkrechten Schleusenwänden, legen sie sich auf den Rücken. Plötzlich, mit einem Ruck, beginnt die Große Erhebung. Die Kammer füllt sich mit Wasser. Die zwölf Bauern liegen wie verhext da, mit gespenstisch-gelben Gesichtern, weit geöffneten Augen, herausgestreckter Zunge und erhobenen Armen. Mit jedem Kubikmeter Wasser, der in die Schleusenkammer gepumpt wird, kommt Chang O näher.

Die Himmelfahrt dauert eine Viertelstunde und endet mit einem metallischen Donner. Das Schleusentor öffnet sich, und die I Ping kann in erhöhtem Zustand weiterfahren.

»Hao, hao, hao!«, ruft Meister Wu. »Gut, gut, gut!«

Die Bauern erheben sich abrupt. Aufgeladen mit göttlicher Energie trotten sie zu ihren Kojen. Meister Wu lacht laut und winkt dem Mond begeistert zu, dann schließt er die Tür seiner Kabine hinter sich.

Gegen sechs erwachen die Massen wieder, ausgenommen Meister Wu und sein Gefolge. Langsam verfärbt sich die Landschaft rosa, und in der Ferne schimmert eine neue Wand, die höchste und massivste der Welt. Wie beschafft man Energie für 1,3 Milliarden Menschen? Die Qigong-Meister können sicher das Ihre dazu beitragen und der Gezhouba-Staudamm ebenfalls, aber China braucht sehr viel mehr – das Land schreit nach Energie. Die Passagiere versammeln sich auf der Steuerbordseite und starren wie gebannt auf das größte Bauwerk, das China seit dem Bau der Großen Mauer geschaffen hat. Die Stimmen sind ehrfürchtig, vielen hat es ganz die Sprache verschlagen. Seit der Schöpfung floss der Jangtse unbehindert bis zum Meer. Millionen von Menschen hat er schon mitgerissen, halbe Provinzen überschwemmt. Von jetzt an soll der Fluss jedoch den Menschen gehorchen.

Noch ist es möglich, in der linken Fahrrinne an der Staumauer vorbei in die Drei Schluchten zu fahren, aber bald wird der Fluss abgeschnürt. Die Staumauer wird den Fluss auf seiner ganzen Breite aufhalten, und wer weiter will, muss dann brav den Schiffsfahrstuhl benutzen. Ein gewaltiger Fahrstuhl und ein Höhenunterschied, der kaum zu fassen ist. Wenn die Schiffe dann oben sind, werden sie auf einem funkelnagelneuen Binnensee weiterfahren, der vom Göttinnengipfel, dem Wasserfall der klugen Großmutter, dem Weißen Salzberg, dem Drachenberg und zahllosen anderen Bergen bewacht wird.

Wenn jetzt der Vorsitzende Mao sein Gesicht aus der VIP-Kabine auf dem dritten Deck gesteckt hätte?

Dann hätte er seinen Morgenmantel angezogen, wäre auf den höchsten Punkt der I Ping gestiegen, hätte den Arm gehoben und sein Gedicht von 1956 deklamiert:

> Wir wollen gegen den Fluss, der von Westen kommt, eine Steinmauer errichten
> und die mächtigen Wolken und den Regen von den Wu-Bergen aufhalten.
> Ein großer See wird geschaffen werden,
> und wenn die Göttin in diesen Bergen nicht tot ist,
> dann wird sie beim Anblick der neuen Welt vor Glück strahlen.

Endlich beginnt die neue Welt Gestalt anzunehmen. Und jetzt mache ich mich auf die Jagd nach dem Glück. Gibt es hier glückliche Menschen?

Gehorcht dem Kaiser! Zweifelt nie an seinem Wort,
denn der Kaiser ist vom Himmel ausersehen!

KONFUZIUS

Gehorcht dem Kaiser!

»I have a dream«, sagte Martin Luther King.

Willie Morgan kommt aus derselben Stadt wie King, aus Atlanta, und seine Haut ist kaffeebraun. Aber Willie hat keinen Traum, sondern schon eher einen Albtraum. Seit drei Jahren wohnt er im Schatten der größten Staumauer der Welt. In seinen nächtlichen Albträumen sieht er diese Mauer bersten und den See dahinter, Milliarden Kubikmeter Wasser, sich in die Ebene Richtung Meer ergießen. Im Laufe von Minuten werden 100 Millionen Chinesen ertrinken.

Die Experten kommen aus Sandouping. Willie ist einer von ihnen. Vor 25 Jahren war Sandouping ein Nichts. Niemand außer denen, die dort wohnten, kannte diesen Ort. Jetzt ist er für alle Ewigkeiten auf der China-Karte eingezeichnet. Als nächster Nachbar des größten Dammes der Welt ist aus einem Dorf mit 134 Häusern eine Stadt mit 350000 Einwohnern geworden. Im letzten Jahr betrug das wirtschaftliche Wachstum 42 Prozent. Der Bürgermeister der Stadt, dessen kleiner Wuchs beinahe absonderlich anmutet, begrüßt jede Woche Präsidenten und Ministerpräsidenten ferner Länder. In der hübsch gepflasterten Hauptstraße trippeln graziöse Frauen mit Gucci-Handtaschen auf und ab. Sie tragen Kleider von Versace, und das Make-up kommt von Lancôme. Schwarze Limousinen mit Vorhängen halten vor dem Victory Hotel, in dem das teuerste Zimmer 8000 Yuan pro Nacht kostet. Das Quartett zwischen Empfang und Bar spielt Verdi, Händel und Chopin.

Dort stoße ich auf Willie. Er lässt den Tag mit einem Whisky on the rocks ausklingen.

»In der Welt haben die Verrückten das Sagen«, seufzt der Geologe aus Atlanta. »Und wenn jetzt einer von ihnen eine Atombombe auf die Staumauer fallen lässt?«

Beschwingt vom Whisky führt mir Willie die größte und wildeste Flutwelle der Geschichte vor. Er sieht, wie sich 600 Kilometer aufgestaute Raserei nach Osten ergießen. Millionen Köpfe werden hilflos davongewirbelt und verschwinden dann in der Tiefe. Hat sich die Flutwelle erst einmal mit dem Meer vereinigt, dann besteht die Welt nur noch aus Schlamm, Stille, Krankheit und Tod.

Hinter uns in Glas und Rahmen hängt Chinas Präsident. Zu einer solchen Katastrophe werde es nie kommen, versichert er. Die führenden Generäle des Landes seien dieser Frage nachgegangen und hätten in einem langen Dokument, das der Geheimhaltung unterliege, dargelegt, dass China jeden Angreifer abwehren könne. Schließlich besäße China Raketen. Aber was ist mit einem Erdbeben? Schließlich ist es kein Geheimnis, dass die Drei Schluchten immer wieder von Erdbeben heimgesucht werden.

Aber Willie meint: »Kein Problem, die Staumauer hält.«

Die Erdbeben in dieser Gegend sind nur selten stärker als 4,5 auf der Richter-Skala. Die Staumauer soll einem Erdbeben von Stärke 7 standhalten können. Verrückte könnten jedoch enormen Schaden anrichten. Eigentlich ist es unverständlich, dass sich die Führung in Peking, die sonst immer so panisch auf die nationale Sicherheit bedacht ist, so etwas einfallen lässt.

Willie lehnt sich zurück und schließt die Augen.

Die große Menge Steine, Geröll und Schlamm, die der Jangtse mitführt, stellt eine viel greifbarere Gefahr dar. Es handelt sich um Millionen, wenn nicht gar Milliarden Kubikmeter jedes Jahr. Einiges wird man sicher weiterschleusen können. Aber alles? Was geschieht, wenn sich der Schlamm vor der Staumauer auftürmt? Im Laufe von zehn Jahren spielt das vielleicht keine sonderliche Rolle, aber wenn man in Zeiträumen von fünfzig oder hundert Jahren denkt?

Wieder versichern die Experten, dass sie auch dafür einen Plan in Bereitschaft haben. Aber Willie schüttelte den Kopf.

»Ich glaube ihnen kein Wort«, sagt er und stellt sein Whiskyglas auf den Tisch.

Von hier bis zur Staumauer sind es Luftlinie nur drei Kilometer. Den nächsten Tag verbringe ich mit Willie. In China mit einem schwarzen Amerikaner die Straße entlangzugehen, ist ein Erlebnis der besonderen Art. Die Leute drehen sich um und starren. Sie zeigen mit Fingern, lachen und schneiden Grimassen, die an Affen erinnern sollen. Junge Männer, die ihren Freunden imponieren wollen, rufen rassistische Schimpfworte.

»Oh yeah«, seufzt Willie. »Martin Luther King hätte es in diesem Land nicht leicht.«

Die Chinesen sind ein rassenbewusstes Volk, schließlich sind sie die Nachfahren des gelben Kaisers und leben im Reich der Mitte. Lange bevor die Kommunisten die Macht ergriffen, versuchten chinesische Wissenschaftler die Überlegenheit der »gelben Rasse« zu beweisen. Einer von ihnen, Chen Yucang, fand heraus, die Schädel der Chinesen seien schwerer als die der Europäer, deswegen die Chinesen auch intelligenter als die Europäer. Andere Forscher meinten beweisen zu können, dass das Blut gelber Menschen hochwertiger sei als das anderer Menschen. »Die Menschheit lässt sich in fünf Rassen einteilen«, kann man in einem chinesischen Lesebuch aus den 20er-Jahren nachlesen. »Die gelbe Rasse ist intelligent, die weiße ebenfalls. Die drei anderen sind jedoch schwach und dumm. Nur die weiße Rasse kann es mit der gelben aufnehmen. Die Chinesen bilden die gelbe Rasse.«

Solche Gedanken waren den Kommunisten natürlich fremd. Mao proklamierte die Ebenbürtigkeit aller Völker. Afrikanische Delegationen wurden nach Peking eingeladen und mit Gesang und Tanz gefeiert. Auf den Propagandaplakaten marschierten alle Völker der Welt Arm in Arm in die helle Zukunft. Aber überkommenes Gedankengut stirbt langsam, und von Peking nach Sandouping ist es weit. Ein Volk, das mehrere Tausend Jahre isoliert gelebt hat, braucht Zeit, um sich an die Wirklichkeit zu gewöhnen.

Heute geht es dem Rassismus besser als je zuvor. Aber die Barbaren, die Nicht-Gelben, bilden keine homogene Gruppe. Ganz oben thront die »weiße Rasse«, das heißt die Menschen aus Europa und Nordamerika, dann kommen die Japaner, andere asiatische Völker und die Araber. Ganz unten lebt die »schwarze Rasse«, also die Afrikaner und dunkelhäutige Geologen aus Atlanta.

»Die ersten Wochen in Sandouping waren schlimm«, erinnert sich Willie und lacht. »Horden von Kindern rannten hinter mir her und riefen ›Affe‹ und ›schwarzer Teufel‹. *But I don't care. I'm leaving before Christmas!*«

Wir gehen einen steilen Hang hinauf und an einer langen Reihe Baracken und Schuppen vorbei. Die Bebauung folgt den Höhenrücken und erinnert an umgefallene Dominosteine. 25 000 Arbeiter schwitzen beim Bau des größten Staudamms der Welt und müssen irgendwo wohnen. Die Wäscheleinen mit Uniformen und Arbeitskleidung laufen kreuz und quer. In den Straßengräben liegen tonnenweise Müll, Flaschen und zerbeulte Konservendosen.

Plötzlich haben wir eine Gruppe Kinder auf den Fersen.

»Schwarzer Teufel, schwarzer Teufel!«

Willie tut so, als wäre nichts, und bald geben die Kinder auf. Wir klettern auf einen Bergabsatz mit Aussicht über das Tal, den Fluss und Chinas neue große Mauer. In der Ferne heult eine laute Sirene auf. Willie zuckt zusammen. Der Raketenangriff eines Verrückten? Nein, nur die Ankündigung einer Sprengung von der anderen Seite des Flusses. Der Knall klingt dann wie das Jüngste Gericht. Die Erde bebt, Erde und Steine spritzen auf, und als sich der Staub gelegt hat, ist ein brauner Berg verschwunden.

»*Thank God!*«, sagt Willie und fährt sich mit der Hand durch sein schwarzes, gekräuseltes Haar.

Seit acht Jahren sind die Arbeiter damit beschäftigt, die Staumauer unterhalb von uns zu errichten. Sieben Jahre wird der Bau noch dauern. Die Staumauer wird 186 Meter hoch und zwei Kilometer breit werden. Nachdem er dreißig Millionen Jahre lang zum Meer geflossen ist, wird der Jangtse an eine Mauer knallen.

Bereits 1922 kamen die ersten Überlegungen auf, das Wasser des Jangtse zu regulieren. Sun Yatsen, der Republikaner, der das Kaisertum in die Knie zwang, machte eine Rechnung von monumentalen Proportionen auf: »Falls es uns gelingt, die Wasserkraft des Jangtse oder des Gelben Flusses auszunützen, dann gewinnen wir dadurch hundert Millionen Pferdestärken. Da die Kraft eines Pferdes der Kraft von acht starken Männern entspricht, werden wir mit einer Energiemenge belohnt, die der Kraft von achthundert Millionen Männern entspricht. Der Mensch kann nur acht Stunden am Tag arbeiten, aber mechanische Kraft kann rund um die Uhr gewonnen werden. Wenn wir also die Wasserkraft dieser beiden Flüsse nutzen, entspricht sie der Arbeitskraft von 2,4 Milliarden Männern. Wenn es so weit ist, dann werden wir genug Energie für Eisenbahnen, Autos, Düngemittelfabriken und alle anderen Fabriken besitzen.«

Sun Yatsen starb 1925, die Rechnung, die er aufgemacht hatte, wurde aber nicht vergessen. Amerikanische Spezialisten wurden konsultiert, doch aus verschiedenen Gründen führten ihre Untersuchungen zu nichts. Suns Nachfolger Chiang Kai-shek war zunehmend damit beschäftigt, Krieg gegen die Kommunisten zu führen. Von 1937 bis 1945 überschattete der Krieg gegen Japan alles andere, und als er endlich vorüber war, flammte der Bürgerkrieg erneut auf.

Erst 1949 zog der Frieden in China ein. Sieben Jahre später sprang Mao in den Jangtse – er wollte den wildesten aller Flüsse herausfordern. Nachdem er aus dem Wasser gestiegen war, begab er sich sofort zu einer Unterredung mit Lin Yishan vom Planungsbüro für das Jangtse-Tal. »Und, Kamerad Lin, sollen wir nicht den Jangtse aufstauen?« Lin, ein alter Revolutionär, war gerne bereit. Vor einem Modell des Flusses erklärte er Mao die Ansichten der Experten. Es gab keinen Zweifel: In den Drei Schluchten ließ sich der Fluss aufstauen. Diese Aufgabe war zwar schwierig, aber alles war möglich.

Mao war begeistert. Aber bald holte ihn die Wirklichkeit ein. Der »Große Sprung nach vorn« (1958–61) endete mit Leiden und Tod. Plötzlich war die Staatskasse leer. Wenige Jahre später gab Mao den Anstoß zur Kulturrevolution. Millionen Rotgardisten liefen Amok, und an vielen Orten kam die Produktion vollkommen zum Erliegen. Wieder gingen riesige Werte verloren. Jeder, selbst Mao, begriff, dass China sich den größten Staudamm der Welt nicht leisten konnte. In den letzten Jahren seines Lebens lag der große Führer im Bett, einer Spezialanfertigung, und starrte an die Decke. Sein übergewichtiger Körper wurde von zahlreichen Krankheiten heimgesucht, und seine Kräfte ließen langsam nach. Ärzte und Krankenschwestern liefen verschreckt hin und her, aber es nützte alles nichts.

Bevor er ins Koma fiel, erinnerte er sich vielleicht noch einmal an die ehrgeizigen Verse, die er 1963 verfasst hatte:

Himmel und Erde kreisen,
die Zeit rennt,
zehntausend Jahre sind zu viel,
wir müssen den Tag ergreifen!

Den Tag ergreifen? An einem Septembertag 1976 ergriff der Tod Mao.

Aber dann kam der 20. April 1992. An diesem Tag saßen Millionen Chinesen wie gebannt vor ihren Radios und Fernsehapparaten. Dank des Todes eines Mannes hatte China sechzehn gute Jahre erlebt. In Peking würde die Nationalversammlung über den Vorschlag der Regierung abstimmen, den großen Staudamm zu bauen. Bei Sonnenuntergang mussten die Delegierten ihre Stimme abgeben. Natürlich fiel das Ergebnis positiv aus, obwohl ein Drittel, etwa tausend Frauen und Männer, dagegen stimmte.

An diesem Abend wurde sehr viel Branntwein in den Drei Schluchten getrunken. Die Millionen versammelten sich um ihre kleinen Gläser, um den Schmerz zu betäuben. Einer von ihnen war Xu Anshu. Xu, seine Frau und alle anderen Bewohner des Dorfes der süßen Früchte umarmten sich und weinten. In dunklen Zimmern im Lichtschein glühender Kohle und flackernder Petroleumlampen saßen die Obstbauern mit ihren Gläsern und fluchten. Als der Morgen dämmerte, hatten sie alle einen wahnsinnigen Durst.

Zwei Jahre später stand der Baustart bevor. Aus Peking traf ein Flugzeug mit ernsten Männern ein. Die Führung des Landes unter Leitung des Präsidenten und Premierministers. Premierminister Li Peng, selbst Ingenieur und auf Wasserkraft spezialisiert, griff zum Mikro und rief: »Wir werden hiermit beweisen, dass China in der Lage ist, den größten Staudamm der Welt zu bauen! Die Arbeit, die wir verrichten werden, wird nicht nur China, sondern der ganzen Welt nützen.«

Tausende Arbeiter antworteten mit tosendem Applaus. Noch bevor sich der Beifall gelegt hatte, erfolgte die erste symbolische Sprengung, eine Vorahnung dessen, was kommen würde.

Und was ist jetzt aus dem Dorf der süßen Früchte geworden?

Ich lernte Xu Anshu 1996 kennen. Das Dorf war eine grüne Idylle mit 300 Einwohnern. Die Aussicht war atemberaubend. Wenn die fünf Mitglieder der Familie an dem runden Steintisch vor dem Haus frühstückten, konnten sie kilometerweit in alle Richtungen schauen. Die Hügel und Bergketten schienen wie die Wogen eines blauen Meeres kein Ende zu nehmen. Xu und seine Nachbarn bauten Orangen an, große, süße Orangen, die sie auf schmerzenden Rücken nach Sandouping trugen, von wo aus sie nach Osten verschifft wurden.

Bevor ich mich wieder auf den Weg machte, kletterte Xu Anshus Frau auf einen Hügel hinter dem Haus und rief: »Sie wollen uns zwingen wegzuziehen, Anshu. Warum nur?«

Sie hatte die Faust geballt, ihre Stimme war verzweifelt. Unwillkürlich musste ich an die widerspenstige Alte aus dem Märchen von Asbjørnsen und Moe denken.

»Ist ja schon gut«, erwiderte ihr Mann etwas verlegen.

»Wo sollen wir hin, Anshu? Kannst du mir das sagen?«

Von der Anhöhe, auf der ich sitze, kann ich sehen, dass das Dorf der süßen Früchte verschwunden ist. Man hat den Eindruck, über dem Orangenhain, 2000 Jahre lang gehegt, gepflegt und geliebt, sei eine Gerölllawine niedergegangen.

Der neue Stausee wird dreizehn Städte, 140 Kleinstädte und 1350 Dörfer überschwemmen. 1,3 Millionen Menschen haben Anweisung erhalten wegzuziehen. Während die Staumauer wächst, wird ein Dorf nach dem anderen gesprengt. Schutthaufen, zerbrochene Türrahmen und eingeschlagene Scheiben, welche die vorbeifahrenden Schiffe angrinsen. Staub weht wie ein schwarzer Trauerschleier durch das Tal, während die Opfer, Männer, Frauen und Kinder, ihr Kochgeschirr, ihre Kleiderbündel und ihren Krimskrams zusammenraffen. Und flüchten. Einige hasten zu den Landungsbrücken und Schiffen, andere krabbeln wie schwarze Ameisen die Hänge hinauf.

1,3 Millionen Menschen zu entwurzeln erscheint fast unwirklich. Die chinesische Geschichte kennt jedoch viele große erzwungene Bevölkerungsbewegungen. Bereits 119 v. Chr. während der Han-Dynastie, wurden 720 000 arme Bauern wie Vieh in die nordwestlichen Provinzen vertrieben. Der Kaiser wollte das Land dort urbar machen. Die Kosten für die Umsiedlung wurden aus der kaiserlichen Kasse bezahlt. Im Jahr darauf, zwang man etliche Hunderttausend ins Exil in die Grenzregionen im Norden und Westen. Viele von ihnen mussten die 3000 Kilometer zu Fuß zurücklegen!

Im Jahre 493 beschloss der Kaiser seine Hauptstadt von Datong nach Luoyang zu verlegen. Über eine Million Menschen mussten mit ihm zusammen umziehen. Dieser Umzug wurde in nur zwei Jahren bewerkstelligt. Während der Ming-Dynastie (1368–1644) wurden sieben Millionen Soldaten und zehn Millionen Zivilisten in andere Teile des Reiches umgesiedelt. Das entsprach sechzehn Prozent der Bevölkerung. Eine entsprechende Zwangsmaßnahme würde heute 208 Millionen Einwohner betreffen.

»Dieses Mal müssen nur 0,1 Prozent der Bevölkerung umziehen«, meint Guo Shuyang. »Kein Problem!«

Guo führt mich durch die große Ausstellungshalle in Sandouping, die dem endgültigen Sieg des Menschen über die Natur geweiht ist.

»Und woher sind Sie?«, fragt er.

»Aus Norwegen.«

»Wie viele Norweger gibt es?«

»Vier Millionen.«

»Nur vier Millionen?«

Er lächelt kopfschüttelnd, dann zieht er einen Taschenrechner hervor.

»0,1 Prozent der norwegischen Bevölkerung sind 4000 Menschen. Werden bei Ihnen im Land denn nie Leute umgesiedelt? Ich bin mir sicher, dass bei Ihnen schon oft 4000 Personen umgesiedelt worden sind.«

Guo ist in den Drei Schluchten zur Welt gekommen. Endlich ist der Fortschritt auch bis in diese hoch aufragenden Berge vorgedrungen.

»Indem wir den größten Staudamm der Welt bauen, profitieren wir dreifach«, sagt er und lässt seinen Zeigestock rotieren. »Wir schieben den jährlichen Überschwemmungen einen Riegel vor, wir erzeugen Strom für hundert Millionen Menschen, und wir machen den Jangtse für Schiffe mit 10 000 Bruttoregistertonnen bis nach Chongqing, 3000 Kilometer im Landesinneren, schiffbar. Bislang kommen nur Schiffe mit 4000 Bruttoregistertonnen so weit.«

Guo sagt eine Revolution im Inneren Chinas voraus. Der Kontakt mit der Küste und der Welt würde zu einem Aufschwung in den armen Provinzen im Landesinneren führen, insbesondere in Sichuan, der mit 97 Millionen Einwohnern bevölkerungsreichsten Provinz des Landes. Ehrfürchtig bleiben wir vor einem großartigen Modell des Staudammes stehen. Guo deutet auf eine der Schleusen.

»Die Schiffe fahren in diese Schleuse hinein. Das Schleusentor schließt sich, und die Schiffe werden himmelhoch emporgehoben. Und wenn das andere Tor aufgeht, fahren die Schiffe geradewegs bis nach Chongqing weiter! Die ganze Strecke, 600 Kilometer, gleicht dann einem Binnensee!«

In den letzten Jahren hat sich der Bevölkerungsstrom in China nur in eine Richtung bewegt, nach Osten. Dank der Zehntausendtonnenschiffe und dem neuen Binnensee hofft Guo, dass sich dieser Strom umkehren wird.

In einem der Säle betrachten wir dramatische Schwarz-Weiß-Bilder. Bilder von früher. Verzweifelte Bauern flüchten vor der großen jährlichen Überschwemmung. Söhne tragen ihre Mütter und Großmütter durch die Wassermassen. Eine ganze Schulklasse treibt hilflos auf einem Hausdach den Fluss hinab. Gedunsene Tierkadaver mit in die Luft gestreckten Beinen. Ein Wald mit abgeknickten Bäumen, die Bäume wie Streichhölzer. Die Häuser zerstörter Dörfer treiben den Fluss hinab. Eine Pagode, die wie ein aufgetauchtes U-Boot auf das Meer zutreibt. Ein Tempel schaukelt im regengepeitschten Wasser, die Säulen ragen in die falsche Richtung. Eine hysterische Mutter watet mit einem Bambuskorb auf dem Rücken durch das Wasser. Im Korb ist ihr totes Kind.

»Bald werden wir keine Kinder mehr verlieren«, stellt Guo fest. »2009, wenn der Drache gezähmt ist, wird niemand mehr im Langen Fluss ertrinken. Keine Überschwemmungen, keine Tragödien! Für immer vorüber!«

Die 26 Turbinen in der Staumauer werden 18 200 Megawatt Strom erzeugen, genug für hundert Millionen Chinesen. Das ist auch nötig, denn China leidet an akutem Energiemangel. Im Jangtse-Delta arbeiten mehrere Tausend Fabriken mit gedrosselter Kraft, weil ständig der Strom abgestellt wird. In einzelnen Gebieten haben die Behörden ein System der Zuteilung eingeführt. Einen Tag geht der Strom an die eine Fabrik, am nächsten an eine andere. Besser als nichts, aber keine Lösung auf Dauer.

»Haben Sie schon einmal eine chinesische Fabrik besucht?«, fragt Guo. »Haben Sie gesehen, dass die Arbeiter dort am hellen Vormittag in der Ecke sitzen und Karten spielen? 2009 werden alle Spielkarten eingesammelt, das kann ich Ihnen garantieren! Nie mehr Poker, nie mehr Bridge, nur noch harte Arbeit!«

»Ein so großer Staudamm stellt für Sie also keinerlei Problem dar?«

»Was heißt schon Problem. Ausländer wie Sie sehen überall immer nur Probleme. Unsere Führung hat gesagt, dass es keine Probleme geben wird.«

»Und reicht Ihnen das?«

»Wir verlassen uns auf unsere Führung!«

Vielleicht hat er ja recht. Die meisten Menschen scheinen sich auf die Versprechen ihrer Anführer zu verlassen. Selbst die akademische Elite begehrt nicht auf. Die Regierung in Peking herauszufordern führt doch nur zu Unannehmlichkeiten und im schlimmsten Fall zu Gefängnis.

Dai Qing, die Bescheid wusste, reden konnte und mutig war, landete in einer Einzelzelle.

»Wenn die Drei Schluchten hätten sprechen können, hätten sie um Gnade gefleht«, schrieb sie in ihrem ersten Buch »Jangtse! Jangtse!« 1989. Fast noch bevor es an die Buchhandlungen ausgeliefert worden war, wurde es von der Polizei beschlagnahmt. Kurze Zeit später wurde sie festgenommen und eingesperrt.

Als Adoptivtochter von Marschall Ye Jianying, einem der mächtigsten Männer Chinas, wuchs sie wohlbehütet auf. Es fehlte ihr an nichts. 1966, als Mao seine Kulturrevolution lancierte, schwor sie dem großen Führer ewige Treue. Zusammen mit einer Million Menschen stand sie auf dem Platz des himmlischen Friedens und rief: »Möge der Vorsitzende Mao 10000 Jahre lang leben!« Mao war der Gott in ihrem Leben, alles, was er sagte und tat, war richtig. Wenn nötig, wäre sie für ihren Herrn und Meister auch in den Tod gegangen.

Aufgrund ihres Wunsches, der Revolution zu dienen, entschied sie sich für die Ausbildung zur Raketeningenieurin. Das Ziel war, eine Rakete zu entwickeln, welche die USA erreichen konnte.

Aber dann starb Mao. Milde Lüfte ergriffen Land und Volk, und Dai Qing, die Parteiprinzessin, hob ihren Blick und dachte nach. Wollte sie auf die Entwicklung einer Rakete, mit der sich New York und Washington in Schutt und Asche legen ließen, wirklich ihr Leben verwenden? In den frühen 80er-Jahren begann sie einen Briefwechsel mit einem gleichgesinnten Ingenieur in Hongkong. Zu diesem Zeitpunkt schrieb die chinesische Presse kaum etwas über das

Staudammprojekt in den Drei Schluchten, obwohl die Pläne immer konkreter wurden. Aus Hongkong erhielt Dai einen steten Strom Zeitungsausschnitte – viele der Artikel waren überaus kritisch.

So begann eine neue Phase ihres Lebens. Nachdem sie 35 Jahre lang »geschlafen« hatte, erwachte in Dai der Tatendrang. Sie nahm zu etwa vierzig herausragenden Gegnern des Projektes, Wissenschaftlern, Hydrologen und Ingenieuren, Kontakt auf und bat sie, unumwunden ihre Meinung zu sagen. Das Ergebnis war das Buch »Jangtse! Jangtse!« Sie fand niemanden in Peking, der es verlegen wollte, und in Shanghai und anderen Großstädten ebenfalls nicht. Schließlich fand sie einen Verleger in Guizhou, der armen Provinz im Süden. Der Ärmste, seine Bemühungen endeten mit einer von der örtlichen Sicherheitspolizei überwachten Bücherverbrennung. Nur eine geringe Anzahl Bücher entging dem Anschlag der staatlich bezahlten Pyromanen, was allerdings ausreichte, denn bald zirkulierten illegale Kopien im ganzen Land.

In einem abgesperrten Gebiet bei Peking liegt das Qingcheng-Gefängnis, von manchen auch als »Chinas Bastille« bezeichnet. Dort, in einer engen Zelle ohne Licht und Wärme, wurde Dai Qing bei Wasser und Reis eingekerkert. Die Wärter sagten ihr, sie würde hingerichtet werden, aber nach zehn Monaten Dunkelhaft ließ man sie frei. Seither ist sie eine der schärfsten Kritikerinnen Pekings. Sie liebt Interviews mit der internationalen Presse. Die Führung scheint mehr zu verkraften als früher, denn sie darf gelegentlich sogar nach Hongkong, Sydney und Paris reisen.

Aber was hat sie zu sagen?

»Sehr viel! Sehr viel mehr als die Führung in Peking!«

Dai Qing behauptet, der Bau der größten Staumauer der Welt sei vor allen Dingen ein politisches Projekt. Chinas Führung will ihrer eigenen Größe ein Denkmal setzen. Eigentlich wäre es einfacher, billiger und weniger riskant, den Jangtse mit fünf oder sechs kleineren Staumauern zu regulieren – damit ließe sich das gleiche Resultat erzielen. Aber das käme für die größenwahnsinnige chinesische Führung nie in Frage. Sie will die Überlegenheit des Sozialismus beweisen, indem sie die dickste, breiteste und höchste Staumauer der Weltgeschichte errichtet.

»Sie haben doch wohl nicht vergessen, was Li Peng 1994 gerufen hat: ›Hiermit beweisen wir, dass China in der Lage ist, den größten Staudamm der Welt zu bauen!‹ Beachten Sie die Worte! Die Führung in Peking musste etwas beweisen. Dass die Bevölkerung andere Bedürfnisse hatte, spielte keine Rolle.«

Laut Dai müssen 1,9 Millionen Menschen wegen des Stausees zwangsumgesiedelt werden und nicht 1,3 Millionen, wie die Behörden behaupten. Hinzu kommt die Umweltzerstörung. Steine und Müll sowie das Abwasser von Millionen von Menschen werden sich in dem neuen Binnensee sammeln und die Leistungsfähigkeit des neuen Kraftwerkes vermutlich auf Dauer beeinträchtigen.

»Und sollten wir nicht Strom bekommen? Strom für hundert Millionen Menschen? In fünfzig Jahren haben wir wahrscheinlich einen Staudamm, der nicht einmal mehr genug Energie für eine einzige Glühbirne erzeugt, der die Drei Schluchten jedoch in eine tickende Umweltkatastrophen-Zeitbombe verwandelt hat!«

Seit 2000 Jahren lassen sich Maler und Dichter von der schönsten Tallandschaft Chinas berauschen. An diesen steilen Hängen stand die Wiege der chinesischen Kultur. Archäologen haben bisher Tausende Funde gemacht, aber noch bevor sie alles retten können, wird die Sintflut kommen. Ein strahlendes Kapitel in der langen Geschichte des Landes wird in Chemikalien und Müll ertrinken. »Zukünftige Generationen werden uns das nie verzeihen«, meint Dai Qing.

Aber noch herrscht Stille. Abgesehen von wenigen schwachen Protesten haben sich die Bewohner der Drei Schluchten wie die des übrigen Landes zum Gehorsam entschlossen. Einige Dutzend Kilometer talaufwärts in Fengjie begreife ich, warum. Eine verschwitzte Gruppe Männer ist damit beschäftigt, den tausend Jahre alten Konfuzius-Tempel weiter den Abhang hinauf zu verlegen. Sie schleppen nummerierte Balken und Säulen, Dachziegel, Plastiken, Kerzenleuchter und Weihrauchgefäße. Fengjie, eine Stadt mit 100 000 Einwohnern, wird untergehen. Aber der Tempel des Mannes, der den Chinesen befahl, der Obrigkeit zu gehorchen, wird gerettet.

Mehr als jeder andere hat Konfuzius die Chinesen geprägt. Er kam vor zweieinhalbtausend Jahren zur Welt, und seine Lehre kennt jeder Chinese im Schlaf: »Der Untertan soll dem Herrscher gehorchen, die Frau dem Mann, die Ehefrau dem Ehemann, der jüngere Bruder dem älteren und der jüngere Freund dem älteren!«

Konfuzius lebte in einer Zeit, die von Unruhen und Krieg geprägt wurde. Deswegen war es ihm wichtig, dass die Harmonie der Gesellschaft wiederhergestellt wurde. Als erwachsener Mann schrieb er nach langen Diskussionen mit seinen 72 Schülern die Lehrsätze nieder, die später zur offiziellen Staatsmoral erhoben wurden. Es war ihm wichtig, seine Botschaft zu verbreiten, und er ließ sich in seiner Sänfte von einem Fürstentum ins nächste tragen. Im Kosmos herrsche Harmonie, sagte er. Sonne, Mond und Sterne hätten ihre festen Plätze, dort gebe es keine Unruhe und keinen Krieg. Wie es im Kosmos sei, müsse es auch auf Erden werden. Die Menschen müssten ihren Platz finden und dem Herrscher gehorchen.

Der Konfuzius-Tempel von Fengjie hat den Unbilden der Witterung getrotzt und in Krieg und Frieden auf seinen burgunderroten Säulen geruht. Er hat das Kommen und Gehen von Kriegsherren und Überschwemmungen und Tod erlebt. An jedem Tag seit 1012 hat er die Einwohner vor seiner üppigen Holzskulptur des ewig jungen Konfuzius knien sehen. Den mächtigen Politikern in Peking hat er dann aber nicht widerstehen können.

»Eins, zwei! Eins, zwei!«

Die Männer schleppen und schleifen die schweren Säulen. Ab und an halten sie inne, um sich den Schweiß von der Stirn zu wischen. Der Mann mit dem Megafon hat seinen Blick auf einen Punkt oben am Hang gerichtet. Dort oben, auf einem ebenen Absatz, werden die Einwohner von Fengjie den Oberpriester des Gehorsams weiter anbeten können.

Fengjie wurde vor 2300 Jahren gegründet. Jetzt wird die Stadt nur noch ein Jahr existieren. Die Stadt ist ein Labyrinth aus dunklen Gassen, großen gespenstischen Ziegelhäusern und steilen Straßen. In den letzten elf Jahren – seit der Beschluss, den Jangtse aufzustauen, gefasst wurde – hat niemand auch nur einen Finger dafür gerührt, etwas instand zu halten. Durch zerbrochene Fensterscheiben rufe ich in dunkle Räume hinein. Keine Antwort, nur das Echo und ein paar Ratten, die unter Müllhaufen hervorhuschen. Mehrere der höchsten Gebäude sind bereits gesprengt, vermutlich mit Rücksicht auf die Zehntausendtonnenschiffe, die bald hier entlangfahren werden. Das alte Gefängnis ist ein Schutthaufen, nur ein paar verbogene Eisenträger ragen auf.

Von einer Stelle am Hang aus habe ich freie Sicht auf die beiden berühmten Berge Fengjies, den Tigerkopf und den Löwenkopf. Die beiden Köpfe liegen sich am Fluss gegenüber. Sie werden jedoch nicht mehr durch ein Stahlseil verbunden.

Es war 1995. Die Einwohner Fengjies maulten. Ihnen gefiel der Gedanke nicht, wegziehen zu müssen.

»Keine Tränen«, sagte der Bürgermeister, »ich will euch etwas geben, woran ihr euch euer ganzes Leben erinnern könnt.«

Aber was? Die großen und kleinen Bonzen der Stadt zerbrachen sich den Kopf. Schließlich einigten sie sich auf den abwegigsten Vorschlag: einen noch nie da gewesenen Hochseilakt über den Jangtse. Ein Drahtseil sollte von Tigerkopf zu Löwenkopf gespannt werden. Ein mutiger Chinese – man wusste noch nicht recht, wer – würde dann von einem Kopf zum anderen balancieren. Es zeigte sich jedoch bald, dass es keinen gab, der sein Leben für Fengjie aufs Spiel setzen wollte. Deswegen suchte man auch im Ausland. An einem Junitag 1995 klingelte bei Mike Wilson, einem bekannten Impresario in Denver, Colorado, das Telefon: *»Hello, this is Fengjie calling!«* Ob es jemanden in den USA gebe, der auf einem Drahtseil über den Jangtse gehen könnte, in 411 Meter Höhe über den Stromschnellen. Natürlich gegen ein ordentliches Honorar.

Mike Wilson hatte schon so einiges zu hören bekommen, aber das! Lange Nachforschungen waren nötig. Er telefonierte von Ost nach West. Niemand wollte den Auftrag annehmen, auch nicht der Franzose Philippe Petit, der halsbrecherisch zwischen den beiden Türmen des World Trade Center in New York balanciert war. Schließlich fiel Mike nur noch eins ein: den dummdreisten Kanadier Jay Cochrane anzurufen. Jay war immer unterwegs und schwer zu erreichen. Mike spürte ihn schließlich in einem Trailer Park in Pittsburgh, Pennsylvania, auf.

»Hallo Jay, riskierst du es, auf einem Seil über den Jangtse zu gehen?«

»Wie bitte?«

»In 411 Meter Höhe über den Stromschnellen.«

»Was?«

»Das bringt dir ein paar Millionen ein.«

»Ach?«

Jay war 54, aber immer noch schlank und geschmeidig. Er hatte graues Haar und eine ziemliche Glatze. Seine Karriere befand sich im Niedergang. Aber gegen einen letzten Hochseilakt, der ihn weltberühmt machen würde, hatte er nichts einzuwenden. Der Abenteurer in Jay erwachte, und ein paar Tage später flog er nach China.

Die nächsten Tage trainierte er und nahm den Schauplatz in Augenschein. Dem Kanadier gefiel nicht, was er sah. Der Fluss war breit, die Strömung stark, und wo sich die Wassermassen zwischen Tiger- und Löwenkopf hindurchpressten, toste es. Der Abstand zwischen den beiden Gipfeln betrug genau 642 Meter – das erforderte, ziemliche Konzentration. Schließlich, nachdem er mit Gott und den Menschen gesprochen hatte, äußerte sich der Kanadier im chinesischen Fernsehen: »Alles okay. Ich tu's. Das Leben ist ohnehin ein Hochseilakt. Ich mache einen Schritt nach dem anderen und schaue nie zurück!«

Die Bonzen jubelten. *The Great China Skywalk* wurde für den 28. Oktober 1995 anberaumt. Er sollte im chinesischen Fernsehen live übertragen werden. Punkt zwölf Uhr zu den Klängen von Ravels »Bolero« trat Jay Cochrane auf das über den Jangtse gespannte Stahlseil. In den Händen hielt er eine fünf Meter lange Stange aus Titan.

Auf den steilen Bergen ringsum standen Zehntausende entsetzte Bauern und starrten entgeistert in den Himmel. Viele waren tagelang unterwegs gewesen, um dem großen Ereignis beizuwohnen. Von beiden Seiten des Flusses verfolgte das staatliche Fernsehen jeden einzelnen Schritt, jede winzige Zuckung in Jays Körper. 400 Millionen Chinesen saßen vor dem Fernseher. Die Straßen waren menschenleer, eine ganze Nation war gebannt.

In der nächsten Stunde kam alles im Jangtse-Tal zum Erliegen. Ein Mensch, ein Stahlseil, ein Fluss und ein Tal. Zartbesaitete begannen zu weinen. Hysterische Frauen zündeten Räucherstäbchen an und beteten zu Gott. Vertreter des Guinness-Buchs der Rekorde wurden ohnmächtig und mussten medizinisch betreut werden. Selbst die Bonzen waren sprachlos.

Schritt für Schritt bewegte sich Jay Cochrane über das große Nichts. Erst zögernd und vorsichtig, dann mit leichten und rhythmischen Bewegungen. Ab und zu wurde er langsamer, um das Ziel, das er vor Augen hatte, zu fixieren und um seine Stange zu justieren. In der Mitte blieb er stehen. Im Himmel über dem Jangtse stellte er sich auf ein Bein und winkte der Zuschauermenge zu. Die Menge seufzte verzückt.

Das Schauspiel dauerte 53 Minuten. Leichtfüßig und elegant landete Jay auf dem Löwenkopf. In ganz China brach Jubel aus. Die Parteibonzen, die sich das Ganze hatten einfallen lassen, waren außer sich vor Begeisterung, und beim Siegesfest am Abend wurden große Mengen des örtlich erzeugten Schnapses konsumiert. Man trug Jay in einer goldenen Sänfte durch die Gegend, und gegen Mitternacht wurde er in Reden als Übermensch gefeiert. Aber am glücklichsten war vermutlich der Mann, der im Gefängnis von Fengjie in der Zelle 38 saß. Das örtliche Gericht hatte ihn zum Tode verurteilt, aber jetzt, aus dem Überschwang heraus, beschlossen die Bonzen, die Strafe in lebenslänglich umzuwandeln.

»*Ganbei!*«, riefen die Bonzen. »Leert die Gläser!«

So glücklich endete *The Great China Skywalk*.

Das neue Fengjie wird 250 Millionen Euro kosten, erzählt Lin, inklusive der Verlegung der drei alten Stadttore. Auch andere Baudenkmäler werden verlegt und im Stadtmuseum hinter dem Rathaus ausgestellt. Aber auch hier wie im übrigen Tal werden unzählige Denkmäler den Wassermassen überlassen. Der Tempel des weißen Kaisers und der Pavillon der Sterndeuter – für immer verloren. Höhlen mit uralten Inschriften. Hunderte von Gedenktafeln. Die archäologische Rettungsaktion begann zu spät. Bereits 1994 wandten sich die Archäologen an die Regierung in Peking. »Geld, Geld! Gebt uns Geld! Wir müssen retten, was noch zu retten ist!« Aber das Geld kam zu spät, und zu wenig war es außerdem.

An meinem vorletzten Tag in Fengjie beginnt es zu regnen, erst nur ein wenig, dann immer mehr. Das Leben wird feucht und trostlos.

Gegen Abend flüchte ich mich in ein Teehaus aus dem Jahr 1796. Dort sitzen auf knarrenden Hockern alte Männer und schlürfen grünen Tee. Es sind nicht viele, nur sieben. Zwei von ihnen schlafen.

Auf der kleinen, von Bambus umfasste Bühne steht eine Greisin und erzählt die Geschichte, wie Chinas Flüsse entstanden. Das ist eine sehr beliebte Geschichte, die von einer Generation zur nächsten weitergegeben wird.

»Einmal vor langer, langer Zeit gab es keine Seen oder Flüsse auf der Erde, nur das große Ostmeer. In diesem Meer lebten vier Drachen, der lange Drache, der gelbe Drache, der schwarze Drache und der Perlendrache. Eines Tages flogen die vier Drachen vom Meer zum Himmel, sie flogen auf und nieder und spielten in den Wolken Verstecken.

›Hierher!‹, rief der Perlendrache plötzlich. ›Hierher! Schaut! Schaut!‹

›Was ist?‹, fragten die drei anderen und schauten in die Richtung, in die der Perlendrache gedeutet hatte.

Unten auf der Erde versammelten sich Tausende von Menschen zum Gebet. Sie knieten nieder, schluchzten und weinten. Eine weißhaarige Frau mit einem kleinen Jungen auf dem Rücken murmelte:

›O Gott im Himmel, sende uns Regen, damit unsere Kinder etwas zu essen bekommen!‹

Es hatte schon lange nicht mehr geregnet. Die Ernte war verdorrt, das Gras war gelb, und die Felder lagen vertrocknet und braun unter der brennenden Sonne.

›Die Menschen können einem leid tun!‹, rief der gelbe Drache. ›Wenn nicht bald Regen kommt, werden sie sterben.‹

Der lange Drache nickte.

›Lasst uns zum Jadekaiser fliegen und ihn um Regen bitten!‹

Die vier Drachen flogen zum Palast des Himmels. Dort wohnte der Jadekaiser, der über Himmel und Erde herrschte. Als die vier Drachen in seinen Thronsaal stürmten, wurde er böse.

›Warum kommt ihr hierher, statt im Ostmeer herumzuschwimmen?‹

Der lange Drache trat einen Schritt vor und sagte: ›Die Ernte auf der Erde wird bald gänzlich vertrocknen. Eure Majestät, ich flehe Euch an, es so schnell wie möglich regnen zu lassen!‹

›Schön‹, erwiderte der Jadekaiser. ›Fliegt zurück, dann werde ich morgen für etwas Regen sorgen.‹

›Danke, Eure Majestät!‹

Die vier Drachen flogen glücklich zurück. Zehn Tage vergingen, aber kein Regen kam. Die Menschen begannen, Rinde und Wurzeln zu essen. Als die vier Drachen das sahen, wurden sie sehr unglücklich. Sie erkannten, dass der Jadekaiser nur an sich dachte und ihm die Menschen vollkommen gleichgültig waren. Wenn es Regen geben sollte, dann mussten sie schon selbst dafür sorgen. Aber wie?

Plötzlich hatte der lange Drache eine Idee.

›Ist denn nicht in dem Meer, in dem wir leben, genug Wasser? Wir sollten dieses Wasser sammeln und in den Himmel spritzen. Dort wird es dann zu Regentropfen und fällt wieder auf die Erde herab!‹

›Schlau!‹, erwiderten die anderen drei.

›Aber‹, sagte der lange Drache, nachdem er sich etwas besonnen hatte, ›was wird der Jadekaiser sagen, wenn er hört, was wir getan haben?‹

›Ich tue alles, um die Menschen zu retten‹, antwortete der gelbe Drache mit Nachdruck.

›Dann lasst uns anfangen. Wir werden es nie bereuen‹, sagte der lange Drache.

Der schwarze Drache und der Perlendrache wollten nicht zurückstehen. Nacheinander tauchten die vier Drachen ins Ostmeer hinab und sammelten große Wassermengen. Dann flogen sie in den Himmel und spritzten das Wasser über die Erde. Sie flogen hin und her, und bald strömte der Regen herab.

›Es regnet, es regnet!‹, riefen die Menschen unten und tanzten und sangen.

Einige Tage vergingen, und überall gediehen Weizen und Reis.

Aber als der Seegott entdeckte, was die Drachen getan hatten, erzählte er es dem Jadekaiser, der in Wut geriet. ›Wie konnten sie es nur wagen?‹, brüllte er. ›Ich werde sie bestrafen!‹

Der Jadekaiser gab den himmlischen Generälen und ihren Soldaten den Befehl, die vier Drachen festzunehmen. Gesagt, getan. Die Drachen wurden festgenommen, und auf Befehl des Jadekaisers sorgte der Gebirgsgott dafür, dass die Drachen unter vier Gebirgen begraben wurden, damit sie nicht entkommen konnten. Die Drachen ließen sich aber nicht unterkriegen. Auf wunderbare Weise verwandelten sie sich in vier große Flüsse, den Jangtse (den Langen Fluss), den Heilongjiang (den Schwarzen Fluss), den Huanghe (den Gelben Fluss) und den Zhujiang (den Perlenfluss).«

Die Zuhörer lächeln und seufzen. Durch ein Loch im Dach regnet es herein. Der Besitzer des Teehauses hat einen Plastikeimer unter das Loch gestellt. Bald muss er weitere Eimer aufstellen.

Am nächsten Morgen ist der Himmel schwarz. Der Regen flutet herab. Im alten Fengjie, einer Stadt, die einmal eine größere Bevölkerungsdichte als Shanghai aufwies, ist kaum eine Menschenseele zu sehen. Selbst die Weissager haben sich ins Trockene verzogen.

Kann der *Flussdrache*, mein nächstes Schiff, bei diesem Wetter wirklich ablegen?

Wasser ist das weichste und schwächste Element der Welt.
Trotzdem richtet es mehr Schaden an als alle anderen.

CHINESISCHES SPRICHWORT

Der letzte Lauf zum Andenken Fulings

Auch Fuling wird untergehen. Die Wassermaßen werden die halbe
Stadt begraben. Aber an diesem Tag sind die Straßen voller Menschen. Polizisten auf Motorrädern mit Beiwagen fahren hin und her
und drücken die Menschen an die regennassen Mauern. Über den
Straßen hängt ein Transparent: »Der letzte Lauf zum Andenken Fulings!« Der letzte Wettlauf in Fulings unendlich langer Geschichte
soll stattfinden.

Im nächsten Augenblick höre ich einen Startschuss, und mehrere
Tausend junge Männer mit Startnummern und verzerrten Gesichtern
stürmen die schmale Hauptstraße entlang, vorbei an der Polizeiwache, der baufälligen Apotheke, eine spiegelglatte Treppe hinunter,
am Flussufer entlang, über eine Hängebrücke und über einen Kohl-
acker. Wenige Minuten später tauchen sie auf dem Weißen Kranich-
berg auf, dann stürzen sie die entgegengesetzte Seite hinab und erreichen auf einem Aschenplatz, den ich nicht sehen kann, ihr Ziel.

Der Regen in den letzten Tagen hat Fuling in eine Rutschbahn
verwandelt. Als die Männerhorde heranstürmt, spritzt das Wasser
der Pfützen in alle Richtungen. Ich habe mich auf das Dach von
Dr. Fengs Akupunkturklinik verzogen. Einer der Zuschauer hat mir
bedeutet, mich zu ihm zu gesellen.

»Wie finden Sie das?«, fragt er mich.

»Aufregend. Was für eine Distanz laufen sie?«

»Fünf Kilometer. Aber schauen Sie sie nur an! Keine Kondition!
Sie sind noch keine 500 Meter weit gelaufen und alle schon todmüde. Wir Chinesen sind keine guten Läufer. Ein Läufer aus Kenia

wäre vermutlich schon längst am Ziel. Vor ein paar Jahren hat ein Amerikaner hier in der Stadt gewohnt. Er hieß He Se Le und besiegte 2000 Chinesen beim Neujahrslauf. Stellen Sie sich vor, ein Amerikaner gegen 2000 Chinesen, und der Amerikaner gewann!«

Er schüttelt den Kopf und lacht.

Ein paar Soldaten der Volksbefreiungsarmee laufen ebenfalls mit. Sie tragen khakigrüne Uniformen und braune Stoffschuhe. Zwei von ihnen laufen ganz vorn mit. Mehrere Zuschauer, Offiziere, feuern sie mit kräftigen Armbewegungen an. Polizisten mit weißen Handschuhen und Sonnenbrillen und mit Schlagstöcken bewaffnet fahren vorweg. Wo die Straße schmaler wird und in einer Treppe mündet, halten sie am Straßenrand. Diese Verengung führt zu einem riesigen Stau, denn »Der letzte Lauf zum Andenken Fulings« hat 3224 Teilnehmer. Viele bleiben stehen und recken ihre Glieder, andere stehen in Grüppchen herum und unterhalten sich. Man würde auch genügend Zeit für eine oder zwei Behandlungen in Dr. Fengs Akupunkturklinik finden.

»Wenn He Se Le teilgenommen hätte, hätte er gesiegt, da bin ich mir sicher.«

Später fällt mir ein, dass es sich bei He Se Le um Peter Hessler handeln muss, der Mitte der 90er-Jahre zwei Jahre in Fuling lebte und darüber das wunderbare Buch »River Town. Two Years on the Yangtze« schrieb. An einem eisigen Februartag 1997 sollte der jährliche Langstreckenlauf stattfinden, um den Frühling willkommen zu heißen. Alle *danwei* (Einheiten) der Stadt mussten Teilnehmer stellen, auch die Schule, an der Hessler als Lehrer arbeitete. Niemand durfte ohne die obligatorische ärztliche Untersuchung antreten, die u.a. eine zeitaufwendige Röntgenuntersuchung der Lungen und des Herzen umfasste. Schließlich konnte jemand Krankheiten haben, die ihn für die Teilnahme ungeeignet machten, Lungenentzündung, Bronchitis, Tuberkulose, Hepatitis, Malaria, Schistosomiase (eine Wurmerkrankung, die im Jangtse-Tal recht häufig ist), Dysenterie oder Cholera.

Hessler absolvierte den Test ohne Schwierigkeiten, und der große Tag brach an. Seltsamerweise hatten die Veranstalter keinen Start-

Im Jangtse-Mündungshafen von Yinyang wehen chinesische Flaggen
in einem Meer von Fischerbooten.

Alt und Neu in Shanghai. China exportiert Unmengen von Waren in den Westen. Doch das Land wird auch von westlichen Markenartikeln geprägt.

Gewürze auf dem Markt von Yibin, einer Stadt am Jangtse in der Provinz Sichuan.

Die berühmte Flusspromenade Bund in Shanghai mit Gebäuden aus dem 19. Jahrhundert, die von westlichen Architekten entworfen wurden.

Der Staudamm bei den Drei Schluchten, aufgenommen im Jahre 2002.
Der größte Staudamm der Welt wurde 2006 fertiggestellt.

Auf den Flussschiffen geht es häufig sehr entspannt zu. Hier ist eines
der den Chinesen vorbehaltenen Decks zu sehen.

Apfelsinenbauern liefern ihre Ernte auf Flussbooten an Großhändler.

Ein Bauer im Feld am Jangtse-Ufer bei Shigu in der Provinz Yunnan.

Der Potalapalast in Lhasa ist eines der größten Bauwerke der Welt. Hier wohnte der jetzige Dalai Lama bis zu seiner Flucht im Jahre 1959.

Der Buddhismus kam vor fast 2000 Jahren nach China und schuf zahlreiche Pagoden wie in der Stadt Dali in der Provinz Yunnan.

Neben den dominierenden Han-Chinesen gibt es in China 55 ethnische Minderheiten. Diese Frau gehört zum Volk der Bai in Yunnan.

Der Oberlauf des Jangtse schlängelt sich vielerorts durch enge
Schluchten wie diese in der Provinz Sichuan.

Farbenfrohe Gebetsfahnen begrüßen die Reisenden auf den Gebirgspässen in Tibet.

Die großen Jak ermöglichen den Tibetern seit Jahrtausenden das Überleben. Die Gipfel im Hintergrund sind bis zu 6000 Meter hoch.

Auf seinem Weg zum Meer erinnert die Mäanderform des Jangtse an eine Schlange, wie hier im Osten der Provinz Yunnan an der Grenze zu Tibet.

Ein älterer Mönch im Kloster Songzanlin in Yunnan. Unter Mao wurden tausende Mönche vertrieben oder zu Zwangsarbeit verurteilt.

Es gibt auch Nonnen in tibetischen Klöstern, im Vergleich zu den Mönchen jedoch nur wenige.

Lektüre und Meditation im Kloster Ganden bei Lhasa. Viele junge
Männer sehnen sich danach, Mönche zu werden.

Eine alte tibetische Frau in Lhasa versucht ein paar Yuan zu erbetteln.

»Wollen Sie bei mir essen?«, fragt diese tibetische Nomadin. Im Zelt hinter ihr dampfen die Töpfe.

Dieser tibetische Junge wollte sich gerne mit seinem frischgebadeten Lamm fotografieren lassen.

Der Oberlauf des Jangtse mit dem eiskalten Wasser, das vom »dritten Pol«, den Eis- und Schneeflächen im Inneren Tibets, herabfließt.

zeitpunkt bekanntgegeben. Während die Parteibonzen eine Rede nach der anderen hielten, wärmten sich die Läufer stundenlang auf. Aber dann, nachdem etliche schon einen Fehlstart hingelegt hatten, machte es peng. Der Qualm der Startpistole stieg zum Himmel, und unzählige Läufer stürzten los.

»Das war China. Chaos, Lärm, Adrenalin, Angst, Überraschungen und Spannung, ein Gewirr aus Menschen!«

Hessler startete behutsam, während die chinesischen Teilnehmer von Anfang an Vollgas gaben. Bald ging ihnen jedoch die Puste aus, und schon nach wenigen Minuten übernahm der Amerikaner die Führung. Mehrere Teilnehmer rutschten in einer scharfen Kurve aus, die um einen Felsen herumführte, und stürzten. Dann kam eine starke Steigung, und plötzlich befand sich Hessler allein in Führung – bis zum Ziel!

»Es ist immer von der Einsamkeit des Läufers die Rede, einer Einsamkeit, die noch größer wird, wenn man das Feld plötzlich hinter sich lässt und allein ist. Im Feld empfindet man eine gewisse Solidarität mit den anderen Läufern, obwohl man sich im Wettstreit befindet. Wenn man jedoch führt, gibt man sich keinen Illusionen mehr hin. Da wird aus dem Wettstreit eine Jagd – das Feld gegen einen Mann, und man empfindet die größte Einsamkeit, die man sich vorstellen kann. Noch größer wird die Einsamkeit, wenn man der einzige Ausländer in einem Feld von 2000 Mann ist, während die Zuschauer: »Ausländer! Ausländer! Ausländer!« rufen.

Als Hessler das Denkmal der Märtyrer der Revolution passiert hatte, war das Rennen schon lange entschieden. Jetzt konnte er sich entspannen. Der erste Preis waren ein Trainingsanzug aus Polyester, eine Urkunde und 26 Yuan (knapp drei Euro), womit er zwei Wochen sein mittägliches Nudelgericht bezahlen konnte.

Am Tag darauf schrieb die Lokalzeitung, ein Amerikaner aus Missouri namens H. Essler habe den jährlichen Langstreckenlauf zur Begrüßung des Frühlings gewonnen. Die Reaktionen waren nicht freundlich. Mehr als zweitausend Chinesen hatten teilgenommen. Warum hatte keiner mit dem einzigen Ausländer mithalten können?

»Wenn ein *waiguoren* (Ausländer) einen Wettkampf auf chinesischem Boden gewinnt, dann finde ich das beschämend«, äußerte einer der chinesischen Teilnehmer. »Jetzt müssen wir uns zusammennehmen! Wollen wir siegen, dann müssen wir trainieren und stark werden!« Ein anderer Teilnehmer, ein Ausbilder des Militärs, äußerte: »Der Ausländer übernahm die Führung. Jetzt müssen wir von seinem Kampfgeist lernen. Indem wir uns hartes und wissenschaftliches Training auferlegen, werden wir ebenfalls Meister werden!«

»Dieses Mal gewinnt ein Chinese«, sagt mein Nachbar auf dem Dach von Dr. Fengs Akupunkturklinik. »Es nehmen keine Ausländer teil!«

Gemeinsam gehen wir zum Aschenplatz, wo die Preisverleihung stattfindet. Die Läufer sind im Ziel, und jetzt, bei 32 Grad und hoher Luftfeuchtigkeit, liegen sie da und krümmen sich vor Schmerzen. Einige spucken Schleim, andere müssen sich übergeben. Einige müssen sich in dem grünen Armeezelt ärztlich behandeln lassen. Hinter einem umgestürzten Fußballtor stehen zwei Krankenwagen mit eingeschaltetem Blaulicht. Aus den Lautsprechern an den Flutlichtmasten ertönt eine Mitteilung nach der anderen. Schließlich steht die Siegerehrung bevor. Der Sieger, ein ungelenker junger Mann, wird auf eine provisorische Bühne aus Bambus gerufen, die mit Blumen und Flaggen geschmückt ist.

Die Prämie?

Geld, eine Urkunde und Zigaretten! Auf den Zigarettenstangen steht: »Double Happiness«. Die drei Frauen, die den Preis überreichen, verneigen sich tief. Als der Sieger die Bühne verlässt, kann er die vielen Zigaretten kaum tragen.

»Haarsträubend!«, ruft mein Nebenmann. »Zigaretten als Preis. Die jungen Leute brauchen keine Zigaretten, sondern Akupunktur.«

»Wie bitte?«

Es kann sich um keinen anderen handeln als um den Akupunkteur Dr. Feng persönlich.

»Raucher können mit Akupunktur behandelt werden«, sagt er. »Ich kann ihnen helfen.«

Dr. Feng meint, dass selbst ich diesen Fünfkilometerlauf hätte gewinnen können. Er betrachtet mich von Kopf bis Fuß und nickt. Wie das ausgesehen hätte! Ein graubärtiger Ausländer als Sieger des letzten Wettkampfs in Fuling. Sobald die Teilnehmer wieder zu Atem gekommen sind, zünden sie sich eine Zigarette an, und der Sieger lässt sich mit einer Double Happiness im Mundwinkel interviewen.

Nikotin. Der Schöpfer hat den Chinesen eine gelbe Farbe gegeben, und die Tabakindustrie hat sie noch gelber gemacht. China ist das große Land der Raucher. Mao rauchte wie ein Schlot und Deng Xiaoping ebenfalls. Sie wurden stets mit einer Zigarette im Mundwinkel fotografiert. Deng rauchte fünfzig Zigaretten täglich. Jetzt, im neuen Jahrtausend, gibt es 350 Millionen chinesische Raucher. Überall wird geraucht, in den Büros, in Wartesälen und in Restaurants, in den Teehäusern, Zügen und Bussen. Selbst in Beitang, der großen katholischen Kirche in Peking, habe ich Raucher hinter den großen Säulen gesehen. Nirgends ist es rauchfrei, der Zigarettenrauch schwebt über Volk und Land.

China ist Großerzeuger von Tabak, und immer mehr Chinesen rauchen ausländische Marken, vorzugsweise Hilton, Philip Morris, Marlboro, Kent oder 555. Die Japaner drängen ebenfalls auf diesen Markt, und Masaru Mizuno, der Präsident der Japan Tobacco Inc., äußerte einer chinesischen Zeitung gegenüber: »China hat ein großes Potential, und jetzt, wo China der Welthandelsorganisation beigetreten ist, werden wir uns mit ganzer Kraft diesem Markt widmen!« Die Japan Tobacco Inc. ist der drittgrößte Tabakerzeuger der Welt.

Im Westen befindet sich die Tabakindustrie in der Krise. Umso wichtiger ist es, dass in den Entwicklungsländern, nicht zuletzt in China, Zuwachsraten erzielt werden.

Es geht auf den Abend zu, und die Stadt, die bald untergehen wird, ist in Feststimmung. Die Sportler, die am »Letzten Lauf zum Andenken Fulings« teilnahmen, haben sich zum Rauchen und Trinken in den Kneipen versammelt. Die Zigaretten sind gratis, denn überall werden Double Happiness verteilt. Das doppelte Glück. Zhao, ein gesprächiger Student Anfang zwanzig, macht jedoch eine wegwerfende Handbewegung.

»Das ist die Zigarette der Massen«, sagt er. »Sie schmeckt und riecht übel. Das gilt auch für Zhongnanhai und Baisha. Leute mit Geld rauchen Marlboro und die Chefs 555. Haben Sie vielleicht eine 555 für mich?«

Das habe ich nicht, aber Zhao schnorrt eine 555 vom Nachbartisch.

»Im 21. Jahrhundert ist es wichtig, dass man rauchen kann. Solange ich eine Qualitätsmarke rauchen kann, stimmt mein Selbstbewusstsein. Die Ausbildung ist wichtig, aber erst eine Marlboro oder eine 555 verschafft einem Autorität. Sie sind doch so reich, warum rauchen Sie eigentlich keine 555?«

Der Qualm liegt schwer über den runden Tischen. Die Sicht ist minimal. Aber irgendwo mache ich trotzdem schöne Frauen aus, geschminkt und für den Anlass festlich gekleidet. Die Aufgabe der Frauen ist es, die Zigaretten der Sportler anzuzünden. Jedes Mal, wenn sie eine Zigarette aus ihren Schachteln ziehen, stürzen die Frauen herbei, häufig drei oder vier gleichzeitig, alle gleich bereitwillig. Auf den Feuerzeugen steht: »Double Happiness«. Getrunken wird Bier und *baijiu*, der Schnaps, der in der Stadt gebrannt wird, und der mich an das Frostschutzmittel von Statoil erinnert.

Fast die Hälfte aller Chinesen über fünfzehn ist Raucher. Zusammen rauchen sie 85 Milliarden Schachteln Zigaretten im Jahr. Diese gemeinsame Anstrengung führt zu immer größeren Gesundheitsschäden. Jedes Jahr stirbt eine Million Chinesen an Krankheiten, die durch das Rauchen hervorgerufen wurden. Das ist schlimm für die Angehörigen, aber die Tabakindustrie kann sich damit trösten, dass jede Million, die stirbt, durch drei Millionen, die neu anfangen, ersetzt wird. In der Zwischenzeit wäscht die Regierung ihre Hände in Unschuld. Der Gesundheitsminister ist sich der betrüblichen Lage natürlich bewusst, aber der Finanzminister hat das Sagen. Er kann anführen, dass die Raucher für zehn Prozent der staatlichen Steuereinnahmen sorgen.

Jetzt gilt es, auch noch die Frauen süchtig zu machen. Nur fünf Prozent der Frauen rauchen, und das sei zu wenig, findet Hong Dazhao, einer der Direktoren der Shanghai Tobacco Corporation. »Aber ich habe großes Vertrauen in sie«, sagt er in einem Fernsehinterview. »Heutzutage verdienen junge Frauen Geld. Sie lernen gerne Neues, beispielsweise Englisch oder sich hübsch zu kleiden. Sie kaufen Kleider, Make-up und Schuhe, und bald werden sie auch begriffen haben, dass Zigaretten einfach dazugehören!«

Leicht rauchvergiftet verlasse ich das Festlokal. In den Straßen tummeln sich die Massen, und in zum Abbruch bestimmten Mietshäusern, die bald in die Luft gesprengt werden, locken Prostituierte mit Schäferstündchen. Mao, Meister der Doppelmoral, verbot das älteste Gewerbe der Welt und schickte Millionen Frauen zur Umerziehung. Aber jetzt sind sie zurückgekehrt, nicht nur in Fuling, sondern im ganzen Land. Wie früher ist Prostitution gesetzlich verboten, aber wer kümmert sich schon um die Gesetze?

In Fuling stehen die Prostituierten an den Fenstern und sprechen in ihre Handys. Vor den Bordellen stehen die Polizisten, die Mützen schief, und tun so, als ob nichts wäre. Der Polizistenberuf in China kann lukrativ sein, nicht aufgrund des Lohnes, sondern weil man von vielen bestochen wird. Im Gegenzug halten die Polizisten den Mund. Gegen Bezahlung hören und sehen sie nichts.

Die Mädchen in den Fenstern kommen aus armen ländlichen Gebieten. Dort hat man für sie keine Verwendung. Es gibt zu viele von ihnen. In der Stadt sind sie leichte Beute. Fuling hat 80 000 Einwohner, keine Großstadt nach chinesischen Maßstäben, aber groß genug, um darin verloren zu gehen.

Jetzt sitzen die Mädchen auf ihren Fensterbänken in feuchten Zimmern, die rosa beleuchtet sind. Und unter uns braust der Jangtse.

Fuling ist eine Stadt der Treppen. Nirgends auf der Welt sind mehr Waden zu sehen als hier. Dünne und dicke, schiefe und gerade –

Tausende. Wenn der Tag vorüber ist, erinnert man sich kaum noch an ein Gesicht, nur noch an Waden. Die Kulis in dieser Stadt werden als *bang bang jun*, das Stangenheer, bezeichnet. Der Name kommt von den Tragstangen, die sie ständig benutzen. Jetzt, Anfang Juni, haben die Kulis alle Kleidungsstücke bis auf ihre kurzen Hosen abgelegt. Betrachtet man sie näher, fällt auf, dass die Treppen jeden einzelnen Körperteil geformt haben, die schiefen Waden, die kugelförmigen Knie, die krummen Rücken, die sehnigen Arme und die harten, zerfurchten Gesichter. Die Tragstangen und die groben Seile, die sie sich um den Hals legen, haben tiefe Furchen hinterlassen. Wenn sie nicht zu tun haben, stehen sie in Gruppen beisammen, wie Geier, die auf ihre Beute warten. Verhandelt man mit einem von ihnen, dann kommt es einem vor, als kämpfte man gegen ein ganzes Regiment.

Ein Kuli kann die schwersten Lasten tragen, hundert Kilo und mehr. Ihre frappierende Technik wurde mehrere Tausend Jahre lang entwickelt und verfeinert. Viele müssen ihren Beruf jedoch früh an den Nagel hängen. Die Anstrengung hinterlässt ihre Spuren – auch in den Lungen. Denn hier wie auch im restlichen Jangtse-Tal ist die Luft voller Kohlenstaub. Der Staub legt sich wie eine schwarze Decke auf alle und alles. Achtzig Prozent der chinesischen Energie wird mit Kohle erzeugt, und leider scheinen die Zechen Chinas unerschöpflich zu sein.

Kohle, Zigaretten, Bier und *baijiu* – langsam begreife ich, warum Peter Hessler seine Konkurrenten beim jährlichen Langstreckenlauf zur Begrüßung des Frühlings abhängte.

»Jetzt werden wir umziehen!«, rufen die Sportler und prosten sich zu. »*Ganbei! Ganbei! Ganbei!*«

Keiner scheint den bevorstehenden Tod Fulings zu betrauern. Vielleicht hat der Rausch die Trauer abgeschwächt.

Wenn der Staudamm fertig ist, dann wird der Wasserstand vor der Mauer um 177 Meter steigen. Aber hier, 500 Kilometer weiter westlich, wird das Wasser nur um 42 Meter steigen. Der Wasserstand des neuen Stausees ist mit roten Steinen an den Berghängen

markiert. Durch Fuling ziehen sich diese roten Steine wie eine ge-
strichelte Linie. In den Straßen ist auf halber Hanghöhe jedes zweite
Gebäude mit einem roten Zeichen versehen, und ganz unten, in der
Nähe der Nähmaschine von Schneider Wu, hat jemand eine Mauer
aus Wellblech mit einem roten Zeichen versehen. Die Zeichen führen weiter zur ersten Etage der sich auf halber Hanghöhe befin-
denden Grundschule, durch eine Zahnarztpraxis und in ein Nudel-
geschäft. Wenn das Wasser kommt, werden 68 000 Einwohner
weichen müssen.

Aber niemand protestiert. In der zum Untergang verurteilten
Stadt, die 2600 Jahre lang existiert hat, gibt es niemanden, der auch
nur die Faust ballen würde. Es gibt keine Wandzeitungen, keine Pro-
testversammlungen und keine Demonstrationszüge.

Warum? Vielleicht weil die Stadt alt, hässlich und keine Verteidigung wert ist. Hier wie in Fengjie wurden den Einwohnern fun-
kelnagelneue Häuser weiter oben am Hang versprochen. Hebe
ich den Blick, dann sehe ich die in den Himmel strebenden Baukräne. Außerdem haben die Chinesen schon Schlimmeres erlebt.
Die lange Geschichte Chinas handelt von Leiden, Naturkatastro-
phen, Kriegen, Überschwemmungen und Tod. Tyrannen haben das
Volk hierhin und dorthin getrieben. Die älteren Einwohner von Fuling können sich sowohl an den Bürgerkrieg als auch an Maos blutige Säuberungen erinnern, an den »Großen Sprung nach vorn« und
an die Kulturrevolution. Das Leben hat sie den Mund halten und gehorchen gelehrt.

»Das Leben macht einen klug«, sagt Wang Yumei. Ein halbes
Jahrhundert lang hat sie ein Maisfeld am Stadtrand von Fuling bestellt. Jetzt muss sie wegziehen. »Protestieren? Ich?«

Wang Yumei ist 72 Jahre alt. Protestieren hat keinen Zweck. Trotzdem ist sie wütend. Die Erde weiter oben ist schlechter als unten
am Fluss. Und wo soll sie Wasser hernehmen? Jeder, der wegen des
Staudammprojekts wegziehen muss, bekommt eine Entschädigung.
Aber die meisten halten die Summe für unzureichend, und viele, die
weggezogen sind, haben noch kein Geld gesehen.

»Korruption!«, sagt sie verächtlich. Ihr Ehemann, ein gebrech-licher Alter, nickt.

Die Regierung in Peking hat in den letzten Jahren Milliarden-summen an die Chefs in den Drei Schluchten überwiesen. Mit diesem Geld sollten die Einwohner für ihre Verluste entschädigt werden. Aber große Summen steckten die Bonzen in ihre eigenen Taschen oder verwendeten sie für teure Restaurantbesuche, neue Autos, Repräsentation, Rundfahrten, Statuen, Denkmäler und zweifel-hafte Prestigeprojekte. Einer der Schurken, Huang Faxiang, steckte 15 Millionen Yuan ein. Damit baute er ein neues Hotel, den Rest ver-spielte er oder gab ihn für Prostituierte aus. Als die Sache vor zwei Jahren ruchbar wurde, nahm man Huang fest, klagte ihn an, verur-teilte ihn und richtete ihn hin. Mindestens 250 andere Bonzen sitzen hinter Schloss und Riegel. Aber die meisten kommen davon.

Am Tag nach dem »Großen Lauf zu Fulings Andenken« sehe ich viele müde Waden auf den Treppen. Einige müssen innehalten und sich ausruhen. Die Männer sind erschöpft. Das unverwüstliche Heer der Stangenträger, das ebenfalls am Fest teilnahm, schläft bis zum Nachmittag. In den Straßen liegen nasse Wimpel, geplatzte Ballons, zerbrochene Bierflaschen und die Überreste des nächtlichen Feuer-werks. Dr. Fengs Akupunkturklinik ist geschlossen. Auf der ande-ren Straßenseite hängen zwei große Spruchbänder: »Wir müssen unaufhörlich daran arbeiten, das Volk umzusiedeln und ein neues Fuling zu schaffen! Größerer Busen dank Computertechnologie!« Vor dem Bordell liegen zwei Polizisten und dösen, die Köpfe auf einen großen Mehlsack gelegt. Am Hang hinter der Schlachterei sehe ich jedoch deutliche Anzeichen von Leben. Eine Gruppe Arbei-ter, vielleicht fünfzehn Mann, geht auf ein Ziegelhaus mit Vorschlag-hämmern los. Fuling stirbt langsam und voller Schmerzen wie ein großes, hilfloses Tier.

In der Gasse hinter der Schlachterei trottet ein herrenloser Hund vorbei. Aus der Tiefe des Tals höre ich eine dumpfe Sirene. Das ist der *Affenkönig*, der aufbegehrt.

But where is private life?
Do they make love in public?
BILL AUS MICHIGAN

Die Kunst, sich in kleinen Zimmern zu lieben

Manche Schriftsteller und andere zartbesaitete Gemüter, die Florenz besuchen, benötigen anschließend einen Psychiater. Sie werden mit der unendlichen Schönheit der Stadt nicht fertig. Nachdem sie tagelang durch die Renaissance gewandert sind, vorbei an Michelangelo, Leonardo da Vinci und den Palästen der Medici, geraten sie in einen Zustand grenzenloser Frustration, aus der ihnen nur fachmännische medizinische Behandlung oder das sofortige Verlassen der Stadt heraushilft. Eine dritte Möglichkeit wäre ein Besuch in Chongqing, einer der größten und hässlichsten Städte der Welt.

Der *Affenkönig* verspricht, mich in vier Stunden dorthin zu bringen. Wieder beginnt es zu regnen und zu stürmen, aber ich bin überzeugt davon, dass der *Affenkönig* Wunder vollbringen kann, denn das tat der Affenkönig im Märchen.

»Einmal vor langer Zeit gab es einen magischen Felsen im Blumengebirge. Plötzlich barst dieser und ein Steinei rollte heraus. Aus diesem Ei schlüpfte der Affenkönig.« So beginnt eines der berühmten Märchen Chinas, das von einem phantasiebegabten Erzähler vor 500 Jahren niedergeschrieben wurde. Der Affenkönig trotzt allen Gefahren. Mithilfe zahlloser Tricks, angefangen von Kung-Fu bis hin zu schwarzer Magie, gelingt es ihm, sich in 72 Lebewesen zu verwandeln. Einige Male tritt er als Baum in Erscheinung, dann wieder als Vogel oder als ein Insekt, das sich in die Eingeweide seines Feindes hineinfrisst. Er begnügt sich aber auch gelegentlich damit, er selbst zu sein – ein überaus lustiger Affe. Mithilfe der Wolken kann er Sprünge von 24 000 Kilometer Länge vollführen, und wo er sich zeigt, fordert er Feudalherren, Könige und Kaiser heraus.

Schließlich reichte es dem Kaiser: »Fangt den Affenkönig!« Das himmlische Heer wurde mobilisiert, und nach viel Gelärm wurde er endlich gefangen genommen. Als der Kaiser ihn hinrichten lassen wollte, verwandelte der Affenkönig seinen Kopf, seinen Hals und seine Schultern in Bronze. Der Kaiser befahl wütend, ihn zu verbrennen. Aber statt zu Asche zu werden, bekam der Affenkönig neue Kräfte, ja sogar neue Kristallaugen, die alles und alle durchschauen konnten. Mit einem lauten Rauschen verschwand er aus dem Krematorium des Kaisers, um weitere Wunder zu vollbringen.

Ich wünschte mir, der Affenkönig hätte mich nach Chongqing begleiten können, denn in dieser Stadt wären wirklich einige Wunder nötig. Lange hatte sie nur sechs Millionen Einwohner, jetzt hat sie dreißig Millionen.

»Wenn man bei Regen in Chongqing anlegt, ist das Leben wirklich trist«, räumt einer der Führer an Bord ein.

Chongqings plötzliches Wachstum erfolgte 1997. Die Regierung in Peking beschloss, große umliegende Gebiete in die Stadt einzugemeinden. Gleichzeitig erhielt sie den Status einer »besonderen Stadtgemeinde«, die direkt der Regierung unterstellt ist. Die Regierung wollte auf dieses Wespennest im Landesinneren einen besseren Zugriff haben. Es entstand eine 82 400 Quadratkilometer große Stadt – das ist ein Viertel der Fläche Norwegens.

Als sich der *Affenkönig* seinem Ziel nähert, hat es zu regnen aufgehört. Die Hänge auf beiden Seiten des Flusses sind steil und grün. Nebel steigt von der warmen Erde auf. Das hier ist fruchtbares Land mit kleinen, von Mauern eingefriedeten Höfen, terrassierten Hängen mit Reis- und Weizenfeldern, dunklen Feigenbäumen und hellgrünem Bambus, Farn und blaugrünen Bohnenfeldern. Eine jähe Linkskurve, und ungeheure grauschwarze Bauten tauchen auf einer großen Landzunge auf.

»Achtet auf den Schleim!«, ruft der Reiseführer durch den Lautsprecher, als wir an Land gehen.

»Schleim?«

»Auf den Treppen! Chongqing ist eine schleimige Stadt!«

Vom Kai führen Stufen und eine Rampe ins Zentrum der Stadt, wo gewaltige Wolkenkratzer in den Himmel aufragen. Eine beharrliche Frau verfolgt mich die Treppen hinauf. Sie verkauft Toilettenpapier, Tigerbalsam, Taschenmesser, Zahnstocher und Wattestäbchen. Ein Blinder sitzt mitten im Schleim auf der Treppe und spielt auf seiner *erhu*, einer zweisaitigen Geige. Auf dem ersten Treppenabsatz steht ein Greis und grillt Esskastanien.

Mit jedem Treppenabsatz, jeder Gasse wird Chongqing moderner und wohlhabender, und auf dem Gipfel des Berges liegt das neue Zentrum der Stadt, eine sternförmige Fußgängerzone, deren Mitte eine große Statue, umgeben von einem Brunnen und Blumen, bildet. Kein Vergleich zu den zahllosen Treppen und verwinkelten Gassen der Altstadt flussaufwärts. Aber trotz allem schön.

Bill aus Michigan wohnt im selben Hotel wie ich. Nur eine dünne Bambuswand trennt unser Schnarchen. Am Frühstückstisch stellt er folgende Frage: Wie gelingt es den Chinesen, nicht zuletzt den Einwohnern von Chongqing, sich derart zu vermehren?

»Jetzt bin ich seit vier Wochen in China. Ich habe eine Stadt nach der anderen besucht, und wo ich hinkomme, starre ich in schwarze, überfüllte Löcher. Wie soll man sich unter diesen Umständen lieben?«

»Das schaffen die schon.«

»But where is private life? Do they make love in public?«

Bill spricht so laut, dass sich alle umdrehen.

Die nächste halbe Stunde verbringen Bill und ich damit, eines der Rätsel des Lebens zu lösen: Wie man in kleinen, dunklen Zimmern, umgeben von Kindern, Tanten, Onkeln, Großeltern, Cousinen und Schwägerinnen, Sex hat. Vor gut 2000 Jahren wurden in China die ersten Lehrbücher über Sex verfasst. In »Die Kunst des Schlafzimmers« schreibt der Taoist Dong Xuan Tzu, dass der Beischlaf die »erlesenste aller menschlichen Aktivitäten« sei. Anschließend beschreibt er dreißig verschiedene Stellungen wie die liebeskranke

Katze; den Fisch, der seine Kiemen zeigt; das Einhorn, das sein Horn zeigt; die Seidenschlangen, die sich verschlingen und den Drachen, der seinen Schwanz schwingt. Die Lehrbücher der damaligen Zeit waren jedoch für die Oberklasse geschrieben, für Chinesen, die in Luxus zwischen Pavillons, Karpfenteichen und anmutigen Weidenbäumen lebten. China hatte nur fünfzig bis hundert Millionen Einwohner, es gab genug Platz.

Und jetzt?

Im neuen Jahrtausend hat der Durchschnittseinwohner von Chongqing nur 4,4 Quadratmeter Wohnfläche. Viele müssen abwechselnd schlafen, und der Geschlechtsakt verkommt zu »Fast Food«, um einen Ausdruck von Sheryl Wudunn zu verwenden, einer chinesischen Autorin, die in den USA lebt. Der Wohnraummangel in China lässt nicht genug Raum für die dreißig verschiedenen Stellungen der »Kunst des Schlafzimmers«, und es gibt Untersuchungen, die zeigen, dass sechs von zehn Chinesen nie nackt Sex haben. Auf dem Land dauert das Vorspiel nur eine Minute, und das chinesische Wort für Vorspiel, *qianxi*, ist den meisten unbekannt. Der Ausdruck für Orgasmus, *xing gaochao*, ist den meisten ebenfalls fremd, nicht zuletzt den Frauen. Es fällt den Wissenschaftlern daher schwer, sich ein Bild der chinesischen Sexualität zu machen. Immerhin verrät ein Drittel der Frauen in den Städten, dass sie ab und zu ein »gutes Gefühl« beim Beischlaf habe.

Die Hälfte der chinesischen Eltern schläft mit ihren Kindern in einem Zimmer, und Sheryl Wudunn weist darauf hin, dass das Wort »privat« in der chinesischen Sprache nicht existiert. Wenn man ein Wörterbuch aufschlägt, stößt man auf das Wort *yinsi*. Aber dieser und andere Ausdrücke meinen etwas anderes. *Yinsi* bezieht sich auf etwas, was geheim gehalten wird, und die meisten Worte, die etwas mit »privat« zu tun haben könnten, sind negativ besetzt. Auch »Individualismus« klingt in den Ohren der Chinesen negativ und wird gerne mit »Egoismus« gleichgestellt.

»Please tell me, how do they make love?«

Bill betont jedes Wort und knallt seine Faust auf den Tisch.

Schwer zu sagen. Aber ich erinnere mich an einen Chinesen, dem ich vor einigen Jahren in Genf begegnete. Er kam aus Shanghai und arbeitete für die Weltgesundheitsorganisation. Das Haus, in dem er wohnte, lag in einem grünen Garten mit Aussicht auf den spiegelblanken Genfer See. Weiter hinten ragten die Alpen auf. Die Stille war wohltuend, und während uns die Rosen zunickten, machten wir es uns in Liegestühlen bequem. Er schenkte mir einen halbtrockenen Weißwein ein, der Sommerabend kam mir perfekt vor.

»Sie sind ein glücklicher Mann«, sagte ich. »Das erleben zu dürfen, Schönheit und Stille gleichzeitig.«

»Glücklich? Ich? Wie sehr mir doch Shanghai fehlt!«

In den nächsten Minuten lauschte ich seinem intensiven Monolog über die Vorzüge der Großstadt, über ihre Geräusche, Gerüche, ihre Menschen und ihre Gemeinschaft, über die Freude, dem unentwegten Zank der Nachbarn lauschen zu können, über den Schwatz an der Wasserpumpe, über die Hammerschläge des Schmieds, über den Wohlgeruch von Herrn Wangs Straßenküche und über den ewigen, disharmonischen Lärm der Straße.

»Ich hasse *gudu*«, sagte er und starrte verloren auf das grüne Gras. »In diesem Garten fühle ich mich wie ein Eremit.«

Gudu bedeutet Einsamkeit. Mehrere Hundert Millionen Chinesen fürchten die Einsamkeit, die Stille und die Ruhe mehr als alles andere, weil sie mit dem Gegenteil aufgewachsen sind.

Doch, aus Lärm entstehen Kinder, und beengte Wohnverhältnisse stellen kein Hindernis dar. Zu Beginn unserer Zeitrechnung hatte China vermutlich 59 Millionen Einwohner, etwa ebenso viele wie das ganze Römische Reich zur selben Zeit. In den nächsten Jahrhunderten wuchs die Bevölkerungszahl stetig an. Im Jahre 1741 gab der Kaiser bekannt, das Reich habe 142 Millionen Einwohner. Aber dann kam die große Explosion. Im Laufe der nächsten 110 Jahre verdreifachte sich die Bevölkerung auf 432 Millionen Einwohner! Das plötzliche Menschengewimmel führte zu erbitterten Kämpfen um Grund und Boden, zu ständigen Bauernaufständen und zur allmählichen Schwächung des Kaisertums. Schließlich ging das Kaisertum 1911 unter, und China wurde eine Republik.

Trotz der beengten Wohnverhältnisse produzierten die Chinesen weiterhin Kinder. Bei der Volkszählung im Jahr 1953 hatte das Land 576 Millionen Einwohner. Die vorläufig letzte Volkszählung fand im Herbst 2000 statt. Die Zähler erfassten 1265 Millionen, nicht eingerechnet Taiwan, Hongkong und Macau. Andernfalls hätte sich die Zahl auf 1,3 Milliarden belaufen.

China ist zwar ein großes Land, aber man darf nicht vergessen, dass der größte Teil unbewohnbar ist. Im Westen liegen Wüstengebiete, die so groß sind wie halb Europa. Sie sind kaum für menschliches Leben geeignet. Der größte Teil Tibets besteht aus unfruchtbarem Gebirge. Fliegt man über China hinweg, dann erstrecken sich die Gebirge bis zum Horizont. Der größte Teil der Bewohner drängt sich in den flachen östlichen Provinzen, an den Flüssen und in den Großstädten an der Küste. Sichuan stellt allerdings eine wichtige Ausnahme dar. Diese Provinz liegt wie eine fruchtbare Schale in Chinas Mitte, überall umgeben von hohen Bergen. Mitten in dieser Schale auf den feuchtesten Ebenen kann zweimal im Jahr Reis geerntet werden.

»Alles, was lebt, wächst schneller in Sichuan«, sagen die Sichuanesen.

Kein Wunder, dass dort auch besonders viele Kinder geboren werden. Bevor Chongqing 1997 von Sichuan getrennt wurde, hatte die Provinz 125 Millionen Einwohner, mehr als jedes Land in Europa, Russland einmal ausgenommen.

Vor hundert Jahren war Chongqing noch ein Dorf. Damals gab es genug Platz. Die Häuser wurden dort gebaut, wo sich Jialing und Jangtse vereinigten, eine nasse, wirbelnde Umarmung. Die Mauer, welche die grauen, schmutzigen Gebäude umgab, hatte neun Tore. Acht zum Fluss, das neunte, das Tor ins Unbekannte, führte in die Reisfelder, die Täler und ins Gebirge. Das Leben im Dorf verlief gleichförmig, es geschah nur wenig.

Aber dann kamen 1937 die Japaner.

Die Regierung der Nationalisten flüchtete, angeführt von Präsident Chiang Kai-shek, ins Landesinnere – nach Chongqing. Plötzlich wurde die Stadt auf dem Felsen die Hauptstadt Chinas. Tausende ergossen sich in den Ort, Politiker, Generäle, Gutsherren, Bankiers, Funktionäre und andere mit ihren Familien im Schlepptau, Urgroßeltern, Großeltern, Tanten, Onkel, Schwägerinnen, Konkubinen, Gouvernanten, Haushaltshilfen und Kinder. Die Stadt wurde, wie Annalee Jacoby und Theodore H. White in »Thunder Out of China« schreiben, »ein vorläufiger Lagerplatz ... eine Episode ... hier fanden sich Hunderttausende zusammen, die an Chinas Größe glaubten und die den leidenschaftlichen Willen teilten, das Land gegen die Japaner zu verteidigen. Große und kleine Männer, edle und korrupte, hier kamen sie eine kurze Zeit lang zusammen.«

Im Mai 1939 war der Ort auf 200 000 Einwohner angewachsen, später wurden daraus zwei und drei Millionen. Die Stadt war dabei, aus allen Nähten zu platzen.

Dann kamen die japanischen Bomber. Der schützende Schleier des Winternebels hatte sich gehoben. Die Japaner waren sich sicher, den chinesischen Widerstand gebrochen zu haben. Jetzt mussten sie nur noch die Regierung zusammenbomben. »Die Bomber kamen von Norden aus der Dunkelheit. Eine unerbittliche, ungebrochene Linie von Flugzeugen, Flügelspitze an Flügelspitze, die kaltblütig ihr Zeichen in das Herz der alten Stadt schlug.«

Die Flugzeuge kamen aus einem neuen Zeitalter. Die Menschen flüchteten in alle Richtungen. Es gab viele, die nicht wussten, was über ihren Köpfen eigentlich vorging.

Die Brandbomben verursachten große und kleine Brände. Die Flammen fraßen sich durch die Slums, sie knisterten in Balken und Bambus, und die Menschen jammerten und schrien. In engen Gassen und Seitenstraßen verbrannten Tausende Männer und Frauen. Die Überlebenden gruben Stollen in den großen Felsen, einige waren zwei Kilometer lang. Sprengungen für Schutzräume waren zeitweilig der wichtigste Wirtschaftszweig der Stadt. Den ganzen Winter lang sangen die Grubenarbeiter, während sie ihre Hämmer im Takt auf die Felswände sausen ließen. Das Dröhnen der Explosionen begleitete den übrigen Lärm der Stadt. Als die Grubenarbeiter fertig waren, besaßen die verängstigten Massen endlich einen sicheren Zufluchtsort.

Zum ersten Mal versammelte sich »ganz China« in einem Berg. Hunderte von Dialekten begegneten einander im Dunkeln, und oft war das Miteinander schwierig. Für einen übergewichtigen Bankier aus Shanghai war es vermutlich nicht so leicht, neben seinen einfachen Mitbürgern zu sitzen.

»Die Flüchtlinge von der Küste glichen fremden Vögeln«, schreiben Jacoby und White. »Auf ihrer Flucht waren sie mit jeder Etappe den Urquellen ihres eigenen Landes näher gekommen. Als sie Chongqing erreichten, befanden sie sich wieder in der Feudalzeit. Früher hatten die Eltern ihre Kinder in vergleichsweise gute Schulen an der Küste geschickt. Jetzt wurden sie in überfüllten Kaninchenställen unterrichtet. Die Kinder wuchsen heran und lernten den verwaschenen Sichuan-Dialekt, der ihren Eltern in den Ohren schmerzte. In Chongqing begegneten sich alle Dialekte und vermischten sich zu einem Sammelsurium aus Schnarren, Nasallauten und Kläffen.«

Die Jahre vergingen. Jahreszeiten und Wetter bestimmten die Pläne für den Tag. Hatte man weiter weg zu tun, wählte man lieber einen Tag, an dem es bedeckt war. War der Himmel blau, dann standen die Menschen früh auf, um rasch möglichst viel zu erledigen. 1939 griffen die Japaner in der Regel nachts an, ab 1940 kamen sie Tag und Nacht. Immer mehr Einwohner mussten in den stinkenden Stollen unter widrigen Verhältnissen Schutz suchen. Alle waren durstig und hungrig, alle litten an Schlafmangel, alle waren ungewaschen. Es gab kein fließendes Wasser und keinen Strom.

Kulis mit gekrümmten Rücken rannten zwischen Fluss und Stadt mit Wassereimern, die an Tragestangen hingen, hin und her. Die Gassen waren eng und steil, wie mit dem Messer geritzt, und voller Schatten. Oft rutschten die Kulis auf den glatten Treppen aus und verschütteten ihre Eimer. Dann mussten sie wieder umkehren. Im besten Hotel der Stadt bekam man zum Waschen nur eine Schüssel braunes Schmutzwasser. Die Leute trugen ihre Kleider wochenlang, aber niemand klagte. Alles für China.

Natürlich wurden sie krank. Stinkender Müll lag in den Rinnsteinen. In den schmutzigen Pfützen vermehrten sich die Mücken, und Krankheiten breiteten sich aus, Malaria, Ruhr, Cholera, Ausschläge und alle möglichen Parasiten. Kleinste Wunden entzündeten sich und verheilten nicht. Die widerlichen Ratten wurden immer fetter, und es hieß, einige von ihnen würden sogar wehrlose, schlafende Säuglinge in ihren Wiegen töten. Trotzdem hielt die Festung Chongqing stand. Auf der Spitze des Felsens, Tag und Nacht, bei jedem Wetter, wehte die rot-weiß-blaue Flagge der Republik China.

»Die Chinesen waren zunehmend stolz auf sich«, schreiben Jacoby und White, »und sie hatten allen Grund dazu.«

Es gelang den Japanern nicht, Chongqing zu erobern. Jeder neue Angriff wurde zurückgeschlagen, aber der Stolz der Bewohner wich im Laufe der Jahre der Enttäuschung und dem Zynismus. Die Männer der Regierung wurden immer korrupter. Die Gesellschaft geriet aus den Fugen, und als sich der Krieg seinem Ende näherte, verachteten die Chinesen ihre eigenen Herren fast ebenso sehr, wie sie die Japaner hassten.

Am 15. August 1945 kapitulierten die Japaner. Jacoby und White berichten von den ersten Tagen nach der Kapitulation. Es war Vollmond, und die Welt war gelb und schön. Die müden, aber glücklichen Bewohner Chongqings versammelten sich auf einem Höhenrücken vor der Stadt mit weiter Aussicht auf den Jangtse und den Jialing. »Dort oben saßen schweigende Menschengruppen und schauten über das mondbeschienene Tal. Sie wollten einem Krieg, einer Stadt und einem Lebensabschnitt Lebewohl sagen.«

Und nun?

Als der Krieg vorüber war, träumten die Chinesen von einem dauerhaften Frieden. Acht Jahre lang hatten Nationalisten und Kommunisten gegen einen gemeinsamen Feind gekämpft. Von seinem Guerillastützpunkt in Yanan im Nordwesten des Landes flog Mao nach Chongqing, um mit Chiang Kai-shek über eine Koalitionsregierung zu verhandeln. Das Treffen war kühl, und Mao flog unverrichteter Dinge zurück. Der Bürgerkrieg in den folgenden vier Jahren endete mit einem vollständigen Sieg der Kommunisten. Die Korruption, die schon den Einwohnern in Chongqing Angst gemacht hatte, verbreitete sich rasend schnell. Es gab eine galoppierende Inflation. Für winzige Einkäufe waren ganze Geldbündel nötig. Alles kam zum Stillstand.

Für Chiang Kai-shek gab es nur einen Ausweg – die Flucht. Über das Meer nach Taiwan. Dort auf der grünen Insel im Chinesischen Meer gelang es ihm, mit amerikanischer Hilfe Fuß zu fassen. China wurde zweigeteilt, und diese Teilung dauert an. Taiwan mit nur 23 Millionen Einwohnern weigerte sich, sich der Übermacht zu beugen. »Keine Wiedervereinigung, bevor China demokratisch wird!«, betont Taiwan immer wieder.

Auch ich werde flüchten, aber nicht nach Taiwan. Ich bin den halben Vormittag auf meiner Sichuan-Karte herumgekrochen, und tief im Inland am Fuß eines Berges sehe ich einen roten Punkt.

Bald werde ich Marx treffen

Die Frau neben mir will wissen, wohin ich reise.

»Nach Baifang, in das Dorf, in dem Deng Xiaoping geboren wurde.«

Mein Reiseziel beeindruckt niemanden, aber die Mutter der Frau denkt eine Weile über meine Antwort nach. Schließlich sagt sie: »Deng ist jetzt im Himmel. Ich hoffe, Gott umsorgt ihn.«

Ja, vielleicht ist er im Himmel. Oder bei Karl Marx? In seinen alten Tagen pflegte der Vorsitzende Mao zu sagen, dass er bald Marx treffen würde. Das tat Deng ebenfalls. »Bald werde ich Marx treffen«, sagte er an einem Januartag 1997 zu seinen Töchtern. Und wahrhaftig, einige Monate später war es so weit. Der Abschied war tränenreich, aber im Unterschied zum einbalsamierten Mao wurde Deng kremiert und kam in eine Urne. Ich frage mich, wie es ihnen bei Karl Marx geht. Wie sie ihre Zeit dort oben, dort unten oder wo auch immer zubringen. Lesen sie »Das Kapital« und »Das kommunistische Manifest«? Was essen sie, was singen sie, einmal abgesehen von der Internationalen? Reden Mao und Deng an ihrem Kommunistenstammtisch überhaupt miteinander?

Der Punkt auf der Landkarte heißt Baifang. Der Mann, der China Beine machte, ruht in seinem Grab. Ob ich wohl das Haus finde, in dem er zur Welt kam? Einen Nachkommen, jemanden, der mir etwas erzählen will?

Jetzt bin ich seit 42 Tagen unterwegs. Im tibetischen Hochland liegt die Quelle des Jangtse, aber jetzt komme ich vom Weg ab. Die Reise ins Innere Sichuans wird mich etliche Tage kosten, aber was macht das schon? »Viele Menschen striegeln ihr Leben, wie sie ein Pferd striegeln, aber macht sie das glücklicher?«, fragt mein literarischer Reisebegleiter Lin Yutang. »Nein und abermals nein! Ich kann mir nichts Langweiligeres vorstellen als gestriegelte Menschen voller unverrückbarer Pläne und Abmachungen bis in alle Ewigkeiten. Eigentlich sind diese Vorhaben belanglos. Lebt jetzt! Lasst eure Launen bestimmen und nicht eure Pläne!«

Also los. Der schrottreife Bus ist bis zum Rand mit müden, verschwitzten Menschen gefüllt. Wir verlassen die größte und hässlichste Stadt der Welt und kommen in eine hügelige Landschaft mit grünen Terrassenfeldern. Die Reisfelder funkeln wie zerbrochene Spiegel. In den Äckern stehen die Bauern gekrümmt wie Eisenhaken.

Noch ein halbes Jahrhundert nach Maos Revolution gibt es in der chinesischen Landwirtschaft kaum Maschinen. An Ehrgeiz hat es in dieser Beziehung jedoch nicht gefehlt. Kaum war die rote Fahne in Peking gehisst, begannen die staatlichen Druckereien Propagandaplakate zu drucken, Bilder von Traktoren und Mähdreschern, die von rotwangigen, drallen Bauern gesteuert wurden. Aber 1974, als ich zum ersten Mal China besuchte, gab es fast überhaupt keine Maschinen. Im Jahr darauf beschloss die Regierung, die Mechanisierung der Landwirtschaft bis 1980 abgeschlossen zu haben, eine Fata Morgana. Warum sollte es überhaupt so schnell gehen? Wenn es von etwas in China genug gibt, dann sind das Arbeitskräfte. Mechanisierung hätte für mehrere Hundert Millionen Bauern die Arbeitslosigkeit bedeutet. Hier, wie auf vielen anderen Gebieten, waren die Chinesen gut beraten, es nicht eilig zu haben.

Heute besteht China aus Millionen winziger Bauernhöfe. Die Zeit der Volkskommunen ist vorbei. Die neuen Güter unter Parteiregie sind selten größer als ein Hektar. Da lohnt sich die Mechanisierung nicht. Statt sich einen Traktor zu kaufen, bauen sich die Bauern neue Häuser. Nie habe ich so viele Häuslebauer gesehen wie in Sichuan. Die alten, zugigen Häuser aus Lehm und Feldstein werden durch Ziegel- und Zementhäuser ersetzt, es wird verputzt, gestrichen, und kein Bau ist fertig, bevor nicht Fernsehantenne und manchmal auch Satellitenschüssel an der Wand angebracht sind.

Aus dem Morgen wird Vormittag, und der Bus verwandelt sich in eine Sauna. Die Fahrgäste werden mit geschlossenen Augen durchgeschüttelt. Ihre Münder sind halb geöffnet, als hätte sie jemand mit einem Keulenschlag auf den Kopf in Bewusstlosigkeit versetzt. Andere trinken unentwegt Wasser. Hinter dem Fahrer befindet sich der Tank, und ständig ist jemand dorthin unterwegs.

Als Mao 1976 starb, nahm Deng das mühsame Unterfangen in Angriff, alles niederzureißen, was Mao aufgebaut hatte. Weg mit den Volkskommunen, Ja zur privaten Landwirtschaft! Weg mit der Mao-Verehrung, Nein zu Massenbewegungen. Weg mit der alten Gleichmacherei, Ja zu Konkurrenz! Weg mit leeren ideologischen Phrasen, Ja zu Tatkraft und harter Arbeit! Die Umstellung erfolgte allmählich und durchaus nicht kampflos. Aber Deng setzte seinen Willen durch. Nichts ist unmöglich, auch wenn man nur 148 Zentimeter groß ist.

Er fing mit den Bauern an. Mao hatte sämtliche chinesischen Bauern in Volkskommunen gepfercht. Das Land war Gemeinschaftsbesitz und wurde gemeinschaftlich bestellt. Keine privaten Beete, keine privaten Hühner. Die Bauern hassten die Volkskommune jedoch. Das wusste Deng. Die landwirtschaftliche Produktion hatte lange stagniert. Gleichzeitig wuchs die Bevölkerung um achtzehn Millionen Menschen jährlich. So konnte es nicht weitergehen.

Deng verteilte das Land wieder an die Bauern, ein kühner, historischer Beschluss. Der Besitz für jeden Einzelnen war nicht groß, aber die Bauern jubelten und spuckten in die Hände. Die Produktion schlug alle Rekorde, und 1984 konnte China zum ersten Mal einen Überschuss exportieren. Wohlgenährte Männer und Frauen waren plötzlich in den Dörfern zu sehen – das hatte es früher nicht gegeben. Einige der Bauern verdienten bis zu 10 000 Yuan im Jahr und waren bald die neuen Helden des Landes. Sie wurden in allen Zeitungen gefeiert. Aber Mitte der 8oer-Jahre war das Wunder plötzlich zu Ende. Die Erde war ausgelaugt, wie sehr sich die Bauern auch abrackern mochten. Außerdem ließ sich der Boden kein zweites Mal verteilen.

Die Bauern begannen zu murren. Murren sie immer noch?

Nach zwölf Stunden und dreimaligem Umsteigen fährt der Bus auf den Marktplatz von Baifang, der von Souvenirläden gesäumt wird. Es ist dunkel, aber im Schein kleiner Laternen arbeiten die Köche auf Hochdruck. Sichuanesisches Essen – gibt es etwas Schärferes auf der Welt? Die Gerüche aus den Töpfen stellen eine Kriegserklärung dar, und die Rufe der Köche klingen wie scharfe Schüsse.

»Mala doufu! Gulao rou! Xiangsu ji! Suantang yu! Gongbao jiding! Qingjiao niurou pian!«

Häufig ist von der chinesischen Küche die Rede, als gäbe es in diesem bevölkerungsreichsten Land der Erde nur eine. In China gibt es Hunderte, wenn nicht gar Tausende. In der Literatur werden die vier Hauptküchen erwähnt: die nördliche, die östliche, die kantonesische und die sichuanesische. Jede von ihnen lässt sich noch zahllose Male unterteilen.

In Sichuan müssen sich sämtliche Gaumen, selbst die der Kinder, an die scharfen Chilischoten gewöhnen. Aber Pfeffer, Essig, Ingwer und Knoblauch sind auch nicht ohne. Im Grunde genommen ist die sichuanesische Küche mit der indischen verwandt. Vor über tausend Jahren kamen zähe buddhistische Mönche von Indien über das Gebirge nach Sichuan. Sie wollten die neue Lehre verbreiten. In ihren Kiepen führten sie seltsame Pflanzen mit sich, die alle in der fruchtbaren Erde Sichuans Wurzeln schlugen. Aus Thailand und Burma kamen kleine Leute in farbenfrohen Volkstrachten. Sie bahnten sich durch den Urwald des Goldenen Dreiecks einen Weg und trotzten den wilden Tieren und der Malaria. In ihren Bambuskörben lagen verschiedene Zwiebeln, Paprika und vieles andere Essbare. So wurde die sichuanesische Küche ein großer, brodelnder Topf mit allem Guten, was aufzutreiben war.

»Lazi rouding! Juzi ri! Ran mian! Mayi shangshu! Guaiwei rousi! Hongshao yu!«

Eine neue verbale Salve aus den Küchen. Auf dem kleinen Platz wimmelt es von Menschen, und alle haben fürchterlichen Hunger. Ehe ich noch etwas sagen kann, steht das Abendessen schon vor mir, eine rote, gallertartige Masse mit Bambussprossen und etwas, was an scharfe Katzenkrallen erinnert.

In dieser Nacht schlafe ich schlecht. Chili und Knoblauch machen mir zu schaffen. Als die erste schwache Dämmerung anbricht, muss ich einen halben Eimer Wasser trinken. Vom Fenster aus sehe ich ein schönes, bogenförmiges Dach. Unter diesem Dach kam Deng Xiaoping am 22. August 1904 zur Welt.

»Kommen Sie mit«, sagt der Mann mit dem Schlüsselbund.

Eigentlich ist das Geburtshaus Dengs heute geschlossen, es ist Sonntag. Aber da ich seit langer Zeit der erste Ausländer bin, der in Baifang aufgetaucht ist, macht er eine Ausnahme. Das Haus wird von einer halbhohen Mauer umrahmt, und die Tür geht mit einem lauten Quietschen auf.

»Baifang liegt etwas abgelegen. Das ist Ihnen sicher aufgefallen, als Sie gestern Abend eingetroffen sind. Warum sind Sie übrigens hier? Es gibt eigentlich nichts zu sehen, das kann ich Ihnen gleich sagen.«

Bis 1987 wohnten Dengs Verwandte, zwischen zwanzig und dreißig Personen, hinter diesen Mauern. Aber dann war Schluss. Die Behörden wollten das Geburtshaus in ein Museum umwandeln. Die Verwandten wollten nicht weichen. Dengs hitziger Onkel protestierte wild. Er schickte unzählige Bittbriefe an Deng in Peking, aber erhielt nie eine Antwort. Schließlich mussten alle das Haus verlassen, und jetzt steht es hier, das Museum, fast ohne Möbel und andere Einrichtungsgegenstände. Das Mahagonibett, in dem Deng geboren wurde, durfte jedoch bleiben. Es duftet gut, und die Bettwäsche mit den aus Seidenfäden gestickten Schwänen wirkt erstaunlich frisch gewaschen.

»Wie viele Besucher kommen denn so am Tag?«

»Fast keine! Ab und zu kommt mal ein Bus.«

Vor einigen Jahren besuchte ich den Geburtsort des Vorsitzenden

Mao, Shaoshan in der Provinz Hunan. Jeden Tag kamen 10 000 Menschen in das kleine Dorf. Polizei und Wachleute lotsten uns durch den Ort. Der Hof vor dem Geburtshaus des Vorsitzenden glich einem Ameisenhaufen. Im Souvenirladen einen Steinwurf weit entfernt knieten abgearbeitete Bauern vor einer großen Statue des großen Sohnes des Dorfes. In Baifang gibt es jedoch keine Statuen und folglich niemanden, der kniet. Dengs Geburtshaus wirkt auffallend spartanisch, obwohl der Junge Gutsbesitzersohn war und immer genug zu essen hatte.

»Deng wollte das so«, sagt mein Führer. »Er hasste den Personenkult und wollte nicht, dass um ihn so ein Tamtam gemacht wird.«

Das alte Gutsbesitzerhaus besteht aus einem Hauptgebäude mit zwei Seitenflügeln, insgesamt vierzehn Zimmer. Hie und da steht ein Stuhl oder ein Kochgefäß, an der Wand hängt ein schmutziger Bambushut. Der Kamin ist schwarz, und es brennt kein Feuer. In der Ecke liegen Brennholz und eine Feuerzange. In einem der Seitenflügel gibt es eine Fotoausstellung über Dengs politisches Leben. Deng begrüßt Jimmy Carter, Margaret Thatcher, Chris Patten, Helmut Kohl, François Mitterand und viele andere. Aber der Ton ist nüchtern, kein Überschwang, kein übergroßes Lob. Sein ganzes Leben arbeitete Deng im Schatten Maos. Er hatte genug Zeit, der Mao-Verehrung gründlich überdrüssig zu werden. Als er selbst an die Macht kam, verbot er jede Äußerung im Stil von »Der große Führer Deng Xiaoping«. Er schickte Briefe an seine Verwandten in Baifang und bat sie, einfach zu leben. »Verschafft euch nie Vorteile mithilfe meines Namens! Seid ehrlich und bescheiden!«

Deng kam sieben Jahre vor Ende des Kaisertums zur Welt. China war arm und gespalten. In Sichuan zogen Räuberbanden von Ort zu Ort. In Baifang war Dengs Vater, Deng Wenming, der starke Mann. Dem Gutsbesitzer gehörten zwölf Hektar Boden, in dieser Gegend war das ein großer Hof. Er leitete auch die Miliz des Dorfes, und jedes Mal, wenn etwas Wichtiges entschieden werden sollte, hatte Deng senior das letzte Wort. Seine Frau kam jedoch aus ganz kleinen Verhältnissen, und wie viele Frauen dieser Zeit besaß sie nicht

einmal einen Vornamen. Die Eltern fanden das nicht wichtig, schließlich war sie ein Mädchen. Deswegen hieß sie Deng Danshi – verheiratet mit Deng, aus der Familie Dan stammend.

»Der kleine Deng war ein glückliches Kind«, erzählt der Führer.
»Seine Spielgefährten sind alle tot. Aber sie haben erzählt, dass Deng
Xiaoping sehr gut Rad und Purzelbäume schlagen und auf Bäume
klettern konnte.«

»Konnten sie sich noch an mehr erinnern?«

»Tja ... doch! Einer erzählte, Deng habe im Alter von acht Jahren
mal ordentlich Dresche von seinem Vater bekommen.«

»Warum?«

»Deng und sein Freund waren auf dem Heimweg von der Schule.
Plötzlich begann sein Freund zu weinen. Schluchzend erzählte er,
seine Schwester habe hohes Fieber und müsse vielleicht sterben. Sie
habe schon seit Tagen nichts mehr gegessen, seine Familie sei arm
und habe kein Geld. Deng stahl seinem Vater daraufhin fünf Silberdollar und gab sie seinem Freund am nächsten Tag. ›Kauf deiner
Schwester Reis und Medizin!‹ Für fünf Silberdollar konnte man
ebenso viele Säcke Reis kaufen. Ein paar Tage später war das Mädchen wieder gesund. Als Dengs Vater entdeckte, dass ihm fünf Silberdollar fehlten, befahl er seinen Dienern, sich in einer Reihe auf-
zustellen. ›Wer mir von euch fünf Silberdollar gestohlen hat, der tritt
vor!‹ Aber niemand trat vor, nur der kleine Deng! ›Hier habt Ihr einen
Stock‹, sagte der Junge, ›schlagt mich, wenn Ihr wollt!‹ Und sein
Vater schlug ihn blutig.«

»Meine Güte!«

»Der kleine Deng ertrug die Schläge jedoch wie ein Mann. Er
stand aufrecht und vergoss keine Träne.«

»Unglaublich. Wissen Sie noch mehr?«

»Eigentlich nicht. Er zog früh von zu Hause aus. Sein Vater wollte,
dass er studiert und ein kluger Mann wird.«

An einem Wintertag 1918 im Alter von nur vierzehn Jahren winkte
der Junge seinen Eltern zum Abschied zu. Er würde nie mehr zurückkehren. Er fuhr nach Chengdu, der Hauptstadt von Sichuan.

Drei Jahre später qualifizierte er sich für Studien in Frankreich, und 1920 stiegen Deng und 85 weitere Studenten im Hafen von Shanghai an Bord eines Dampfers. »Wir fühlten, dass China schwach und der Westen stark war. Deswegen wollten wir lernen«, sagte er viele Jahre später. Nach sechs Wochen auf See legte der Dampfer am Kai von Marseille an, wo die Arbeiter gerade streikten. Die Wogen der russischen Revolution hatten Frankreich erreicht. Rote Fahnen wehten überall. Die Neuankömmlinge aus China ließen sich sofort anstecken, und bald arbeitete Deng Vollzeit als revolutionärer Aktivist. Die Chinesen müssten es machen wie die Russen, fand Deng, sie müssten sich auflehnen und eine neue Gesellschaft schaffen!

Um Geld zu verdienen und das Proletariat kennenzulernen, begann Deng in der Renault-Fabrik bei Paris zu arbeiten. Dort blieb er jedoch nur kurz, und das Zeugnis, das ihm ausgestellt wurde, war nicht sonderlich schmeichelhaft: »Weigert sich, Anweisungen zu befolgen. Unwillig zu arbeiten.« Von Paris reiste Deng nach Moskau, um revolutionäre Theorie zu studieren. Im Jahre 1927 war er zurück in China, roter als je zuvor.

Bald befand er sich zusammen mit Mao in den Bergen. Eine neue Lebensphase, die von blutigen Schlachten, Geheimniskrämerei und ständigen Ortswechseln geprägt wurde. In dieser Zeit starben seine Eltern.

»Deng kehrte nie mehr nach Baifang zurück, auch nicht nach der Befreiung«, erzählt der Führer.

»Warum nicht?«

»Er war zu beschäftigt. Aber vor seinem Tod schickte er seine Töchter hierher, damit sie sich um die Gräber seiner Eltern kümmerten. Sie legten Blumen nieder und entzündeten Räucherstäbchen. Sie beteten sogar zu Gott.«

Dengs Mutter starb 1927, sein Vater 1941. Der alte Deng wurde abends im Schutz der Dunkelheit auf dem Weg nach Hause von Unbekannten erschlagen, aber in Baifang will niemand Einzelheiten erzählen. Als Gutsbesitzer hatte er sicher Feinde, aber heutzutage gehört es nicht zum guten Ton, in der Vergangenheit der Familie

Deng zu graben. Das Wichtige ist, dass Deng Xiaoping ein bedeutender Mann wurde.

»Deng und nicht Mao hat uns Boden und Wohlstand gegeben«, sagt Zhang Sailu, einer der Bauern. »Mao hat uns den Boden weggenommen, aber Deng hat ihn uns zurückgegeben.«

»Das stimmt«, sagt mein Führer trocken. »Die Bauern werden sich an Deng als ihren großen Befreier erinnern.«

Die Bauern in Baifang und im übrigen China jubelten laut, als die Volkskommunen aufgelöst wurden. An einem Frühlingstag 1982 standen sie vor dem Versammlungshaus des Dorfes an. Die Führer des Dorfes teilten an alle Bodenzertifikate aus. Der Boden würde staatlicher Besitz bleiben, aber die Bauern sollten ihn bewirtschaften können, als gehöre er ihnen. Tage später hackten sie bereits in der fruchtbaren, rotbraunen Erde. Zhang Sailu erinnert sich, dass er noch Jahre später bei der Arbeit sang.

»Singen Sie noch immer?«

Zhang muss nachdenken und blickt zu Boden.

»Die Felder sind zu klein«, sagt er. »Nicht mal ein halber Hektar, ein Taschentuch. Mehr als jetzt kann ich dem Boden nicht abgewinnen.«

In den letzten fünfzehn Jahren hat die landwirtschaftliche Produktion stagniert, es werden aber trotzdem immer mehr Kinder geboren. Im Jahr 1980 hatte Baifang 3400 Einwohner. Jetzt sind es 5250. Aber die Höfe sind klein, und der Kampf um den Platz spitzt sich von Jahr zu Jahr mehr zu. Und wie in Deng Xiaopings Heimatdorf ist es im restlichen China. Gleichzeitig verschwindet jedes Jahr landwirtschaftliche Nutzfläche zugunsten von Wohnungen, Fabriken und Straßen. Das Ergebnis: Frustration, Unzufriedenheit, Wut. Die Bauern stehen zunehmend als Verlierer von Chinas neuem Langen Marsch da. Die Gewinner leben in den Städten, einige von ihnen sind so reich, dass sie nicht wissen, wie sie ihr Geld ausgeben sollen.

Die Rettung Zhangs, der gerade fünfzig wurde, ist sein Sohn Deping. Vor acht Jahren gesellte er sich zum Heer der Bauernsöhne, das wie eine zähe, schwarze Masse in die Städte dringt. Er schickt Geld nach Hause und erhält den Minihof so am Leben. Der Wohlstand in Baifang stammt von Beiträgen der »Bauern in den Städten« und nicht von den Ackerflächen, die Deng nach Maos Tod verteilte.

In der Hauptstraße des Ortes hängt ein rotes Banner mit gelben Schriftzeichen: »Es ist Pflicht, Steuern zu bezahlen!« Unter normalen Umständen stimmen die meisten zu. Aber die Umstände im heutigen China sind nicht normal. In den letzten Jahren haben sich die örtlichen Bonzen und Steuereintreiber immer besser zurechtgefunden. Die Bauern müssen immer neue, willkürliche Steuern entrichten, oft geht das Geld direkt in die Taschen der Bonzen. Das Gesetz besagt, kein Bauer müsse mehr als fünf Prozent Steuern zahlen, aber von vielen werden zwanzig und dreißig Prozent verlangt. Die Bauern reagieren mit Protesten und geballten Fäusten.

Chinas lange Geschichte ist eine Geschichte der Bauernunruhen. Die Revolte, die Mao anführte, wird wohl kaum die letzte gewesen sein. Die Unruhen der letzten Jahre waren eher harmlos, aber am Willen hat es nicht gefehlt. Li Chengfu ist ein gutes Beispiel. Im Jahre 1992 heckte der 38 Jahre alte Bauer einen Plan zum Sturz der Kommunistischen Partei und zur Errichtung einer neuen Dynastie aus. Er selbst wollte Kaiser werden. Mithilfe seines kläglichen, rasch zusammengetrommelten Bauernheeres wollte er die Städte seiner Heimatprovinz Henan einnehmen und dann auf Peking zumarschieren. Die neue Dynastie sollte »Das himmlische Kaisertum mit ewigem Glück« heißen. Aber das blieb eine Phantasie. Li wurde festgenommen und lag einige Wochen später unter der Erde.

Wenn die Welt von einer Sache kaum eine Ahnung hat, dann ist es das dörfliche Leben in China. In dem Land gibt es eine Million Dörfer. Die meisten sind abgelegen und bekommen nie einen Ausländer zu sehen. In vielen haben korrupte und eigenmächtige Männer das Sagen. Keiner von ihnen ist demokratisch gewählt, und hinter friedlichen Fassaden glimmt alter und neuer Hass. Falls die Bauern Chinas wieder auf die Barrikaden klettern, könnte es ungemütlich werden.

»Jetzt gehen wir ein Bier trinken«, sagt mein Führer.

Das machen wir. Das Thermometer vor der Dorfverwaltung steht auf 34 Grad, und die Feuchtigkeit treibt wie nasse Wolken über die Hausdächer.

Bier, Hitze und nasse Wolken. Faulheit ist in Baifang sehr verbreitet. Vermutlich ist sie dem Klima zuzuschreiben. Aber das fällt mir tatsächlich in jedem Dorf auf: Die Leute faulenzen, spielen Karten und nutzen jede Gelegenheit, um zu schlafen. *Xiuxi* ist eines der am häufigsten gebrauchten Wörter in China, es bedeutet Pause, genauer gesagt so etwas wie eine spanische Siesta – eine lange Pause mitten am Tag, welche die Millionenmassen dazu verführt, ins Koma zu fallen. Arbeiter schlafen an ihren Maschinen, Köche vor ihren Töpfen, Wachleute vor Türen, Beamte an ihren Schreibtischen – selbst die Führung in Peking schläft über ihren Akten. Dieses Recht ist so heilig, dass es im Grundgesetz verankert ist, Artikel 49: »Das arbeitende Volk hat das Recht auf Ruhe.«

Eine typische *xiuxi* dauert täglich zwei Stunden, im Sommer drei. Mehrere Hundert Millionen Menschen legen sich auf den Rücken, und dann kümmert sie nichts mehr.

Jetzt knallt sie ihre Klappe zu, die Frau am Bierverkauf.

»Geschlossen. Ich will schlafen!«, faucht sie.

Die Chinesen werden oft als ein hart arbeitendes Volk bezeichnet. Die meisten haben jedoch ein bedächtiges Arbeitstempo, viele Pausen und geringe Produktivität. Erklären lässt sich das durch die chronische Überbemannung nicht zuletzt bei staatlichen Unternehmen. Die meisten staatlichen Firmen haben *xiuxi*-Räume, in denen jeden Tag im Chor geschnarcht werden kann. In staatlichen Ämtern gibt es *xiuxi*-Pritschen, und in den Läden schläft das Personal in den Hinterzimmern und unter dem Ladentresen. Auf Busbahnhöfen und Bahnhöfen werden die Wartesäle als *xiuxi* bezeichnet, und jeden Tag Punkt zwölf Uhr hängen Millionen *xiuxi*-Schilder an Schaltern im ganzen Land.

Die tägliche *xiuxi* wird mit einem warmen Mittagessen eingeleitet. Da die meisten Chinesen kaum frühstücken, werfen sie mitten am Tag umso mehr ein. Große Mengen Nudeln und Reis, gedünstete Weizenklöße mit Gemüse- oder Fleischfüllung, dampfende Suppen und literweise Tee. Das tut man nicht ungestraft, denn sobald die Mahlzeit verzehrt ist, fallen allen die Augen zu. Still entschwinden die Massen in die Bewusstlosigkeit, als hätten sie Zyanid geschluckt und Massenselbstmord begangen.

Ich frage mich, was Deng gesagt hätte, wenn er in sein Heimatdorf gekommen wäre und alle Bauern schlafend angetroffen hätte? »Kameraden, das Einzige, was China retten kann, ist harte Arbeit!«, mahnte er 1986 in einer Rede. Außerdem meinte er, das Land benötige eine Dosis Kapitalismus, und gerade das brachte ihm seine stürmische politische Karriere ein. Als 1966 die Kulturrevolution ausbrach, wurde er als Kapitalistenlakai, Faschist und Verräter abgestempelt. »Kocht diesen Hundekopf in Öl!«, riefen die Rotgardisten. Aber Deng tat, als wäre nichts, und als die Kampfrufe lauter wurden, stellte er einfach sein Hörgerät ab.

In den nächsten Jahren arbeitete er in einer Traktorenfabrik in Südchina. Dieses Glück wurde seinem ältesten Sohn Pufang nicht zuteil, den die Rotgardisten folterten. Schließlich sprang er verzweifelt aus dem dritten Stockwerk der Pekinger Universität. Er wollte sterben, saß jedoch den Rest seines Lebens, von der Taille abwärts gelähmt, im Rollstuhl.

Im Jahre 1973 wurde Deng rehabilitiert, geriet jedoch ein weiteres Mal in Ungnade. Ein weiteres Mal wurde er beschuldigt, einen kapitalistischen Weg eingeschlagen zu haben. Mao war krank und schwach, statt Deng lieferte er den Chinesen die brutale »Viererbande« aus, die von seiner eigenen verhassten Ehefrau angeführt wurde. Eine schlimme Zeit.

Die Chinesen, die Deng liebten, trösteten sich mit tragikomischen Witzen wie dem folgenden:

Drei Männer sitzen in einer Gefängniszelle. Der eine wendet sich an seinen Nebenmann und fragt:

»Warum sitzt du hier?«

»Weil ich ein Anhänger von Deng Xiaoping bin.«

»Und du?«

»Weil ich ein Gegner von Deng Xiaoping bin.«

Der dritte Häftling war ein älterer Mann. Er saß auf der Holzpritsche, baumelte mit den Beinen und starrte ins Leere.

»Und warum bist du ins Gefängnis geraten?«

»Weil ich Deng Xiaoping bin.«

Nach Maos Tod erhielt Deng eine neue Chance. Fast zwanzig Jahre lang lenkte er die Geschicke des Landes mit fester Hand. Seltsamerweise ließ er sich nie zum Parteivorsitzenden wählen. Er zog lieber die Fäden im Verborgenen. Eines der wenigen Ämter, das er innehatte, war Ehrenvorsitzender der chinesischen Bridgevereinigung. Trotzdem waren seine Leistungen phänomenal. Während seiner Regierungszeit betrug das jährliche Wachstum Chinas neun Prozent. Politische Reformen interessierten Deng jedoch nicht, und bei den Studentendemonstrationen auf dem Platz des himmlischen Friedens 1989 fiel ihm nichts Besseres ein, als sie vom Militär niederschlagen zu lassen. Die Aktion kostete eine unbekannte Anzahl Opfer und beschädigte das Ansehen des großen Sohnes Baifangs dauerhaft.

Der Aufruhr 1989 wurde von Chai Ling, einer kleinen, lebhaften Psychologiestudentin, angeführt. Deng hasste sie wie die Pest, aber dank guter Freunde gelang es Chai, außer Landes zu flüchten. Wei Jingsheng, einem Oppositionellen, der die Parteiführung bereits 1979 herausgefordert hatte, glückte das nicht.

Wei war Elektriker im Pekinger Zoo. Als er mit seinen Flugblättern in der Straße des ewigen Friedens auftauchte und Dengs Unwillen erregte, war er erst 28 Jahre alt. Damals sprach Deng gerne von der Notwendigkeit der »vier Modernisierungen«: Landwirtschaft, Industrie, Verteidigung und Wissenschaft. Wei ging einen Schritt weiter und forderte eine fünfte Modernisierung: Demokratie. In der Untergrundzeitschrift, die er herausgab, stellte er folgende Frage: »Erbärmlicher Deng, wer bist du eigentlich? Ich bin mir sicher, dass du davon träumst, ein neuer Mao zu werden oder vielleicht auch ein neuer Qin Shihuang, Chinas erster Kaiser, der von

221 bis 210 v. Chr. regierte und als ungewöhnlich brutal galt. Aber du musst wissen, dass die Zeit der Diktatoren vorüber ist. Versuchst du, ein neuer Kaiser zu werden, werden die Menschen protestieren und dich ins Meer jagen.«

Das war dann wirklich zu viel. Im Herbst 1979 wurde Wei in der Straße der Gerechtigkeit 1 in Peking vor Gericht gestellt und zu fünfzehn Jahren Gefängnis verurteilt. Während er seine Strafe verbüßte, schickte er einen Brief nach dem anderen an Chinas starken Mann. »Lieber Deng«, schrieb er am 6. Juli 1987, »Sie erinnern sich vermutlich nicht an Menschen, denen Sie Unrecht getan haben. Aber mir fällt es schwer, Menschen zu vergessen, die mir Unrecht getan haben. Unsere Situation ist sehr verschieden. Sie sind der oberste einer Milliarde Menschen, ich bin der unterste. Aber für keinen von uns ist das Leben leicht. Eure Exzellenz Deng Xiaoping, Ihr seid allmächtig. Aber acht Jahre Reformen haben zu Inflation und zunehmender Unzufriedenheit geführt. Sie haben sich dem Volk entfremdet und sind von Ihren Anhängern verlassen worden. Ihre Schwäche besteht darin, dass Sie zu ehrgeizig sind und kein Talent haben. Meine Schwäche besteht darin, dass ich keinen Ehrgeiz besitze. Andererseits bin ich nicht vollkommen untalentiert.«

Der Brief wurde in einem eisigen Arbeitslager in der gottverlassenen Provinz Qinghai verfasst.

»Es ist hier oben schrecklich kalt, und Menschen, die ohnehin schon an Krankheiten leiden, haben große Probleme, durchzukommen. Ich habe seit meinem Eintreffen sehr viel Tinte darauf verwendet, über den Kohlenmangel zu klagen, aber nichts ist passiert. Deswegen werde ich auch nicht mehr klagen. Aber Sie sollen wissen, dass meine Gesundheit sich in dem gleichen Tempo verschlechtert, mit dem die Inflation steigt.«

Schließlich bat Wei darum, aus medizinischen Gründen entlassen zu werden.

»Wieder bitte ich Sie darum, sich meine Sache noch einmal vor Augen zu führen, aber in Wirklichkeit habe ich die Hoffnung bereits aufgegeben.«

Ob Weis unermüdliche Briefe ihren Empfänger je erreichten, ist unbekannt. Deng war jedoch eisern. Jeder, der die Partei und »den Sozialismus« herausforderte, sollte bestraft werden. Erst 1997 wurde Wei entlassen und in die nächste Maschine Richtung USA gesetzt. Dort wollte er gar nicht hin. Aber vor die Entscheidung gestellt, weiter einzusitzen oder China als freier Mann zu verlassen, wählte er Letzteres. Einige Monate zuvor war Deng in einem Krankenhaus in Peking für immer eingeschlafen. Der alte Mann hatte keine Kraft mehr gehabt.

Chai Ling und Wei Jingsheng sind nur zwei von vielen chinesischen Oppositionellen, die im Exil leben. Dort erregen sie jedoch kaum Aufsehen. Die meisten Oppositionellen, denen der Westen Asyl gewährt, wird nach ihrer Ankunft eine erste Pressekonferenz zugestanden und dann werden sie vergessen. Auch die Regimekritiker, die in China bleiben, erregen kein Aufsehen. Fast eine Million Chinesen nahm 1989 an den Demonstrationen auf dem Platz des himmlischen Friedens teil. Heute sind die meisten von ihnen verstummt. Statt Demokratie zu fordern, warfen sie sich in den 90er-Jahren in das »große Meer«. Wie die meisten anderen wollten sie Geld verdienen. Heute nennen sie sich Direktoren und Abteilungsleiter, und einige von ihnen sind in die Kommunistische Partei eingetreten.

1998, im Jahr nach Dengs Tod, unternahm eine kleine Gruppe Oppositioneller den tapferen Versuch, eine neue politische Partei zu gründen, die Demokratische Partei Chinas. Aber noch ehe die Satzung verabschiedet werden konnte, stürmte ein Dutzend Polizisten das kleine Zimmer. Die Sünder wurden festgenommen und ins Gefängnis geworfen.

»Wir handelten im Geiste Deng Xiaopings«, sagte der Justizminister einige Tage später. »Deng hat uns befohlen, uns vor allen in Acht zu nehmen, die das Land ins Chaos stürzen wollen.«

Die Angst vor dem Chaos, luan, ist bei den Chinesen sehr verbreitet, besonders bei den älteren. Viele von ihnen sind im Bürgerkrieg aufgewachsen, sie haben gehungert und gelitten. Heute hat China dreimal so viele Einwohner wie damals. Sehr viel steht auf dem Spiel.

Die Vorstellung, dass sich die Geschichte schlimmstenfalls wiederholen könnte, reicht für viele aus, die fortdauernde Herrschaft des Kommunismus anzuerkennen. Aber gibt es ein Leben nach der Diktatur? Erst einmal nicht, wenn wir einem der Vordenker der Partei, Liu Ji, glauben wollen: »Zur Einführung eines Mehrparteiensystems wird es in unserer Generation noch nicht kommen. Das würde in China zu drei- oder vierhundert verschiedenen Parteien führen. Wir haben zweihundert Millionen Analphabeten. Auch diese könnten eine eigene Partei gründen. Was machen wir dann? Die Kommunistische Partei leistet nun einmal sehr gute Arbeit. Aber wenn meine Enkel auf die Idee kommen sollten, dass sie nicht mehr gut genug ist, dann könnten wir vielleicht erwägen, mehr als eine Partei zu erlauben.«

Wei Jingsheng war der Meinung, die Chinesen müssten die Vorherrschaft der Kommunistischen Partei abschütteln und Chaos dafür in Kauf nehmen. »Das Volk sieht sich zwei Übeln gegenüber«, schrieb er am 4. Mai 1989. »Entweder lassen wir zu, dass sich das Land zwanzig oder dreißig Jahre lang im Chaos befindet, ehe wieder Ruhe und Ordnung einkehren, oder wir erlauben es der Diktatur weiterzubestehen, ehe sie Knall und Fall zu Ende geht.«

Glücklicherweise kam es dazu nicht. Die Welt kann sich keine zwanzig oder dreißig Jahre chinesisches Chaos leisten. Wir können hinnehmen, dass kleine Länder wie Liechtenstein, Laos oder das Königreich Tonga im Pazifik Krisen durchmachen, aber wenn China entzweibricht, dann wird auf der ganzen Welt Chaos ausbrechen. Als ein Prozent der vietnamesischen Bevölkerung 1978 aufs offene Meer flüchtete, dauerte es nicht lange, bis 600000 Boatpeople in Thailand, Malaysia, Indonesien, den Philippinen und Australien an Land gingen. Wo immer sie auftauchten, gab es Probleme. Wenn ein Prozent aller Chinesen das Meer ihrem eigenen Land vorzieht, dann handelt es sich um dreizehn Millionen Menschen.

Der Dorfhahn erinnert mich daran, dass die Zeit vergeht. In Baifang kräht er lange vor der Morgendämmerung. Es muss ein alter Gockel sein, denn sein Krähen ist heiser und verzweifelt, als riefe er um Hilfe. Ich bleibe lange liegen und lausche den Geräuschen von der Straße, den ersten noch müden Stimmen, dem Husten und Räuspern, dem Klappern von Wasserkesseln und Kochtöpfen und der perlenden Musik der Wasserhähne. Zu Maos Zeit wurden die Chinesen von dröhnenden Lautsprechern geweckt. Niemand entkam der herrischen und autoritären Stimme aus Peking. Jetzt bleibt ihnen das dank Baifangs großem Sohn erspart. Es lässt sich viel Unfreundliches über Deng sagen, aber er hat den Chinesen ihr Privatleben zurückgegeben. Er hat ihnen Frieden gegeben und auch einen gewissen Wohlstand.

»Deng was a velly, velly small man, almost like a doll«, sagt einer der Köche auf dem Marktplatz. »But he was velly, velly good.«

Ein chiliinfiziertes Frühstück im Schatten eines Sonnenschirms, und ich bin hellwach. Die nächsten Tage durchstreife ich die nähere Umgebung im Westen und Süden. Ständig überquere ich kleine und große Flüsse. Hier gibt es genug Wasser, denn Sichuan bedeutet »vier Flüsse«. Leute, die sich auskennen, behaupten jedoch, dass die Provinz von über achtzig Flüssen bewässert wird, kein Wunder, dass Sichuan auch als »Chinas Reisschüssel« bezeichnet wird.

Wenige Touristen verirren sich in diesen Teil des Landes, obwohl die Provinz Sichuan die interessanteste ist. Außer den Menschen gibt es hier sehr hohe Berge wie den 7556 Meter hohen Gongga-Berg. Der Emei-Berg (3099 Meter) jedoch ist vermutlich bekannter, er ist einer der vier heiligen Berge Chinas, und jeden Tag besuchen Tausende den Tempel auf seinem Gipfel. Sie wandern an Kiefern, Tannen und Zedern vorbei. Wie gut das alles duftet! Der Berg steht auf der UNESCO-Liste des schützenswerten Kulturerbes. Das gilt auch für die riesige Buddhastatue in Leshan. Sie ist 71 Meter hoch, und wer sich traut, kann auf ihr sieben Meter hohes Ohr klettern oder sich auf ihrem achteinhalb Meter langen großen Zeh ausruhen.

Sichuan hat auch große Naturreservate. In einigen leben die charmanten Pandabären. Es heißt, der Panda sei der beste Botschafter Chinas, und dieser Meinung bin ich ebenfalls. Man bekommt ihn jedoch kaum zu Gesicht, und auch mir kommt keiner vor Augen. Dafür sehe ich Millionen Menschen.

Je mehr Kinder, desto besser, sagte Mao. Der Vorsitzende sah in jedem Säugling einen zukünftigen Kommunisten, und die Welt brauchte doch wohl Kommunisten?

Zwei Jahre nach Maos Tod knallte Deng jedoch die Faust auf den Tisch: »Wie viele Menschen sollen dieses Land noch bevölkern? Wenn es so weitergeht, dann können wir alle Pläne hinsichtlich wirtschaftlichen Fortschritts begraben! Ihr sprecht von der kommunistischen Gesellschaft, aber wie sollen wir den Kommunismus umsetzen, wenn wir nicht genug Reis für alle haben?«

Dengs Aussage war klar: Ein Kind ist genug!

Aber jetzt hat die Führung in Peking einen milderen Kurs eingeschlagen. Die Hauptregel lautet auch in Zukunft »nur ein Kind«, die Ausnahmen sind aber zahlreicher geworden. Wenn das erste Kind eines Bauern eine Tochter ist, dann erhält er eine neue Chance. Das gilt auch für Eltern, deren erstes Kind mit einer körperlichen oder geistigen Behinderung zur Welt gekommen ist. Die ethnischen Minderheiten, deren kleinste nur 4500 Mitglieder umfasst, sind ebenfalls ausgenommen. In Bezug auf diese ergibt die Ein-Kind-Politik keinen Sinn. Manche Minoritäten dürfen zwei Kinder bekommen, gewisse sogar drei. Es geht darum, ihr Überleben zu sichern.

Es hat ganz den Anschein, als hätte China die Bevölkerungsexplosion in den Griff bekommen, Indien jedoch nicht. In dreißig Jahren wird Indien China als bevölkerungsreichstes Land der Erde überholen. Dann werden beide Länder 1,5 Milliarden Einwohner haben, aber im Unterschied zu China wird sich Indien dann weiter auf die 2-Milliarden-Marke zubewegen. Es braucht nicht viel Phantasie, um sich die katastrophalen Folgen vorzustellen.

»Es gibt Personen, welche die Ein-Kind-Politik als eine Tragödie bezeichnen«, sagte Deng 1988. »Wir haben uns entschieden, uns mit den negativen Konsequenzen im Laufe einer Generation auseinanderzusetzen. Dafür werden alle kommenden Generationen die Früchte ernten. Die Welt wird mir früher oder später sicher danken.«

Ganz sicher. Die Welt wird Deng danken. Aber in Xifang, einem Dorf einige Dutzend Kilometer weiter im Süden, scheinen sich die Bewohner mehr für den Tod zu interessieren als für die Geburt.

Li Keqi ist erst 42 Jahre alt. Vielleicht wird er noch weitere 42 Jahre leben. Aber bereits jetzt hat er sich ein Grab gekauft. Das Dorfkomitee hat eine Teeplantage auf dem Hügel in einen großen und prächtigen Friedhof verwandelt. Der Entschluss dazu war einstimmig. An einem Spätnachmittag, während sich schwarze Wolken am Himmel zusammenziehen, eilen wir dem heiligen Ort entgegen. Wir folgen dem alten Weg, der mit schönen Steinen neu gepflastert ist.

»Alle sprechen nur von unserem Friedhof«, sagt Li und reibt sich die Hände.

Im Augenblick gibt es dort 164 Gräber, jedes ein kleines Mausoleum. Marmor funkelt und Granit glänzt. Die Miniaturmausoleen werden von schwarzen, spitzen Schmiedeeisengittern eingefriedet. In der Dämmerung betrachte ich die Gräber der Familien Zheng, Song, Wei, Ma, Liang, Su, Hu, Zhu und Wu, um nur einige zu nennen. Die Namen stehen mit großen Schriftzeichen auf den Steinen. Lange, gefegte, gepflasterte Wege ziehen sich durch die schweigende Nekropole. Auf Abstand sieht die ehemalige Teeplantage wie eine Kleinstadt aus. Das Mausoleum von Familie Wu hat römische Säulen. Li erklärt, das Oberhaupt der Familie wohne in Italien. Wenn er einmal stirbt, will er in der rotbraunen Erde seines Heimatdorfes begraben werden. Viele Auslandschinesen denken wie Wu. Man kann im Ausland leben, aber der Tod gehört China.

Wieso hat die Leitung des Dorfes einem Friedhof eine Teeplantage geopfert?

»Weil unser Feng-Shui-Experte diesen Ort ausersehen hatte. Er meinte, er verhalte sich perfekt in Beziehung zu den Elementen.«

Feng-Shui ist eine chinesische Lehre. Wenn ein Gebäude errichtet oder ein Friedhof angelegt wird, ist es wichtig, dass die Position stimmt. Feng-Shui-Experten untersuchen die Gegend und führen Messungen durch. In der Regel richtet man sich nach ihrem Urteil. Wer würde es schließlich wagen, den Elementen zu trotzen?

Wir klettern auf den kleinen Felsabsatz westlich des Friedhofs. Li Keqi hält inne, um die Aussicht zu bewundern. Er wirkt sehr zufrieden. Hier wird er schlafen, wenn es so weit ist. Wie viele denn bislang hier beigesetzt worden seien?

»Niemand!«

»Niemand?«

»Das ist ein neuer Friedhof. Bislang ist noch niemand gestorben.«

Der Friedhof ist am 5. April eingeweiht worden, dem jährlichen Gedenktag für die Toten. Jedes Jahr Anfang April feiern die Chinesen den Tag der Toten, indem sie die Gräber in Ordnung bringen und zu den Toten beten.

Auf einer steinernen Bank weiter hinten sitzt ein Ehepaar Anfang vierzig. Schweigend betrachten sie ihr zukünftiges Grab. Zwischen den Mausoleen steht eine fünf oder sechs Meter hohe, schlanke Säule. Ist das etwa auch ein Grab? Li bittet mich, ihm zu folgen. Er will mir die Säule gerne zeigen, hält aber in ehrfürchtigem Abstand inne. Die Säule steht in einem frisch geschnittenen Rasenstück umgeben von Thujen und Tannen. Das zum Himmel strebende Denkmal steht auf einem hohen Sockel, dem eigentlichen Grab. Zur Säule führt eine breite Treppe hinauf, die von zwei Respekt einflößenden Löwen aus Stein bewacht wird.

»Das ist das Grab der Familie Wang«, erzählt Li. »Wang Jian ist der größte Schnapsfabrikant der Gegend. Deswegen wünschte er sich auch ein standesgemäßes Grab. Es hat 18 000 Yuan gekostet.«

Li Keqi wirkt etwas neidisch. Wir gehen weiter, und wenig später stehen wir vor dem Grab der Familie Li. Es ist quadratisch mit einer Kantenlänge von 2,5 Metern und 1,75 Meter hoch. Das Dach ist traditionell chinesisch, geschwungen und mit azurblauen Dachziegeln gedeckt. Die vier Ecken werden von Drachen bewacht. Die Drachen sollen die bösen Geister in die Flucht schlagen. Für dieses Kunstwerk hat Li das hübsche Sümmchen von 6200 Yuan hingeblättert, einen Jahresverdienst. So soll es sein, findet er. Wir Menschen wollen auch nach dem Tode standesgemäß wohnen.

Die alten Zeiten sind zurückgekehrt und zwar mit Nachdruck. In ganz China werden neue Friedhöfe gebaut, einer schöner als der andere. Solange Mao das Sagen hatte, mussten die Toten verbrannt werden, um Platz zu sparen und aus Gründen proletarischer Genügsamkeit. Die meisten hielten sich daran, obwohl einige ihre Angehörigen weiterhin begruben. Aber heute ist Verbrennung nicht mehr gut genug. Millionen Chinesen investieren ihr Erspartes in private Mausoleen. Jedes Jahr verwandeln sich riesige Flächen in Friedhöfe, und zwar für Leute, die noch am Leben sind. Die Lebenden können in alle möglichen Friedhöfe investieren, »kaiserlich«, »royal«, »de luxe«, »super« und »normal«. Der Geldbeutel entscheidet.

Die Chinesen sind ein erdverbundenes Volk und haben die dunkle Realität des Todes nie verdrängt. »Du sollst dir ein Haus bauen, du sollst einen Sohn haben, und du sollst dir ein Grab suchen«, lautet ein altes Sprichwort.

Chinas erster Kaiser Qin Shihuang nahm das sehr ernst. Qin lebte vor 2200 Jahren. Schon als dreizehnjähriger König des Ministaates Qin begann er an das Leben nach dem Tod zu denken. Gebt mir ein Mausoleum! Die Arbeit begann umgehend. Nachdem er die anderen Königreiche unterworfen und das Land zu einem Reich vereinigt hatte, wurde die Arbeit intensiviert. Über 700 000 kastrierte Sklaven mussten graben, tragen und bauen. Gleichzeitig waren Zehntausende Handwerker, die besten des Landes, mit der Dekoration beschäftigt. Keine Anstrengung wurde gescheut, keine Ausgabe war zu hoch. Ziel der Arbeit war die Schaffung eines Miniaturuniversums, denn Kaiser Qin wollte es im Tode ebenso gut haben wie im Leben.

Die Handwerker gaben ihr Bestes. Raffiniert ahmten sie mithilfe von flüssigem Quecksilber das Meer, die Seen und Flüsse nach. Ehe man die Grabkammer versiegelte, wurden Lampen entzündet, unzählige Lampen, die mithilfe von Walfischtran ewig brennen sollten. In den Gängen hingen automatische Bögen, die Pfeile sollten eventuelle Grabräuber treffen.

Nach 39 Jahren war das Werk vollbracht. Das Grab wurde 460 Meter lang, 392 breit und zumindest 30 hoch – das größte Grab der Geschichte.

Zwei Jahre später starb der Kaiser. Wie zu erwarten wurden unzählige treue Diener mit ihm beigesetzt – lebendig. Auf Anweisung der Kaiserinwitwe wurden die Konkubinen, die dem Kaiser keine Kinder geboren hatten, ebenfalls in die offene Grabkammer getrieben. Das gleiche Schicksal ereilte Künstler, Ingenieure und Handwerker, die zu gut über die Konstruktion des Grabes Bescheid wussten. »Nach Ende der Trauerzeremonie wurden die Gänge und Korridore, die ins Grab führten, verschlossen. Kein Mensch kam mehr heraus«, schreibt der Historiker Sima Qian, der ein paar Jahrhunderte nach dem Kaiser lebte. »Anschließend wurden Gras und Bäume auf das Grab gepflanzt ...«

Es ist nicht leicht, es Kaiser Qin gleichzutun. Aber es gibt Leute, die tapfere Versuche unternehmen. Der reichste Mann Sichuans beispielsweise. Er wurde festgenommen und angeklagt, ein großartiges Mausoleum für sich errichtet zu haben. Preis: 220 000 Yuan. Die Arbeiter bauten drei Jahre an dem riesigen Steinkoloss.

In den Zeitungen wurde der Angeklagte als »König der Hölle« bezeichnet.

»Der ›König der Hölle‹ ging zu weit«, räumt Li Keqi ein. »Aber als gute Chinesen haben wir die Pflicht, unsere Vorväter mit guten Wohnungen zu ehren. Wenn wir ihnen Respekt erweisen, dann werden sie uns mit guten Ernten, guten Ehefrauen, starken Söhnen und Wein in den Gläsern segnen.«

Li Keqi ist mit seinem zukünftigen Grab sehr zufrieden, obwohl er sich teurere Dachziegel gewünscht hätte. So geräumig, wie das Mausoleum ist, finden in ihm mindestens zwölf Tote Platz.

»Leute, die vor unserem Grab innehalten, begreifen, dass wir keine armen Bauern mehr sind!«

Bei Sonnenuntergang verlassen wir den Friedhof. Die Luft ist kühl, die Stille ohrenbetäubend. Aber in der Ferne höre ich laute Warnrufe. Sie kommen aus Peking. Die Partei und die Regierung bitten die Bauern, sich zu besinnen. »Verwendet euer Geld für etwas

Vernünftiges und nicht für Grabdenkmäler und Mausoleen«, schreibt die Parteizeitung »Tageblatt des Volkes«. »Kauft euch lieber einen Traktor!«

Liu Hongyuan, der Vorsitzende von Chinas Bestatterverband, ist ebenfalls ungehalten. Er erinnert daran, dass jedes Jahr 7,2 Millionen Chinesen sterben. 2,2 Millionen werden kremiert, der Rest wird normal begraben. Aber wenn alle auch nach dem Tod standesgemäß wohnen wollen, was dann? In den letzten Jahren hat der Kampf um die besten Gräber in ganz China zu zahllosen Konflikten geführt. Familie gegen Familie, Klan gegen Klan. Nachbarn gehen mit Fäusten aufeinander los, selbst auf den Friedhöfen. In der Küstenstadt Wenzhou wurde ein Ladenbesitzer vor seinem eigenen Mausoleum niedergestochen. Ehe der Tag um war, zog er ganz dort ein.

»Wie viel Ackerboden wird verschwinden, wenn die Leute so weitermachen?«, fragt Liu. »Wir brauchen jeden Quadratmeter. Ohne Boden kein Essen.«

Noch ehe Li Keqi mir alle Gräber gezeigt hat, öffnet sich der Himmel mit einem Donnern. Das ist der Monsun. Im strömenden Regen gehe ich den gewundenen Weg nach Chongqing zurück, auf dem sich Tausende Menschen – Soldaten und Zivilisten – jedes Jahr in den Krieg geworfen haben, den Krieg gegen das Wasser.

Der Jangtse hat den Verstand verloren. Im Laufe von zwei Tagen ist der Wasserstand um zwei Meter gestiegen. Im Schein starker Scheinwerfer eilen Männer hin und her und tragen Sandsäcke herbei. Ihre nackten Oberkörper glänzen vor Nässe und Schweiß. Noch um Mitternacht ist es 33 Grad warm. Einen wärmeren Regen habe ich noch nie erlebt. Am Hang unterhalb von meinem Hotel steht ein Offizier und erteilt mithilfe eines gelben Plastikmegafons Anweisungen. Seine Stimme klingt hysterisch. Der Krieg geht bis in die frühen Morgenstunden weiter. Erst bei Sonnenaufgang fallen die Soldaten in sich zusammen.

Ich selbst habe in meinen weißen Laken geschlafen. Jetzt habe ich Durst.

Während ich in meiner Truhe suche, finde ich ganz zufällig einen vergilbten Brief von einem alten Freund. Ist das nicht Glück?

QIN ZHENGDAN, SCHRIFTSTELLER

Ist das nicht Glück?

Der Regen hat mich gezwungen, Schutz zu suchen, aber das stört mich nicht.

Das Teehaus am Hang ist von 1664. Die Zahl steht im Balken über der Tür. An den Steintischen in dem länglichen Lokal sitzen zwei Dutzend alte Männer. Einige unterhalten sich leise, ihre Stimmen sind müde und undeutlich. Andere sind mit zur Seite geneigten Köpfen eingenickt. Ein klapperdürrer mit Mao-Mütze klammert sich an eine der rostroten Säulen, als wäre sie seine Geliebte. Ab und zu streichelt er sie und spricht zu ihr mit geschlossenen Augen, dann tätschelt er sie und lächelt.

Warum antwortest du nicht, Säule? Du stehst doch schon seit 338 Jahren hier, deine Weisheit müsste fast unübertrefflich sein. Alles, was du aufgenommen hast, Teedüfte, Pfeifenrauch und Lügengeschichten, Liebesgeschichten, Gerüchte über Kriege und Trauerbotschaften. Schlank und stolz hast du dort gestanden, ohne zu wanken, vollkommen unbeeindruckt von Böen und politischen Verwicklungen. Du hast zahllose Kaiser überlebt, selbst den mächtigsten von allen, den Vorsitzenden Mao.

Im Jahr der Revolution 1949 gab es über zwei Millionen Teehäuser in China, eines pro 200 Einwohner. Die Chinesen suchten sie von morgens bis abends auf, hierhin zog sich ein ganzes Volk zurück. Gerüchte und der Dampf der Teetassen wurden zu einer narkotischen Mischung, einem Balsam für die Seele, diese Mischung war lebenswichtig. Ohne die tägliche Dosis hatte das Leben keinen

Sinn. In Maos absonderlicher Welt sollte die Partei über alles entscheiden. Die Nachrichten waren stets positiv. Umso wichtiger wurden die Gerüchte. Die Gerüchtestafette zog von einem Ort zum nächsten. Die Übergabe fand immer im Teehaus statt.

Aber dann hatte Mao plötzlich genug. Bereits 1958 erhielten die Teehäuser die Anweisung, den Betrieb zu reduzieren. Schließlich wollte China die USA besiegen, den bösesten aller Wölfe. Warum also im Teehaus die Zeit verplempern.

»Sie kamen bei Morgengrauen«, erinnert sich Bao, der Teehauswirt hinter dem größten Kessel. »Sie sagten, wir sollten Eisen und Stahl produzieren, dafür benötigten sie beide Kessel, den Kohleherd und alles andere aus Metall. Mit Zangen zogen sie die Nägel aus den Wandbalken und sagten, es sei eilig. Andernfalls werde China von imperialistischen Ländern besetzt.«

Trotz des Wasserdampfes sieht Bao aus wie eine Mumie. Er ist alt geworden, sehr alt, weigert sich aber, sein genaues Alter zu verraten. Solange der Tee gut sei, habe das Alter keine Bedeutung: Schließlich sollten die Leute keine Jahreszahlen trinken.

Dreieinhalb Jahre lang war das Teehaus am Hang geschlossen. Ganz China, von den Orten, an denen gearbeitet wurde einmal abgesehen, blieb geschlossen. Die Chinesen, damals noch 600 Millionen, rannten wie atemlose Ameisen herum. Kreuz und quer, lange und kurze Strecken, im Vier- und im Dreieck, in Kreisen und in Achten, im Trapez und im Rechteck, mit Ballen und Tragstangen beladen und mit Maos Parolen. Wie eilig alles war! Allmählich fanden die Menschen jedoch zu ihrem alten Rhythmus zurück. Die Teehäuser wurden wieder geöffnet, die Vögel begannen wieder zu singen, und Bao nahm seinen Platz hinter den Kesseln wieder ein.

»Und das habe ich Deng Xiaoping zu verdanken«, sagt Bao und wedelt den Dampf weg. »Ohne Deng, unseren großen Sohn, wäre das Teehaus heute noch geschlossen!«

Die Freude währte jedoch nicht lange. Im Jahre 1966 kam Maos bittere Rache, die Kulturrevolution. Erneut sollte China von Gerüchten und von Freizeit gereinigt werden. Bao erinnert sich nicht mehr, was genau geschah, wer kann sich im Leben schon an alles erinnern? Die Rotgardisten kamen einfach, ein langer, lärmender Zug mit geballten Fäusten, heisere Teenager. Ihre Gesichter glühten vor Hass. Sie waren so wütend, dass niemand verstand, was sie sagten. Türen und Fenster wurden mit revolutionären Parolen versiegelt. Die Eingangstür des Teehauses wurde verriegelt und verschlossen, aber niemand machte sich die Mühe, die Kupferkessel und das Alteisen einzusammeln. Das Leben bestand aus Parolen und Mao-Zitaten, und mindestens eines davon war auf die Teeliebhaber gemünzt: »Eine Revolution ist keine Teegesellschaft!«

Jung Chang, die Autorin von »Wilde Schwäne«, war zu dieser Zeit Rotgardistin, allerdings nicht in Chongqing, sondern in der Provinzhauptstadt Chengdu. Sie erinnert sich gut daran, was geschah. Zusammen mit Gleichgesinnten zog sie zum Ufer des Seidenflusses, um eines der Teehäuser zu schließen, ein schönes Teehaus mit Tischen und Stühlen unter Baumkronen. Blumen verströmten die schönsten Düfte. Aber da das Teehaus eine bürgerliche Erfindung war und nur Tagediebe und der Verbreitung von Gerüchten diente, musste es geschlossen werden! Die Gäste, überwiegend Männer, zogen beim Anblick der marschierenden Rotgardisten die Brauen hoch. Was die wohl wollten?

»Verschwindet! Haut ab! Faulenzt hier nicht in diesem bürgerlichen Teehaus!«

Einer der Jungen zog an einem Schachbrett aus Papier, sodass die Figuren umfielen. Die Männer ballten die Fäuste, beruhigten sich dann aber rasch. Es hatte keinen Sinn, den Rotgardisten des Vorsitzenden Mao zu widersprechen. Der Junge, der das Spiel abgebrochen hatte, rief: »Kein Schach mehr! Wisst ihr nicht, dass Schach eine bourgeoise Unsitte ist?« Er warf einige Schachfiguren in den Fluss.

»Man hat mich erzogen, allen Älteren gegenüber höflich und achtungsvoll zu sein, jetzt, als Revolutionärin, soll ich aggressiv und militant sein. Freundlichkeit war dasselbe wie Bürgerlichkeit«, schreibt Jung Chang, die sich in ihrer Rolle als Rotgardistin alles andere als wohlfühlte.

Die Episode am Seidenfluss endete damit, dass die Männer betrübt nach Hause gingen; wenig später war das Teehaus mit revolutionären Parolen beschmiert.

Jetzt sind diese Parolen verschwunden. Die meisten Teehäuser wurden in den frühen 8oer-Jahren wiedereröffnet, und die Gerüchte kursieren wie nie zuvor. Stellt euch vor, heute Nachmittag kommt Ma Zhifu. Li Jize wird *bipa* spielen!

»Haben Sie die Plakate nicht gesehen?«, fragt Baos Sohn. Er deutet auf den linken Eingangspfosten.

»Ma Zhifu kommt!«

»Wer?«

»Unser großer Erzähler! Heute Abend werden selbst die Heuschrecken still sitzen.«

Das Plakat am Türpfosten lügt nicht. Ma Zhifu, eine lokale Größe, wird über das Sexualleben der chinesischen Kaiser berichten.

»Wir versuchen mit allen Mitteln die Leute ins Teehaus zu locken«, erklärt Bao junior. »Heute Abend wird es voll!«

Wenig später kommt der Tee, flüssige Lebenskraft, umgeben von hauchdünnem Porzellan. Aber wann kommt Ma Zhifu?

»Um siebzehn Uhr, aber Sie sollten eine Stunde früher hier sein. Es wird wahnsinnig voll, da bin ich mir sicher.«

An einem Tisch unter dem überhängenden Dach sitzt ein weiterer Alter. Er spricht nicht mit den Säulen, sondern mit seiner Teetasse. Nach jedem Schluck starrt er mit großen, aufgerissenen Augen in die Tasse, als würde dort ein Schauspiel geboten, das sich seinem großen Höhepunkt näherte.

»Ha«, ruft er. »Ha!«

»So sitzt er schon seit Jahren da«, meint Bao junior und lächelt. »Er ist mit seiner Teetasse verheiratet. Die beiden sind eins.«

Die chinesische Geschichte kennt zahllose Beispiele für Ehen zwischen Teetrinkern und Teetassen. Besonders die Dichter neigten dazu, und diese Ehen hielten ein Leben lang. Ohne Tee, keine Lyrik. Zai Xiang vertrug in den letzten Jahren seines Lebens keinen Tee mehr. Trotzdem bereitete er sechsmal am Tag den wunderbarsten Tee zu. Seine Unterredungen mit seiner Teetasse konnten bis spät in die Nacht dauern. Bei Morgengrauen kam dann das erlösende Wort, ein Gedicht entstand. Zhou Wenfu, ein anderer Dichter, liebte seine Teetasse so sehr, dass er sie mit ins Grab nahm.

Das Ehepaar, das in der Nähe des Daches, von dem es herabtropft, Platz genommen hat, hat vorläufig genug mit sich selbst zu tun. Fußmassage ist angesagt. Beide haben ihre schwarzen Stoffschuhe ausgezogen. Sie sind tropfnass. Auf dem Weg zum Teehaus sind zu viele Pfützen.

»Leg deine Füße auf meine Knie«, sagt der alte Mann zu seiner Frau.

Die Füße sind klein und blauweiß, aber nach den Mühen mehrerer Minuten nehmen sie eine natürlichere Farbe an. »Das Blut zirkuliert wieder, und mit dem Blut kommt die Wärme. Wie gut das tut!«

Dann werden die Rollen vertauscht. Sie massiert, und er lehnt sich zurück. Resolut packt sie einen der Füße. Die Zehen sind verkrüppelt und haben fürchterlich lange Nägel.

»Wann hast du zuletzt die Zehennägel geschnitten?« Ihre Stimme ist scharf und vorwurfsvoll.

Der Mann brummt gleichgültig.

»Sag mir, wann hast du zuletzt deine Nägel geschnitten?«, wiederholt sie, noch lauter und schärfer.

»Das kann dir doch egal sein. Wolltest du mich nicht massieren?«
Der Streit geht noch etwas weiter, dann wird weitermassiert.

Die Teepflanze ist ein immergrüner Busch. Die Blätter glänzen und sind steif, etwas ledrig, etwa so wie Lorbeerblätter. Aber wo kommt sie her? Schwer zu sagen. Sowohl die Inder als auch die Chinesen haben schon früh Tee angebaut und schon früh Tee getrunken. In China wurde mehrere Hundert Jahre vor Christus der erste Tee getrunken, aber wann genau, das weiß niemand. Auf den ältesten Reliefs sind Teetrinker zu sehen, und zahllose Gedichte wurden zu Ehren des Tees verfasst.

Mehrere Male im Jahr werden die Blätter mit der Hand gepflückt. Die Konservierung entscheidet dann darüber, ob der Tee grün oder schwarz wird. Grüner Tee sind Blätter, die einfach nur getrocknet sind, während die Blätter des schwarzen Tees sowohl getrocknet als auch fermentiert sind. Beim Oolong, einem Zwitter, werden die Blätter zum Teil fermentiert, anschließend Jasminblüten und andere natürliche Aromen hinzugegeben. Im Übrigen entscheiden Klima und Boden über den Geschmack. China mit seiner vielfältigen Natur hat mehrere Hundert Teesorten.

»Unter kulturellen Gesichtspunkten ist Tee die größte Entdeckung in der Geschichte der Menschheit«, schreibt Lin Yutang. Wo sich milde Teedüfte ausbreiten, herrscht Frieden. Kein Streit, kein Krieg. Tee hat seit mehreren Tausend Jahren Gemütlichkeit und ein Zusammengehörigkeitsgefühl erzeugt. Er kann zwischen den Mahlzeiten genossen werden, ja den ganzen Tag lang. Es heißt, dass der Durchschnittschinese 22 Tassen am Tag trinkt.

Eine Teegesellschaft solle nie zu groß sein, fährt Lin fort. Bei zu vielen Teilnehmern gebe es nur ein Übermaß an Lärm und der zerstöre den verfeinerten Charakter. »Allein zu trinken ist *einsam*; zusammen mit einem Freund zu trinken ist *bequem*, wenn drei oder vier trinken, dann ist das *charmant*, fünf oder sechs Teilnehmer bilden eine normale Teegesellschaft, und wenn sich sieben oder acht zusammenfinden, dann wird die Gesellschaft philanthropisch.«

Eine Teegesellschaft kann durch den Straßenlärm, Streit unter den Dienern und missvergnügte Dienstmädchen verdorben werden. Überprüfe diese Dinge genau, rät Lin, sonst bleiben dir die edlen Tropfen womöglich im Halse stecken. Außerdem sei es wichtig, dass der Tee richtig zubereitet würde und stets in Anwesenheit eines Meisters. Das A und O sei gute Hygiene. Man solle sich in regelmäßigen Abständen die Hände waschen. Trauerränder unter den Nägeln seien nicht erlaubt. Die Tassen hätten strahlend sauber zu sein.

Der mit Holzkohle befeuerte Ofen soll am Fenster stehen. Während das Wasser warm wird, soll der Meister mit den Gästen Konversation machen, aber nicht so sehr, dass er seine Küchenpflichten darüber vergisst. Vornehm, gerne mit feierlicher Miene, soll er die kleinen runden Teeschalen auf ein Tablett stellen. Anschließend – jetzt mit einem liebevollen Blick – soll er die Teeblätter vorbereiten. Dann dreht er sich um, betrachtet den Kessel, und von dem Augenblick an, in dem das Wasser zu singen beginnt, soll er ihn nicht mehr verlassen. Vielleicht hebt er den Deckel ab, um die Blasen im Wasser zu betrachten. Das wird das »erste Kochen« genannt. Er lauscht weiterhin dem schönen Gesang, der jetzt lauter wird und in ein Gurgeln übergeht. Das ist das »zweite Kochen«.

Jetzt beginnt die Dramatik. Der Deckel beginnt zu beben, und die ersten Tropfen spritzen heraus. Rasch nimmt der Meister den Kessel vom Feuer. Dann legt er eine reichliche Menge Tee in die Teekanne und füllt sie mit kochendem Wasser. Sobald der Tee eingeschenkt ist, kocht er einen neuen Kessel Wasser.

Beim zweiten und dritten Aufguss werden dieselben Teeblätter verwendet.

»Um es unumwunden zu sagen«, schreibt Lin Yutang, »der zweite Aufguss ist der beste. Der erste lässt sich mit einer Dreizehnjährigen vergleichen, der zweite mit einer jungen Frau von sechzehn und der dritte mit einer erwachsenen Frau. Deswegen ist der zweite Aufguss der beste.«

In einer Stunde trifft Ma Zhifu ein. Es regnet noch immer, aber das macht nichts, denn das Thema des Tages hat alle Alten vom Hang aus ihren Betten gelockt. Allein, zu zweit oder in kleinen Gruppen mühen sie sich die nassen Pflastersteine hinauf. Einige humpeln auf Krücken, andere werden in Rollstühlen geschoben. Eine dürre Frau wird getragen, was aber nicht sonderlich anstrengend sein kann.

»Was habe ich gesagt? Volles Haus!«, ruft Bao junior. Bao senior hält immer noch hinter den Kesseln die Stellung. Sein hageres Gesicht ist vor lauter Wasserdampf kaum zu erkennen.

Während die Zuhörer allmählich eintreffen, schmückt Bao junior die Wände mit edler Kalligrafie. Eine Rolle nach der anderen zieht er aus einem roten Schrank und rollt sie auf. Sie werden nur bei feierlichen Anlässen gezeigt. Sie würden sonst vergilben, und außerdem vertragen sie keine Feuchtigkeit.

Vor meinen Augen hängt ein Auszug aus dem *Cha'su*, der Bibel der chinesischen Teetrinker:

DU SOLLST DEINEN TEE TRINKEN
Wenn es regnet.
Wenn die Kinder in der Schule sind.
Wenn Herz und Hände wenig zu tun haben.
Wenn du nach der Lektüre von Gedichten müde bist.
Wenn du mit schlanken Konkubinen zusammen bist.
Wenn du in einem frisch gestrichenen Boot in der Nähe einer
        Brücke sitzt.
Wenn du in einem Wald mit hohem Bambus sitzt.
Wenn du in einem von Lotosblumen umgebenen Pavillon sitzt.
Wenn du still in einem einsamen Tempel dasitzt.
Wenn du Liedern und Geschichten gelauscht hast.
Wenn der Himmel klar und der Wind mild ist.

Heute passt der erste Satz am besten. Der Regen peitscht auf das alte Dach herab, aber die Schlange am Hang ist lang und beharrlich – alle wollen nach oben, koste es, was es wolle. Bald ist das Teehaus mit mindestens 300 Menschen bis zum Bersten gefüllt, und alle sind über siebzig. Bao senior wirkt ratlos, so viele Leute hat er lange nicht mehr gesehen.

»Wir brauchen noch mehr Kessel«, ruft er durch den Wasserdampf.

»Wir müssen die Tür zum Hinterzimmer öffnen«, meint Bao junior. »Alle müssen Platz finden.«

Das Hinterzimmer ist nicht groß, und mehr Stühle gibt es nicht. Die Alten drücken sich wie Heringe in einer Tonne aneinander, den Blick auf die Türe gerichtet. Aber wo bleibt eigentlich Ma Zhifu?

Erst kommt Li Jize, der Bipa-Spieler. Er ist mit seinen etwa dreißig Jahren vermutlich der Jüngste. Die *bipa* ist ein Saiteninstrument mit

Bogen, ihr Ton ist klagend, aber schön und wehmütig. Plötzlich, während Li noch sein Instrument stimmt, beginnt die Versammlung zu klatschen. Ma Zhifu ist eingetreten, nicht mit stolzgeschwellter, herausgedrückter Brust, sondern gebeugt und auf schwachen Beinen. Ungeheuer langsam und auf zwei Frauen gestützt, tapst er auf die kleine Bühne und nimmt auf dem Stuhl neben dem Bipa-Spieler Platz.

Bao junior ergreift das Wort: »Willkommen, liebe Freunde, willkommen! Li Jize wird zwei Melodien für uns spielen. Zuerst ›Der Lotos im Wasser‹ ...«

Während die Töne das Lokal erfüllen, werden 300 klirrende Teetassen gefüllt. Alle sind nach dem steilen Anstieg durstig. Ma Zhifu hat die Augen geschlossen, eine letzte Pause vor der großen Anstrengung.

»Und jetzt, liebe Freunde, wird Ma Zhifu uns mit seinem Wissen bereichern. Ja, ihr wisst doch, worüber er sprechen wird ...«

Die Versammlung lacht, und der Erzähler erhebt sich mit großen Mühen. Einige Sekunden lang steht er schwankend da, vollkommen grau im Gesicht, dann greift er sich plötzlich an die Brust und ringt nach Luft. Kann daraus wirklich noch kaiserliches Sexualleben werden? Bao junior eilt herbei. Was ist los? Die Frauen, die Ma Zhifu auf dem Weg ins Lokal gestützt haben, eilen von hinten mit einer braunen Tasche herbei. »Immer mit der Ruhe«, ruft die eine, »das ist weiter nichts, nur ein Asthmaanfall.«

Sie stecken Ma Zhifu einen Schlauch in den Mund und beatmen ihn mit kalter Luft. Zehn Minuten später ist er bereit. Erneut erhebt er sich. Applaus dröhnt auf.

»Ich werde über Sex sprechen«, sagt er und grinst. Er trägt ein großes, weißes Gebiss.

Der Teeausschank macht Pause. Das Publikum muss eine halbe Stunde lang ohne Nachschub klarkommen.

»Ich glaube an den goldenen Mittelweg. Zu viel Sex ist nicht gut und zu wenig auch nicht. Weil ich dem goldenen Mittelweg gefolgt bin, bin ich ein alter Mann geworden. Aber seht euch unsere Kaiser an! Wie alt sind die geworden? Die meisten sind jung gestorben. Ich bin dieser Sache nachgegangen, und ich weiß, wovon ich spreche.«

Ma Zhifu fischt ein kleines Papier aus seiner rechten Brusttasche, die nackten Fakten.

»In China gab es über 200 Kaiser. Nur zwölf von ihnen überschritten das siebzigste Lebensjahr. Das Durchschnittsalter beträgt nur 43 Jahre. Fast ein Drittel starb vor Erreichen des vierzigsten Lebensjahres. Natürlich kann es viele Gründe dafür geben, dass sie so früh gestorben sind, aber ich meine, dass sie zu viel Sex hatten.«

Der Schlauch mit der kühlen Luft hat Wunder gewirkt. Ma Zhifu kommt in Schwung und steht mit der Zeit immer aufrechter. Seine Wangen sind gerötet und seine Augen voller Leben.

»Lasst uns die Dinge chronologisch betrachten: Während der Zhou-Dynastie [1030 bis 221 v. Chr.] wurden kaiserliche Konkubinen eingeführt. Es konnte mehrere Hundert geben, ein Laster! Während der Jin-Dynastie [265 bis 290] besaß Kaiser Wu fast 10 000 Konkubinen. Während der Tang-Dynastie [618 bis 907] hatte Kaiser Ming Huang fast 40 000 Frauen in seinem Harem. Ist es da so verwunderlich, dass er jung gestorben ist? Die Frauen beraubten ihn schließlich seiner Lebenskraft.«

»Sprich lauter! Wir hören nichts.«

Die Stimme kommt aus dem Hinterzimmer.

»Ich spreche so laut, wie ich kann!«

Bao junior bietet seine Hilfe an. Er stellt sich mitten in das Lokal und wiederholt Ma Zhifus Vortrag Satz für Satz.

»Zu viel Sex ist nicht gut«, keucht Ma Zhifu ein weiteres Mal.

»Zu viel Sex ist nicht gut«, wiederholt Bao junior. Er dreht sich um und schleudert den Zuhörern im Hinterzimmer diese Worte entgegen, überwiegend Greise, die auf den Tod warten.

Ein kahlköpfiger Mann aus der ersten Reihe möchte gerne wissen, wie man Sex mit 40 000 Frauen haben kann. Wenn der Kaiser sich mit allen hätte verlustieren wollen, dann hätte er ja keine Zeit mehr für etwas anderes gehabt.

»Unterbrich mich nicht!«, erwidert Ma Zhifu. »Der Kaiser hatte auch gar nicht mit allen Sex. Die meisten waren nur zur Zier, sie saßen da, taten nichts, gähnten und zankten sich den lieben langen Tag. Die Tradition sah vor, dass nur 122 dieser Frauen mit dem Kaiser schlafen durften. An erster Stelle stand natürlich die Kaiserin, dann kamen die 121 Königinnen. Alle besaßen eine bestimmte Rangnummer.«

»122 Frauen sind aber auch nicht so wenig«, murmelt der Mann in der ersten Reihe.

»Jetzt bist du still!«, sagt Ma Zhifu. »Du bringst mich aus dem Konzept!«

Lange Stille, dann fährt Ma fort: »Der Kaiser ging mit der Kaiserin immer bei Vollmond ins Bett. Der Kaiser symbolisierte schließlich die Sonne und die Kaiserin den Mond. Daher mussten sie sich bei Vollmond vereinigen, dem perfekten Zeitpunkt für kosmische Harmonie. Versteht ihr? Wenn der Mond klein und krumm war, dann schlief der Kaiser mit der Königin, die in der Rangfolge ganz unten kam. Mit zunehmendem Mond rief er die wichtigeren Königinnen zu sich. So stärkte er Nacht für Nacht seine Potenz bis zur lebenswichtigen Vollmondnacht.«

Ma Zhifu erzählt, dass das Sexualleben des Kaisers vom kaiserlichen Amt für Bettangelegenheiten verwaltet wurde. Die Aufgabe des Amtes bestand darin, dafür zu sorgen, dass der Kaiser immer die Reihenfolge einhielt und nicht durcheinanderbrachte. Jeden Abend vor dem Liebesakt notierte das Amt den Namen der Frau, den Zeitpunkt des Beischlafs und später, eventuell, Anzeichen einer Schwangerschaft. Wenn die Frau zum Bett des Kaisers geführt wurde, trug sie einen Silberring an der rechten Hand. Wenn der Beischlaf vorüber war, dann trug sie den Ring an einem Finger der linken Hand. Wenn sie schwanger wurde, dann wurde der silberne Ring mit einem Goldring vertauscht.

Aber einige Kaiser organisierten die Sache anders. Kaiser Wu beispielsweise brachte seine Konkubinen in zahlreichen Gebäuden auf dem Palastgelände unter. Jeden Abend stieg er in seinen vergoldeten Wagen, der von einem Ziegenbock gezogen wurde. Wo der Wagen anhielt, trat er ein und vergnügte sich mit der erstbesten Frau. Deswegen taten die Frauen alles, um den Ziegenbock anzulocken. Vor den Häusern wuchs das grünste Gras, in das sie Salz streuten.

Auch die Ming-Kaiser besaßen ein eigenes System. Ehe der Kaiser sein Abendessen beendete, servierte ihm der Eunuch, der dem kaiserlichen Amt für Bettangelegenheiten vorstand, ein Tablett mit Namensschildchen. Die Namen der kaiserlichen Geliebten. Wenn er in Laune war, dann wählte der Kaiser eines der Schilder aus und gab es dem Eunuchen. Wenn er etwas aus dem Gleichgewicht war, dann bat der Kaiser den Eunuchen, aufgrund seiner eigenen, frischen Beobachtungen, eine Wahl zu treffen. Das Wort des Eunuchen hatte Gewicht, und in der Regel befolgte der Kaiser seinen Vorschlag. Die Kaiserin wurde immer über die Wahl des Kaisers informiert. Die Kaiserin war es auch, die der Erwählten die Bitte überbrachte.

»Sie war offenbar nicht sonderlich eifersüchtig«, meint Ma Zhifu, und die Versammlung lacht.

Natürlich musste sich die Auserwählte so schön wie möglich für den Liebesakt machen. Um ihre süße Jugend zu unterstreichen, ließ sie das Haar offen auf die Schultern fallen, weich, frisch gewaschen und wohlduftend. Wenn sie bereit war, wurde sie von zwei Eunuchen abgeholt, entkleidet und auf den Schultern der Eunuchen in die Kammer des Kaisers getragen. Auch die Eunuchen mussten sich entkleiden, ehe sie die Schwelle überschritten, vermutlich aus Sicherheitsgründen. Niemand sollte sich, Dolche oder Schwerter in den Falten seines Gewands verborgen, ins Allerheiligste schleichen können. Nur die Kaiserin durfte ihr Seidengewand anbehalten.

Normalerweise musste die nackte Auserwählte ein paar Minuten warten, ehe der Kaiser bereit war.

»Aber oftmals konnte er auch nicht warten. Er warf sich sofort über sie, während sie noch auf den Schultern der Eunuchen saß!«

Die Versammlung staunt.

»Wie stellte er das an?«, wird in der ersten Reihe gefragt.

»Wie soll ich das wissen? Ich war schließlich nicht dabei! Ich halte mich an das, was ich gelesen habe.«

Das Teehaus wird von halblauten Kommentaren erfüllt. Unglaublich, das alles.

Nur die Kaiserin durfte eine ganze Nacht im Bett des Kaisers zubringen. Die anderen Frauen mussten das Schlafzimmer vor Sonnenaufgang verlassen und der eigentliche Liebesakt vor Mitternacht vorüber sein. Schließlich musste der Kaiser früh aufstehen, um seine Minister zu treffen.

»Genau um Mitternacht stand der kaiserliche Obereunuch vor dem Schlafzimmer des Kaisers und rief: ›Shi shi hou le! Die Zeit ist um!‹ Wenn der Kaiser nicht antwortete, rief er ein weiteres Mal. Wenn er auch nach einem dritten Weckruf keine Antwort erhielt, durfte der Eunuch die Tür öffnen und die Frau holen, notfalls auch mit Gewalt.«

»Mit Gewalt?«, fragt der Störenfried in der ersten Reihe.

»Mit Gewalt! Aber stör mich jetzt nicht mehr! Ich habe dich schon einmal gewarnt!«

Ohne weitere Asthmaanfälle setzt Ma Zhifu seinen Vortrag fort. Viele im Saal heben ihre Teetassen, sie sind durstig, aber niemand kann ihnen helfen. Teekoch Bao senior hat den Ausschank geschlossen.

Wenn der Akt vorüber war, rief der Obereunuch durch den Türspalt: »Wollt Ihr das Kind behalten?«

Antwortete der Kaiser zustimmend, dann notierte sich der Obereunuch Zeitpunkt und Ort und den Namen der Frau. Von diesem Augenblick an und die nächsten neun Monate würde sie alles bekommen, was sie sich wünschte. Lautete die Antwort Nein, dann massierte der Eunuch die Frau an den richtigen Stellen, offenbar im Unterleib, um den kaiserlichen Samen daran zu hindern, ins Innere vorzudringen. Anscheinend war diese Methode sehr effektiv.

»So sah das Sexualleben unserer Kaiser aus. Und jetzt habe ich nichts mehr zu sagen«, endet Ma Zhifu. Er verbeugt sich steif und erntet einen langen Applaus. »Hier ist übrigens die ganze Liste der Kaiser, ich habe sie mit der Hand geschrieben. Hängt sie an den Pfeiler dort hinten, damit alle sie sehen können!«

Ma Zhifu gibt Bao junior die Liste, acht Bögen mit zittrigen Schriftzeichen, die aussehen wie Birken im Sturm. Bao tut, worum ihn der Alte gebeten hat, und befestigt die Liste der Kaiser mit Leim an dem Pfeiler. Alle sind genannt, niemand wurde vergessen, mit einer Ausnahme: Mao.

Im Jahre 1911 wurde der Kaiser gestürzt. Aber auch Mao Zedong herrschte wie ein Kaiser. Sein Wort war Gesetz, und er umgab sich mit zahlreichen Frauen. Hinter den hohen Mauern seiner Residenzen empfing er einen steten Strom williger Bauernmädchen. Auch in der großen Halle des Volkes, nur ein paar Steinwürfe entfernt, ließ er sich ein Liebesnest einrichten, das sogenannte Zimmer 118. »Die Suite war das Prachtvollste, was ich je gesehen hatte«, schreibt der Leibarzt des Vorsitzenden Dr. Li Zhisui. »Möbel und Kronleuchter übertrafen alles, was es im Kreml gab.«

Es spielte keine Rolle, dass Mao verheiratet war. Als absoluter Herrscher konnte er tun und lassen, was er wollte.

»Zum Bett des Vorsitzenden gerufen zu werden war das Großartigste, was die Mädchen erleben konnten. Für die meisten Chinesen war es schon überwältigend, den Vorsitzenden Mao auf der Ehrentribüne auf dem Platz des himmlischen Friedens stehen zu sehen. Die wenigen Privilegierten, die ihm sogar die Hand schütteln durften, wuschen sich anschließend wochenlang nicht die Hände; Freunde und Bekannte reisten kilometerweit an, um die Hand zu berühren, welche die Hand des Vorsitzenden Mao berührt hatte – das Ganze hatte religiöse Dimensionen. Während der Kulturrevolution wurden sogar die Mangos, die Mao Arbeitern geschenkt hatte, auf Altären angebetet. Das Wasser, in denen man die Mangos gekocht hatte, galt als magischer Trank. Wie war es dann erst, als junges Mädchen in Maos Schlafzimmer gerufen zu werden!«

Um 1960, im Alter von 67 Jahren, begann sich der Vorsitzende für die sexuellen Praktiken der Taoisten zu interessieren. Diese behaupten, dass der Mann sein Leben durch häufigen Beischlaf verlängern kann. Je mehr Geliebte, desto besser. Wenn der Mann älter wird, dann lässt sein *yang* (Sperma) nach, die flüssige Quelle von Stärke,

Macht und langem Leben. Dieser Verlust lässt sich jedoch durch ständige Zufuhr von *yin shui* (Vaginalsekret) aufwiegen. Ständiger Beischlaf, aber kein Orgasmus, war daher das beste Rezept für ein langes Leben.

Auf seine alten Tage wurde Mao ein fanatischer Anhänger dieser Theorie, die er dem taoistischen Klassiker »Die Lebensart der einfachen Frau« entnommen hatte. Er bat seine Liebhaberinnen ständig darum, dieses Buch gründlich zu studieren, aber die Mädchen verstanden die altertümliche Sprache nicht, und einige von ihnen waren des Lesens ohnehin unkundig. Daher musste ihnen Dr. Li erklären, worum es ging: Es ging darum, das Leben des Erlösers Chinas zu verlängern, des größten Menschen unter dem Himmel!

Im Teehaus am Hang spricht niemand von Maos sexuellen Ausschweifungen. Noch nicht. Aber in zehn, zwanzig oder dreißig Jahren? Vielleicht.

Ma Zhifu hat das Lokal verlassen. Die Pfütze draußen ist groß und tief geworden. Der ganze Hang wird von Bächen durchzogen, und vom Dach tropft es stärker als je zuvor. Zwei jüngere Männer heben Ma über die Pfütze und fragen ihn, ob er auch gut nach Hause kommt. Ma nickt und schleppt sich langsam den Hang hoch. Andere schleppen sich abwärts, ein langsamer Zug steifer Greise. Einige gehen an Stöcken, andere halten sich an der glatten Mauer fest. Einer geht rückwärts den Hang hinunter. Jeder Schritt bereitet ihm Schmerzen. Noch ehe er unten ankommt, ist er bis auf die Knochen durchnässt.

Aber viele bleiben sitzen. Das Teehaus schließt erst um zehn, warum also nach Hause eilen?

Auch im Teehaus gibt es Cliquen, und mindestens zwei davon sind ein Erbe aus früheren Zeiten. Die »Revolutionäre«, die für Mao auf den Barrikaden standen, sitzen den Kesseln am nächsten. Die »Konterrevolutionäre« sitzen um einen Bambustisch am Ausgang. Bao junior erklärt mir dieses Phänomen.

»Schauen Sie. Dort sitzt der alte Wei. Er hat sehr gelitten. Unter Mao saß er sechzehn Jahre im Gefängnis.«

»Und was hatte er ausgefressen?«

»Nichts. Aber da er Gutbesitzersohn war, wurde er als Schlangenbrut abgestempelt und ins Gefängnis geworfen. Das erste Mal 1951, das zweite Mal 1966. Schauen Sie ihn sich an! Er fühlt sich wohl. Dort drüben, direkt am Fenster, sitzen Zhang und seine Freunde. Sie kämpften für Mao. Sie warfen unschuldigen Menschen alle nur erdenklichen Dinge vor, diese Menschen wurden misshandelt und ins Gefängnis geworfen. Das war eine schreckliche Zeit!«

»Aber jetzt sitzen sie doch alle hier zusammen und trinken Tee?«

»Tja, sie besuchen dasselbe Teehaus, aber sie trinken nicht zusammen. Jeder sitzt für sich. Sie sehen sich finster an, und obwohl sie alle dem Tode nahe sind, verleumden sie einander bei jeder Gelegenheit.«

Auch Lao She, der Autor des Dramas »Das Teehaus«, entging dem Zorn der Rotgardisten nicht. 1966, als die Kulturrevolution ausbrach, war er 67 Jahre alt. Er war gesund und auf der Höhe seiner kreativen Kraft. Täglich saß er an seinem Schreibtisch aus Kampferholz und malte mit seinem Pinsel die schönsten Schriftzeichen.

Er stammte von den Manchu ab, einer Minorität im Nordosten, die China von 1644 bis 1911 regierte, und kam 1899 in Peking zur Welt. Das Haus, in dem er aufwuchs, bestand aus einer leeren Speisekammer und vollen Bücherregalen. Aber aus der leeren Speisekammer und den vollen Bücherregalen entstand große Literatur. »Leben ist schreiben«, stellte er bereits als Vierzehnjähriger fest. »Für mich gibt es kein Leben jenseits von Pinsel und Papier.«

Lao She war einer von Chinas produktivsten Schriftstellern, mit großem sozialen Engagement und einer scharfen Beobachtungsgabe. Mehrere Jahre lebte er am Jangtse, »einem ungeheuer langen Fluss, einem Fluss des Lebens mit scharfen Biegungen und voller Ereignisse«.

Von Fluss und Leben inspiriert, schrieb er »Rikscha-Kuli«, einen Bestseller, der ihm auch internationalen Ruhm einbrachte. Aber auch »Das Teehaus« sorgte für Aufsehen. Das 1957 verfasste Schauspiel stellt eine Abrechnung mit Chinas Vergangenheit dar. Lao She verlegt die Handlung in die Jahre vor der Revolution. Im letzten Akt nehmen drei alte Männer ein rituelles Begräbnis der drei schlimmen Epochen in der Geschichte des Landes vor. Mit ersterbenden Stimmen erklären sie, wenn das alles sei, was das Leben zu bieten hätte, sei es nicht lebenswert. Aber über die neue Zeit, Maos »strahlende« Epoche, sagen sie nichts. Ein unverzeihlicher Fehler, meinten die Kritiker. Sei es denn nicht eine Tatsache, dass Mao dem Volk ein neues Leben geschenkt habe?

Dieser Fehler wurde Lao She möglicherweise zum Verhängnis. Mao gefiel »Das Teehaus« nicht. Etwas fehlte. Außerdem wohnte der große Schriftsteller besser als die meisten Menschen. Sein Haus war voller bourgeoiser Blumen. Und waren nicht schon die vielen Jahre, die er im Ausland verbracht hatte, gleichbedeutend mit Verrat?

Am 23. August 1966 verließ Lao She sein Büro im Zentrum von Peking. In den Straßen wimmelte es von lauten Rotgardisten, die auf Maos Befehl eine Revolution machen sollten.

»Schaut, da kommt das stinkende Schwein Lao She! Ein bürgerlicher Reaktionär! Packt und werft ihn auf die Ladefläche!«

Die Rotgardisten fuhren in einem großen, militärgrünen Lastwagen herum. Die Ladefläche war bereits voll mit »Schweinen«, und jetzt kam noch eines dazu. Sie fuhren zu einem alten Tempel. Hier wurden die Misshandlungen fortgesetzt. Die »Schweine« wurden getreten und geschlagen. Lao She, der sich weigerte, Abbitte zu leisten, wurde bis aufs Blut ausgepeitscht. Schließlich zwang man ihn niederzuknien und hängte ihm ein großes Plakat um den Hals: »Ein reuloser Sünder!«

»Beug dich vor! Beug dich ganz vor, aber halt das Plakat hoch!«

Lao She weigerte sich, die Anweisung der Rotgardisten zu befolgen. Stattdessen riss er sich mit letzten Kräften das Plakat vom Hals und warf es auf die Erde.

Blutend und blau geschlagen fuhr man Chinas großen Schriftsteller in einer Rikscha nach Hause und kündigte ihm für den nächsten Tag neue Verhöre an. »Denk daran, das Plakat mitzubringen!« Schwankend betrat Lao She sein Haus in der Feng Fu Hutong 19, dem die Rotgardisten bereits einen ungebetenen Besuch abgestattet hatten. Die Möbel waren zerstört, die Vasen ebenfalls. Das Porzellan erinnerte an Glasstaub. Die Gemälde waren in kleine Stücke zerhackt, und auf dem Boden langen Hunderte zerstörter Bücher.

Am nächsten Morgen verließ Lao She sein Zuhause zum letzten Mal. Wohin? Nicht zu weiteren Verhören und auch nicht in sein Büro. Die Stunden vergingen, und schließlich kamen die Rotgardisten, um ihn abzuholen. »Wo ist das Schwein?« Niemand antwortete, das Haus war leer. Etwa gleichzeitig wurde ein Toter im Taiping-See, einem der kleineren Pekinger Seen gefunden. Zwei Fischer brachten ihn mit einem Boot an Land. Der Tote war Lao She. Am Ufer wurden die Kleider, der Stock und die Brille des Schriftstellers sowie sein Füllfederhalter gefunden. Im Wasser trieb ein Stück Papier – vielleicht ein letzter Gruß. Die Polizei nahm es sofort an sich, und heute liegt es gut verwahrt in einem Archiv in Peking.

Wahrscheinlich hat sich Lao She das Leben genommen. Aber Mao und die Rotgardisten haben ihn in den Tod getrieben. »Noch bin ich stark«, hatte er in einem seiner letzten Interviews gesagt. »Meine Feder wird noch viele Jahre lang nicht ruhen!«

Der Erste, der ihn mit einem Nachruf ehrte, war erstaunlicherweise ein Japaner. Erst 1978 wurde Lao She auf dem Babaoshan-Ehrenfriedhof in Peking beigesetzt.

Vor mir liegen achtzig enge Flusswindungen. Die Meteorologen in Peking haben nichts Gutes zu berichten. Mehrere Provinzen sind überflutet, und das große Bad wird noch mindestens sechs Wochen weitergehen. Das Leben sei nicht zum Aushalten, sagt Bao junior, schließt das Teehaus und sieht dem letzten Greis hinterher, wie er nach Hause stapft. Die Regenzeit ist schlecht fürs Geschäft. Die Alten haben keine Lust, das Haus zu verlassen.

»Wohin fahren Sie jetzt?«, fragt er.

»Nach Südwesten. Ich werde dem Fluss folgen.«

»Dann werden Ihnen nur Bauern und Bambus begegnen!«

Mag sein. Aber was ist dagegen schon einzuwenden?

> Wenn du zu den Barbaren reist, darfst du nie schlafen!
> Esse Kräuter und lebensspendende Pflanzen,
> damit du dich, wenn nötig, verteidigen kannst.
>
> HAN YU, SCHRIFTSTELLER

Durch Nacht und Nebel

Nie war die Welt schöner als jetzt. Die Straße, die aus Sichuan herausführt, schlängelt sich durch hellgrüne Bambushaine. Die Chinesen nennen sie Bambusmeere, denn der biegsame Bambus wogt bis zum Horizont wie ein schwach bewegtes Meer. Ich habe 3200 Kilometer zurückgelegt, die Hälfte der Strecke zur Quelle des Jangtse. Hinter mir das Rauschen des Flusses, Millionen von Menschen – und vor mir?

· Vornehmlich Natur. Ich weiß, dass sich Lin Yutang, meine Inspirationsquelle, gefreut hätte. Lin mochte keine Städte: »Jedes Mal, wenn ich die langen Häuserreihen der Städte sehe, bekomme ich Angst ... Sich vorzustellen, dass hier Menschen wohnen! Wie leben sie, die Familien, hinter ihren dunklen Fenstern? Was tun sie, um am Leben zu bleiben? Hinter diesen Fenstern gehen Ehepaare jeden Abend zu Bett wie Tauben, die in ihre armseligen Nester zurückkehren. Dann stehen sie auf, und der Ehemann zieht los, um das tägliche Brot zu erwerben, während die Ehefrau verzweifelt versucht, den Staub wegzuwedeln und das Haus sauber zu halten. Gegen vier steckt sie ihre Nase aus der Tür, um frische Luft zu schnappen und mit der Nachbarin zu schwatzen. Dann kommt die Nacht. Die Ehemänner sind todmüde und kriechen ins Bett. Und so leben sie!«

Und das Ergebnis?

»Zahllose Krankheiten! Arterienverkalkung, Herzkrankheiten, Herzstillstand, Koliken, Neurosen, Bluthochdruck, Diabetes, Beriberi, Rheumatismus, Blinddarmentzündungen, Dysenterie, Verdauungsstörungen, Brightsche Krankheit, Schrumpfleber, Nieren-leiden, chronische Verstopfung, Darmverschlingung, Schlaflosig-keit, Appetitlosigkeit, allgemeiner Lebensüberdruss sowie mehr Hunde und weniger Kinder.«

Laut Lin ist der Mensch die einzige Kreatur, die nicht verstanden hat, wie wichtig es ist, umherzustreifen. Die ganze Natur streift herum, Fische, Tiere, Vögel, Insekten, alle – nur der Mensch arbei-tet. Und je zivilisierter, desto mehr Arbeit. Nie haben die Menschen härter gearbeitet als heute. Das zivilisierte Leben ist nichts anderes als die unaufhörliche, verzweifelte und gesundheitsschädliche Jagd nach Essen, Essen, Essen und anderen Gütern. Wir jagen so ver-zweifelt nach Essen und Luxus, dass wir Gefahr laufen, unterwegs den Appetit zu verlieren. Welchen Sinn hat dann diese Jagd?

Umso wichtiger, dass sich einige Menschen treiben lassen. Kluge Menschen haben es nicht eilig, sagt Lin, sie lassen sich treiben. Und das Beste von allem: Billig ist es auch noch. Zu arbeiten sei fürchter-lich teuer. Das Einzige, was einem Bummler abverlangt würde, sei ein gewisses künstlerisches Temperament, das ihn befähige, einen nutzlosen Abend auf vollkommen nutzlose Weise zu verbringen.

Wie es ist, im Bambushain herumzustreifen?

Ein Drittel allen Bambusses wächst in China. Hier gleitet er gra-ziös über die Hügelrücken hinweg und verschwindet in der Ewig-keit. Auf dem Weg komme ich an idyllischen, abgeschiedenen Orten vorbei, wo die Dichter der Vergangenheit mit übergeschlagenen Bei-nen saßen und Verse zur Ehre des Bambus schrieben. Diese Orte ha-ben klangvolle Namen wie Grotte der Unsterblichkeit, Himmlische Wasserfälle, Garten der Träume, Froschteich, Bergabsatz des Philo-sophen, Obdach des sorgenfreien Wanderers, Regenbogengebirge, Hoher Himmelswald, Paradieswald, Waschplatz der Jungfrau, Per-lenkluft und Höhle der tiefen Gedanken.

Stille. Kilometerweit nur Stille. Die Menschen sind spurlos ver-schwunden, aber die Bambusse zählen Milliarden. In den kleinen Dörfern im Süden leben die Einwohner ausschließlich vom Bam-bus. Wie Su Dongpo (1036–1101), einer der großen Dichter Chinas, schreibt: »Wir essen Bambussprossen, stellen Kleider und Schuhe aus Bambus her, decken die Dächer unserer Häuser mit Bambus, schreiben auf Papier aus Bambus, transportieren unsere Habe in Bambuskörben und heizen mit Bambus ...«

Wenn in diesen Gegenden ein Kind zur Welt kommt, wird es in eine Wiege aus Bambus gelegt. Später sitzt es in einem Korb aus Bambus auf dem Rücken der Mutter. Die Toten werden in einem Bambussarg zu Grabe getragen. Bambus ist das A und O des Lebens. In Jiang'an, einem Kreis am Jangtse, laufen mir die Frauen auf dem Sandweg hinterher und rufen: »Mawozi, mawozi!« Bessere Bambussandalen findet man auf der ganzen Welt nicht. Die Frauen verfolgen mich einen steilen Abhang hinauf, und als der Weg in einer schmalen Felskluft verschwindet, rufen sie mir aus vollem Hals hinterher.

Im Dorf am Ende des Tales esse ich saftige Orangen von runden Bambustellern. Der Stuhl, auf dem ich sitze, ist aus Bambus, und der Vogel, der hinter mir zwitschert, springt in seinem Bambuskäfig von einer Stange auf die andere. Der Zaun, der das Dorf umgibt, besteht aus angespitztem Bambusrohr, und das Haus, in dem ich übernachten werde, besteht vollständig aus Bambus. Li Shujun, einer der Bauern des Dorfes, hebt seinen Bambushut und zitiert ein örtliches Sprichwort: »Bambus ist wichtiger als Kinder!« Eine fragwürdige Aussage, aber Li begründet sie damit, dass ein Bambus nur drei Jahre wachse, bereits nach einem Jahr könne man Bambussprossen ernten und nach drei Jahren könne man ihn fällen. Ein Kind wachse jedoch zwanzig Jahre lang. Es fällen? Unmöglich.

Glücklicherweise zeigt es sich, dass Li Kinder liebt. Er hat eine Tochter und drei Söhne – ein grober Verstoß gegen die Ein-Kind-Politik. Die Tochter wurde als Erste geboren. Aber da er von einem Jungen geträumt hatte, unternahmen er und seine Frau einen neuen Versuch. Da kam der Sohn, später kamen dann noch zwei.

Die drei Jungs, sechs, acht und neun Jahre alt, spielen Fußball außerhalb des Bambuszauns. Nach einiger Zeit kommen sie, um Guten Tag zu sagen, der Neunjährige zuerst.

»Wie heißt er denn?«

»Kleiner Zweitausend.«

»Wieso das?«

»Da wir bereits ein Kind hatten, mussten wir zweitausend Yuan Strafe zahlen. Deswegen haben wir ihn Kleiner Zweitausend genannt.«

»Und der Nächste?«

»Das ist der Kleine Dreitausend, und der Jüngste heißt Kleiner Viertausend.«

Die Strafe wurde mit jedem Kind höher, aber egal. Li Shujun meinte, dass er es sich leisten konnte, gegen das Gesetz zu verstoßen. Warum dann nicht? Millionen Bauern haben es genauso gemacht. So kommt man zu vielen Chinesen. Männern.

»Sie können mir ansehen, dass ich ein glücklicher Mann bin.« Li lächelt breit. »Ich habe meine Pflicht getan, und das ist gut so.«

Der stolze Vater will mir gerne eine der Bambusflöten verkaufen, die er selbst geschnitzt hat. Im Sonnenuntergang, während die Bambusmeere immer gespenstischer aussehen, liege ich auf dem Rücken und spiele das norwegische Volkslied »Du sollst die Sommernacht nicht verschlafen«. Mitten in der zweiten Strophe verschwindet die Sonne, und das Bambusmeer wird in Schwärze gehüllt.

Westlich der Bambusmeere erheben sich die Gebirge Tibets und Yunnans mit roher Gewalt. Sie wogen aufgepeitscht ins Landesinnere, Tausende Kilometer Wildheit, und hinter dem letzten weißen Gipfel von Tibet liegt Indien. Gen Süden liegen enge Täler mit vereinzelten Reisfeldern, Wäldern, Gipfeln und kargen Felsgebirgen. In den Wäldern und Bergen Yunnans leben 24 Minoritätsvölker umgeben von unberührter Fauna und zahllosen Raubtieren.

Seit frühester Zeit halten die Han-Chinesen Yunnan und Tibet für gefährliche und gesetzlose Randgebiete. Ihre Bewohner sind anders. Sie sprechen andere Sprachen und kleiden sich in Wolle und Pelz und tragen Filzhüte. Ihr Schmuck besteht aus schillernden Türkisen. Sie waschen sich nie und wissen nicht, dass der Kaiser in Peking wohnt. Einige sehen ganz Furcht einflößend aus, und manchmal morden sie auch. Sie sind Meister der Zauberei und können auf tausend Kilometer Abstand den Tod eines Mannes hervorrufen. Sie leben in extremer Armut und wissen nicht, wie eine Reispflanze gepflanzt wird.

Von hier aus werde ich dem Jangtse in die Provinz Yunnan folgen, und von Yunnan aus geht es dann weiter nach Tibet.

»Die weißen Türme, die hier am Fluss verstreut sind, signalisieren Gefahr«, schrieb der britische Missionar Samuel Pollard 1887. Als einer der ersten Vertreter der Christenheit hatte er sich in die engen Schluchten Yunnans gewagt. »Fragt man die Besitzer, was der Sinn dieser Türme sei, antworten sie alle: ›Die Angst vor den Wilden!‹ Die Wilden verbreiten in den Dörfern dreier Provinzen Angst und Schrecken. Fragt man, wo diese Wilden herkommen, dann deuten die Leute auf die Höhen nördlich des Jangtse. Seit Generationen, sogar seit Jahrhunderten herrscht ständig Krieg zwischen den Wilden der Berge nördlich des Jangtse und den Chinesen, die am Südufer des Flusses siedeln. Ohne Vorwarnung stürmen die Wilden heran und plündern die reicheren chinesischen Dörfer, rasch und gnadenlos. Sie brandschatzen, plündern und nehmen ihre Feinde gefangen, und ebenso schnell, wie sie aufgetaucht sind, ziehen sie sich in ihre Verstecke im Hochland zurück.«

Pollard fand es seltsam, dass es den Chinesen, die trotz allem in der überwältigenden Mehrheit waren, nicht gelang, den Wilden Einhalt zu gebieten.

Als Abgesandte Gottes des Allmächtigen wollten die Engländer den Heiden die Frohe Botschaft bringen, sowohl den Chinesen als auch den Wilden. Aus verständlichen Gründen verlegte Pollard seine Missionsarbeit auf die Südseite des Flusses, übrigens mit geringem Erfolg. Er stellte jedoch fest, dass Nord- und Südufer zwei verschiedene Welten waren. Südlich des Jangtse, wo die Chinesen wohnten, bestand das Ufer aus schmucken Höfen mit blühenden Gärten mit Reis, Mais, Süßkartoffeln, Baumwolle, Zuckerrohr, Granatäpfeln und Orangen – allem Essbaren unter der Sonne. Das Nordufer bestand aus Wildnis und Dschungel. Die Chinesen schauten ständig sehnsüchtig auf die andere Seite, weil sie wussten, dass sich die Wildnis in Ackerland verwandeln ließ. »Eines Tages wird das vermutlich auch passieren«, stellt Pollard fest, »obwohl bis dahin noch viel Zeit vergehen kann.«

Jetzt ist es so weit, und am Nordufer blühen die Gärten. Aber es gibt nur wenige Dörfer, und mit jeder Flussbiegung wird die Besiedlung spärlicher.

Südlich der Bambusmeere ändert der Jangtse seinen Namen und wird zum Jinsha Jiang – dem Goldsandfluss. Werde ich endlich Gold finden? Der Fluss wird jetzt schmaler, einige sagen reicher. Die chinesischen Zeitungen schreiben ständig über arme Bauern, die Haus und Hof verlassen, um nach Gold zu suchen. Sie können nicht mehr, der Boden verlangt ihnen zu viel ab. Andere sind arbeitslose Abenteurer. Viele zieht es zum Goldsandfluss, andere zu seinen Nebenflüssen. Die meisten kehren enttäuscht nach Hause zurück. Aber genau hier ist es sinnlos, zu suchen. Mein Tecsun-Kurzwellenradio verrät mir außerdem, dass es noch wochenlang weiterregnen wird.

Ich frage mich, wie der Jangtse dann aussieht?

In den nächsten Tagen folge ich den Tälern Richtung Süden. Von einem Bus steige ich in den nächsten, und jedes Mal habe ich Gesellschaft von durchnässten Menschen, die einem unbekannten Ziel entgegenstreben. Die Straßen sind schlecht, aber Straßenarbeiter – es müssen Tausende sein – geben ihr Bestes, um sie auszubessern. Mit Hacken und Spaten begeben sie sich in den Platzregen, einen flatternden Plastiksack übergezogen und in klatschnassen Stoffschuhen. Einer, ein kleiner, vielleicht zehnjähriger Junge, sieht verhärmt aus. Er zittert am ganzen Körper, und sein kleines Gesicht ist bleich. Seine Augen sind flehend und seine Hände blau.

Der Fluss kommt und geht. Einen Augenblick lang ist er zu sehen, im nächsten nicht mehr. Nach einer Biegung rennt er gegen einen schwarzen Berg an, nur um zurückgeworfen zu werden. Schaum spritzt auf, fällt in sich zusammen und verschwindet.

Jedes Jahr im Mai ist dieser Flussabschnitt ein Eldorado für Rafting-Freunde. Abenteurer aus vielen Ländern versammeln sich in Panzhihua, einer Stadt weiter im Süden, um den Fluss in leichten Schlauchbooten hinabzufahren. Aber jetzt sind die Rafting-Enthusiasten in Deckung gegangen. Ich bekomme nur zerstörte Dorfhäuser auf Stelzen zu sehen. Bretter und Fensterrahmen werden von weißen Schaumkronen davongerissen. Sie haben es furchtbar eilig. Die Bauern im Bus stehen von ihren Sitzen auf, um nach Köpfen in den Fluten Ausschau zu halten, aber nein – keine Köpfe, nicht einmal der Kopf eines Hundes.

Als der Bus nach Yuanshan hineinrumpelt, ist es im Tal stockdunkel. Das Dorf liegt am Fuß einer senkrechten Felswand, zwischen Berg und Fluss eingeklemmt. Die ersten Dorfbewohner, die ich zu Gesicht bekomme, ein älteres Paar, eilen mit Kerzen durch die engen Gassen. Andere haben glühende Räucherstäbchen in der Hand. Sie sind auf dem Weg zum Tempel, einer engen Höhle im Berg. Aus der Höhle fällt ein schwacher, scharlachroter Lichtschein. Die Menschen flanieren durch die Tempelstraße und erinnern an schwarze Gespenster. Sie unterhalten sich und gähnen, und über allem liegt das einschläfernde Brausen des Flusses. In einer engen Hauseinfahrt sitzt eine alte Frau mit einer fußbetriebenen Singer-Nähmaschine von etwa 1930. In der Ferne höre ich wütendes Hundegebell. In der kühlen Luft liegt der Duft von frisch gegrilltem Fleisch.

In Yuanshan gibt es nur eine Herberge, ein niedriges Ziegelgebäude mit 24 Betten in sechs Zimmern. Man hat Platz, aber der Portier verweigert mir trotzdem den Zugang.

»Leider, Sie sind Ausländer.«

»Aber ...«

»Um Leute wie Sie übernachten zu lassen, benötigen wir eine Genehmigung des Tourismusministeriums. Und die haben wir nicht.«

Argumentieren nützt nichts. Hungrig und verstoßen gehe ich wieder zum Fluss hinunter und befindet mich plötzlich in einem Lichtermeer, das mich an eine Kirmes erinnert. Hunderte von Menschen haben sich vor zwei länglichen Gebäuden mit Wellblechdach versammelt, die mit roten und gelben Glühbirnen dekoriert sind. Die Glühbirnen schlingen sich wie ausgelassene Perlenketten über die Dächer, und hinter einem hohen Maschendrahtzaun schießen Männer mit Luftgewehren auf Luftballons. Aus schwarzen Herden schlagen anderthalb Meter hohe Flammen, und aus Öffnungen im Dach dringt dichter, graublauer Rauch. Gelächter und Musik erfüllen die Luft, und vor den Öfen laufen verschwitzte, dickliche Köche mit nackten Oberkörpern hin und her. Einer wirft eine Bratpfanne in die Luft und fängt den Holzgriff mit den Zähnen auf. Ein anderer spuckt auf einen Waschlappen und fährt sich übers Gesicht.

Wieder werde ich wie ein Aussätziger abgewiesen. Einer der Essenden, ein breitschultriger Mann mit Mondgesicht und kahlem Schädel, erhebt sich und bittet mich kehrtzumachen. Er spricht laut und deutet zum Tempel in der Felswand hoch.

»Weg! Verschwinden Sie!«

Aber dann greift Tang ein. Hier gibt es nichts, wofür man sich schämen müsste, obwohl Hunde, denen gerade das Fell abgezogen wurde, von den Fleischerhaken hängen. Tang ist der Eigentümer des Lokals.

»Die Leute kommen von weit her, um es sich hier schmecken zu lassen«, sagt er und kratzt sich den Bauch.

Er zieht mich am Hemdzipfel. »Hierher! Setzen Sie sich hier hin!« Er schiebt mir einen Bambusstuhl unter. Vor meinen Augen baumelt ein vierbeiniger Freund, der vielleicht sechs Monate alt wurde, aber nie die geringste Zuneigung erlebte.

Die Leute hier im Tal hätten nie Hunde gegessen, erklärt mir Tang in bruchstückhaftem Englisch. Aber dann sei er 1979 in den Krieg gezogen. In jenem Jahr hatte es einen kurzen Grenzkrieg zwischen China und Vietnam gegeben. Die Chinesen wollten den unfügsamen Vietnamesen eine Lektion erteilen. Dort unten, weit im Süden, sei ihm aufgefallen, dass die Leute Hundefleisch äßen. Nach Ende des Krieges sei er geblieben. Er habe in Pingxian, einer Kleinstadt nur einige Dutzend Kilometer von der Grenze entfernt, als Koch gearbeitet. In den vier Jahren dort hätte er gelernt, Hunde, Katzen, Eichhörnchen, Affen, Schlangen, Eidechsen, Salamander, Ratten und anderes Essbares zuzubereiten. Hunde hätten jedoch am besten geschmeckt. Es gebe kein Gericht, das sich mit einer frisch gebratenen Hundelende messen könne!

Der Gasherd in der Mitte des Restaurants gibt einen unangenehmen Knall von sich. Wieder ist eine Stichflamme zu sehen, wie von einem Flammenwerfer. Tang dreht sich um und nickt zufrieden. Hinter den Flammen schwitzen zwei seiner Köche, über und über mit Blut bedeckt. Sie sind damit beschäftigt, die Hunde zu zerteilen. Ein kräftiger Hieb, und der Kopf fällt zu Boden. Dieses Bild hat etwas Apokalyptisches, als hätte Dante höchstpersönlich vorbeigeschaut und Regie geführt.

Die Essenden lassen sich nichts anmerken. Sie sitzen an den Längs- und Schmalseiten und haben die Gesichter den Gasherden, den Köchen und den Hunden, denen gerade das Fell über die Ohren gezogen worden ist, zugewandt. Fast alle sind Männer. Zwei von ihnen fallen gleichzeitig über eine Hundekeule her. Die Delikatesse, frisch gebraten oder frisch gekocht, wird mit dem Bier, das im Ort gebraut wird, hinuntergespült. Auf der rotbraunen Erde zu unseren Füßen scheinen die leeren Flaschen im Takt der dröhnenden Musik hin und her zu rollen. Einige sind zerbrochen, man muss also aufpassen, wo man hintritt.

Tang ist groß und lächelt unter einer empfindlichen Nase ständig. Er trägt eine Kochmütze, die einmal weiß war. An der linken Hand fehlen Daumen und Zeigefinger – das passiert, wenn man mit dem Hackbeil danebentrifft. Was ich gerne essen würde?

Tang schlägt Hund vor und deutet auf einen, der eben erst abgehäutet worden ist. Er sieht mich erwartungsvoll an. Die Köche hinter den Flammenwerfern könnten damit Wunder vollbringen, meint er. Gebraten? Oder vielleicht gekocht? Ganz nach Belieben. Ich könnte mir auch das Stück aussuchen, Pfoten, Schlegel, Bauch oder Brust, Schwanz oder Kopf, alles, bis auf die Lungen. Die Lungen seien nicht gut, meint Tang, ohne mir zu erklären, warum.

Weiter hinten, hinter einem hohen Maschendrahtzaun, kläffen

die Hunde, die noch leben. Glücklicherweise kann ich sie nicht sehen, denn die Hundeställe liegen im Stockdunkeln. Aber dort ist trotzdem einiges los, es wird gerauft, gekratzt und gewinselt.

»Schnauze!«, ruft Tang und wirft einen Bambusstock zu ihnen hinein.

Um die Wahrheit zu sagen, habe ich keine sonderliche Lust auf Hund. Ob es nicht etwas anderes gebe?

Doch, alles Mögliche, Schweinebraten und Huhn. Aber der Anblick der bluttriefenden Hunde hat mir mehr Lust auf etwas Vegetarisches gemacht. *»Wo chi sù«*, sage ich. »Ich bin Vegetarier.«

Tang schüttelt den Kopf, findet sich dann aber mit dieser Antwort ab. Viele Chinesen scheuen davor zurück, Hund zu essen, warum ich nicht also auch? Er ruft den Köchen irgendetwas zu, und wenig später sitze ich über eine dicke Kohlsuppe gebeugt. Tang erzählt, die Hunde, die bei ihm serviert würden, seien eine Mischung aus chinesischem Fleischhund und Schweizer Bernhardiner.

»Der Fleischhund gibt gutes Fleisch, und der Bernhardiner gibt viel Fleisch.«

Tang züchtet die Hunde selbst. Die Bernhardiner hat er von einem Züchter in Datong, einer Stadt im Nordosten, gekauft. Der Vorteil der Bernhardiner sei, dass sie schnell wüchsen. Im besten Fall würden sie hundert Kilo schwer. Außerdem würden sie nur selten krank und hielten viel aus. Die Fleischhunde hätten mageres, wohlschmeckendes Fleisch. Die Kreuzung der beiden Rassen ergebe erstklassige Qualität, stellt Tang fest, dem die Feststellung wichtig ist, dass reinrassige Bernhardiner nie auf dem Teller landen. Sie schmeckten nicht gut genug. Außerdem seien sie zu teuer.

»Wie hat Ihnen die Suppe geschmeckt?«

»Sehr gut.«

»Bei Ihrem nächsten Besuch müssen Sie dann aber unbedingt Hund probieren. Heutzutage können Sie aber selbst in Peking hervorragende Hundegerichte bekommen.«

»In Peking?«

»Ja. Dort gibt es mehrere Hunderestaurants. Gehen Sie in das

Dog Meat King, das ist das beste. Dort gibt es über fünfzig Hundegerichte. So viele habe nicht einmal ich.«

Tang meint, Hund sei immer gut, insbesondere aber in kälteren Landstrichen. Hundefleisch besäße die wunderbare Fähigkeit, den Körper aufzuwärmen, außerdem sei es sehr gehaltvoll, viel gehaltvoller als anderes Fleisch.

Nicht alle Chinesen essen Hund, aber immer mehr tun es. Diese Tradition reicht mindestens 2000 Jahre zurück. Es heißt, dass die Koreaner damit begannen, Hundekeulen und -pfoten aufzutischen. Erst dann fingen auch die Chinesen damit an. Aber auch heute essen noch nicht viele Chinesen den besten Freund des Menschen. Diese Sitte gibt es hauptsächlich in Nordchina in den Grenzgebieten zu Korea. Die Hundeesser gibt es aber auch weiter südlich im Land, besonders in den Provinzen Guangdong und Guangxi. Dort wird kantonesisch gekocht, eine Küche, die sehr viel Fleisch verarbeitet.

Tang lässt mir keine Ruhe. Es ist eine Ehre, einen Ausländer zu Gast zu haben. Selbst als ich zum Fluss hinabgehe, um dort meine Kohlsuppe fertig zu essen, folgt er mir. Auf einem Stapel Bretter sitzen dort drei junge buddhistische Mönche und essen Bananen. Sie sagen alle drei kein Wort.

»Ich sehe sie dauernd, und sie essen nie etwas anderes als Bananen. Sehen Sie doch nur, wie dünn sie sind! Diese Mönche lassen sich wirklich einiges entgehen, sowohl Hundebraten als auch Frauen!«

Er lacht.

Nach seinem Aufenthalt in Pingxian lernte Tang auch Rattenfleisch zu schätzen. Aber um diese Jahreszeit serviert er es nicht. Während des Monsuns bekommen die Ratten alle möglichen Krankheiten, die schlimmstenfalls auf den, der sie isst, übertragen werden. Zu viel Rattenfleisch ist ebenfalls nicht gut. Wer zu viel isst, bekommt Nasenbluten, möglicherweise weil die Körpertemperatur steige. Trotzdem sei Rattenfleisch in mäßigen Mengen gesund.

»Hören Sie«, sagt Tang, und legt die Hand auf sein frisch geschnittenes Haar, das an eine schwarze Schuhbürste erinnert. »Bevor ich nach Pingxian kam, begann mir das Haar auszugehen. Ich war fast vollkommen kahl. Aber dann fing ich an, Ratten zu essen, und mein Haar begann wieder zu wachsen! Leute, die Rattenfleisch essen, bekommen starkes, kräftiges Haar. Daran gibt es keinen Zweifel!«

Er fährt mir durchs Haar.

»Ihnen könnte etwas Rattenfleisch auch nicht schaden. Aber denken Sie daran, dass eine Rattenmahlzeit am besten schmeckt, wenn der Wind von Norden kommt. Dann schmeckt es fast wie Peking-Ente.«

Die Mönche sind nach ein oder zwei Bananen satt. Langsam verschwinden sie, in ihre purpurroten Gewänder gehüllt, in die Dunkelheit. Vor Mitternacht sind die meisten Gäste nach Hause gegangen, es wird auch keine Musik mehr gespielt. Aber die Hunde, jedenfalls jene, die den Abend überlebt haben, bellen weiter den Mond an. Jetzt muss die Restaurantküche aufgeräumt und geputzt werden. Einer der Männer rollt einen Schlauch zum Fluss aus, und die Küche wird mit echtem Jangtse-Wasser abgespritzt. Tang verabschiedet sich und verschwindet, und bald liegt das Gourmetrestaurant leer und verlassen da.

Was mache ich jetzt?

Vielleicht kann ich mich ja hinter den Bambusschuppen dort drüben legen? Er sieht vollkommen unbenutzt aus. Mit dem Mond als einzigem Zuschauer krieche ich in meinen Schlafsack. Aber der Schlaf will nicht kommen. Mit dem Brausen des Flusses komme ich zurecht, es ist gleichmäßig und betäubend, aber das Kläffen! Die Hunde werden mit jeder Stunde wütender. Ich liege lange wach und sehe mit geschlossenen Augen die fürchterlichsten Bratengerichte vor mir. Ich denke an Pingxian. Die Menschen im Süden essen alles, was zwei oder vier Beine hat, Tische und Stühle einmal ausgenommen, das wissen alle.

Aber kann es stimmen, dass sie sich auch an den Hirnen lebender Affen gütlich tun?

Durchaus, lässt sich in der in Hongkong erscheinenden Zeitung »Apple Daily« nachlesen. Der Korrespondent der Zeitung besuchte Pingxian im Jahre 1998: »Zuerst wird der Affe im Käfig gezwungen,

Reiswein zu trinken, bis er vollkommen betrunken ist. Dann wird er aus dem Käfig geholt und an Händen und Füßen gefesselt. Im nächsten Augenblick wird ihm mit einem scharfen Messer der Schädel geöffnet, und das grauweiße Hirn mit seinen pulsierenden Pulsadern kommt zum Vorschein. Die Köche servieren das Hirn so schnell wie möglich, damit es warm und frisch ist. Zu dem Gericht gibt es unterschiedliche Relishes, Chili, geröstete Erdnüsse und eingelegte Zwiebeln. Die Gäste machen sich hungrig über das Essen her, während der Affe, schweißgebadet und zitternd, ins Reich der Toten hinübergleitet.

Einer der Gäste spülte sein Essen mit Wein hinunter. Er meinte, der Wein würde alle Bakterien, die vielleicht noch in der Gehirnsubstanz vorhanden seien, abtöten.

Einer der Köche meinte, die normalste Art des Verzehrs von Affenhirn sei, in der Mitte des runden Tisches in einer Öffnung einen Schraubstock anzubringen. Der Kopf des Affen würde etwas herausragen. Damit der Affe nicht jammern und schreien würde, binde man ihm den Mund zu. Anschließend könnten die Köche den Oberteil des Kopfes aufsägen, damit sich die Gäste bedienen könnten. Ab und zu käme es vor, dass die Mundbinde nicht fest genug säße. Dann würden die Gäste die kläglichen Schreie hören, die unter der Tischplatte hervordrängen.

Aber heutzutage gilt diese Methode als zu brutal. Deswegen wird der Affe mit großen Mengen Alkohol betäubt. Man isst sein Gehirn erst, wenn er vollkommen bewusstlos ist. Der Koch erzählte, dass langschwänzige Affen mit einem Gewicht von 1,5 Kilogramm ein 150 Gramm schweres Gehirn hätten. Davon würde man nicht satt. Deswegen würden bei einer größeren Gesellschaft mehrere Affen benötigt. Der Geschmack erinnere an Bohnenauflauf, weswegen das Gericht vor Verzehr gewürzt werden müsse.«

Das klingt zu grausam, um wahr zu sein. Aber auch in der älteren chinesischen Literatur wird Affenhirn als Gericht genannt, beispielsweise in einem Buch aus dem 19. Jahrhundert, »Das Bankett der Han und Manchu«. In diesem Buch wird ein vielfältiges Menü aus allen Landesteilen vorgestellt. In »Beiläufige Unterhaltungen auf Mantoulous Veranda« von 1888 wird das Hirn lebender Affen als Delikatesse bezeichnet.

Am besten ließe sich diese Geschichte vermutlich mit einer Reise nach Pingxian überprüfen. Dort, nur einen Steinwurf von der örtlichen Polizeiwache entfernt, liegt der Markt für wilde Tiere. Laut »Apple Daily« ist dort von morgens bis abends sehr viel los. Die Menschen kämen von überall her. Affen seien jedoch teuer. Ein Affe mit einem Gewicht von 1,5 Kilogramm kostet 380 Yuan, und das ist viel Geld. »Aber wenn sich die Gäste die Kosten teilen, ist das kein Problem«, schreibt der Journalist.

Gegen vier Uhr morgens schlafen die Hunde ein, stattdessen erwacht jedoch der Regengott. Um nicht nass zu werden, lege ich mich in den Bambusschuppen. Dort ist es trocken, und einige Stunden lang schlafe ich tief. Erst gegen neun werde ich von einem kleinen Jungen geweckt. Er will mir einen Regenschirm verkaufen. Er kostet nur drei Yuan. Vielen Dank! Das kann ich mir leisten.

Ich versuche ihn in einer Bö aufzuspannen. Der Schirm kehrt sich um und fliegt davon. Schließlich landet er im Jangtse. Im Restaurant sind mehrere Frauen damit beschäftigt, Flaschen, Müll und Essensreste vom Vortag aufzusammeln. Auf der Straße, die ins Gebirge führt, wetzen kleine Kinder auf und ab, sie bespritzen sich mit Wasser und kreischen vor Freude. Unter einem Vordach steht ein gelbbleicher Greis und wäscht sich, und vom Tempel in der Felswand höre ich das Geklimper leichter Messingglocken. Hinter dem Eingang zum Restaurant liegen die Hunde. Jeder liegt in einem eigenen Käfig, und ihre graubraunen Flanken heben und senken sich. Ob sie morgen immer noch atmen?

China braucht Tierschutzgesetze.

Außerdem braucht das Land Lehrer, gute, tüchtige Englischlehrer. Das behauptet jedenfalls der Mann, der mich auf dem Weg zum Busbahnhof anspricht. Er ist Lehrer an der Oberschule in Yuanshan.

Die Schule hat 420 Schüler, und er kann sie nicht alle unterrichten. Am Vortag habe er spätabends erfahren, ein englischsprachiger Ausländer sei unten am Fluss aufgetaucht. Das sei ja wohl ich? Vielleicht hätte ich ja Lust auf einen Lehrerjob?

»Ich zeige Ihnen unsere Schule«, sagt er. »Dann können Sie Ja oder Nein sagen.«

Die Schule besteht aus vier lang gestreckten Ziegelbauten ohne Anzeichen von Leben. Die Schüler haben Sommerferien. Die alten, handgetischlerten Pulte rufen Erinnerungen an ein Norwegen vor Stahlrohrstühlen und Resopal wach. In mehreren Klassenzimmern gibt es keine Tafeln, dafür ist die Wand hinter dem Lehrerpult schwarz gestrichen. In einem der Klassenzimmer hängen Bilder, auf denen die vier großen Erfindungen Chinas erklärt werden – Papier, Kompass, Schießpulver und Buchdruck. Aber das größte Bild ist eines von David Beckham.

»Sprechen Sie so gut Englisch wie David Beckham?«

»Keinesfalls. Ich bin doch Norweger.«

»Unser Ziel ist, dass die Schüler ebenso gut Englisch sprechen wie David Beckham!«

»Das wird nicht leicht werden.«

»Nicht leicht? Wir müssen ordentlich Englisch lernen. Fast die ganze Welt spricht Englisch, das müssen wir einfach einsehen. Und falls China groß und stark werden soll, müssen wir mit anderen Völkern sprechen können.«

»Genau.«

»Dann können wir uns nicht so benehmen wie Zhang Tiesheng.«

»Welcher Zhang?«

»Zhang Tiesheng. Während der Kulturrevolution war er hier Schüler. Beim Examen 1973 gab er einfach nur ein leeres Blatt ab. An den Rand hatte er geschrieben, er habe keine Zeit gehabt, den Stoff zu lernen. Warum? Weil er seine ganze Kraft darauf verwendet habe, die Ideen des Vorsitzenden Mao zu verbreiten. Natürlich hätte er durchfallen müssen, aber die Mao-Anhänger machten ihn zum Volkshelden. Drei Jahre lang reiste er durch China, und überall rief er den Volksmassen zu: ›Die Weisheit des Vorsitzenden Mao ist wichtiger, als zu büffeln und Examen abzulegen! Nieder mit den Lehrern, nieder mit der Schule!‹ Zhang behauptete, Englisch sei eine reaktionäre Sprache. Aber welche Sprache sprach denn Karl Marx? Englisch! Marx wohnte viele Jahre in London und sprach Englisch. Er liegt sogar in England begraben.«

»Da haben Sie recht. Er ist auf einem Londoner Friedhof begraben.«

»Ihr Englisch ist ganz phantastisch. Sie sprechen genau wie Karl Marx und David Beckham! Da Sie ein *waiguoren* sind, kann ich Ihnen den doppelten Lohn anbieten, 800 Yuan im Monat.«

Tausende Ausländer arbeiten als Englischlehrer in China. Ich hätte ihnen gerne unter die Arme gegriffen, aber nein, nicht dieses Mal. Der Jangtse treibt mich weiter, hoch dort oben funkelt die klare Quelle.

Wir scheiden als Freunde. Der gesprächige Lehrer, dessen Namen ich während des ganzen Gesprächs nicht aufschnappe, ergreift meine Hand, schüttelt sie und wünscht mir eine gute Weiterreise.

Als ich den Schulhof verlasse, sehe ich, dass er einen langen Piassavabesen ergriffen hat. Auf den chinesischen Schulhöfen ist noch viel zu tun und noch mehr in den Klassenräumen. Obwohl in China neun Jahre Schulbesuch Pflicht sind, hören viele schon nach drei, vier oder fünf Jahren auf, besonders auf dem Land. Manchen ist es nicht einmal vergönnt, überhaupt eine Schule zu besuchen. In China gibt es 85 Millionen Analphabeten, die meisten davon sind Frauen. Um als lese- und schreibkundig zu gelten, muss man auf dem Land 1500 Schriftzeichen beherrschen und in der Stadt 2000. Die uralten Schriftzeichen stellen zweifellos ein Hindernis auf Chinas Weg in eine aufgeklärte Zukunft dar. Trotzdem will niemand auf sie verzichten. Sie sind Teil der Kultur des Landes, ja das Gesicht des Landes.

»Niemand sollte auf sein hübsches Gesicht verzichten«, mahnt mein literarischer Reisegefährte Lin Yutang. Und dieser Meinung bin ich auch.

Der Regen folgt mir auch die nächsten Tage. Da ist es gut, ein Kurzwellenradio zu besitzen. In Peking, höre ich, sei es im Augenblick extrem trocken. Der Himmel sei schon seit Wochen blau. Die Wasserverkäufer auf dem Platz des himmlischen Friedens verdienten ein Vermögen, und die männliche Bevölkerung der Stadt flaniere mit nacktem Oberkörper durch die Straßen. Letzteres missfällt dem Redakteur der Zeitung »Chinesische Jugend«. Um den Ernst der Situation zu illustrieren, sind mehrere fette Männer mit Hängebrüsten und Bierbäuchen abgebildet.

Weiter ist zu lesen, dass die Köche des Landes keine bedrohten Tierarten mehr auf die Speisekarte setzen sollten. Der chinesische World Wildlife Fund sagt: »Lehnt es ab, bedrohte Tierarten zuzubereiten! Helft uns, die Natur zu schützen!« In China soll es acht Millionen hauptberufliche Köche geben. Jetzt sollen sie doch bitte so freundlich sein, eine Erklärung zu unterzeichnen, dass sie keine Affen, Bären, Tiger, Schlangen und anderen Tiere mehr zubereiten, die illegal gefangen worden sind. In der Provinz Guangdong weit im Süden des Landes droht die Regierung Leuten, die solche Speisen zu sich nehmen, eine Strafe von 10 000 Yuan an, das sind vier oder fünf Jahreslöhne eines normalen Bauern. Jäger, Metzger und Köche riskieren bis zu 100 000 Yuan Strafe.

Neue Gesetze zu erlassen ist leicht, aber sie durchzusetzen?

Laut Zhao Shengli vom World Wildlife Fund essen die Chinesen Zehntausende Tonnen Schlangenfleisch jährlich. Ein Großteil der Ware sei illegal. Schlangen sind die natürlichen Feinde der Ratten. Wenn die Schlangen verschwinden, dann vermehren sich überall die Ratten. Und genau das passiert. Die Ratten rücken auf breiter Front vor, und was schmeckt den Ratten am besten? Reis!

»Denkt daran, dass wir jedes einzelne Reiskorn benötigen!«, mahnt Zhao.

Des Weiteren erzählt die Stimme aus dem Radio, dass China den internationalen Antidrogentag mit Nachdruck begehen werde. Eine unbekannte Anzahl Dealer soll durch Genickschuss hingerichtet werden. Eine Kugel kostet fünf Yuan, die den Hinterbliebenen in

Rechnung gestellt werden. Die Radiostimme erinnert daran, dass die Dealer der Gesellschaft unersetzlichen Schaden zufügten. Ende 2001 gab es in China fast eine Million registrierte Junkies. Diese Zahl nimmt jedes Jahr um 200 000 zu. Tonnenweise Drogen, vorzugsweise Opium und Heroin, werden aus den tiefen Wäldern Burmas nach China geschmuggelt. Erste Station ist Yunnan. Von hier aus geht es dann weiter in alle Teile des Landes.

»Heute werden es die Sünder zu spüren bekommen! Jeder, der versucht die Stabilität unserer Gesellschaft zu untergraben, wird hart bestraft werden!«

Am Antidrogentag finden im ganzen Land Aufmärsche statt. Die Menschen strömen auf die Fußballplätze, um sich die zum Tode Verurteilten anzusehen. Dort werden der Öffentlichkeit aus dröhnenden Lautsprechern die Urteile bekannt gegeben. Die zum Tode Verurteilten haben geschorene Haare und sind in blaue Sträflingskleider gehüllt. Jeder wird von einem aufrechten Polizisten am Nacken festgehalten. Nach Verkündigung des Urteils treibt man sie auf die Ladefläche eines Lastwagens. Dieser fährt auf direktem Weg zum Richtplatz, normalerweise ein verlassenes Fabrikgelände. Man verbindet den zum Tode Verurteilten die Augen und fesselt ihnen Hände und Füße. Dann werden sie gezwungen niederzuknien. Sind es viele, dann bilden sie eine lange Reihe. Hinter jedem zum Tode Verurteilten steht ein Scharfrichter mit einer Pistole bereit. Der Kommandant ruft: »Feuer!« Dann fallen die Schüsse. Anschließend ist alles still.

In China werden jedes Jahr mehrere Tausend Menschen hingerichtet. Amnesty International versucht sie zu zählen, aber das ist nicht leicht. Im Jahr 2001 zählte Amnesty 2468 Hinrichtungen. Die Wirklichkeit sieht jedoch weitaus schlimmer aus. Laut chinesischem Gesetz ist für 68 Straftaten die Todesstrafe vorgesehen. Bei 28 davon, wie Korruption und Betrug, handelt es sich nicht einmal um Gewalttaten. Wer sich mit mehr als 100 000 Yuan bestechen lässt, bekommt eine Bleikugel in den Nacken.

Die Rechtssicherheit in China ist unzureichend. Als Mao 1976 starb, gab es im Land keine Juristen. In Shanghai, einer der größten Städte der Welt, waren nur 54 übrig. Die Partei entschied darüber, was richtig und falsch war. Die Willkür regierte. Seitdem hat die Führung in Peking zahlreiche neue Gesetze erlassen, und ausländische Beobachter meinen, Ansätze eines funktionierenden Rechtswesens erkennen zu können. Der Weg dorthin ist jedoch noch lang. Die Prozesse sind oft summarisch. Anklage bedeutet zumeist auch Verurteilung, und die Verteidiger – falls es sie überhaupt gibt – tun so gut wie nichts.

»Respektiert die Gesetze«, ruft die Stimme im Radio. »Macht China zu einem sozialistischen Rechtsstaat!«

Ich studiere die Karten. Die Straßen sind schmaler mit tiefen Fahrspuren und unbefestigten Rändern. Der Fluss ist schmal und wild. Die brüllenden Wassermassen sehnen sich nach dem Meer. Die Täler sind steil und grün. Der wochenlange Regen hat alles grünen lassen. Wer will behaupten, Chinas reiche Fauna läge in den letzten Zügen? Aus den Augenwinkeln sehe ich ein buntes Völkchen. Es besteht aus Miao, Naxi, Dai, Bai, Yao und vielen weiteren Volksgruppen. Offiziell sind sie Bürger von China, aber eigentlich sind sie Bürger ihrer eigenen kleinen Welt.

In einem der Dörfer stürmen lautstarke Frauen den Bus, um mich zu betrachten. Sie tragen Trachten aus einem dicken, schwarzen Stoff, der über und über bunt bestickt ist. Außerdem sind sie mit selbst fabriziertem Silberschmuck behängt. Eine ältere Frau mit vorstehenden Goldzähnen ist die Anführerin. Verzückt beginnt sie mir durchs Haar zu streichen. Die anderen Frauen stellen sich an, sie wollen mir ebenfalls durchs Haar streichen. Eine andere fährt mir mit dem Zeigefinger über die Nase, eine dritte befiehlt mir, den Mund zu öffnen.

»Aaa, aaa!«, sagt sie. »Weit aufmachen!«

Sie packt meinen Kiefer und öffnet ihn, als sei er eine widerstrebende Kammmuschel. Enttäuscht stellt sie fest, dass ich keine Goldzähne habe. Dieser Mann muss arm sein! Nacheinander paradieren die Frauen vorbei, alle mit stolzem, strahlend goldenem Lächeln. Schau, wie reich wir sind!

Große Teile der Provinz Yunnan liegen in 1500 bis 2000 Meter Höhe. Anfang des 8. Jahrhunderts hatten sechs Könige hier das Sagen. Es heißt, einer von ihnen habe die lange Reise zum Kaiser unternommen, der damals in Xian residierte. Der König kniete nieder und sagte, er komme aus einem Land südlich des regenreichen Sichuan. Der Kaiser nannte sein Land daraufhin Yunnan, das Land südlich der Wolken. Glücklich reiste der König nach Hause, wo ihn die anderen Könige zu einem Willkommensfest einluden. Während des Essens zündete der Ehrengast den Festsaal an, und seine fünf Rivalen verbrannten. So entstand das Großreich Nanzhao, ein mächtiges Reich, das über 500 Jahre lang bestand.

Die Grenzen des alten China waren fließend. Das Hauptreich bestand zumeist aus den zentralen Provinzen und einigen nördlichen. Jedes Mal, wenn eine neue Dynastie die Macht ergriff, versuchte der Kaiser den Einfluss auf die Randregionen seines Reiches zu stärken. Die großen zeitlichen Abstände machten es jedoch immer schwierig, neue Eroberungen zu halten. Langsam befreiten sich diese wieder und fühlten sich dann über lange Perioden als freie, selbstständige Länder.

Nach der Wiedereroberung von Yunnan begann der Kaiser Verbrecher und politische Feinde dorthin zu verbannen. »Dort, bei wilden, blutdürstigen Stämmen, sollt ihr in alle Ewigkeit sühnen«, verkündete er.

Blutdürstige Stämme?

400 Kilometer südlich von Ningnan biegt das Tal nach Westen ab. Das Wasser gebärdet sich mit jedem Kilometer wilder, fast habe ich den Eindruck, der Flussdrache würde sich aus dem Schaum erheben und angreifen. Auf den hohen Felsen thronen kleine Dörfer aus grauschwarzem Stein. Eines von ihnen, Shitoucheng, hat sich hinter einer tausend Jahre alten Mauer verschanzt. Hier, hoch über dem Jangtse, wohnen 110 Familien. Was sich in Peking ereignet, ist ihnen vollkommen gleichgültig. Die wunder-

schöne Aussicht über Fluss und Tal treibt mir fast die Tränen in die Augen. Abends, wenn die Mühen auf den Feldern an den steilen Hängen vorüber sind, wird im Dorf zum Tanz aufgespielt. Im gelben Mondschein tanzen die Dorfbewohner zu uralten, ausgelassenen Rhythmen im Kreis, während die Trommeln dumpf von den Bergwänden widerhallen.

Ich fühle mich jedoch geschwächt. Etwas muss geschehen sein, vielleicht war es ja das Essen. Wenige Tage später stehe ich am Tor zur Tigersprungschlucht, vierzig Kilometer schäumendes Wasser. Hier hört die Straße auf, und um den Fluss zu überqueren brauche ich ein Boot, aber wo bekomme ich eines her?

Die Tigersprungschlucht ist der tiefste Abgrund der Welt. Vom schäumenden Fluss bis zum höchsten Gipfel misst der Abstand 3900 Meter. Am Südende stürzt sich der Jangtse mit der Wucht eines Orkans zwischen die Felswände. Wo sich die Schlucht weitet, ergießen sich die Wassermassen schäumend nach Norden. Jetzt ist die Landschaft jedoch in grauen Nebel gehüllt. Es geht auf den Abend zu, und der Fährmann schläft tief unter einer schwarzen Persenning. Am nächsten Morgen ist der Nebel ebenso dicht, aber der Fährmann ist erwacht. Er lässt den Außenborder an, und das längliche Boot nimmt mit einem Aufheulen des Motors Fahrt auf. Wir kauern uns zusammen und hoffen das Beste.

Mit weichen Knien, aber heiler Haut, springe ich auf der anderen Seite ins Nebelmeer.

Wer kann mir jetzt helfen?

> Junger Mann, die Natur ist nicht furchtbar, sondern
> die Menschen sind es. Wenn du die Natur erst
> kennengelernt hast, dann wird sie dein Freund!
>
> GAO XINGJIAN, »DER BERG DER SEELE«

Der große Tigersprung

Ein Hund. Ein Hund wird mir helfen.

Lange stehen wir da und sehen uns an. Es handelt sich um einen einsamen Hund. Sein Fell ist schmutzig und nass, seine Augen blicken flehend. Plötzlich beginnt er mit dem Schwanz zu wedeln. Er dreht sich um und läuft einen steilen Hang hinauf. Ab und zu bleibt er stehen, um nach mir zu sehen, und wedelt mit dem Schwanz, als wolle er mich zu einem Spaziergang verlocken. Ich kann Andeutungen eines Pfades ausmachen, aber vor allen Dingen sehe ich Nebel.

Wir werden ein Paar. Der Hund voran und ich hinterher. Auf beiden Seiten des Pfades wächst hohes Gras, und von den Halmen fallen winzige Wassertropfen. Sie sehen aus wie Silberperlen. Der Hund scheint es eilig zu haben. Wir gewinnen rasch an Höhe und folgen dabei einem bogenförmigen Höhenrücken nach Süden. Dann überqueren wir einen sprudelnden Bach. Der Hund springt mühelos über die glatten Steine. Er ist die ganze Zeit zehn Meter voraus. Immer wieder bleibt er stehen. Kommst du? Ja, ja, ich komme, aber du bist zu schnell für mich. Nicht so hastig!

Bald müssen wir am Hang verschnaufen. Wir setzen uns auf einen nassen Baumstamm und starren ins Nebelmeer. Aus meinem Rucksack ziehe ich ein Paket Kekse und eine Thermosflasche Tee. Das Frühstück. Der Hund will auch etwas abhaben. Genüsslich verspeist er einen Keks nach dem anderen, und als das Mahl vorüber ist, sind wir beide satt.

Von hier aus scheint der Pfad senkrecht zu verlaufen. Schaue ich hoch, dann sehe ich einen dunklen, hoch aufragenden Schatten im Nebel – vielleicht eine Pagode. Wir mühen uns nach oben, der Weg ist glatt und steinig. Oben angekommen stoßen wir auf eine schmale Schotterstraße. Nach etwa 200 Metern kommen wir zu einem Schild: »Vorsicht, Sprengung!« Mehrere Bauarbeiter mit Helmen rennen aus dem Nebel auf uns zu und fordern uns auf zu verschwinden. Sie scheuchen uns auf die andere Seite der Straße, wo der Pfad weiter den Berg hinaufführt. Sekunden später bebt und dröhnt das ganze Tal. Der Hund zuckt zusammen, und in der Ferne höre ich Steine und Erde auf den steilen Berg prasseln.

Die Chinesen sind schon etliche Jahre damit beschäftigt, eine Straße durch die Tigersprungschlucht zu bauen. Die Karte, die ich in Händen halte, zeigt, dass sie fast dreißig Kilometer lang werden soll. Aber noch ist diese Straße nicht fertig. Was tun?

Da bleibt mir nichts anderes übrig, als den Pfad zu benutzen, und dieser verläuft viel höher als die Straße. Wenn ich die Karte richtig lese, dann muss ich erst einmal bis auf 2700 Meter steigen, bis es wieder nach unten geht. Der Hund und ich sind immer noch zusammen. Wo er wohl hin will? Hat er etwa vor, mich bis zur Quelle des Jangtse zu begleiten?

Wir klettern einen glatten Hang hinauf und folgen dann einem steinernen Weidezaun nach Süden. Die Pagode, die ich zu sehen gemeint hatte, ist in den Nebelschleiern verschwunden. Der warme Nebel hat sich wie ein Deckel auf das Tal gelegt. Aus der Tiefe höre ich so etwas wie ein permanentes Gewitter, den Jangtse. Lange folgen wir den roten Pfeilen, die auf Steine gemalt sind. Wir überqueren einen weiteren Bach, aber jetzt kommt es mir ganz unerwartet so vor, als hätte der Hund keine Kraft mehr. Er winselt und jault, und vor der nächsten Steigung, einem Geröllfeld aus schwarzem Stein, bleibt er stehen und sieht mich mit ratlosen Augen an.

Ich gebe ihm ein Zeichen, dass er weitergehen soll, aber der Hund will nicht. Einen kurzen Augenblick bleibt er mit zur Seite geneigtem Kopf stehen. Ich beuge mich vor und rede dem Vierbeiner gut zu. Na denn, vielen Dank, lieber Freund, danke, dass du mir den

Weg gezeigt hast. Die Wahrscheinlichkeit, dass wir uns noch einmal wiedersehen, ist nicht groß.

Sekunden später sehe ich, wie der Hund den Weg, den wir gekommen sind, zurücktrottet.

In den nächsten Stunden steige ich langsam empor, und bald lichtet sich der Nebel. Vor meinen Augen erscheinen steile Felswände. In der Ferne sind die Berge bis zu 5000 Meter hoch, und die Gipfel sind funkelnd schneebedeckt. Ich lege mich auf einen flachen Felsen, um die warmen Sonnenstrahlen zu genießen. Eine Tasse Tee und ein interessantes Buch – kann das Leben schöner sein? In dem Buch lese ich, dass es in dieser Gegend früher zahllose Tiger gab und auch Bären und Wölfe. Ob es sie immer noch gibt?

Bald schlafe ich auf dem Felsen ein und fahre wenig später mit einem Schrei auf. Ich sehe einen Tiger auf mich zukommen, selbst das Gebrüll wirkt echt. Aber als ich mich besinne, höre ich nur das wohlbekannte Gebrüll des Flusses.

Einmal vor langer Zeit, ich weiß nicht genau, wann, wurde in dieser Gegend Tigerjagd betrieben. An der schmalsten Stelle des Flusses gelang einem der Tiere die Flucht vor den Jägern, indem es über die schäumenden Fluten sprang. Ein gewaltiger Satz, ein Wunder am helllichten Tage. So kam die Tigersprungschlucht zu ihrem Namen.

Am Nachmittag beginnt es zu regnen. Und wieder steigt der Nebel. Der Pfad steigt und fällt ständig. Ich habe etliche Kilometer zurückgelegt, aber das Terrain ist schwierig. Einen Hang muss ich rückwärts hinunterkrabbeln. In der Dämmerung treffe ich ein älteres, durchnässtes Ehepaar, beide schleppen jeweils einen großen Bambuskorb. Die Körbe scheinen bleischwer zu sein. Sie sind mit neuen Kartoffeln gefüllt. Als sie mich entdecken, verlassen sie rasch den Pfad. Die Frau versteckt sich hinter einer kümmerlichen Kiefer. Dort verharrt sie schwer atmend. Der Mann lächelt mich an. Männer sind mutig.

Die nächste Stunde bin ich auf dem Pfad wieder allein, aber nach einiger Zeit kann ich in der Dunkelheit ein paar Lichter ausmachen. Das muss der Walnusshain sein, ein Ort, der auf der Karte eingezeichnet ist. Hier sollte es noch Plätze in der Herberge geben.

»Geben Sie mir die Quittung«, sagt die Wirtin, als ich durch die Tür stürze.

»Die Quittung?«

»Haben Sie die Gebühr nicht bezahlt?«

»Welche Gebühr?«

»Haben Sie den Wachmann unten am Fluss denn nicht gesehen? Jeder, der die Tigersprungschlucht durchquert, muss eine Gebühr von dreißig Yuan bezahlen.«

»Ich habe keinen Wachmann gesehen.«

»Ohne Quittung können Sie hier nicht übernachten!«

Das Mädchen ist jung, etwa Anfang zwanzig. Sie hat schlechte Laune. Sie wirkt abgemagert. Gibt es hier oben denn nichts zu essen? Aus der Schlucht hinter uns dringt ein kalter und ungemütlicher Wind. Kein Wunder, dass sie in ihren dünnen Kleidern bibbert. Andere Leute kommen. Soll man diesen Ausländer jetzt hereinlassen oder ihm die Tür weisen? Die Diskussion geht hin und her, aber schließlich sind sie sich einig.

»Okay«, sagt das Mädchen. »Aber wenn Sie weiterziehen, dann dürfen Sie nicht erzählen, dass Sie in Walnusshain übernachtet haben.«

»Einverstanden.«

»Haben Sie Hunger?«

Ihre scharfen Züge werden versöhnlicher. Einige Minuten später kehrt sie mit einem aufgerollten Omelett zurück, das mit Bohnen und gehackten Tomaten gefüllt ist. Der Tee duftet nach Jasmin.

In dieser Nacht schlafe ich gut. Während der Fluss donnert, sinke ich in das dunkle Reich der Träume hinab. Am nächsten Morgen werde ich vom Klappern der Kessel und Klirren der Gläser geweckt. Rufe ertönen, Pferde wiehern. Es ist Tag, und die Sonne scheint! Selbst das Mädchen vom Vorabend hat sich verändert. Sie lächelt und fragt mich, was ich zum Frühstück wünsche. Von der Terrasse vor meinem Zimmer starre ich auf die Felswand auf der anderen Seite der Schlucht, eine schwarze Wand. Sie liegt im Schatten. Unter mir segeln weiße Nebelschleier, der Kontrast zur Felswand ist unbeschreiblich schön. Einer der Schleier erstreckt sich in Pfeilform nach Norden. Plötzlich bricht der Pfeil ab, die Sonne ist inzwischen zu stark. Eine halbe Stunde später ist der Nebel verschwunden.

Heute werde ich zehn Kilometer überwiegend in Richtung des Himmels zurücklegen und mit etwas Glück in Bendiwan, ein paar Häusern, die auf meiner Karte eingezeichnet sind, ein Quartier finden. Die ersten Stunden sind mühsam. Meine Oberschenkel schmerzen, mein Herz galoppiert, aber nach einiger Zeit wird der Weg ebener. Der schmale Streifen ist mit reiner Muskelkraft in die Bergwand gehauen. Stellenweise ist er nur anderthalb Meter breit. Lange folgt er der Schlucht in weiten Bögen. Aus den Bergen über mir strömen klare Bäche herab sowie ein großer Wasserfall; unterhalb von mir, tausend Meter Vertikale, braust der ewige Jangtse.

In der Ferne höre ich die Musik schwerer Messingglocken. Ein Pferdehirte kommt mir mit seiner Herde entgegen, zwölf tibetische Ponys hintereinander, schöne, braune Tiere, die jedoch Mühe haben, auf dem glatten Fels Halt zu finden. Je näher sie mir kommen, desto größer wird meine Angst. Wo soll ich hin? Ah, dort, ein schmaler Spalt in der Felswand. Es lässt sich nicht ändern, dass ein Bach auf meinen Kopf herabspritzt, eine Dusche ist dem Tod allemal vorzuziehen. Die Ponys schlittern regelrecht an mir vorbei, vorsichtig und ungeheuer langsam, hinter ihnen geht der Hirte und singt.

Die Vegetation ist karg, überwiegend dunkelgrüne Kiefern mit langen Nadeln. Nach einiger Zeit komme ich in einen dichten Bambushain. Der Fluss ist jetzt weiter weg. Die Schönheit vereinigt sich mit der Stille. Hier drinnen ist es warm und feucht, eine Welt für sich, und durch das Gewirr schlanker Stämme fallen die Sonnenstrahlen. Nichts weist auf menschliches Leben hin, von meiner Person einmal abgesehen.

Der Weg durch die Tigersprungschlucht windet sich wie eine Schlange Richtung Süden. Ab und an komme ich an Bauern mit sonnenverbrannten Gesichtern vorbei, die hinter Steinmauern schwitzen. Hier oben werden Gerste, Weizen, Mais, Kartoffeln, Kohl und Chili angebaut. Der Boden ist jedoch mager. Ochsen mit Holzpflügen keuchen die Hänge hinauf, der Bauer mit seinem Stock geht hinterher. Flüche und Stöhnen erfüllen die Luft, hier wird einem nichts geschenkt. Manchmal muss der Bauer zur Brechstange und zum Spaten greifen, um Steine zu beseitigen, die dem Pflug im Weg liegen. Ob dieser sich abrackernde Mann jemals Interesse an den schwülstigen Reden der Führer in Peking gehabt hat? Weiß er, wer sie sind, wie sie heißen und was sie wollen? Gibt es hinter dieser Mauer einen Fernseher, ein Buch oder eine Zeitung?

Nach einiger Zeit lasse ich die Ackerflecken hinter mir. Ich steige bis auf eine Höhe von 2200 Meter. Von hier aus habe ich eine schöne, freie Aussicht. In der Ferne, im Südosten, kann ich das Jadedrachengebirge ausmachen, das aus dreizehn Gipfeln besteht. Von meiner Hügelkuppe aus blicke ich auf ein weißes Schneeschloss, das 5596 Meter hoch aufragt. Es ist an der Zeit, ein paar Freudentränen zu vergießen.

Am Nachmittag beginnt die Natur dann selbst zu weinen. Eine grauschwarze Wolkendecke ist von Westen herangetrieben, und die Dämmerung schleicht sich an. Kein Grund zur Sorge, denn ich bin nicht mehr weit von Bendiwan entfernt, einer Handvoll Häuser, die purem Schweiß geschuldet sind.

Das Dorf klammert sich an einen steilen Hang und endet vor einem Abgrund. Durch den Regenschleier blinkt ein rotes Licht – das Gästehaus Halber Weg heißt den müden Wanderer willkommen. Hinter der Tür wird laut gehustet, und eine Mühle quietscht. Bohnen werden mit der Hand gemahlen, der Hülsenstaub fliegt auf und verstopft die Lungen.

Das Jadedrachengebirge hat sich in Nacht und Nebel versteckt. Aber bei Morgengrauen, lange bevor der Hahn sein Krähen absolviert hat, liegt es in Sonne getaucht vor mir. Der Tag ist klar, und das

Frühstücksangebot von Familie Feng steht auf einer hellbraunen Bambustafel.

Familie Feng betreibt seit Generationen eine Mühle. Feng, ein stiller Mann Anfang vierzig, erzählt, seine Vorväter seien vor 160 Jahren in die Tigersprungschlucht gekommen.

»Sie stammten aus Sichuan, und der erste, der hierherkam, rief, er habe das Paradies auf Erden gefunden. Da bin ich ganz seiner Meinung.«

»Aber gibt es hier oben auch die Partei?«

»Was für eine Partei?«

»Die Kommunistische Partei.«

»Sie dürfen nicht vergessen, wie steil diese Berge sind. Es ist mühsam, hier heraufzukommen.«

»Es ist also so steil, dass man Sie in Ruhe lässt?«

Er denkt lange über die Antwort nach.

»Man könnte es so sagen. Wir machen, was wir wollen.«

Bei Millionen von Chinesen verhält es sich wie bei Feng. Sie machen, was sie wollen. Jedenfalls so gut wie. Sie leben weit entfernt von den Fangarmen der Partei in engen Schluchten und auf steilen Bergen. Es gibt keine Parteiversammlungen und keine Lautsprecher mit offiziellen Nachrichten. Keine Aufrufe, keine Volkszählungen und keine Steuereintreiber.

»Aber Ihre Kinder? Besuchen die eine Schule?«

»Ja, alle beide. Sie sind in Qiaotou auf dem Internat. Das gefällt ihnen nicht, denn die Schule ist schlecht. Ich könnte ihnen selbst viel mehr beibringen.«

Feng macht sich Sorgen um ihre Zukunft. Wenn die jungen Leute erst einmal das Stadtleben kennengelernt haben, wollen sie weg aus den Geröllfeldern des Gebirges. Was dann aus der Tigersprungschlucht werden solle? Das Einzige, was den Bevölkerungsschwund aufhalten könne, sei der Tourismus. Immer mehr Touristen, chinesische und ausländische, kommen ins Tal. Aber der Tourismus hat seinen Preis. Feng findet, die chinesischen Touristen sprächen zu laut und nur Unsinn und ließen ihren Müll überall herumliegen.

Ausländer hingegen seien bescheidener und nähmen Rücksicht auf die Natur.

Feng hat etwas Englisch gelernt. Am Ende des Arbeitstages sitzt er auf der Terrasse und büffelt englische Vokabeln. Gelegentlich bittet er die Gäste, seine Aussprache zu korrigieren. Wie die meisten Chinesen hat er Mühe mit dem »r«. *Rice* wird zu lais, und Farovik wird zu Fa Lo Vik. Wir verstehen uns trotzdem gut. Die Vokabeln mischen sich mit dem Wasserdampf des Tees, und das schweigende Gebirge rötet sich in der untergehenden Sonne. An den Mauern wachsen wilde Rosenbüsche und Chrysanthemen, Hortensien, Geranien und Begonien. Vom Hügelrücken über uns sind der Schrei der Eule und der Ruf des Kuckucks zu hören.

Paradies auf Erden und weitgehend parteifrei. Selbst der Tiger hat sich zurückgezogen und schon seit mehreren Jahrzehnten nicht mehr gezeigt. Aber vor zwei Jahren, an einem frühen, grauen, kalten Morgen im Februar, sei ein kleiner Bär vorbeigetrottet. Feng verscheuchte ihn mit einem lauten Gebrüll. Seither war das Dorf unbehelligt geblieben. Und wenn man sich jetzt zwischen der Kommunistischen Partei und einem Raubtier entscheiden müsse, was dann?

Konfuzius hat diese Frage schon lange beantwortet. Vor 2500 Jahren durchquerte der Meister mit seinen Schülern die dichten Wälder des Tai-Gebirges. Sie stießen auf eine Frau, die schluchzend vor einem offenen Grab kniete.

»Warum weint Ihr?«, fragte einer der Schüler.

»Erst wurde mein Schwiegervater von einem Tiger getötet. Anschließend fraß der Tiger meinen Mann. Und jetzt hat er auch noch meinen Sohn gerissen!«

»Aber warum zieht Ihr dann hier nicht weg?«, fragte Konfuzius.

»Weil es hier in der Gegend niemanden gibt, der uns unterdrückt. Wir sind frei.«

Konfuzius wandte sich an seine Schüler und sagte: »Denkt daran, meine Schüler. Eine Regierung, die das Volk unterdrückt, ist schlimmer als ein hungriger Tiger!«

Der Weg teilt sich südlich von Bendiwan in mehrere Pfade. Ich wähle den falschen, aber ein uralter Bauer bringt mich wieder auf den richtigen Kurs. Sicherheitshalber begleitet er mich ein Stück des Weges bis zu einem Wasserfall, bei dem Wassertropfen und Sonnenstrahlen zu einem funkelnden Regenbogen werden.

Von hier aus erinnert der steinige Weg an eine Himmelsleiter. Mein Herz klopft rasend schnell. Die Belohnung kommt auf 2650 Meter. Höher gelange ich nicht. Dort sitzt ein junger Mann mit seinem kleinen Laden, einem Bambuskorb mit hart gekochten Eiern, einer Tüte getrockneter Aprikosen, einem Paket Kekse, zwei Dosen Cola und einer Plastikflasche Mineralwasser. Stundenlang hat er gewartet, und jetzt komme ich. An die Felswand hinter ihm hat jemand mit großen Buchstaben geschrieben: *»Congratulations You Are a Hero!«*

Wer ist der Held an diesem Ort? Der Händler oder ich?

Vermutlich der Händler. Weit weg von Shanghais Milliardären, mutterseelenallein in der Tigersprungschlucht, sitzt ein Sechzehnjähriger, der sich damit begnügt, fünf Yuan am Tag zu verdienen. An manchen Tagen verdient er überhaupt nichts. Das Wetter entscheidet. Aber die Gewissheit, dass jeder, der sich bis hierherauf gemüht hat, durstig und hungrig ist, hält sein Geschäft in Gang. In aller Herrgottsfrühe kocht er seine Eier und packt seinen Rucksack. Zwei Stunden rauf, eine Stunde für den Abstieg, ein Arbeitstag von Sonnenauf- bis Sonnenuntergang.

»Gib mir Wasser«, bitte ich. »Wasser, Wasser, Wasser! Und zwei Eier und die Tüte Aprikosen bitte!«

Wie schön es ist, so dazusitzen, auf einem vorspringenden Felsen, die Füße baumelnd und eine Aprikose im Mund. Der Anblick des Jadedrachengebirges zwingt uns zu ehrfürchtiger Stille. Um den Berg tanzt ein leichter, duftiger Nebelring. Wo die Schneekappe endet, beginnen die Hänge mit ihren wunderbaren Farben, purpurn, dunkelblau, jadegrün, blaugrün, senfgelb und gelb. Im Süden sehe ich den Jangtse, der sich groß und grau in ein Tal drängt.

Der Abstieg nach Qiaotou, dem kleinen Ort am Ende des Tales, erfolgt über 28 halsbrecherische Serpentinen. In einer Haarnadelkurve treffe ich auf vier Gebirgsbauern, die einen verrosteten Dieselmotor schleppen, ein unglaublich schweres Stück Eisen. Sie rufen im Takt ihrer Schritte, während sie sich nach oben mühen. Eins, zwei! Eins, zwei! Dauernd rutschen sie auf dem regennassen Boden zurück. Stoffschuhe sind hier ungeeignet. Der wochenlange Regen hat den Hang in eine Rutschbahn verwandelt. Jeder Schritt Richtung Himmel ist ein Sieg über die Schwerkraft. Trotz ihrer Plackerei gestatten sie sich ein Lächeln.

Ich erwidere es breit. Die Tigersprungschlucht liegt hinter mir, und vor mir liegt groß und grau der Jangtse. Von hier aus werde ich dem Fluss einige Dutzend Kilometer in östlicher Richtung folgen, und wenn alles glattgeht, werde ich bald das Königreich der Frauen betreten, ein seltsames Reich, in dem die Frauen das Sagen haben sollen. Es liegt auf der anderen Seite des Jadedrachengebirges.

»Sie brauchen nur dem unbefestigten Weg folgen«, sagt der Bauer in Nuo Yu.

Wie ist es wohl, als Mann im Königreich der Frauen zu leben?

Im Königreich der Frauen

Man stelle sich eine Gesellschaft vor, in der die Frauen die ganze Arbeit erledigen. Die Männer lehnen sich einfach zurück, spielen Flöte, schreiben Gedichte, pflücken Blumen, malen, singen, summen, zitieren, gravieren, dekorieren, deklamieren, fabulieren, kalligrafieren, philosophieren, rauchen Pfeife, spielen Mensch-ärgere-dich-nicht, trinken Tee oder schlafen einfach.

Wenn man mich fragt, die ideale Gesellschaftsform.

Meine Vorfreude wird immer größer, während ich auf dem Weg zum Königreich der Frauen das Südufer des Jangtse entlangwandere. Der Kiesweg führt durch kleine Dörfer, in denen es fast kein Anzeichen von Leben gibt. Ab und zu sehe ich mal einen Bauern, der seinen Kopf aus dem Fenster streckt, um Luft zu schnappen. In den Hängen zum Fluss hinunter steht der gelbe Sommerweizen schon sehr hoch. Wasserbüffel schlafen tief in braunem, schlammigem Wasser. Ein rotes Straßenschild weist nach Lijiang, ich halte den richtigen Kurs. Bald muss ich den Fluss verlassen und das Jadedrachengebirge in einem großen Bogen umrunden.

Lijiang. Der Name klingt wie schöne Musik. Die Hauptstadt des Königreichs der Frauen soll schon so lange existieren, wie sich die Menschen erinnern können, und was ich über die Stadt gelesen habe, macht mich nur noch neugieriger. Sie soll am Fuße des Löwenhügels liegen, leicht zu erkennen, weil der Löwenhügel von einer Pagode gekrönt wird. Die Stadt gilt als orientalisches Gegenstück Venedigs, als Überbleibsel der Vergangenheit, durchkreuzt von rauschenden Bächen und Kanälen. Während Venedig aus Stein ist, soll Lijiang aus reich verziertem dunklem Holz mit phantasievollen Dächern sein. Keine Autos, aber viele Menschen und überall Blumen in runden Tontöpfen.

Es wird langsam Nacht, aber der Mond weist mir den Weg. Die Pagode auf dem Löwenhügel begrüßt mich als schwarze Silhouette. In der Ferne höre ich den Lärm der Stadt, eine Mischung aus Menschen, Wasser und Musik. Angelockt von Flötentönen umrunde ich ein großes Wasserrad und gehe eine Straße hinauf, deren Pflastersteine blank poliert sind. Mit jedem Schritt kommt die Musik näher, und plötzlich stehe ich vor der Konzerthalle der Naxi. Die Abendvorstellung soll gleich beginnen, die Musiker stimmen bereits ihre Instrumente.

Lijiang ist die Stadt der Naxi. Die Naxi haben eine eigene Schriftsprache und eine eigene Kultur – außerdem haben die Frauen das Sagen.

»Ist noch Platz?«

Die Frau an der Tür ist groß und stark. Sie mustert mich mit schmalen Augen und scheint mich außerdem zu beschnuppern. Offenbar riechen die Männer des Ortes besser als ich. Auch ist ihre Kleidung sauberer. Aber da es noch freie Plätze gibt, zieht sie zögernd den Vorhang beiseite. Ich suche mir einen Bambusstuhl in der letzten Reihe; im nächsten Augenblick geht das Licht aus. Langsam, ungeheuer langsam, schwanken die Musiker auf die hell erleuchtete Bühne, alte in Seide und Brokat gehüllte Männer mit ernsten Mienen, Hornbrillen und weißen Spitzbärten. Ohne zu lächeln, ohne sich zu verbeugen, nehmen sie hinter ihren Instrumenten Platz. Dort sitzen sie lange und starren ins Leere, bis Xuan Ke, der *primus motor* des Naxi-Orchesters, auf der Bühne erscheint und zum Mikrofon greift.

»Guten Abend, alle zusammen, guten Abend! Dieses Orchester wurde vor 447 Jahren gegründet. Sehen Sie sich diese alten, ehrwürdigen Männer an! Keiner ist jünger als 75 Jahre, und der älteste ist 92! Die Musik war ihr Leben! Ich bitte um einen ordentlichen Applaus!«

Das Publikum, das im Dunkeln sitzt, klatscht ausdauernd, dann ergreift Xuan Ke wieder das Wort. Die nächste Viertelstunde spricht er über die Geschichte der Naxi.

»Niemand weiß, wo wir herkommen«, sagt er. »Wahrscheinlich waren wir Tausende von Jahren auf der Wanderschaft. Es wird behauptet, dass wir aus der Provinz Gansu stammen. Von dort sollen wir nach Xinjiang und weiter nach Tibet gewandert sein, ehe wir von den Bergen wieder herabstiegen und in Yunnan sesshaft wurden. Die ganze Zeit über gelang es uns jedoch, unsere Kultur zu bewahren. Unsere Schriftsprache, *dongba wen*, ist einzigartig. Es gibt nichts, was ihr ebenbürtig wäre. Das gilt auch für unsere gesprochene Sprache, unsere Kleidung, unser Essen, unsere Architektur, unseren Tanz und unsere Musik. Und bei allem sind wir chinesische Bürger.«

Wie die anderen Minderheiten litten auch die Naxi unter Maos Herrschaft. Jedes Volk, ganz gleichgültig, welchen Hintergrund und welche Voraussetzungen es hatte, sollte sich Marx, Lenin, Stalin und Mao unterwerfen, und zwar nicht langsam und zögernd, sondern zügig. Die Naxi wehrten sich, aber als die Rotgardisten im September 1966 bei ihnen einmarschierten, hatten sie ihnen nichts entgegenzusetzen. Parolen und Mao-Bilder wurden aufgehängt, Hunderte von Musikinstrumenten wurden eingesammelt und gingen in Flammen auf. Einige Eigentümer konnten ihre Instrumente noch rechtzeitig vergraben. Die Naxi-Frauen schrien und weinten, ihre Männer wurden in die Knie gezwungen: »Gesteht eure Sünden! Gesteht, dass ihr feudale Instrumente gespielt habt! Gesteht, dass ihr Sklaven überkommener Gewohnheiten seid!«

Jetzt gehören sowohl Mao als auch die Rotgardisten der Vergangenheit an. Mühsam haben die Naxi ihre verlorenen Positionen zurückerobert, nicht alle, aber viele. Die Naxi-Musiker weigern sich zu lächeln. Ein Naxi-Konzert soll die Zuhörer in eine feierliche Stimmung versetzen. Die Töne von *bipa*, Banjo, Mandoline, Sitar und des großen Gongs sollen das Gefühl vermitteln, in eine andere Welt zu entschweben, hinein in das Shangri-La, vielleicht auch ins Himmelreich.

»Meine Damen und Herren! Das älteste Orchester Lijiangs!«

Noch ehe Xuan Ke die Bühne verlassen hat, füllt sich der Raum mit schweren Trommelschlägen, dann erklingen Becken. Der 92-jährige Orchesterleiter sitzt hinten und gibt den Takt vor. Einige halten sich die Ohren zu, aber bald verklingt das gewaltige Präludium. Einem Saiteninstrument wird eine verspielte Melodie entlockt. Der Greis an den Saiten ist starr wie eine Mumie, aber seine Finger sind geschmeidig. Bald stimmen die anderen Musiker ein, und das Orchester vereinigt sich zu einem, in meinen Ohren, disharmonischen Crescendo.

Es handelt sich um höfische Musik, die vor über tausend Jahren entstand. Damals regierte die Tang-Dynastie, und Kunst und Kultur erlebten eine Blütezeit. Kaiser, Poeten, Konfuzianer und Taoisten lauschten der Musik, um inneren Frieden zu erlangen. Ein Großteil der Tang-Musik ging jedoch beim Fall der Dynastie 907 verloren. Lange versuchten die Musikhistoriker, sie aufzuspüren. Vergebens. Schließlich wurde man im wunderbaren Lijiang fündig. Die Naxi, ein umherstreifendes Volk, hatten die Musik bewahrt und dieser ihr eigenes Gepräge verliehen. Jetzt, an einem warmen Sommerabend im Juni, dringen die uralten Klänge aus den Fensteröffnungen des Saales und vereinigen sich mit dem Plätschern der Kanäle.

Lijiang besteht aus zwei Teilen, Altstadt und Neustadt, zwischen denen der Löwenhügel liegt. Die Neustadt ist eben, wird von grauem Beton dominiert und ist keinen zweiten Blick wert, die Altstadt aber schon. Hier gibt es in jedem zweiten Haus eine Herberge. Wie wäre es mit einem Kissen in der Pension Zur alten Steinbrücke?

Die Frau an der Tür winkt mich herein.

»You sleep!«, sagt sie. »Me bed have! And big, big pillow!«

Während die Naxi-Musik noch in meinem Kopf widerhallt, liege ich wach da und kann nicht einschlafen. Peter Goullart leistet mir jedoch Gesellschaft. Peter lebt nicht mehr, aber sein Buch »Forgotten Kingdom. Eight Years in Lijiang« ist unsterblich. Hunderte von

Jahren hatten die Bewohner Lijiangs in vollkommener Abgeschiedenheit gelebt. Kaum jemand hatte von der Stadt gehört, Ausländer schon gar nicht. Im frühen 20. Jahrhundert kamen die ersten zu Pferde, der aus Russland gebürtige Peter Goullart war einer von ihnen.

Im Jahre 1939 kam er nach Lijiang. Peter war ein Abenteurer, der Sinn für das Unbekannte hatte. Er betrat eine Stadt, in der sich niemand um die Zeit kümmerte. In Europa und den USA war ihm aufgefallen, dass die Menschen einen Großteil ihrer Zeit mit Geldverdienen verbrachten und nicht damit, ihr Leben zu leben. Sie waren auf immer mehr Luxus aus. Alle gaben damit an, wie beschäftigt sie seien, dass eine Besprechung die andere jage und wochenlang kein Termin frei sei. Ein geglücktes Leben setzte voraus, dass man viel beschäftigt war. In Lijiang jedoch war die Zeit ein Freund. Auf dem Markt hielten die Menschen plötzlich im Feilschen inne, um eine gerade aufgeblühte Rose zu bewundern oder in das klare, plätschernde Wasser des Baches zu starren. Die Bauern hoben ständig den Blick, um ihn auf dem Jadedrachengebirge ruhen zu lassen, das sich ständig veränderte. Oft schlossen Werkstätten für einen Tag oder zwei, damit die Handwerker eine Gebirgswanderung unternehmen konnten.

Ein Teil der Bevölkerung arbeitete jedoch härter als der andere – die Frauen. Peter meinte, auf eine Gesellschaft mit gewissen matriarchalischen Strukturen gestoßen zu sein. Die Frauen hatten in Finanzfragen, sowohl zu Hause als auch im Arbeitsleben, das Sagen. Brauchte ihr Ehemann auch nur eine Kupfermünze geringen Wertes, musste er darum bitten. Statt des ältesten Sohnes erbte die jüngste Tochter den gesamten Besitz.

Ursprünglich seien die Naxi-Frauen ebenso unterdrückt wie alle anderen Frauen gewesen, meint Peter. »Sie lehnten sich nicht auf, sie protestierten nicht einmal. Stattdessen entwickelten sie sich still und hartnäckig wie die Wurzeln wachsender Bäume zu einer mächtigen Rasse, bis sie ihre Männer vollkommen versklavt hatten.«

Währenddessen lernten sie den Boden zu bestellen, Tiere zu halten und Handel zu treiben. In Lijiang bemerkte Peter Goullart, dass die Frauen ihre Männer dazu ermunterten, sich Zeit zu lassen, im Schatten der Magnolien ein Nickerchen zu halten und die Kinder zu hüten. Auch in Liebesdingen waren die Frauen die Aktiven, und bevor sie heirateten, gingen sie mit einem Freier nach dem anderen ins Bett. Das war ihr gutes Recht. Das Ergebnis war ein ungewöhnlich starker Frauenschlag, »groß, mit breitbeinigem Gang, vollbusig und selbstsicher«. Die Heirat mit einer Naxi-Frau stellte eine Lebensversicherung dar, die Chance, den Rest seines Lebens auf der faulen Haut zu liegen. Da die Männer die Mehrheit stellten, gab es einen harten Kampf um die Frauen. Selbst ältere Frauen waren begehrt. Was spielten schon Alter und Aussehen für eine Rolle, solange sie ihren Mann beschützen konnte?

»Wie Drohnen wären die Männer von Lijiang rasch verhungert, hätten ihre Frauen aufgehört, Geld zu verdienen«, meint Peter Goullart.

Der Müßiggang der Männer hatte jedoch auch seine guten Seiten, denn viele von ihnen widmeten sich künstlerischen Betätigungen, nicht zuletzt der Musik. Ständig gab es Konzerte, in der Regel bei einer der reichen Familien. Die Stimmung war fast religiös, die Musik zeitlos. Als Peter Goullart entdeckte, womit sich die Männer die Zeit vertrieben, vergab er den Frauen, sie so verwöhnt zu haben. Denn hatte nicht schon Konfuzius, der große Moralphilosoph, festgestellt, Musik sei der höchste Ausdruck einer Kultur? Dass sich die Männer nach dem Konzert auf den Rücken legten, um eine Opiumpfeife zu rauchen, spielte dann schon keine Rolle mehr.

In aller Herrgottsfrühe fällt ein Lichtschein in mein Zimmer, und sowie ich das Fenster öffne, werde ich vom Jadedrachengebirge und tausend schiefen Dächern begrüßt. Die Tauben unter der Traufe erwachen und fliegen auf. Die Luft ist kühl und angenehm, so pflegt es in 2400 Meter Höhe über dem Meeresspiegel zu sein. Unter mir, auf der alten Steinbrücke, gehen geschäftige Frauen mit wiegendem Schritt hin und her. Ein neuer Tag in Lijiang.

Es fällt mir nicht schwer, die Naxi-Frauen wiederzuerkennen. Sie tragen eine blaue Tracht, die von weißen Bändern zusammengehalten wird. Auch ihre Hauben sind blau und erinnern an die Mao-Mützen von früher. Unter der Tracht tragen sie noch eine Schicht warme Kleider. Kein Wunder, dass sie etwas unförmig wirken und an Pinguine erinnern. Auf dem Rücken tragen sie häufig einen Korb. Ich beuge mich heimlich über einen, und zwei Schweinsäuglein zwinkern mir zu.

In den frühen Morgenstunden ist sehr viel zu erledigen. Wie hungrige Vögelchen liegen die Männer in ihren Nestern und rufen nach Essen. »Essen, gebt uns was zu essen!« Die Frauen wissen, was zu tun ist. Sie holen Wasser und kochen Tee und etwas zu essen. Sie fegen den Hof und gießen die Blumen, sie kümmern sich um die Kinder und schicken sie in die Schule. Während ihre Ehegatten immer noch gähnen, ziehen die Frauen los, um ihre Läden zu öffnen. Sie gehen über die alte Steinbrücke und zum Markt im Herzen der Stadt. Von dort verlaufen enge, krumme Gassen in alle Richtungen. Alle sind voller Leben.

Ein chinesischer Laden ist in der Regel nichts anderes als eine große Öffnung, die sich scheppernd schließen lässt – mit einem Garagentor aus Metall. So etwas gibt es in Lijiang jedoch nicht. Hier soll alles schön sein. Die Tür eines Naxi-Ladens ist mit geschnitzten Naturmotiven verziert: Blumen, Vögel und Bäume. Jede Tür ist ein wundervolles Kunstwerk für sich. Wenn die Frauen zur Arbeit kommen, dann hängen sie die Tür Brett für Brett aus und stellen die Latten in den Hinterhof. Allmählich verlassen auch die Männer die Häuser und stehen gähnend auf dem Marktplatz herum, dann rauchen sie eine Zigarette, unterhalten sich und tauschen die neuesten Gerüchte aus.

Ich selbst begebe mich in die Sifangstraße, an Frau Fus Zwiebelgeschäft, Frau Mengs Naxi-Wurst-Laden, Großmutter Zhus Naxi-Pfannkuchen-Café und Tante Jiangs Reiskuchengeschäft vorbei. Himmlische Düfte steigen mir in die Nase, und an der nächsten Brücke halte ich inne und esse einen Reiskuchen, einen Naxi-Pfannkuchen und eine Naxi-Wurst. An Wasser herrscht um diese Jahreszeit kein Mangel. Der Sommerregen und die Schneeschmelze im Gebirge haben alle Kanäle Lijiangs gefüllt, kristallklares Wasser fließt überall. Die Blumen sprießen. Von meiner Bank aus hat es fast den Anschein, als befänden sie sich in einem Wettstreit. Der Hinterhof von Frau Jiang festigt meinen Eindruck. Als ich in den Hof hineinschaue, sehe ich die Blumen bis in die Küche wuchern, Stiefmütterchen, Geranien, Tulpen, Orchideen, Pfingstrosen, Kamelien, Azaleen und dunkelrote Rosen. Die Luft ist von Schönheit gesättigt, und der Vogel im Bambuskäfig singt aus vollem Hals.

Frau Jiang strahlt etwas Resolutes aus. Jede ihrer Bewegungen ist bedeutungsvoll.

»Mit wenigen Ausnahmen wurden alle Läden in Lijiang von Frauen betrieben«, schreibt Goullart. »Sie wussten genau, was der Kunde wünschte, wo es zu finden war und welchen Rabatt sie nach zähem Feilschen noch einräumen konnten. Sie waren schlau, aggressiv und wussten, wie man ein Geschäft abschloss. Wenn eine Frau ihren Laden verlassen musste, dann bat sie ihren Mann, sie zu vertreten. Normalerweise hielt er sich im Hinterzimmer auf, wo er die Kinder hütete. Seine Vertretung war immer ein Unglück für den Laden und ein Ärgernis für ihn. Er wusste nie, wo die Streichhölzer lagen oder welche Weinsorten sich in den verschiedenen Krügen befanden. In den meisten Fällen musste er aufgeben und den Kunden bitten, später wiederzukommen.«

Die Altstadt von Lijiang ist ein Labyrinth. Man kommt leicht hinein, aber nur mit Mühe wieder hinaus. Aber warum sollte ich sie auch verlassen? Ich mache es lieber wie die faulen Männer der Stadt. Ich setze mich auf den Marktplatz und genieße den Tag und das Leben. Dort sitzt Yang Mingyi bereits seit drei Stunden.

»Ich bin ein alter Tor«, sagt Yang lächelnd. »Ich bin bereits 83 Jahre alt.«

»Das ist wirklich ein gesegnetes Alter.«

»Viele sind älter als ich. Waren Sie schon in der Straße der Hundertjährigen? Dort wohnen fünfzehn Greise, sechs Männer und neun

Frauen, die alle schon über hundert sind. Eine seltsame Straße! Wer dort lebt, weigert sich zu sterben.«

Yang ist klein und zierlich und hat kleine und schmale Hände.

»Ich bin Dichter. Seit 1960 habe ich über 200 Gedichte geschrieben. Erst schreibe ich sie auf Chinesisch, dann auf Naxi und schließlich auf Englisch.«

»Wovon handeln sie?«

»Vom Leben. Von allem, was wächst.«

Während ein gelber Schmetterling vorbeiflattert, beginnt Yang, sein Leben zu erzählen. Er wurde 1919 in dieser Stadt geboren. Sein Vater war Gutsbesitzer, das Leben angenehm. Lijiang war voller Menschen, und jeden Tag wurde auf dem Marktplatz vor uns Geschichte geschrieben. Leute stritten, und Leute sangen. Leute aus dem Gebirge von nah und fern, Bauern beim Stadtausflug, Tibeter zu Pferde, bewaffnet mit Messern, Dolchen und Schwertern. Yang deutet mit dem Zeigefinger auf eine Kerbe in einem glänzenden Pflasterstein, das Werk eines Hufeisens. Der 83-Jährige meint, sich daran erinnern zu können, wann diese Kerbe entstanden sei. Das sei 1940 gewesen.

»Gab es hier damals keine Ausländer?«

»Nur einen, nein, zwei! Der eine hieß Peter Goullart. Er war nett. Sechs Jahre lang kam er fast jeden Abend zu Besuch. Wir haben immer bis spät in die Nacht Wein getrunken. Der andere hieß Joseph Rock. Er war Botaniker und Fotograf und arbeitete für ›National Geographic‹. Peter und Joseph haben mich Englisch gelehrt.«

Dann kam Mao anmarschiert. »Der lange gefürchtete Tag kam. Es wurde bekannt gegeben, Lijiang sei befreit«, schreibt Goullart in seinem Buch. »Sofort wurde ein kommunistisches Exekutivkomitee eingerichtet, und der Magistrat der Stadt und etliche der ältesten Männer der Stadt wurden festgenommen. Der Führer der alten Miliz, Kapitän Yang [der Vater von Yang Mingyi, Anmerkung des Autors], flüchtete, und man nahm seine dritte Frau fest. [...] Alte Naxi-Tänze wurden verboten und durch neue kommunistische Tänze ersetzt. Es war verboten, Arbeitskräfte zu bezahlen, alle Arbeit sollte gemeinschaftlich erledigt werden. Fortwährend gab es Festnahmen, in der Regel mitten in der Nacht, und insgeheim fanden auch Hinrichtungen statt. Wir hörten, dass im Dorf Baoshi ein alter Mann von einem Kommando unter Leitung seines eigenen Sohnes hingerichtet wurde.«

Zum Schluss wurde es Goullart zu viel.

»Am Tag seiner Abreise weinte er vor Trauer«, erzählt Yang.

Unvermittelt verloren Yang und seine Familie alles. Als sein Vater starb, wurde Yang gezwungen, dessen alte Gutsbesitzermütze zu tragen. Die Leute sollten sehen, dass immer noch alte »Klassenfeinde« unter ihnen weilten, die bekämpft werden mussten. Für die Kommunisten gab es die Erbsünde, sie vererbte sich vom Vater auf den Sohn, von einer Generation auf die nächste. Das war die maoistische Variante des hinduistischen Kastenwesens. Einmal unterste Kaste, immer unterste Kaste. Immer wieder kam Yang ins Umerziehungslager, und jedes Mal, wenn er schon glaubte, die Sünden seiner Vorväter gesühnt zu haben, erinnerte man ihn daran, er sei trotzdem noch der Sohn seines Vaters. Er wurde vor Zuschauern gezwungen, alte unersetzliche Naxi-Bücher zu verbrennen.

»Eine fürchterliche Zeit«, sagt er, dann schweigt er einen Augenblick.

Später, als die Revolution in eine ruhigere Phase kam, durfte Yang als Lehrer arbeiten. Die letzten 25 Jahre hat er jedoch der Poesie und der uralten, einzigartigen Naxi-Kultur gewidmet.

»Sie müssen bedenken, dass wir ein kleines Volk sind, nur 300 000 Menschen. Verlieren wir unsere Sprache, unsere Musik und unsere Kultur, dann verlieren wir alles!«

Vor über tausend Jahren entwickelten die Naxi ihre eigene Schriftsprache, die auf Bildsymbolen basiert. Der bekannteste Naxi-Klassiker trägt den majestätischen Titel »Die Schöpfung«. Die Rotgardisten verabscheuten dieses Werk und befahlen, es zu verbrennen. Ein großes Feuer wurde auf dem Marktplatz der Stadt entzündet, aber als es erlosch und nur noch Asche übrig war, konnten sich die Naxi damit trösten, dass es ihnen gelungen war, mehrere Exemplare zu verstecken. Einige standen auch in britischen und amerikanischen Bibliotheken. Zehn Jahre später, als die Kulturrevolution vorüber war, wurden Bücher, Noten, Gemälde, Reliefs, Schmuck und Trachten von eifrigen Händen wieder ausgegraben.

Die Naxi hatten überlebt, aber nur um Haaresbreite.

Lange war Mao den Minoritäten freundlich und großzügig gesinnt. Während des Langen Marsches (1934–35) zogen die roten Soldaten durch viele Außenregionen des Landes, unter anderem auch durch Yunnan. Überall beteuerten sie den Minoritäten ihre guten Absichten, und diese gewährten ihnen daraufhin freies Durchmarschieren. »Kameraden«, sagte Mao, »wir müssen den alten Han-Chauvinismus ablegen und anerkennen, dass die Minoritäten dieselben Rechte haben wie wir.« Nach einiger Zeit entwickelte die Revolution jedoch ihre eigene Dynamik. Alle Chinesen sollten in dieselbe Form gepresst werden, und wer sich nicht freiwillig umstellte, wurde gezwungen. Yunnan mit seinen 24 Minoritäten wurde zu einem Schauplatz einer Schlacht zwischen Alt und Neu, die unendliches Leid und unzählige Tote forderte.

»Die Vergangenheit ist vergangen«, sagt Yang. »Jetzt wird alles besser.«

Wie viele andere Naxi ist er gegen den zunehmenden Touristenstrom in Lijiang. Die Menschen kommen von nah und fern, um das Shangri-La zu erleben. Im Jahre 1997 wurde die Altstadt auf die UNESCO-Liste schützenswerter Kulturgüter aufgenommen. Die chinesischen Behörden machten sich diese Auszeichnung sofort zunutze. Inzwischen hat Lijiang einen eigenen Flugplatz, und täglich füllen sich die Straßen mit lärmenden Touristen, überwiegend Han-Chinesen, aber auch Ausländer. Dies hat Veränderungen zur Folge. Die unberührte Unschuld wird durch Ellbogenmentalität und laute Rufe abgelöst. Die Han-Chinesen kaufen die alten Häuser auf, um dort Souvenirläden, Hotels, Restaurants und Internetcafés zu eröffnen.

Die gleiche Entwicklung lässt sich in vielen anderen Regionen, in denen Minoritäten leben, erkennen. Der Druck der Mehrheitskultur nimmt zu, jedoch nicht aus politischen, sondern aus wirtschaftlichen Gründen. Im Zeitalter des Tourismus lässt sich mit Eigentümlichkeiten viel Geld verdienen.

Es ist jedoch ein Mythos, dass das Leben im vorkommunistischen Lijiang nur glücklich gewesen sein soll. Goullart bezeichnete die Stadt als die »Selbstmordhauptstadt der Welt«. Ständig suchten junge Paare, ja ganze Gruppen, einen Höhenrücken unterhalb des Jadedrachengebirges auf, um dort ihr Leben zu beenden. In fast jeder Familie gab es ein oder zwei Selbstmordopfer. Dafür gab es viele Gründe – Liebeskummer, Probleme in der Ehe, Streit, ein Konkurs, ein plötzlicher Gesichtsverlust. Selbstmord galt als etwas Natürliches. Wer von eigener Hand starb, kam allerdings nicht in den Himmel, jedenfalls nicht ohne Weiteres. Er kam allerdings auch nicht in die Hölle. Stattdessen kam er in ein Niemandsland zwischen Himmel und Erde, wo das Leben eigentlich gar nicht so übel war. Im günstigsten Fall konnten sie von den Naxi-Priestern mithilfe von Gebeten und geheimnisvollen Zeremonien ins Himmelreich gelotst werden.

Ein Selbstmord war in der Welt der Naxi keine überstürzte Angelegenheit. Nein, er war sorgsam geplant und gestaltete sich fast als Zeremonie. Wollte man sich zu Hause das Leben nehmen, kam dafür nur das schönste Zimmer in Frage. Im Freien suchten die Unglücklichen irgendeinen schönen Platz auf, bei einem Wasserfall, Berg oder wild wachsenden Rosen. Sie zogen ihre besten Kleider an, als wollten sie ein Fest besuchen, denn schließlich würden sie vielleicht doch noch in den Himmel kommen. Da schickten sich dann keine Lumpen.

Bei den Naxi gab es auch klare Regeln dafür, wie der Selbstmord auszuführen war. Die beste und sicherste Methode war der Genuss einer giftigen Pflanze, des Blauen Eisenhuts, die in Öl gegart wurde. Das Gift führte zu einem schmerzhaften Tod, der Vorteil war jedoch, dass die Stimmbänder beinahe sofort gelähmt wurden. Damit blieb es dem Opfer erspart, um Hilfe zu rufen. Außerdem trug man keine Verletzungen davon, was beim Erhängen, Ertrinken oder Sprung von einem hohen Felsen der Fall war. Den größten Nutzen hatte diese Methode jedoch für die unglücklichen Paare, die gemeinsam Selbstmord begehen wollten. Es konnte zu keiner Panne kommen. Beide starben.

Laut Goullart machten Selbstmordpakte achtzig Prozent aller Selbstmorde in Lijiang aus. Warum? Hatten denn nicht die Frauen das Sagen?

Nicht ganz. Die Frauen bestimmten in finanziellen Belangen. Alles andere entschieden die Männer. In älteren Zeiten hatten die Frauen ein viel größeres Mitspracherecht besessen, unter anderem auch in Liebesdingen. Im 18. Jahrhundert wurde jedoch der Einfluss der Han-Chinesen immer größer. Die Tradition der Han sah vor, dass die Eltern den Ehepartner ihres Kindes aussuchten. Oft fiel die Entscheidung bereits, während die Mutter noch mit dem Kind schwanger war, denn Ehen stellten vor allen Dingen einen Bund zwischen zwei Familien dar. Das Ergebnis waren zahllose unglückliche Verbindungen und Selbstmorde am laufenden Band. Die Han, die das Gehorchen gewohnt waren, beugten sich dem Willen ihrer Eltern, die jungen Frauen der Naxi jedoch nicht. Sie starben lieber, als ihr Leben mit einem Mann zu verbringen, den sie nicht liebten.

Der Todeswunsch war besonders groß, wenn die junge Frau bereits von einem anderen Mann schwanger war. Ein uneheliches Kind zur Welt zu bringen, war das Schlimmste, was geschehen konnte. In solchen Fällen wurde eine Frau ohnehin von ihren Eltern getötet. Da war es besser, von eigener Hand zu sterben. Der Kindsvater war verpflichtet, der Frau in den Tod zu folgen. Aber da er in der Regel kein Geld hatte, war es Aufgabe der Frau, den Selbstmord zu finanzieren. Neue Kleider mussten gekauft werden, sowie Essen und Wein. Dann zogen sie Hand in Hand, frisch gebadet und parfümiert in die Berge. Dort verbrachten sie dann die letzten Stunden ihres jungen Lebens damit, zu essen, zu tanzen und sich zu lieben.

»Selbst jetzt, im Angesicht des Todes, zeigten die Lijiang-Mädchen, dass sie stärker waren als die schwachen Jungen«, schreibt Goullart. »Viele Jungen wollten nicht sterben, wurden von ihren willensstarken Geliebten jedoch dazu gezwungen. Ich ließ mir erzählen, dass eines der Mädchen ihren Geliebten mit dem Schwert in den Tod zwang. Erst jagte sie die Leute davon, die sie am Selbstmord hindern wollten, dann zwang sie ihren zitternden Geliebten an den Rand des Abgrunds und stieß ihn ruhig hinab. Dann stieß sie sich vollkommen gefasst das Schwert in die Brust.«

Gruppenselbstmorde waren ebenfalls nicht ungewöhnlich. Einmal, wurde Goullart erzählt, hatte man sechs Paare im Wald unterhalb des Pferdesattelberges gefunden, die sich erhängt hatten. Ein anderes Mal wurden zwei Mädchen stehend in einem See gefunden. Sie hatten sich ein Seil mit einem Stein um die Knöchel gebunden, sich umarmt und waren ins Wasser gesprungen. Ständig waren in Lijiang unruhige Eltern auf der Suche nach ihren Kindern. Oft kamen sie weinend nach Hause. Zu den Tragödien trug ebenfalls bei, dass die Naxi-Priester, die *dongba*, die jungen Leute ermunterten, in den Tod zu gehen, statt weiterzuleben. Sie verdienten gut an den Begräbnissen und den Gebeten nach den Selbstmorden. Je mehr Selbstmorde, desto besser.

Nur fünfzig Kilometer westlich von Lijiang lebten zwei Naxi-Stämme, die Luxi und Moso, die nach ihren ursprünglichen Sitten lebten. Hier gab es keine Zwangsheirat, die Mädchen durften sich frei entscheiden. Vor der Ehe gingen sie mit einem Freier nach dem anderen ins Bett. Das System funktionierte. Keine Selbstmorde, alle schienen zufrieden zu sein.

Ich neige immer mehr der Annahme zu, dass Shangri-La, das irdische Paradies, weiter im Westen liegen muss.

»Nein, nein, nein«, sagt Xuan Ke, der Chef des Naxi-Orchesters, »hier ist Shangri-La. Ich kann es beweisen.«

»Ach?«

»Ja. Ich besitze sämtliche Dokumente.«

Xuan Ke wohnt nicht weit vom Markt in Lijiang entfernt. Der hyperaktive Orchesterleiter hat sein kleines Haus in ein Museum verwandelt. An den Wänden sind Zeugnisse der uralten Naxi-Kultur zu bewundern. Bevor wir das Shangri-La-Rätsel lösen, will er mir noch Musikinstrumente, Bücher und ein altes Album zeigen. Wir gehen von einem Instrument zum nächsten, *nanhu, gong, sanxian, shang, sugudu, jiao, erhuang, cheng, bipa* und *yu.* Es hat den Anschein, als würde sich Xuan mit seiner großen schwarzen Mähne vor jedem verbeugen. »Unsere Musik ist heilig«, sagt er. »Popmusik bringt einen um, aber Naxi-Musik gibt einem neues Leben!«

Xuan Ke ist 72 Jahre alt, und wie Yang Mingyi hatte er ein turbulentes Leben. Sein Vater sprach Englisch und konvertierte als erwachsener Mann zum Christentum. Verdächtig, sagten die Kommunisten, werft ihn ins Gefängnis! Da der Vater »böse« war, musste es der Sohn ebenfalls sein. Man bestrafte ihn mit zwanzig Jahren Arbeitslager.

Nach seiner Freilassung 1977 begann er die mühsame Arbeit, die aussterbende Naxi-Kultur zu retten. Die ersten Jahre waren sehr schwer. Aber in den 80er-Jahren wurde es einfacher, und als man Lijiang 1988 für Touristen öffnete, begriffen die Behörden, dass es eine gute Idee sein könnte, der Naxi-Kultur sämtliche Freiheiten einzuräumen. Jetzt steht Xuan jeden Abend stolz auf der Konzertbühne der Naxi. Der Saal ist immer voll, und wenn die Greise ihre Kräfte zum »Gesang des Flusses« vereinen, dann verfallen alle, Musiker und Publikum, in Trance.

»Nicht alle sind dafür geschaffen, unsere Musik zu mögen«, behauptet Xuan und verweist auf eine alte Theorie: »Tiere beispielsweise verstehen sich weder auf Musik oder Geräusche, sie hören nur Lärm. Die meisten Menschen hören Geräusche, aber keine Musik. Gentlemen hingegen verstehen sich auf Musik und genießen sie in vollen Zügen. Gefällt Ihnen unser Konzert?«

»Ja, natürlich!«

»Dann sind Sie ein Gentleman!«

Dann war da aber noch die Sache mit Shangri-La. Niemand hatte von diesem Ort gehört, ehe er in James Hiltons großem Roman »Der verlorene Horizont« von 1933 auftauchte. Schauplatz ist ein Ort irgendwo im Himalaja. Ein kleines Flugzeug wird in Indien gekapert und muss im Gebirge notlanden. Die Entführer kommen dabei um, aber die Passagiere, zwei englische Diplomaten, eine Missionarin und ein steckbrieflich gesuchter Betrüger, überleben.

Dann beginnt das Abenteuer. Die Überlebenden treffen ein paar liebenswürdige buddhistische Mönche, die sogar Englisch sprechen. Während ein Schneesturm wütet, werden sie über einen geheimen Pass geführt. Auf der anderen Seite scheint die Sonne. Sie befinden sich in Shangri-La, einem irdischen Paradies, das sämtliche Vorstellungen übertrifft.

»Das Tal war nicht weniger als ein eingeschlossenes Paradies von erstaunlicher Fruchtbarkeit, in dem der Höhenunterschied von mehreren Hundert Metern den ganzen Abstand von der gemäßigten zu der tropischen Zone umspannte. Pflanzen von ungewöhnlicher Mannigfaltigkeit wuchsen hier in üppiger Fülle und in unmittelbarer Nachbarschaft heran, kein Zentimeter des Bodens blieb ungenutzt. Die ganze bebaute Fläche erstreckte sich über eine Länge von etwa zwanzig Kilometern, ihre Breite schwankte zwischen anderthalb und acht Kilometern, und obgleich schmal, hatte sie doch das Glück, während des heißesten Teils des Tages im Sonnenlicht zu liegen. Die Luft war sogar im Schatten angenehm warm, doch die kleinen Bäche, die den Boden bewässerten, waren eiskalt, da sie von Schneefeldern herabkamen.«

In Hiltons Reich waren alle glücklich. Kein Krieg, Buddha regierte. Die Einwohner wurden sehr alt, hundert Jahre und mehr. Im Hintergrund ragten die blendend weißen Eisgipfel des Himalajas auf. »Das gewaltige, das Tal umschließende Gebirgsmassiv bildete den perfekten Kontrast zu den winzigen Rasenflächen und unkrautfreien Gärten, den bemalten Teehäusern am Bach und den winzigen Häuschen, die wie Spielzeug aussahen. Die Einwohner schienen ihm eine sehr glückliche Mischung aus Chinesen und Tibetern zu sein; sie waren reinlicher und hübscher als der Durchschnitt jeder dieser beiden Rassen und sahen auch nicht aus, als hätten sie sehr unter der in einer so kleinen Gemeinschaft unvermeidlichen Inzucht gelitten.«

Das Leben in Shangri-La wirkte auf die Neuankömmlinge wie ein Magnet. Die Zeit verging, und bald vergaßen sie die Welt draußen. Hugh »Glory« Conway, der große englische Diplomat, verliebte sich natürlich in eine Frau aus dem Tal. »Sie hatte einen Charme, der sein Herz erglühen ließ.« Er liebte dieses reine, gelassene Geschöpf, das von einer großartigen Idee beherrscht wurde: Sinn des Lebens sei, einander glücklich zu machen. »In Shangri-La herrschte immer Stille, und doch war es ein Bienenstock gemächlicher Geschäftigkeit. Die Lamas lebten tatsächlich, als lastete die Zeit auf ihnen, aber sie wog kaum so schwer wie eine Flaumfeder. Conway lernte keinen weiteren von ihnen kennen, aber er erfasste allmählich den Umfang und die Mannigfaltigkeit ihrer Beschäftigungen. Abgesehen von ihren Sprachkenntnissen steuerten manche von ihnen durch das Meer der Gelehrsamkeit auf eine Weise, die in der westlichen Welt großes Erstaunen verursacht hätte. Viele waren damit beschäftigt, handschriftliche Werke unterschiedlicher Art zu schreiben; ein Lama hatte wertvolle Untersuchungen über die reine Mathematik vorgenommen; ein anderer verarbeitete Gibbon und Spengler zu einer gewaltigen Abhandlung über die Geschichte der europäischen Kultur.«

Conway hatte eine große Karriere hinter sich. Er war Mitglied des britischen Parlamentes gewesen, und sehr wohlhabend, hatte er allen Luxus erlebt. Nichts konnte sich jedoch mit Shangri-La messen!

»Es gibt Augenblicke im Leben, in denen der Mensch einen Blick auf das Jenseits wirft«, sagt Conway.

»Der verlorene Horizont« endet dann aber doch damit, dass die Gäste in die Welt, aus der sie gekommen sind, zurückflüchten.

Seit dieser Zeit sind Träumer aus vielen Ländern mit der Suche nach Shangri-La beschäftigt, und jetzt bin ich an der Reihe.

»Das hier ist Shangri-La«, wiederholt Xuan Ke. »Sie dürfen meinetwegen gerne weitersuchen, aber Sie werden es an keinem anderen Ort finden.«

Xuan sagt, er sei bei der ersten Lektüre von »Der verlorene Horizont« schockiert gewesen. Alles, jede kleinste Beschreibung, selbst die Wolkenformationen, passten auf Lijiang. Ihr Tal sei genauso lang und breit, wie es bei Hilton beschrieben würde. Er und andere seien es mehrfach abgeschritten, alles stimme. Im Roman würde das Tal vom Karakorum dominiert, »einer fast perfekten Schneepyramide, so einfach, dass ein Kind sie hätte zeichnen können«. Xuan ist überzeugt davon, dass Hilton an den Jambeyjang gedacht haben muss, der genauso aussieht wie der Berg im Roman. Joseph Rock hatte den Berg fünf Jahre vor Entstehung von »Der verlorene Horizont« für »National Geographic« von allen Seiten fotografiert. Und die Menschen? Laut Hilton seien sie eine überaus geglückte Mischung aus Tibetern und Chinesen. »Und sind wir das denn nicht? Wir stammen von den Nomaden aus Tibet ab, aber im Laufe der Jahrhunderte hat sich unser Blut mit dem der Chinesen aus dem Tiefland vermischt. Hilton schreibt, die Einwohner von Shangri-La würden sehr alt, hundert Jahre und mehr. Und wir? Werden wir nicht etwa auch hundert Jahre alt? Sie haben sich doch wohl die Straße der Hundertjährigen angesehen?«

»Aber ist es nicht erwiesen, dass Hilton nie in Asien gewesen ist? Er hat einen Roman geschrieben, der von vorne bis hinten erdichtet ist!«

»Er hatte die Artikel von Joseph Rock im ›National Geographic‹ gelesen. Da bin ich mir ganz sicher.«

Lijiang ist jedoch nicht die einzige Idylle, die Anspruch darauf erhebt, Shangri-La zu sein. Im nördlichen Pakistan liegt das Hunza-Tal, ein Traum fürs Auge. Auch hier behaupten die Einwohner, sie würden hundert Jahre alt und älter. Der älteste soll 159 Jahre alt sein! Jedes zweite Café in diesem Tal heißt Shangri-La, und hinter dem Tal ragt ein wunderschöner, weißer Berg auf, der an eine Pyramide erinnert.

»Sie glauben doch wohl nicht, dass Shangri-La in Pakistan liegt«, meint Xuan Ke kopfschüttelnd. »Heutzutage wird so viel gelogen, selbst in China. Jedes Tal erhebt Anspruch darauf, Shangri-La zu sein. Und warum? Weil man damit Touristen anlocken will. Die Wahrheit interessiert sie überhaupt nicht. Sie interessieren sich nur für Geld.«

Das Hunza-Tal konnte seinen Shangri-La-Status lange allein genießen. Ab etwa 1980 machten ihm andere seinen Rang streitig. Nepal, Ladakh, Sikkim und Bhutan erhoben Anspruch darauf, Schauplatz von Hiltons Roman zu sein. Die Chinesen wachten erst 1995 auf. In diesem Jahr wurde Deqin, ein schwer zugängliches Tal im Nordwesten der Provinz Yunnan, als das echte Shangri-La ausgerufen. »Es kann keinen Zweifel geben«, meinte der örtliche Parteichef und schaute über das Tal. »Hier muss es sein.« Der Parteichef ging so weit, zu behaupten, dass mehrere Personen aus dem Ort, unter anderem er selbst, mit Personen in Hiltons Roman verwandt seien.

Diese Behauptung empörte das Nachbartal, und wenig später war der große »Shangri-La-Krieg« im Gang. Alle erhoben Anspruch darauf, Hiltons irdisches Paradies zu sein. In Zhongdian, nicht weit von Deqin entfernt, begannen örtliche Bonzen einen Flugplatz zu bauen, den Shangri-La-Airport. Hier sollten Tausende von Touristen ankommen. Man wollte viel Geld verdienen. Als das neue Jahrtausend begann, hatte der »Shangri-La-Krieg« solche Dimensionen angenommen, dass sich die Regierung einmischte. Aus Peking kamen Dutzende Experten mit der chinesischen Ausgabe von »Der verlorene Horizont«, Feldstechern, Maßband und Landkarten unter dem Arm. Nach langen Verhandlungen wurde ein Kompromiss gefunden. Statt ein einzelnes Tal zum Shangri-La zu erklären, beschloss man ein »Groß-Shangri-La« einzurichten, das aus fünfzig Bezirken im Grenzgebiet von Yunnan, Sichuan und Tibet bestand.

Das passt mir gut, denn genau dort will ich hin.

Machen Sie sich bereit!
Übrigens heißt Ihr Fahrer Whisky.

HERR LI

Besiege deine Furcht und lebe ein reicheres Leben.

BERTRAND RUSSELL, PHILOSOPH

Von Wasser zu Whisky

Menschen erschaffen Geschichte, und große Menschen erschaffen besonders viel Geschichte. Und die Natur? Ohne die freigebige Natur, gäbe es keine Geschichte. Die Ägypter schufen ihr Leben an den Ufern des Nils, andere ließen sich an den Ufern von Euphrat und Tigris, Donau und Wolga, Indus und Ganges nieder.

Die Chinesen ließen sich vom Gelben Fluss und vom Jangtse helfen. Beide entspringen der großen Eiswüste auf dem Dach der Welt. Das gilt auch für die großen Flüsse Mekong und Saluen. Diese beiden Flüsse verlaufen lange parallel zum Jangtse. Nach ein paar Tausend Kilometern trennen sie sich jedoch. Nachdem er sich durch einige Landschaften in Zentralchina gebohrt hat, fließt der Mekong nach Vietnam und mündet dort ins Meer. Der Saluen dreht nach Süden ab und fließt durch Burma.

Und der Jangtse?

Ich befinde mich auf dem Weg zur wichtigsten Kehrtwende, zu dem Punkt in der Geografie, an dem es sich der Jangtse plötzlich anders überlegt und ruft: »Nein, ich will nicht mehr nach Süden fließen! Ich mache kehrt!« Das tut er dann. Einige Dutzend Kilometer vor Lijiang kollidiert der Fluss mit dem massiven Wolkenberg. Statt den Mekong auf seinem Weg nach Vietnam zu begleiten, sagt der Jangtse abrupt Lebewohl und dreht sich um fast 180 Grad. Die nächsten 200 Kilometer verlaufen Richtung Norden. Dann dreht er jedoch nach Osten ab, um dem großen, stark bevölkerten China Leben zu spenden.

Das Dorf am Wolkenberg heißt Shigu. Es ist nichts Besonderes. Die Bauern wirken bettelarm. Aber hier, genau hier, schreibt der Jangtse Geschichte. Eine schönere Kehrtwende habe ich noch nie gesehen. Majestätisch und breit wie eine braune Autobahn kommt der Fluss von den Bergen herunter. Der Wolkenberg zwingt ihn jedoch kehrtzumachen. In diesem Dorf steht am Flussufer ein kleiner Mann mit großen Augen.

»Ich bin Geologieprofessor«, sagt er.

»Da sind Sie ja an den richtigen Ort gekommen!«

»Ich bin aus Harbin im Nordosten 4000 Kilometer bis hierher gereist, und Sie?«

»Ich komme aus Norwegen.«

»Eine lange Reise! Aber wissen Sie was? Ohne diese Kehrtwende wäre China vollkommen unbedeutend. Die Menschen pilgern zu Tempeln und auf hohe Berge, um zu beten, aber eigentlich sollten sie hierherkommen, um ein Räucherstäbchen zu entzünden und den Göttern zu danken. Ohne den Jangtse gäbe es kein Leben.«

Er stellt sich mit dem Rücken zum Fluss und bittet mich, ein Foto zu machen.

»Das will ich meinen Studenten zeigen. Sie müssen sehen, was ich gesehen habe.«

Der Tag ist klar und sonnig. Die wenigen Einwohner, überwiegend alte Frauen und Männer, liegen hinter Mauern und dösen. In den nächsten Stunden folge ich dem Pfad auf den Gipfel des Wolkenberges. Er ist schmal. Erst geht es an Äckern mit Weizen, Raps und Gerste vorbei, dann lässt man das Dorf hinter sich, und es geht steil bergauf. Unterwegs komme ich an mehreren alten, von Moos und Gras überwachsenen Friedhöfen vorbei. So die letzte Ruhe zu finden, mit Aussicht auf die Flusskehre, die China rettet! Die letzten Meter sind überaus anstrengend, die Belohnung ist dafür großartig! Von hier aus habe ich das Gefühl, bis nach Tibet schauen zu können, ja bis zur Quelle des Jangtse. Aber meine Augen täuschen mich. Das

Schlimmste habe ich noch vor mir, aber vielleicht ist es auch das Beste?

Viel Geschichte hat sich an dieser Flusskehre abgespielt. Vor gut 700 Jahren überschritt hier das mongolische Heer Kublai Khans den breiten Fluss unterhalb von mir. Damals herrschten die Mongolen über ein Weltreich, das vom Pazifik bis zum Schwarzen Meer reichte. Aber die Könige von Yunnan gaben sich nicht leicht geschlagen. Das mongolische Heer überquerte den Fluss in Booten aus Jakhäuten. Nachdem Yunnan gefallen war, stürmten die Mongolen, 12 000 Krieger zu Pferde, in Richtung Goldenes Dreieck und Burma. Laut Marco Polo mobilisierte der König von Burma sein gesamtes Heer, 60 000 Soldaten und 2000 Elefanten.

Es gab eine grausame Schlacht. »Köpfe, Hände, Arme und Beine wurden abgehauen«, aber als die Schreie verstummt waren und kein Blut mehr spritzte, hatten die Mongolen gesiegt.

Im Frühjahr 1936 tauchten neue Krieger an der großen Flusskehre auf – die Rote Armee. Maos Guerillakämpfer hatten ihr Hauptquartier im Süden verlassen, um die 10 000 Kilometer in die trockenen Provinzen im Nordwesten zu Fuß zurückzulegen. Zweck des Langen Marsches war der Kampf gegen die japanischen Invasoren. Aber um ihrem heimlichen Feind, der Regierungsarmee, auszuweichen, mussten die Guerillakämpfer einen großen und gefahrvollen Bogen durch die inneren Provinzen des Landes schlagen. Der von Mao angeführte Haupttrupp beendete den Marsch im Oktober 1935. Viele trafen später ein.

»Plötzlich standen hier 2000 Mann mit Flaggen«, erinnert sich Li Wenbin, ein Bauer aus Shigu.

Li ist inzwischen 84 Jahre alt. Vor dem Heldenstandbild der roten Soldaten hält er seinen täglichen Vortrag über die große Tat. Mit schwacher Stimme erklärt er, er könne sich noch an das Gesicht jedes einzelnen Soldaten erinnern. »Schöne Männer.« Obwohl sie schon 3000 Kilometer zurückgelegt hatten, hätten sie noch »stark und aufrecht« gewirkt. Ihr Anführer, der legendäre General He Long, habe die jungen Leute im Dorf dazu aufgefordert, sich der Roten Armee anzuschließen. Das taten sie. Li war einer von ihnen. In den nächsten Monaten schlug er sich auf dem Weg zur Front durch halb China. Neun Jahre später waren die Japaner geschlagen, und nach vier weiteren Jahren Krieg rückte Maos Heer in Peking ein. Li war bei der Siegesparade in der Straße des ewigen Friedens dabei. Es war ein kalter Tag mit aus dem Norden kommenden Sandstürmen, aber die Straße war von Tausenden von Menschen gesäumt, die jubelten, winkten und lachten.

Ob er jetzt glücklich sei? In Shigu ist kaum Wohlstand auszumachen. Wo seien die Segnungen der Revolution geblieben? Diese Frage stellt sich in einem Dorf nach dem anderen. Noch ist China ein armes Land, und in Shigu scheint die Zeit stehen geblieben zu sein. Die Bauern wohnen in baufälligen, zugigen Häusern und bestellen die Felder mühsam mit den Händen. Es gibt keine Maschinen und Traktoren. Wenn General He Long heute noch einmal auftauchen würde? Dann hätte er die Hand zur Faust geballt und sich an die Spitze eines neuen Heeres gestellt. Aufs Neue hätten die armen Bauern ihre Hacken und Spaten weggeworfen, um hinter der roten Fahne herzumarschieren. Sechzig Millionen Chinesen leben von der Hand in den Mund, die meisten von ihnen sind Bauern.

Ich weiß nicht, was in Shigu schiefgegangen ist. Aber in China nimmt die Armut zu, je weiter die Küste entfernt liegt.

Als Nächstes kommt das Gebirge. In der Ferne funkelt Zhongdian, eine Stadt, die 3300 Meter über dem Meeresspiegel liegt. Auf halbem Weg trenne ich mich vom Jangtse, um einem schäumenden Nebenfluss zu folgen. Der Weg schlängelt sich durch ein enges Tal, das von Zedern, Wacholderbüschen, Kiefern und Tannen bewacht wird. Die Luft ist wie Balsam. Sven Hedin, der Schwede, der sein halbes Leben im Himalaja verbrachte, hätte sich gefreut. Oft beschreibt er das Glücksgefühl, »Indiens drückende, vertrocknete Ebenen« zu verlassen und Kurs auf das Gebirge zu nehmen. »Die reinen, frischen Berge! Verliert das Leben ohne die Berge nicht jeden Sinn?« Jetzt bin ich an der Reihe. In 3000 Metern über dem Meeresspiegel weitet sich das Tal und geht in eine lange Hochebene über. Kilometerweit blüht die rote Azalee – die größte Blumenwiese, die ich je gesehen habe.

Zhongdian liegt am Ende dieser Wiese hinter einem kargen Höhenrücken. Keine große Stadt, es gibt nur eine Hauptstraße mit ein paar wenigen Seitenstraßen. Das erste Café, das ich entdecke, heißt Tibet Café.

»Von hier aus sind es 120 Kilometer bis zur Grenze«, erzählt der Wirt und stellt mir einen Becher lauwarmen Tee mit Jakbutter hin. »Trinken Sie, und rufen Sie, wenn Sie mehr wollen.«

Der durchdringende Geruch von Jakfleisch, Jakbutter, Jakmilch und Tee mit Jakbutter hängt wie ein Tiefdruckgebiet über den kleinen Tischen. Vor meinem Fenster schlendern braun gebrannte Tibeter vorbei. Eine Parade von wettergegerbten Gesichtern, Pelzen, Lederkleidung und frisch geschliffenen Messern. Der jährliche Pferdemarkt ist vorüber, aber viele Besucher zögern noch, die Heimreise anzutreten. In den letzten Tagen sind sie auf der Ebene um die Wette geritten, sie haben sich Liebesabenteuern hingegeben, haben getrunken, gegessen und sich mit Fäusten und Messern um die Mädchen geprügelt. Noch ein letzter Drink, ein halber Liter *chang*, dann beginnt die Heimreise. An den Straßenecken wird gefeilscht: Dolche und Schwerter, kurze und lange Pfeifen, Lederpeitschen und Filzhüte, Trensen und Zaumzeug, Jakhörner und Jakschwänze, Schnupftabaksdosen und Tabak, Amulette und Türkise, Rosenkränze und Gebetsmühlen und was es sonst noch Nützliches unter dem Himmel gibt.

»*Welcome to our land! I am a Khampa!*«, ruft einer der Händler, ein großer Mann mit halblangem, kohlrabenschwarzem Haar, das er auf grellroten Garnrollen aufgewickelt hat.

Unter den Tibetern stechen die Khampa hervor, die in den Tälern des östlichen Tibets und in Teilen von Yunnan und Sichuan leben. Die Khampa sind für ihre Stärke, ihren kriegerischen Instinkt und ihren Jähzorn bekannt. Ein Khampa spricht laut und ist sehr direkt, das ist der genaue Gegensatz zu den anderen Tibetern, die ihre Worte sorgfältig wählen. Sie sprechen auch einen anderen Dialekt, denn tausend Berge trennen sie vom Herzen des Landes, dem göttlichen Lhasa. Sie tragen schweren Schmuck aus Silber und Türkisen, und an ihren Gürteln hängen blanke Dolche. Sie reiten gerne, je schneller, desto besser. Und sie hassen die Han-Chinesen. Als Maos Soldaten 1950 in Tibet einmarschierten, waren die Khampa die Ersten, die zu den Waffen griffen.

Das Tibet Café ist schlecht besucht. Hier sitzt nur eine Handvoll sonderbare Ausländer, die aus dem Tiefland geflüchtet ist. Wir träumen alle davon, uns nach Tibet einzuschleichen. Überraschend beginnt es zu regnen, und die Temperatur sinkt wie ein Bleigewicht. Mitten im Wolkenbruch stürzen zwei weitere Gäste in das Lokal. Beide sind klatschnass. Es handelt sich um Karl und Maria, und bald haben wir uns über einer großen, frisch gebackenen Jakpizza gefunden. Das Paar kommt aus Eisleben in Sachsen-Anhalt. Martin Luther kam 1483 in Eisleben zur Welt, aber das hat die beiden nicht gehindert, Buddhisten zu werden. Maria erzählt mir, wie es dazu kam: An einem Frühlingstag 1994 sei der Dalai Lama persönlich zu Besuch gekommen. Die örtliche Geistlichkeit murrte und warnte vor der »orientalischen Irrlehre« des Gottkönigs. Aber 2000 Neugierige kamen, Maria unter ihnen.

»Es war Liebe auf den ersten Blick«, sagt sie verzückt. »Wir saßen im Schneidersitz vor der Bühne. Wenig später begannen der Gesang, die Gebete und die Mantras. Die Zeremonie dauerte über zwei Stunden. Als sie vorüber war, fühlte ich mich wie berauscht.«

»Berauscht?«

»Ja! Als ich mich erhob, wusste ich, dass ich Buddhistin geworden war. Ich wusste es einfach!«

Im Jahr darauf lernte sie Karl kennen. Zusammen reisten sie nach Dharamsala, in das kleine Gebirgsdorf in Nordindien, in dem der Dalai Lama seit 1959 im Exil lebt. Dort verbrachten sie sechs Wochen, überwiegend betend und meditierend. Am letzten Tag ihres Aufenthaltes durften sie dann den Gottkönig persönlich in seinem Haus auf dem McLeod Ganj, einer kleinen mit Rhododendron, Tannen und

Kiefern bepflanzten Anhöhe treffen. Er sagte nicht viel, nur wenige Worte, aber genug, dass die beiden bereichert nach Hause zurückkehrten. Seither haben sie davon geträumt, in die Heimat des Dalai Lama zu reisen, und jetzt soll dieser Traum Wirklichkeit werden.

Das Paar ist vermutlich Anfang vierzig. Maria strotzt vor Gesundheit, ihre Haut ist goldbraun, und sie hat große, graublaue Augen. Karl hingegen wirkt recht elend. Er erinnert mich an einen verlebten Hippie, mager, eingefallene Wangen, bleich, fettiges, langes Haar und ein verfilzter Bart, der ihm bis zum Nabel reicht.

»Von hier aus wollen wir dem Jangtse nach Westen bis nach Batang folgen«, sagt Maria.

»Das will ich auch. Vielleicht sollten wir ja zusammen weiterreisen?«

Dieser Vorschlag verunsichert beide. Batang, eine kleine Stadt, liegt 150 Kilometer nordwestlich und nur 32 Kilometer von der Grenze zu Tibet entfernt. Nach kurzer Beratung antwortet Maria: »Unser Guru hat uns gesagt, wir sollen auf dem Weg mehrere Tempel besuchen. Außerdem sollen wir sieben heilige Berge besteigen, um zu beten. Wenn wir beten, müssen wir allein sein.«

»Ja, ganz alleine«, fügt Karl hinzu. »Niemand darf uns stören.«

Karl zieht einen langen Text aus seinem Rucksack, der in einer Klarsichthülle steckt.

»Das sind die Anweisungen unseres Gurus. Von diesen können wir nicht abweichen!«

Der Guru des Paares ist ein tibetischer Lama, der in Deutschland lebt und für Deutschland, die Schweiz und Österreich verantwortlich ist. Als sie dem Lama vorschlugen, eine Pilgerfahrt nach Tibet anzutreten, war er begeistert. Vor ihrer Abreise legte er ihre Reiseroute fest. Karl betont, wie wichtig es sei, dass sie den roten Pfeilen folgten. Er zeigt mir die Landkarte, auf der die Pfeile in alle Richtungen zeigen und im Zickzack, Dreieck und in Achten verlaufen. Karl und Maria stehen vor einer ernsthaften körperlichen Herausforderung, das sehe ich sofort. Sie ist dem möglicherweise gewachsen, aber er?

Der nächste Tag. Mehrere Fragen müssen beantwortet werden. Wie komme ich weiter? Sind die Straßen geöffnet? Gibt es westlich von Batang überhaupt Straßen? Auf meiner Landkarte sehe ich nichts, nur braun schraffierte Berge. Sie steigen immer weiter auf, bis sie ein Inferno aus Schnee und Eis bilden. Will ich dem Jangtse folgen, dann bin ich von Straßen, Transportmitteln, Unterkünften und Essen abhängig.

Im Tibetischen Informationsbüro in Zhongdian sitzen Han-Chinesen. Hinter einem grünen Vorhang höre ich eine scharfe Männerstimme – den Bürochef.

»Unmöglich! Sie können diesen Pfeilen nicht folgen!«

»Warum nicht?«

»Weil das zu gefährlich ist. Dort gibt es keine Straßen und keine Menschen!«

»Aber unser Guru ...«

»Was weiß der schon!«

»Aber unser Guru hat uns befohlen, diesen Pfeilen zu folgen.«

»Und die Pfeile führen direkt ins Verderben. Und wenn Sie jetzt in einen Schneesturm geraten?«

»Um diese Jahreszeit?«

»Natürlich. Dann passiert Ihnen das Gleiche wie dem tschechischen Paar, das hier vor zwei Jahren auftauchte. Wir verboten ihnen, ins Gebirge weiterzureisen, aber sie machten sich trotzdem auf den Weg. Im nächsten Frühjahr wurden sie von Nomaden gefunden. Sie saßen erfroren hinter einem Felsblock!«

Während Karl und Maria weitere Argumente vorbringen, schleiche ich wieder nach draußen. Ich will es lieber am nächsten Tag noch einmal versuchen. Ich weiß, dass ich schlechte Karten habe, aber im Unterschied zu dem deutschen Paar habe ich nicht vor, der Gegenseite mit Gerede von einem Guru auf die Nerven zu gehen. Ich will einfach nur dem Jangtse bis zur Quelle folgen.

Mein Landkartenstudium an diesem Abend stimmt mich optimistischer. Dem Fluss bis nach Batang zu folgen, sollte möglich sein. Dahinter wirkt das Terrain jedoch hoffnungslos. Es gibt keine

Straßen und keine Dörfer. Kilometerweit ist dort das große Nichts. In Batang sei auch nichts los, lese ich in meinem Reiseführer. Hier kann man nur in den Teehäusern sitzen und auf die Berge starren. »Recht nett, man ist es aber schnell leid.«

Noch vor wenigen Jahren durften überhaupt keine Ausländer in diesen Ort, vermutlich wegen der unmittelbaren Nachbarschaft zu Tibet. Auch heute wird jeder Tourist, der bis dorthin vordringt, äußerst misstrauisch beäugt. Die Polizei beaufsichtigt ihn, und wer versucht, heimlich die Grenze nach Tibet zu überqueren, schließt unangenehme Bekanntschaft mit den chinesischen Gerichten.

Noch höher, 4000 Meter über dem Meer, liegt Dege. Der Ort liegt zwischen zwei dramatischen Gebirgsketten, den Jangtse auf der einen, den Mekong auf der anderen Seite. Um nach Dege zu kommen, muss ich einen riesigen Umweg machen, Dutzende Kilometer auf erdrutschbedrohten Straßen. Von Dege führen nur wenige Straßen weiter, und um dem Jangtse weiter zu folgen, muss ich eventuell einen Führer und Packtiere mieten. »Der einzige Grund, Dege zu besuchen, ist die berühmte Druckerei«, lese ich. »Diese ist allerdings wirklich wunderbar.« Die Druckerei existiert seit 1744 und gehört zu dem berühmten Kloster des Ortes. An jedem Tag des Jahres werden hier unzählige buddhistische Texte gedruckt. Die hölzernen Druckstöcke sind uralt, gedruckt wird von Hand. Die Mönche arbeiten in rasendem Tempo.

Der nächste Morgen. Herr Li sitzt an seinem Schreibtisch im Tibetischen Informationsbüro.

»Dem Fluss bis zu seiner Quelle zu folgen ist ganz einfach unmöglich. Außerdem ist es gefährlich. Haben Sie denn nicht von 9/11 gehört?«

»Wie bitte?«

»Dem 11. September 2001. Zwei Flugzeuge flogen in Manhattan in zwei Hochhäuser. Die Türme brannten und waren eine Stunde später nur noch Asche. Am Steuerknüppel saßen Terroristen! Heutzutage gibt es überall Terroristen!«

»Auch hier?«

»Wer weiß? Diese religiösen Fanatiker können auf alle möglichen Ideen kommen, selbst in China! Die Khampa können recht aggressiv sein, das kann ich Ihnen sagen. Unter ihnen gibt es Banditen. Deswegen müssen wir auch wachsam sein. Ohne Begleitung können wir die Leute nicht überall hingehen lassen. Jeder, der nach Tibet reist, muss sich einer Gruppe anschließen, und diese Gruppen werden von unseren Leuten begleitet.«

Sicherheitshalber erzählt Herr Li noch einmal die Geschichte des tschechischen Paares. Dieses Mal trägt er extra dick auf: »Die beiden, ein Mann und eine Frau Anfang fünfzig, erinnerten an Eiszapfen, als sie gefunden wurden. Da der Frühling nahte, hatten sie jedoch zu tauen begonnen. Die Frau saß mit geöffneten Augen hinter einem drei Zentimeter dicken durchsichtigen Eispanzer – ein schrecklicher Anblick. Wenn ich Sie wäre, würde ich kehrtmachen. Jenseits dieser Gegend ist es auch nicht sonderlich schön.«

»Ach?«

»Als Tourist ist Ihnen doch sicher schöne Natur wichtig. Überall sollte es sein wie in Shangri-La, nicht wahr? Und hier oben ist kein Shangri-La.«

Li dreht sich um und deutet auf die Landkarte an der Wand. Die Gebiete weiter oben liegen außerhalb des offiziellen Shangri-La, das von der Regierung in Peking festgelegt wurde.

»Welche Möglichkeiten habe ich dann?«

»Wenn Sie unbedingt nach Tibet wollen, dann empfehle ich Ihnen, die Landstraße von hier nach Lhasa zu benutzen. Die Fahrt dauert neun, gelegentlich auch schon mal zehn Tage. Aber erst müssen Sie eine Genehmigung beantragen.«

Die Landstraße nach Lhasa? So hatte ich mir das eigentlich nicht vorgestellt. Aber wenn alle anderen Wege gesperrt sind, warum denn eigentlich nicht? Die Landkarte lockt mich mit dem Jangtse, dem Mekong, dem Saluen und dem Brahmaputra. Ich erhalte Gelegenheit, 1400 Kilometer durch unbekanntes Land zu reisen, und von Lhasa aus kann ich dann meinen abschließenden Vorstoß zur Quelle des Jangtse vorbereiten.

Die Bürokratie kann nur in China erfunden worden sein. In der nächsten Stunde fülle ich die fünf erforderlichen Anträge aus, einen an die Provinzregierung von Yunnan, einen an die Autonome Region Tibet, den dritten an die Regierung in Peking, den vierten an die Volksbefreiungsarmee und den fünften an das Öffentliche Sicherheitsbüro. Alle wollen wissen, wer ich bin, wohin ich unterwegs bin und warum. Die Fahrt nach Lhasa wird nicht billig: Auto, Benzin und Fahrer kosten mich über tausend Euro.

Am selben Abend gehe ich mit Karl und Maria Jakpizza essen. Maria sagt leise, sie hätte gerade mit ihrem Guru in Deutschland telefoniert.

»Wir brauchten neue Anweisungen.«

»Und was hat er gesagt?«

»Er sagte: ›Kümmert euch nicht um die Chinesen! Folgt den roten Pfeilen!‹«

»Und das werden wir auch tun«, fügt Karl hinzu. »Das sind wir ihm schuldig.«

Am nächsten Tag sind Karl und Maria aus meinem Leben verschwunden. Ich kann nur hoffen, dass die Nomaden sie nicht im nächsten Frühjahr irgendwo als Eiszapfen wiederfinden.

Die Landstraße nach Lhasa.

Irgendwie eine Niederlage. Aber auch ein Sieg. Hunderte von Jahren war Lhasa eine geschlossene Stadt. Kein Ausländer hatte Zutritt. Auch Tibet war geschlossen. Noch um 1860 begnügten sich die englischen Kartografen damit, Tibet als großen weißen Fleck auf ihre Karten einzuzeichnen, als wäre das Land von ewigem Eis und Schnee bedeckt und als gäbe es dort keine Flüsse und keine Gipfel, keine Seen und schon gar keine Städte. Reisende, die sich auf das Dach der Welt hinaufwagten, wurden in der Regel schneller davongejagt, als ihnen lieb war. Die Tibeter wollten mit sich und ihrer Kultur allein bleiben.

Im Jahre 1863 begannen die Dinge jedoch in Bewegung zu geraten. An einem hübschen Teaktisch in Dehra Dun, einem angenehm kühlen Gebirgsort in Nordindien, saßen einige britische Gentlemen mit Schnurrbärten und Spazierstöcken. Sie arbeiteten alle für das staatliche Vermessungsbüro Survey of India. Seit einigen Hundert Jahren war Indien bereits das Juwel des britischen Weltreiches, aber über ihm lag Tibet, eine Terra incognita. Etwas musste unternommen werden.

Es gab Gerüchte, der russische Zar hätte begonnen, sich für die menschenleeren Gebiete in Zentralasien, also auch für Tibet, zu interessieren. Man wollte geheimnisvolle Spione und sogar Soldaten beim Marsch durchs Gebirge beobachtet haben. London forderte seine Leute in Indien auf, etwas zu unternehmen. Seht zu, dass ihr auf das Dach der Welt kommt! Zeichnet Tibet auf der Landkarte ein! Findet heraus, was los ist! Das britische Weltreich herrscht schließlich nicht nur auf den Weltmeeren, sondern auch in den Gebirgen!

Es gab für dieses Problem keine einfache Lösung. Der junge Engländer William Moorcroft hatte sein Leben bereits im Kampf mit den wilden Tibetern geopfert. Andrew Dalgleish war von einem großen Afghanen auf dem Karakorum-Pass in Stücke gehackt worden. Aber wenn man sich jetzt der eingeborenen Inder bediente? Vielleicht konnten die sich ja in Lhasa einschleichen, wenn sie nur Tibetisch lernten und ihre Gebetsmühlen eifrig genug drehten?

Also zogen sie los, die beiden Sikhs Nain und Mani Singh. Sie hatten eine zweijährige Agentenausbildung absolviert. Es war das Jahr 1865. Sie beherrschten alle Tricks der Verkleidung. Alles war genau geplant, selbst die Gebetsmühlen waren Spezialanfertigungen. Die Kupferschmiede in Dehra Dun hatten sie mit Geheimfächern ausgestattet. Schließlich mussten sie ihre Kompasse irgendwo unterbringen. Der Sextant wurde in einem Schrankkoffer mit doppeltem Boden versteckt, und das Thermometer kam in einen Hohlraum in einem der Wanderstöcke der beiden Herren.

»Ihr sollt jeden Schritt, den ihr macht, zählen, den ganzen Weg bis nach Lhasa!«, lautete die Anweisung der Engländer.

Ein Jahr später zog Nain Singh in Lhasa ein. Mani hatte Probleme bekommen und umkehren müssen. Drei Monate blieb Nain in der verbotenen Stadt. Als er schließlich nach Dehra Dun zurückkehrte, verfügte er über eine Flut von Informationen. Und man stelle sich vor: Nain hatte jeden Schritt gezählt! Endlich konnte Lhasa auf der Landkarte eingezeichnet werden. An diesem Abend wurde bei der Survey of India unendlich viel edler Whisky getrunken. Der Direktor persönlich, ein Offizier aus den besten Kreisen Bristols, lag unter dem Tisch und sang.

Ein halbes Jahr später wurde Nain Singh erneut losgeschickt, dieses Mal sollte er Informationen über die legendären Goldvorkommen in Thok Jalung einholen. Es kursierten schon lange Gerüchte, es gebe in Tibet unglaublich viel Gold. Einer der Urheber dieses Gerüchts war der griechische Historiker Herodot, der behauptet hatte, es gebe ein Land jenseits von Indien, in dem die Einwohner in ungeahntem Reichtum badeten. Jetzt wollten die Engländer dieses Gold finden und es – wenn möglich – in zivilisierte Gebiete bringen. Thok Jalung lag im Westen Tibets, und erneut gelang es Nain Singh, alle Hindernisse zu überwinden. Er stieß auf einen Quadratkilometer Erde, der von Horden halb nackter und schmutziger Glücksritter umgepflügt worden war. Nachts setzten sie sich im Kreis zusammen und schliefen auf Knien im Kreis, die Köpfe einander zugewandt. So gelang es ihnen, den Nachtfrost zu überstehen.

Wieder kehrte Nain Singh mit wertvollen Informationen nach Dehra Dun zurück, und erneut wurden die Whiskyflaschen bis zum letzten Tropfen geleert. Aber noch immer hatte kein Engländer seinen Fuß nach Lhasa gesetzt – eine Schande! Wer traute sich das zu?

Vorläufig niemand.

Stattdessen machte sich ein großer Russe, ein Oberst aus Sankt Petersburg, auf den Weg. Nikolai Prschewalski hatte die volle Unterstützung des Zaren. Jetzt wollte er nach Lhasa, koste es, was es wolle. Die Gerüchte, die ihm vorausgingen, verkündeten, er sei ein westlicher Heiliger auf dem Weg zum Dalai Lama. In den ersten tibetischen Dörfern, in die er einritt, fielen die Bewohner auf die Knie. Kranke und Aussätzige warfen sich auf den Russen und riefen: »Gib mir meine Glieder zurück! Weck meine Mutter von den Toten auf! Jag das Böse in die Flucht!«

Bei diesen überzogenen Erwartungen zog es Prschewalski vor, rasch weiterzureiten. Der Widerstand war minimal. Ein anderes Gerücht besagte nämlich, der Russe sei von Hunderten unsichtbarer Krieger umgeben. Alle Banditen Tibets zogen sich in ihre Höhlen zurück. Aber dann kam der Winter mit Minusgraden und Hunger. Prschewalskis Kleider waren inzwischen zerrissen, seine Stiefel bestanden aus Löchern, und seine Truhe mit Silbermünzen war vollkommen leer. Lhasa lag in greifbarer Nähe, aber dem Heiligen blieb nichts anderes übrig, als umzukehren.

Sechs Jahre später zog er erneut los, dieses Mal ohne Heiligenbonus. Die Expedition bestand aus dreizehn Männern. Sie hatten erstklassige Kleidung und die Taschen voller Geschenke für all jene, die ihnen behilflich sein würden. Die farbigen Bilder der Sankt Petersburger Schönheiten waren besonders begehrt! Im Übrigen rechnete Prschewalski damit, sich den Weg zu seinem Ziel freischießen zu müssen. Wie lange sollten diese verdammten Tibeter den Rest der Welt noch schikanieren dürfen? Er würde nach Lhasa kommen!

Die Gerüchte, die ihm vorausgingen, besagten, er befände sich auf dem Weg nach Lhasa, um den Dalai Lama zu entführen. Die Tibeter konnten das nicht hinnehmen. Jedem, der den Russen Lebensmittel verkaufte, drohte die Todesstrafe. Aus den Klöstern stürmten Kriegermönche mit Lanzen und Schwertern. 250 Kilometer vor Lhasa sah sich Prschewalski gezwungen kehrtzumachen. Der Rückzug war keine Freude, und dass er Unmengen Wodka trank, machte die Sache auch nicht besser. Vier Jahre später starb er an Typhus.

Im Jahre 1888 unternahm der erste Amerikaner einen Versuch: William Woodville Rockhill. Die kompletten Vereinigten Staaten hielten ihm die Daumen. Rockhill versuchte von Nordosten, also von China aus, nach Lhasa vorzudringen. Hier war der Abstand zwischen den Dörfern groß und die Bewachung schlecht. Mit frisch rasiertem Kopf und in wehenden Mönchsgewändern arbeitete er sich ins Gebirge vor. Wenig später überschritt er die Grenze nach Tibet. Was sich seinen Augen darbot war, jedoch alles andere als göttlich. Die Leute wohnten wie die Schweine, fand er, Diebe wurden mit Verstümmelung und Tod bestraft. Auf einem Pass begegneten ihm Soldaten, die fünf Gefangene in einem Käfig transportierten. Die Gefangenen waren mit schweren Ketten gefesselt und von Schlägen übel zugerichtet. Rockhill erfuhr, dass zwei von ihnen aus dem hintersten Winkel Zentralasiens schon seit vier Monaten im Käfig unterwegs waren. Jetzt, endlich wieder daheim in Tibet, sollten sie enthauptet werden.

In einem Dorf sah Rockhill mehrere Dutzend Sträflinge, einige standen am Pranger, andere waren an schweren Baumstämmen festgekettet. Die Soldaten, Wachleute, Lamas und Mönche lagen im Gras und rauchten Opium. Eine Hölle auf Erden. Rockhill hatte nicht übel Lust kehrtzumachen, gab seinen Plan, nach Lhasa zu wandern, dann aber doch nicht auf. Der Amerikaner überschritt eine Gebirgskette nach der anderen. 600 Kilometer vor seinem Ziel ging ihm dann jedoch das Geld aus. Rückzug.

Der Nächste war Henry Lansdell, ein Geistlicher und Abenteurer, der schon mehrere Asienreisen hinter sich hatte.

»Vielleicht sollte ich den Erzbischof von Canterbury bitten, einen Brief an den Dalai Lama zu schreiben? Diesen Brief könnte ich den tibetischen Grenzsoldaten zeigen. Ich würde sagen, ich sei ein englischer Lama, der gerne eine Botschaft des Großlama im Westen an den Großlama im Osten überbringen würde. Dann müssten sie mich doch eigentlich durchlassen?«

Eine großartige Idee. Auch der Erzbischof von Canterbury war sofort begeistert. In seinem Brief lobte er überschwänglich die Freundschaft der Nationen. Der Dalai Lama möge wie alle anderen Tibeter lange leben! Möge – früher oder später – Gottes Reich kommen! Henry Lansdell verpackte das wunderbare Dokument erst in Seide und dann in einen stabilen Metallzylinder, damit es die lange Reise in die Stadt der Götter überstehen würde. Einige Monate später befand er sich im Gebirge. »Kehr um!«, befahlen ihm die ersten Tibeter, denen er begegnete. Niemand war von seinem Brief sonderlich beeindruckt. »Niemand kann mir befehlen umzukehren. Nur Gott!«, erwiderte Lansdell trotzig. Hoch erhobenen Hauptes marschierte er Richtung Lhasa weiter.

Aber dann griff die britische Regierung ein. Tibet und Großbritannien hatten gerade begonnen, über die Zukunft von Sikkim zu verhandeln, eine heikle Angelegenheit, und Lansdells Solomarsch passte beiden Seiten ausgesprochen schlecht. »Haltet diesen Geistlichen auf!«, lautete die Anweisung aus London.

Betrübt und mit dem Gefühl, verraten worden zu sein, trat Lansdell den Rückweg aus der Eis- und Schneewelt an.

Da endlich klingelt das Telefon auf meinem Nachttisch. Herr Li vom Tibetischen Informationsbüro. Seine Stimme klingt aufgeregt. Irgendetwas ist mit meinem Antrag nicht in Ordnung. In der norwegischen Schreibung meines Vornamens ist ein ø, und in meinem Nachnamen finden sich sowohl æ als auch ø. Lhasa kann mit diesen Buchstaben nichts anfangen. Auch die Volksbefreiungsarmee, das Öffentliche Sicherheitsbüro und die Regierung in Peking sind überfordert. Könnten Sie bitte sofort vorbeikommen und uns alles erklären!

»Hoch problematisch«, sagt Li, als ich in sein Büro stürze. »Diese Buchstaben sind uns vollkommen unbekannt! Wir können Ihnen keine Reisegenehmigung erteilen, solange Sie in Ihrem Namen geheimnisvolle Buchstaben verwenden.«

»Das tut mir sehr leid. Diese Buchstaben werden nur in Skandinavien verwendet, aber mein Name wird wirklich so geschrieben.«

Nach einiger Zeit einigen wir uns darauf, das ø durch oe und das æ durch ae zu ersetzen. Li ist skeptisch, aber vielleicht bin ich Lhasa trotzdem einen Schritt näher gekommen. Erneut faxt Herr Li die Anträge in alle Richtungen. Wenn alles glattgeht, habe ich in einer Woche die nötigen Papiere.

Zhongdian besteht aus zwei Stadtteilen, einem neuen und einem alten. Der neue ist vollkommen gesichtslos und könnte überall in China liegen. Das Tibet Hotel, in dem ich in den nächsten Tagen unterkrieche, liegt auf der Grenze zur Altstadt. Es ist weiß und ziegelrot angestrichen. Es gibt einen geschlossenen Innenhof, ein chinesisches Restaurant, eine Bar mit einem offenen Kamin in der Mitte, eine Wäscherei und einen kleinen Tempel, in dem ich zu den Göttern beten kann. Die Zimmer sind hoch und geräumig, und nach dem Frühstück lege ich mich in den Liegestuhl auf meiner privaten Terrasse, während die Sonne immer mehr wärmt. So lässt es sich auf 3300 Meter Höhe aushalten, während man auf eine Mitfahrgelegenheit nach Lhasa wartet. Man darf nur die Sonnencreme mit Schutzfaktor 25 nicht vergessen.

Die einzige nennenswerte Sehenswürdigkeit in Zhongdian, von den Bewohnern einmal abgesehen, ist das Kloster am Ortsrand. Das Kloster Songzanlin wurde 1679 fertiggestellt und erinnert aus der Ferne ein wenig an den Potala-Palast in Lhasa. Das Kloster gehört den Gelbhüten, die seit mehreren Hundert Jahren mit den Rothüten darüber streiten, wer die Lehre Buddhas am besten verstanden hat.

Wie die meisten Klöster liegt Songzanlin auf einem Gipfel. An diesem Sommertag im Juli hat es jedoch den Anschein, als befänden sich die Gelbhüte im Winterschlaf. Im Kloster soll es 600 Mönche und Lamas geben, die meisten von ihnen haben sich aber hinter dicken, braunen Vorhängen zurückgezogen. Ein paar altersschwache Mönche schlurfen summend und mit entrücktem Blick auf dem Weg zu irgendwelchen Verrichtungen vorbei. Vor dem Tempel sind zwei ältere Mönche damit beschäftigt, die Erde in Blumentöpfen auszutauschen. Ein anderer Ordensbruder sitzt hinter einem verwahrlosten Hang in der Hocke und verrichtet seine Notdurft. Neben dem Klosterbrunnen liegt ein Dutzend räudige Hunde und leckt sich das Fell. Vor dem Hauptportal sitzen auf Treppenstufen Bettler und mehrere verschrumpelte Frauen mit ausgestreckten Händen und flehendem Blick.

Mit den Bettlern werde ich fertig, aber mit den Hunden?

Einige sind unangenehm aufdringlich und haben bedenklich viel

Schaum an den Lefzen. Tollwut? Jeder, der sich auf dem Landweg nach Lhasa begibt, sollte sich gegen Tollwut impfen lassen. Das habe ich versäumt. Einen Steinwurf weit vom Hauptportal entfernt steht etwas, was an ein Rotes-Kreuz-Zelt erinnert. Der Mann im Zelt wirft einen Stock nach einem sich nähernden Hund, dieser macht sofort kehrt und trottet davon.

»Haben sie Tollwut?«, will einer der Touristen wissen.

»Keine Ahnung. Aber es kommt vor, dass sie beißen. Deswegen habe ich auch dieses Zelt hier aufgebaut.«

»Warum bringen Sie den Hund nicht um?«

»Unmöglich! Sind Sie verrückt! Er könnte doch mein Vater, meine Mutter oder meine Großmutter sein!«

Buddhisten töten nur sehr ungern. Das Opfer könnte schließlich ein geliebtes Familienmitglied sein. Daher überlassen sie auch den Beruf des Schlachters den Moslems. In Zhongdian gibt es eine islamische Minderheit. Viele der Männer sind Metzger.

Als Songzanlin auf der Höhe seiner Macht stand, beherbergte das Kloster 3000 Mönche und Lamas. Mit dem Einmarsch der Chinesen 1950 begann eine neue Zeit. Hier wie überall sonst auch wurde die Religionsausübung eingeschränkt. Das Ende kam 1959. In jenem Jahr lehnten sich die Tibeter gegen die chinesische Herrschaft auf, und der Dalai Lama floh nach Indien. Die Chinesen beschossen sämtliche Klöster. Auch Songzanlin wurde stark beschädigt und geschlossen.

Nach mehrjähriger Renovierung wurde das Heiligtum 1981 wiedereröffnet. Warum nur? Um den tibetischen Buddhismus wiederzubeleben oder um die Touristen zu neuen Zielen zu locken?

Mein Tagesausflug nach Songzanlin macht mich unsicher. Es gibt hier viele Touristen, aber nur wenige Mönche.

Die Tage vergehen. Schwere Regenschauer treiben von Osten und Westen heran und prallen über Zhongdian aufeinander. Die Händler verlassen fluchtartig die Straßen, und auch ich gehe im Tibet Café in Deckung. Dort stellen die tibetischen Mädchen den Kohleofen auf eine harte Probe. Aus dem Radio hinter der Bar ertönen ständig Meldungen, dass Straßen gesperrt seien und wo mit Erdrutschen gerechnet werden müsse. Auf der Himmelstraße nach Lhasa, tatsächlich hoch oben in den Wolken, befinden sich Tausende Straßenarbeiter im Krieg mit den Naturkräften. Sie kämpfen gegen abrutschendes Geröll, gegen Sand und Lehm. Aber eines Abends, ich genieße gerade einen Tee mit Jakbutter, klingelt das Telefon. Es ist Herr Li. Voller Freude erzählt er mir, meine Reisepapiere seien in Ordnung.

»Machen Sie sich fertig! Übrigens heißt Ihr Fahrer Whisky.«

»Wie bitte?«

»Whisky. Er liebt Whisky.«

»Aber ...«

»Packen Sie Ihre Sachen, er holt Sie morgen früh ab!«

In dieser Nacht träume ich von Whisky. Auf schmalsten Straßen rasen wir dem Himmel entgegen. Es geht an Lawinenhängen vorbei und auf die erste von tausend Haarnadelkurven zu. Whisky zieht eine Flasche aus der Innentasche seiner Jacke. Das Getränk kommt mir bekannt vor. Es ist goldbraun und durchsichtig. Ein Schluck, noch einer, ein dritter ... Bald verschwimmt das Gebirge vor Whiskys schmalen Augen. Jede neue Kurve scheint ihn zu überraschen, und vor einer von ihnen, am Rand eines Abgrunds, erwache ich schreiend. Es ist beruhigend, dass ich mich immer noch in Zimmer 304 des Tibet Hotels befinde.

Bei Morgengrauen klingelt das Telefon. Die Stimme am anderen Ende ist rau und undeutlich.

»Good morning, my name is Whisky.«

Vier Flüsse, fünf Gebirgsketten

Ein fürchterliches Bremsenquietschen. Das ist Whisky. Aus dem Wagen, einem beigefarbenen Toyota Land Cruiser, springt ein lächelnder, kräftiger und lederbrauner Tibeter. Whisky ist vermutlich Anfang vierzig, und trotz seines Spitznamens wirkt er vollkommen nüchtern. Er hat eine schwarze Mähne, weiße Zähne und Wangen, die mich an die roten Äpfel im Garten meiner Kindheit erinnern. Er spricht nicht sonderlich viel Englisch, aber nach einer Weile verstehe ich, dass er die ganze Strecke von Lhasa, 1440 Kilometer, hierhergefahren ist, um mich abzuholen. Die Fahrt hat sieben Tage gedauert. Die Anweisung loszufahren erhielt er bereits an jenem Tag, an dem ich meinen Antrag einreichte.

»Ich bin gefahren wie ein Wilder«, sagt er und schlägt sich auf die Brust.

Jetzt, auf dem Heimweg, will er jedoch etwas langsamer fahren. Außerdem sei die Straße schlecht. An mindestens einer Stelle sei ein großer Erdrutsch niedergegangen und Teile der Straße in einem Fluss verschwunden.

»Aber jetzt fahren wir!«

Die Türen des Wagens knallen zu, und Whisky fährt auf den ersten von mehreren Pässen zu. Es geht immer weiter aufwärts, bis wir mit dem Anblick des Kawa Karpo, des 6740 Meter hohen heiligen Berges, belohnt werden. Der Regengott straft uns mit strömendem Nass, und Whiskys Scheibenwischer arbeiten auf Hochtouren. Die Schotterstraße ist kurvig und schmal und weist tiefe Rillen auf. Langsam und mühsam geht es immer weiter hinauf, erst auf 4000, dann auf 4500 Meter Höhe. Die Berge sind menschenleer und trostlos, aber auf der Straße begegnen uns Tausende von Straßenarbeitern, junge Männer, deren Waffen Spitzhacke, Spaten und Brechstange sind. Während der Regen herabstürzt, mühen sie sich mit riesigen Felsbrocken ab – es gilt, die Straße nach Lhasa zu retten!

Vor hundert Jahren gab es hier nur einen schmalen Pfad, der bereits sehr wichtig war. Denn wie sollte der Kaiser sonst Anspruch auf Tibet erheben, wenn man dort nicht einmal hingelangen konnte? Außerdem war der Pfad für den Teehandel zwischen China und Indien unentbehrlich. Das ganze Jahr über waren hier Ponys, Esel, Maultiere, Pferde und Jaks unterwegs, ein steter Strom über das Gebirge, schwer beladen mit Tee. Viele Jahre war China der einzige Teeerzeuger der Welt. Der Tee wurde zu Ballen gepresst, damit er sich leichter transportieren ließ. Nach Monaten, nachdem er viele Male umgeladen worden war, erreichte er Indien.

Jetzt wurde der alte Maultierpfad zur Straße ausgebaut, aber eine Straße in diesen Höhen wird nie fertig. Sie muss ständig umgebaut werden. Insbesondere, weil die Volksbefreiungsarmee einen ständigen, unbehinderten Zugang nach Lhasa benötigt. Eine ordentliche Armee besteht aus schweren Fahrzeugen, Lastwagen und Artillerie. Da dürfen die Böschungen nicht wegrutschen. Ständig kommen uns Militärfahrzeuge entgegen, und jedes Mal muss Whisky an den Straßenrand fahren. Da beruhigt es mich zu wissen, dass das zweitgrößte Heer des Himalajas, das Straßenarbeiterheer, die Böschungen mit Felsbrocken und reiner Muskelkraft verstärkt hat.

Die Straßenarbeiter können einem leidtun. Sie frieren im kalten Regen. Hier, direkt unter den Wolken, kämpfen sie in T-Shirts, Shorts und Plastiksandalen. Es gibt keine Schutzhelme, und die Baracken bestehen aus alten Planken und grünen Planen. Es ist eine Männerwelt. Kilometerweit begegnen wir nur Männern.

Es regnet immer noch. Einige Dutzend Kilometer nordwestlich von Zhongdian überqueren wir die Brücke über den Fluss des Lebens. Lieber Jangtse, zorniger habe ich dich noch nie gesehen! Du schäumst vor Wut, als hättest du Himmel und Erde in den falschen Hals bekommen. Wenn du so weitermachst, wirst du noch Millionen in die Flucht schlagen.

Und die Berge? Außerordentlich karg, wie gerupft. Früher gab es hier große Wälder. Aber jetzt ist der Wald verschwunden. Raubbau. China hat einen nicht zu stillenden Holzbedarf. Lange war der Staat der große Holzdieb, aber seit Maos Tod erfolgt der Raubbau sowohl in staatlicher als auch in privater Regie. Ohne an die Folgen zu denken, haben die Holzfäller in einem Tal nach dem anderen für Kahlschlag gesorgt. Bis weit in die 90er-Jahre fuhren die großen Holzlaster auf dieser Straße, aber dann kam die große Überschwemmung von 1998. Der Jangtse rächte sich und überschwemmte vier Provinzen. Die Regierung verbot daraufhin, am Oberlauf des Jangtse Holz zu fällen. Jetzt klagen die Bauern, dass sie ohne Holzwirtschaft keine Einkünfte haben.

Könnte der Tourismus die Rettung bringen? Auf einem Straßenschild steht: »Shangri-La«. Die Pfeile zeigen in alle Richtungen.

Bevor die Nacht hereinbricht, erhasche ich einen Blick auf Deqin, einen kleinen Ort an der Grenze zu Tibet. Er liegt in einem fruchtbaren Tal. Ein Durcheinander aus weißen Häusern, von kleinen Feldern umgeben, auf denen Buchweizen und Gerste angebaut werden. Wo die Gerstenäcker aufhören, beginnen steile terrassierte Felder mit gelbem Raps. Auch Deqin ist Teil von Shangri-La. Dank der Regierung in Peking ist das Paradies auf Erden inzwischen größer als je zuvor.

Im Dunkeln nehmen wir auf einer zugigen Passhöhe Quartier. Die Pension, die von einer tibetischen Familie betrieben wird, heißt Photographers' Club – ein guter Name bei gutem Wetter, bei Regen und Nebel jedoch recht unpassend. Am nächsten Morgen regnet es immer noch. Die Wolken lasten schwer auf den Bergen vor uns, auf dem Kawa Karpo und auf allen Schneeköniginnen der Bergkette Meili. Auf der anderen Seite der Straße flattern Tausende von Gebetsfahnen im frischen Wind. Ohne Gebetsfahnen kein Tibet. Sie gehören zur Landschaft. Auf Tibetisch heißen die Gebetsfahnen *lung ta*, Windpferd. Auf jeder steht ein kurzes Gebet. Sie flattern rot, blau, gelb, grün und weiß und wünschen einem eine gute Reise, Wohlstand und Glück.

Diese Wünsche können wir gut brauchen. Whisky kniet vor dem weißen Stupa, dem buddhistischen Tempel, auf der Passhöhe nieder. Sicherheitshalber füllt er den Ofen mit Wacholderreisig – ein Geschenk an die Götter. In dem Augenblick, in dem das Feuer die Äste erfasst, wendet er sich den Bergen zu und ruft: »*Lhaso! Lhaso! Lhaso!* Mögen die Götter siegen!«

Immer mehr Reisende versammeln sich auf dem Pass, überwiegend Tibeter, alle tun es Whisky nach.

»*Lhaso! Lhaso!*
Lhaso! Lhaso!
Lhaso! Lhaso!«

Der große, rußgeschwärzte Raum der Pension dient als Küche, Wohn-, Arbeits- und Schlafraum gleichzeitig. Das Essen ist immer das Gleiche: *tsampa*, Jakkäse, Jakbraten, Salz und Tee mit Jakbutter. Wer nicht genug Butter in seinem Tee hat, kann mehr bekommen. »Bitte«, sagt die Wirtin und wirft noch einen Klumpen spritzend in die Tasse. »Wir haben genug Butter.«

Der Hausherr liegt auf einer Felldecke und schläft. Ab und zu stößt er gellende Schreie aus, als würde ihm ein frisch geschliffenes Jagdmesser in die Brust gestoßen. Die Wirtin tut so, als wäre nichts. Während das Frühstück weitergeht, formt sie immer neue Klumpen *tsampa*, eine Mischung aus Gerstenmehl und Jakbutter. Eine Energiebombe, welche die Tibeter schon seit Tausenden von Jahren am Leben hält. Gerste ist das wichtigste Getreide in dieser Gegend und der tibetische Butterberg so hoch wie der Mount Everest.

»*Lhaso!* Mögen die Götter siegen!«, rufen wir erneut, jetzt im Chor.

Die nächsten Kilometer folgen wir der Bergwand in weiten Bögen, dann nähert sich die Straße immer mehr einem Abgrund. Dort unten, in der nächsten Schlucht, schäumt der Mekong. Ebenso wütend wie der Jangtse strömt er auf die Ebene und das Meer zu. Der Mekong ist etwas kürzer als der Jangtse, »nur« 4910 Kilometer lang.

Er fließt durch sechs verschiedene Länder – China, Burma, Laos, Thailand, Kambodscha und Vietnam. Bereits im 19. Jahrhundert waren mutige Männer mit Tropenhelm und khakifarbener Kleidung von der Jagd nach seiner Quelle besessen. Sie hatten jedoch alle kein Glück. Der Erste, der den Versuch unternahm, zur Quelle vorzudringen, wurde von den Eingeborenen in Laos geköpft, der zweite wurde krank und starb an Malaria, der Dritte ertrank und der Vierte kehrte mit Syphilis in seine Heimat zurück. Alle waren Franzosen. Frankreichs Ehre wurde jedoch 1991 gerettet, als dem Tibetologen Michel Peissel zu Pferde das Unmögliche gelang.

Ein großer Felsblock grüßt uns am Straßenrand – er weist uns darauf hin, dass wir jetzt die Grenze zu Tibet überschreiten. Das Gebirgsreich ist 1,2 Millionen Quadratkilometer groß, viermal so groß wie Norwegen. Hier stehen keine Wachposten, keine Soldaten. Die Straße vor uns ist leer und steil, die Böschungen sind nachgiebig und die Kurven sehr eng. Whisky hat gute Laune, er singt und raucht. Whisky ist ein guter Mensch, so viel kann ich bereits sagen. Als wir uns den warmen Quellen am Westufer des Mekong nähern, wird sein Gesang zu einer Arie. Sein voller Bariton ist so kräftig, dass die Buddhafigur auf dem Armaturenbrett bebt. Die Wolkendecke ist aufgerissen, und wenn die Götter uns hold sind, werden wir unter einem endlosen, azurblauen Himmel ein Bad nehmen.

Die Götter sind uns hold. Wir leihen uns Badehosen und werfen uns in das längliche Becken. Das Wasser, 3662 Meter über dem Meeresspiegel, ist 42 Grad warm. Besser kann das Leben nicht werden. Whisky schwimmt nur mit einer Hand, in der anderen hält er seine Zigarette. Eine Leistung, er macht das aber nicht zum ersten Mal. Whisky hält immer an diesen Quellen an. Ganze 28 Mal ist er von Lhasa nach Zhongdian und zurück gefahren. Da kommen schon einige Bäder zusammen. Whisky legt sich auf den Rücken, inhaliert tief und bläst den Rauch in die Luft.

Wenig später bekommen wir Gesellschaft von Offizieren der Volksbefreiungsarmee. Es ist anstrengend, Soldat in Tibet zu sein, und ein Bad tut gut. Die Offiziere legen ihre Uniformen ab und werfen sich gleichzeitig in das dampfende Wasser. Mit den Bergen als Zuschauer spielen wir Seehund und Otter. Als das Spiel vorüber ist, haben die Offiziere Durst. Außerdem ist es außerhalb des Wassers kalt – da hilft nur Hochprozentiges. Sie ziehen Whiskyflaschen hervor, und Whisky schließt sich dem Gelage mit ganzer Seele an.

»Ganbei!«, rufen die Männer. »Prost!«

Und die Berge antworten im selben Tonfall.

Bei Sonnenuntergang beginnt Whisky zu lallen. Aber ich verstehe immer noch, was er sagt.

»Haben Sie keine Angst, wenn ich fahre«, sagt er an mein Ohr gelehnt. »Denken Sie daran, dass ich jede Kurve kenne. Ich bin in der Lage, die ganze Strecke nach Lhasa blind zu fahren!«

Das muss dann doch nicht sein. Aber der nächste Tag ist sowohl für Whisky als auch für die Volksbefreiungsarmee kein Zuckerschlecken. In der Nähe des Beckens steht eine längliche Baracke mit etlichen kleinen Zimmern. Es bleibt uns nichts anderes übrig, als zu übernachten. Whisky begibt sich schwankend recht zeitig zu Bett, die Volksbefreiungsarmee ebenfalls, sie schläft sofort ein, als wäre sie chloroformiert. Es wird eine lange Nacht, und als der Morgen graut, müssen alle erst einmal ihren Durst am Mekong löschen. Die Männer legen sich auf die Felsen am Fluss und trinken eine Ewigkeit. Heiliger Mekong, wie der Jangtse hast du sehr viel auf dem Gewissen, aber gerade jetzt tust du eine gute Tat.

Eine neue Etappe, neue Berge. Whisky trinkt immer wieder einen Schluck aus einer Wasserflasche. Trotz seiner Kopfschmerzen wird er erstaunlich gut mit den Haarnadelkurven fertig. Wir folgen der Straße nach Yanjing und Markham, zwei kleinen Orten, die von den stolzen Khampa bewohnt werden. Da die Khampa hier in der Mehrheit sind, heißt die Gegend Kham. Kleine Dörfer mit weiß gestrichenen Häusern klammern sich an die steilen Hänge, hier wird einem nichts geschenkt. Die Natur hat einen zähen, willensstarken Menschenschlag hervorgebracht.

In den Dorfstraßen reiten die Khampa auf und ab. Ihre Dolche funkeln in der Sonne, aber hinter dem kriegerischen Äußeren wartet immer ein Lächeln.

Als Maos Soldaten 1950 einmarschierten, wehrten sich die Khampa sofort. Ohne weitere Diskussion begannen sie ihre Messer zu wetzen. Uralte Hinterlader wurden mit Pulver gefüllt – auf in den Kampf! Sie kannten sich im Terrain aus, wussten, wo sich ein Angriff lohnte, und lockten die chinesischen Soldaten wenig später in unzählige Hinterhalte.

»Lhaso!«, riefen die Khampa. »Lhaso!«

Trotzdem marschierte die Volksbefreiungsarmee wenige Monate später in Lhasa ein. Nach und nach führten die Chinesen ihre »demokratischen Reformen« durch. Die Khampa organisierten daraufhin eine neue Guerillabewegung, die Chushi Gangdruk (»Vier Flüsse, fünf Gebirgsketten«). Ihr Anführer, Gompo Gashi Andrugtsang, war ein umtriebiger Geschäftsmann aus Litang, einem recht unwirtlichen Ort. Ein weiterer wichtiger Mann war der zweitälteste Bruder des Dalai Lama, Gyalo Thondup, der über gute Verbindungen zur CIA verfügte.

Jetzt gerieten die Dinge in Bewegung. Eine Gruppe Khampa wurde heimlich nach Guam ausgeflogen, wo die USA einen Stützpunkt besitzen, um sich in moderner Guerillataktik ausbilden zu lassen. Im Sommer 1957 sprangen sie über Kham mit dem Fallschirm ab. Als der Herbst kam, und die Berge mit gelbem und rotem Laub bedeckt waren, griffen die Guerillakämpfer auf breiter Front an. Eine chinesische Garnison nach der anderen wurde überrannt und in Brand gesteckt. Mehrere Tausend chinesische Soldaten wurden getötet. Die Zahl der gefallenen Khampa wurde nie bekannt. Chinesische Flugzeuge bombardierten daraufhin ein Khampa-Dorf nach dem anderen. Der Krieg trieb viele Menschen in die Flucht, die im Winter 1959 nach Lhasa strömten – Tausende von frierenden Khampa, Männer, Frauen und Kinder, die nur noch die Lumpen besaßen, die sie trugen.

In Lhasa ging alles drunter und drüber. Die Stadt war eine einzige

Gerüchteküche. Ein Gerücht besagte, die Chinesen wollten den Dalai Lama entführen und ihn für den Aufruhr der Khampa zur Rechenschaft ziehen. Der Gottkönig flüchtete daraufhin mit 80 000 Tibetern nach Indien. Die Guerillasoldaten zogen sich nach Mustang zurück, in ein gottverlassenes Gebirge in Nepal, fast 2000 Kilometer von ihrer Heimat Kham entfernt. Aber hier gab es kaum etwas zu essen, und die wenigen Bewohner konnten nicht ein einziges Huhn entbehren. Aus reiner Verzweiflung begannen die Khampa ihre Sättel zu kochen. Als sie diese gegessen hatten, schlachteten sie ihre Pferde. Anschließend machten sie sich über das Vieh der Bauern her.

Die Guerillatruppe bestand aus 4000 hungrigen Männern. Die CIA begann sie aus der Luft zu versorgen. Das Essen wurde abgeworfen. Erneut wurde eine Gruppe Khampa von den USA ausgebildet. Nach einem kurzen Aufenthalt auf Okinawa, einem Stützpunkt im Pazifik, wurde die Gruppe, 125 Mann, nach Camp Hale in Colorado mitten in den Rocky Mountains geflogen. In den nächsten sechs Monaten wurde sie umfassend ausgebildet: Waffen, Guerillastrategie, Anwendung von Fernmeldeausrüstung, Einrichtung von Widerstandszellen und nicht zuletzt Fallschirmspringen. Amerikanische Flugzeuge sollten die Männer wieder nach Hause bringen; sie sollten abspringen, mit den eisigen Gipfeln als Zuschauern, und den Widerstandskampf wieder zum Leben erwecken.

Vielleicht war die Idee ja nicht schlecht gewesen, aber für eine solche Aktion war die Gruppe dann doch zu klein. Ihr Stützpunkt in Mustang war zu weit vom eigentlichen Ort des Geschehens entfernt, und allmählich verloren die Guerillakämpfer an Bedeutung.

Schließlich kam der Todesstoß. Anfang der 70er-Jahre begann die sogenannte Pingpong-Diplomatie zwischen China und den USA. Nach dreißigjähriger erbitterter Feindschaft schlossen der Vorsitzende Mao und Präsident Nixon Frieden. Eine Forderung Chinas war, dass die USA ihre Unterstützung der Khampa einzustellen hätten. Nixon war einverstanden, und im Juli 1971 wurde der Kontakt abgebrochen. Die Khampa-Soldaten erfüllte die Nachricht mit Wut und Trauer. Die Wut wurde auch nicht dadurch gemindert, dass der Dalai Lama in einer Tonbandaufnahme, die auf dem Pferderücken nach Mustang transportiert worden war, die Soldaten persönlich bat zu kapitulieren.

»Kapitulation? Nie im Leben!«, antwortete der Oberkommandierende der Guerillasoldaten. »Khampa kapitulieren nicht. Dieses Wort kennen wir nicht. Lieber ziehen wir uns nach Tibet zurück und fallen im Kugelhagel der Chinesen!«

Zwei Tage später nahm er sich das Leben. Er warf sich in sein Schwert. Etliche weitere Khampa-Soldaten folgten ihm auf diesem Weg.

So endet der Versuch der Khampa, das eigene Land zu verteidigen, in Enttäuschung und Blut.

Seither sind dreißig Jahre vergangen. Wieder sieht sich Whisky gezwungen, am Rand eines Abgrunds anzuhalten. Uns kommt eine Militärkolonne entgegen, die längste, die ich bislang gesehen habe – 160 schwere Fahrzeuge! An jedem flattert die rote Fahne Chinas. Die Kolonne schlängelt sich die steilen Gebirgshänge hinunter, ehe sie in einer Schlucht verschwindet.

Hat es überhaupt Sinn, gegen diese Übermacht anzukämpfen?

Wahrscheinlich nicht. Der bewaffnete Kampf der Tibeter endete mit der Niederlage 1971. Obwohl die Khampa ab und zu eine Schlägerei anzetteln, hat die Feindschaft seither nie mehr zu größeren, gewalttätigen Auseinandersetzungen geführt. China hat inzwischen rund 50 000 Soldaten in Tibet stationiert. Sie verfügen über erstklassige Waffen und sind gut ausgebildet. Mit einem solchen Heer ist nicht zu spaßen. Außerdem verfügt Peking noch über eine professionelle Eingreiftruppe, die kurzfristig überall im Land eingesetzt werden kann.

Rachegelüste hegen vor allem die jungen Tibeter, die in Indien leben. Gegen die Überzeugungen des Dalai Lama hat der Tibetische Jugendkongress (TYC) jahrelang die Idee propagiert, in der Heimat wieder einen Guerillakrieg zu beginnen. Im Jahre 1977 forderte der TYC seine Mitglieder auf, sich der Special Frontier Force, den indischen Grenztruppen, anzuschließen, um sich mit der Wirklichkeit des Krieges vertraut zu machen. In den weit verstreuten tibetischen Siedlungen in Nordindien organisierten sich junge, kampfwillige Männer in militärischen Verbänden, übten mit Spielzeuggewehren und lasen Handbücher der Guerillataktik. Nach einiger Zeit tauschten sie die Spielzeuggewehre gegen richtige Waffen aus, die in dunklen Dorfwerkstätten handgeschmiedet worden waren.

Der Gedanke eines bewaffneten Widerstandskampfes wurde von Neuem entfacht, als Jassir Arafat im Jahre 1988 eingeladen wurde, vor der UNO-Hauptversammlung zu sprechen. Die Tibeter verfolgten seinen Auftritt vor den Fernsehern. Der Terrorist und Guerillaführer par excellence wurde mit tosendem Beifall empfangen.

»Wer schießt und tötet, verschafft sich Gehör!«, sagte Tempa Tsering, einer der damaligen Führer des TYC. »Wer Gerechtigkeit fordert, stößt auf taube Ohren!«

Die Idee, es Arafat gleichzutun, fand jedoch keine Mehrheit. Buddha war ein Mann des Friedens, der Dalai Lama auch, obwohl er sich gelegentlich Mühe gegeben hat, den militanten Jugendlichen des TYC entgegenzukommen: »Theoretisch ist es möglich, Gewalt und religiöse Überzeugung zu vereinbaren, jedoch nur, wenn das Motiv edel und die Gewalt das Beste für eine Mehrheit des Volkes ist. Unter diesen Voraussetzungen und der Bedingung, dass es keine Alternative gibt, ist Gewaltanwendung erlaubt. Was die Situation in Tibet angeht, glaube ich, eine militante Haltung könnte dazu beitragen, die Moral unserer jungen Leute aufrechtzuerhalten. Aber seid so nett, startet keine militärische Bewegung! Das wäre Selbstmord!«

Der Gottkönig wusste, wovon er sprach. David und Goliath. Manchmal ist es klüger, auch noch die andere Wange hinzuhalten, wenn es ums Überleben geht.

Das Gebirge wirkt endlos. Alle, die so reisen wie ich, denken früher oder später über die Größe des Landes nach. China ist das größte Imperium der Welt. Die Imperien der Vergangenheit sind untergegangen – das römische, spanische, portugiesische, holländische, japanische, französische und britische, selbst das sowjetische, aber nicht das chinesische. Peking herrscht über 56 Völker.

In den Tälern auf dem Weg nach Lhasa leben Han-Chinesen und Khampa Seite an Seite. Die Dörfer bestehen in der Regel aus einem neuen und einem alten Teil. In dem neuen wohnen die Han-Chinesen, in dem alten die Tibeter. Einer dieser Orte, Bayi, ist ganz neu. Er liegt auf einer Hochebene, breite Straßen, Kreisverkehre, riesige Denkmäler. Keine tibetische Architektur, keine Schilder auf Tibetisch – alles ist chinesisch. Die Parolen an den Hauswänden fordern alle Völker Chinas dazu auf, Arm in Arm in die strahlende Zukunft zu marschieren.

Und was meint Whisky?

No politics, sagt er. *No, no, no.*

Whisky redet gerne, über die Blumen am Wegrand und die schneebedeckten Berge in der Ferne, aber nicht über Politik. Er ist ein kluger Mann.

Die Tage vergehen, ich gewöhne mich an das Leben in den Haarnadelkurven. Am vierten Tag, nach weiteren hohen Pässen, überqueren wir den Saluen, den Fluss, der Burma mit Wasser versorgt. In der matten Dämmerung wirkt er ruhiger als der Jangtse und der Mekong. Die Landschaft ist karg und trocken. Die braunen, felsigen Berge erinnern an Utah und Arizona. Gegen Abend biegen wir Richtung Süden nach Raog ab, das 4200 Meter über dem Meeresspiegel liegt, einem armen, baufälligen und ausgestorbenen Dorf. Auch die Soldaten der Garnison sind spurlos verschwunden. Whisky weiß nicht recht, wo wir übernachten können, und geht von einer Hütte zur nächsten. Schließlich haben wir Erfolg. Eine zerlumpte alte Frau bietet uns ein stinkendes Zimmer hinter einem hellgrünen Plastikvorhang an. Als sie den Vorhang beiseitezieht, flüchten zwei magere Ratten aus der Dunkelheit. Wir suchen schließlich im Militärlager Zuflucht und werden schon vor Sonnenaufgang von Wecksignal, Flaggenhissen und Nationalhymne aus dem Schlaf gerissen.

Ursprünglich hieß die Nationalhymne »Marsch der Freiwilligen«. Während der Kulturrevolution wurde sie durch das unvergessliche

»Der Osten ist rot, die Sonne geht auf, China hat einen Mao Zedong geboren!« ersetzt. Dann starb Mao. Aber ob die neue Hymne so viel besser ist?

> *Steht auf, alle, die keine Sklaven mehr sein möchten!*
> *Lasst uns unserem Fleisch und Blut die neue Mauer bauen!*
> *In größter Bedrängnis Chinas Volk!*
> *Der Unterdrückten letzter Schrei ertönt:*
> *Steht auf! Erhebt Euch!*
> *Gemeinsam wider das feindliche Kanonenfeuer, voran!*
> *Gemeinsam wider das feindliche Kanonenfeuer, voran!*
> *Vorwärts! Vorwärts! Voran!*

Auf dem Appellplatz stehen nicht viele Soldaten, höchstens fünfzehn. Die anderen sind bei einer Übung. Sobald die Nationalhymne abgesungen ist, setzen sich alle auf einen Bretterstapel und rauchen.

Es ist langweilig, Soldat in Raog zu sein. Aber der See und die Berge bei dem kleinen, heruntergekommenen Dorf entschädigen für alles. Viele große Binnenseen in Tibet haben Salzwasser, dieser hat jedoch türkisfarbenes Süßwasser, ein Geschenk der eisbedeckten Berge. Whisky hat Lust auf ein Bad, ich auch, aber das Wasser ist klirrend kalt. Wir begnügen uns mit einer kurzen kalten Dusche und etwas Morgengymnastik.

Die nächsten Kilometer folgen wir einem Nebenfluss des Brahmaputra. Er fließt durch ein fruchtbares Tal mit abgehärteten Kiefern an den Hängen. Whisky singt aus vollem Hals, auf einem Pass unterbricht er seinen Gesang und sagt: »Halbe Strecke nach Lhasa!«

Wir waren jetzt vier Tage lang unterwegs. Zusammen knien wir vor den Gebetsfahnen nieder, die in der Gebirgsbrise flattern. Jenseits von Bomi, einem neuen Dorf, hat es einen Erdrutsch gegeben. Die Straße liegt im Fluss. Was tun? Die ersten Bulldozer, eine Schar Straßenarbeiter und eine Kompanie der Volksbefreiungsarmee sind bereits eingetroffen. Niedergeschlagen müssen wir uns ein Nachtquartier suchen. Erst am nächsten Tag sind die Bulldozer in der Lage, etwas herzustellen, was an eine Straße erinnert. Wir falten die Hände und fahren dann unter einem Überhang aus Tonerde hindurch. Unter uns Stromschnellen.

Das Schlimmste ist überstanden, und Whisky jubelt: »Lhasa, Lhasa, Lhasa!«

Seit tausend Jahren lockt Lhasa mit seinen Heiligtümern. Wie Mekka. Für tibetische Buddhisten stellen die Pilgerwanderungen zum Dalai Lama den Sinn des Lebens dar. Wanderung ist vielleicht das falsche Wort. Viele bewegen sich auf den Knien nach Lhasa, und zwar nicht nur die letzten Meter oder Kilometer, sondern den ganzen Weg. Im Tal westlich von Peba stoßen wir auf mehrere Pilgergruppen, die sich auf Knien fortbewegen. Wir halten an und unterhalten uns mit drei erwachsenen Männern und einem etwa zwölfjährigen Jungen.

»Wohin wollen Sie?«, fragt Whisky.

»Nach Lhasa!«, antwortet der älteste.

»Aber das sind doch noch 600 Kilometer!«

Die vier erheben sich und sehen Whisky fragend an. »Sechshundert Kilometer« sagt ihnen nichts, aber nach Lhasa wollen sie, koste es, was es wolle. Der Zwölfjährige wirkt vollkommen erschöpft. Der Schweiß läuft ihm vom goldbraunen Gesicht, seine dunklen Augen sind müde. Seine Hosen sind verschlissen, aber die Knie mit dicken Lederflicken gepolstert. Unter den Handflächen sind Bretter befestigt, eine Art Schild, welches die Haut vor dem Kiesweg schützen soll. Ein gottesfürchtiger Pilger soll sich eigentlich flach hinwerfen, aufstehen, die Hände erheben und sein Mantra murmeln. Dann geht er drei Schritte weiter, und das Ganze beginnt von Neuem. Der Fall erfolgt mit einem Aufstöhnen, wenn die Holzbretter auf den spitzen Schotter auftreffen.

»Und wie lange sind Sie schon unterwegs?«

»Seit sechzig Tagen.«

»Ist das nicht anstrengend?«

»Die Götter geben uns Kraft.«

»Und wann werden Sie in Lhasa eintreffen?«

»Keine Ahnung. Wir folgen einfach der Straße. Früher oder später werden wir schon ankommen.«

Alle vier tragen einen Rucksack, am Gürtel hängt ein Wassersack.

»Und wo übernachten Sie?«

»Wo es sich ergibt. Manchmal haben wir ein Dach über dem Kopf, aber meist übernachten wir im Freien, unter einem überhängenden Felsen oder unter Bäumen. Aber jetzt müssen wir weiter.«

Die vier stellen sich nebeneinander auf, holen tief Luft und werfen sich auf den Kies. Der Zwölfjährige wirft einen letzten Blick auf unseren Toyota Land Cruiser, die gepolsterten Sitze und die Aprikosen und Kekse auf dem Armaturenbrett. Wir schauen ihnen lange hinterher. Ab und zu müssen die drei älteren auf den Jungen warten, der jammert und sich ausruhen muss. Langsam, wie Schildkröten, verschwinden sie um die Kurve. Mit etwas Glück kommen sie noch vor dem Herbst und vor dem Frost in Lhasa an.

Diese Art der Fortbewegung, die Prostration, soll der Demut des Pilgers vor den Göttern Ausdruck geben. Nur Leiden und Buße garantieren ein besseres Leben nach diesem.

Wie der Wettlauf des Westens nach Lhasa endete?

Ein Wagemutiger löste den anderen ab, aber keiner erreichte das Ziel. Zwei weitere Missionare traten auf den Plan, der Holländer Petrus Rijnhardt mit seiner kanadischen Frau Susie. Sie waren frisch verheiratet und hatten ein kleines Kind, einen elfmonatigen Jungen, aber was spielte das schon für eine Rolle, schließlich war ihnen von oben göttlicher Schutz zugesagt. »Jemand muss schließlich der Erste sein«, verkündete Susie, die von Beruf Ärztin war. »Jemand muss als Erster den Gefahren trotzen, jemand muss die erste Predigt halten, jemand muss den ersten Tibeter bekehren ...«

An einem Frühlingstag 1898 zogen sie los. Sie drangen von Nordosten, von der chinesischen Seite, in das Land ein. Der kleine Charlie schlief auf dem Schoß seines Vaters, während sie durch das Gebirge ritten. Auf dem Weg teilten sie Traktate und Bibelzitate auf

Tibetisch aus. Nach einmonatiger Reise feierten sie Charlies ersten Geburtstag mit Kuchen und Gebeten. Die schneebedeckten Berge wurden von der Sommersonne beschienen. Die Tage vergingen, und die Berge wurden immer höher. Währenddessen wurde Charlie immer bleicher. Susie hob ihn vorsichtig hoch. Es war Zeit zum Stillen. Aber der Junge war nicht interessiert – er war tot. Die dünne Luft hatte das erste Opfer gefordert. Traurig, aber Susie und Petrus trösteten sich damit, dass der Tod des Sohnes Gottes Wille gewesen war.

Trotzig ritten sie weiter, in die Schneestürme hinein, nur um erneut dem Tod zu begegnen. Dieses Mal starb Petrus. An einem kühlen Septembermorgen versuchte er einen reißenden Fluss zu durchwaten, aber das eisige Wasser war stärker. Plötzlich rissen ihn die schäumenden Wassermassen weg und, um Susies Worte zu gebrauchen, »ins Himmelreich«.

Der Rückweg war schmerzlich. Alles hatte sie verloren – das Kind, den Ehemann und den Wettkampf, als Erste in Lhasa gewesen zu sein.

Anschließend kam ein Japaner, Ekai Kawaguchi. Während die Frauen und Männer aus dem Westen noch ihre Wunden leckten, gelang es Kawaguchi, ungesehen nach Tibet zu kommen. Der Japaner war buddhistischer Mönch, gab sich als Chinese aus und sprach sowohl Chinesisch als auch Tibetisch. Vier Jahre lang schlug er sich durch und besuchte auf seinem Weg zahllose Klöster. Er umrundete auch den heiligen Berg der Tibeter, den Kailash. Niemand schöpfte Verdacht, und am 21. März betrat er unbehindert Lhasa.

Der Anblick, der sich ihm bot, war übelkeiterregend. Noch nie hatte er einen schlimmeren Ort erlebt. Durch die Stadt floss der Urin, und es gab Tausende tollwütige Hunde. Auch die Einwohner boten einen traurigen Anblick, und mit den Mönchen stand es noch schlimmer. Die meisten waren faul, habgierig, grausam und unehrlich. Allen Lehren Buddhas zum Trotz schlugen sie sich mit Fleisch den Bauch voll. Während der Gottesdienste in den Klöstern begannen sie Streit und prügelten sich, einige sangen anzügliche Lieder, andere entblößten sich. Und das sollte die heiligste aller Städte sein?

Was Kawaguchi jedoch am meisten zu schaffen machte, waren die barbarischen Strafen, die von den Tibetern verhängt wurden. Die am häufigsten verhängte Strafe war das Auspeitschen – die Verurteilung für kleinere Vergehen. Die Zahl der Peitschenhiebe variierte von hundert bis siebenhundert. Die Opfer waren in der Regel anschließend blutüberströmt, einige starben. Vor dem öffentlichen Auspeitschen musste der Sünder oft tagelang am Pranger stehen. Andere wurden verstümmelt, man amputierte ihnen Hände und Füße, stach ihnen die Augen aus oder schnitt ihnen die Nase oder die Ohren ab. All dies geschah mit stillschweigender Duldung des Dalai Lama. »Die Tortur wurde mit diabolischem Eifer ausgeführt«, berichtete Kawaguchi, »die Hölle könnte nicht schlimmer sein!«

Bei Hinrichtungen wurden die Verurteilten in einen Sack gesteckt und in den Lhasa-Fluss geworfen. Anschließend zog man sie wieder heraus und köpfte sie. Die Köpfe wurden zur Warnung und Abschreckung in einem bestimmten Gebäude ausgestellt, dem Haus der Verdammnis. Wo ist Gott, fragte sich der Japaner in seinem Tagebuch. Die Antwort gab er sich selbst: »Weder in Lhasa noch sonst wo in Tibet.«

Zwei Jahre wohnte Kawaguchi in Lhasa, dann flüchtete er. Kurz zuvor hatte er erfahren, dass man ihn verdächtigte, ein Spion zu sein. Es galt zu verschwinden, bevor er einen Kopf kürzer gemacht wurde! Nach einer dramatischen Flucht durchs Gebirge überquerte er einige Wochen später die Grenze nach Indien.

Nun waren die Engländer erzürnt. Auch sie wollten nach Lhasa. Nicht weil ein Japaner dort gewesen war, sondern weil es gerüchteweise hieß, russische Spione seien im tibetischen Gebirge gesichtet worden. Einem von ihnen sei es gelungen, sich in den riesigen Palast einzuschleichen.

Die Engländer begannen einen Feldzug: 1150 Soldaten, 10 000 Träger und Helfer, 185 Reitponys, 1370 Packponys, 1500 Jaks, 138 Büffel, 6 Kamele, 5230 Ochsen und 7100 Esel. Außerdem ein gutes Dutzend Korrespondenten der Londoner Presse. Kein Wunder, dass die wenigen Einwohner des Chumbi-Tales im südlichen Himalaja wie versteinert waren und dem langen Zug mit offenem Mund hinterherschauten. Noch nie in der langen Geschichte des Tales war so etwas vorgekommen.

An der Spitze des Feldzuges schritt Francis Younghusband, den seine Freunde den »Unbesiegbaren« nannten. Jetzt sollten die Tibeter ihr blaues Wunder erleben. Auf die erste große Herausforderung stieß er vor dem armseligen Dorf Guru auf halbem Weg nach Lhasa.

Hier tauchte ein selbstbewusster tibetischer General mit einer Truppe von 1500 Mann wie aus dem Nichts auf. Der General, ein kräftiger Mann mit lauter Stimme und einem funkelnden Schwert am Gürtel, versuchte Younghusband zur Umkehr zu bewegen. Der Unbesiegbare ließ sich von seinem Vorhaben jedoch nicht abbringen. Er wollte weiter. So begann die wildeste Schlacht, die auf dem Dach der Welt* je stattgefunden hat.

Als es in den Bergen wieder still wurde, war die Hälfte des tibetischen Heeres, 750 Mann, gefallen. Die Engländer kamen mit einem Dutzend Gefallener davon. Einer war der Korrespondent der »Daily Mail«, Edmund Chandler, der an siebzehn Schwerthieben starb. Der Rest des tibetischen Heeres trat auf sehr absonderliche Weise den Rückzug an. Trotz des Kugelregens der überlegenen britischen Streitmacht zogen sich die tibetischen Soldaten unendlich langsam zurück. Viele starben, ohne dass sich das Heer deswegen schneller bewegt hätte.

»Sie zogen mit gebeugtem Kopf ab, als hätten sie den Glauben an ihre Götter verloren. Ich hoffe, dass ich nie mehr gezwungen sein werde, auf abziehende Männer zu schießen«, schrieb einer der Engländer anschließend.

Als Younghusband am 3. August 1904 endlich vor dem Potala-Palast stand, war der Gottkönig schon längst aus diesem entflohen.

---

* Die Bezeichnung »Dach der Welt« stammt vom türkischen Namen für das Pamir-Gebirge, Bam-i-Dunya. Heute wird sie häufig als Bezeichnung für das gesamte Plateau jenseits des Himalajas gebraucht.

Somit fiel das Los, den demütigenden Vertrag über Reparationszahlungen zu unterzeichnen, auf den Regenten. Die Tibeter sollten 50 000 Pfund in 75 jährlichen Raten zahlen.

Die Unterzeichnung fand im Thronsaal des Potala-Palastes statt, in dem die religiösen Wandgemälde von der Flagge Großbritanniens verdeckt wurden. Auf der Flagge stand: »Das Licht des Himmels ist unser Wegweiser.« Younghusband trug seine Paradeuniform, die Getränke waren jedoch einfacherer Natur: etliche Kartons Whisky, und noch ehe die erste Rede gehalten worden war, begann das große Besäufnis. Verschreckt verließen die Mönche den Saal, während Lautstärke und Trunkenheit immer mehr zunahmen.

Die Engländer blieben sechs Wochen, und mit Ausnahme des Potala-Palastes waren sie von Lhasa wenig beeindruckt. Im Gegenteil, die vielen Berichte, die über den Besuch vorliegen, sind eindeutig negativ. Die Bewohner Lhasas lebten im Dreck, überall gab es Bettler, der Gestank war unbeschreiblich. Von den angeblichen russischen Spionen hingegen war keine Spur zu entdecken. Die gab es nur in der Phantasie.

»Vermutlich gibt es weniger russische Waffen in der tibetischen Hauptstadt als Keksdosen von Huntley & Palmer«, schreibt der Autor Peter Fleming in seinem Buch über den Feldzug.

Kekse? Ich kann mir nichts Besseres vorstellen!

Jakfleisch, Jakhack, Jakhaxen, Jaksuppe und Jakbutter sind zwar nicht so übel, aber Kekse steigen mit jedem Kilometer, den wir zurücklegen, im Kurs. Und Aprikosen. Große, saftige Aprikosen, die auf dem höchsten aller Dächer gereift sind. Langsam wird die Landschaft flacher, die Täler werden breiter. Die Gerste bewegt sich in der schwachen Sommerbrise. Die Frauen, die mit ihren Hacken auf den Feldern arbeiten, richten sich auf und winken. Whisky winkt zurück. Lhasa ist nahe.

Wir sind jetzt seit zehn Tagen unterwegs, und Whisky hat jede Kurve bewältigt. Weil er »Lhaso! Lhaso! Lhaso!« gerufen, vor den Bergen niedergekniet und Wacholderreisig in den Stupas geopfert und

Hunderte von Gebetsfahnen aufgehängt hat, haben die Götter ihre schützende Hand über uns gehalten. Hier liegen die Dörfer dichter, wann kommt Lhasa? Das Erste, was wir zu sehen bekommen werden, ist ein großes, kupferglänzendes Dach, das die Pilger seit Hunderten von Jahren geblendet hat.

Niemand hat es besser beschrieben als Heinrich Harrer, der Österreicher, der vor über fünfzig Jahren durch halb Tibet wanderte und nur ein Ziel vor Augen hatte: Lhasa. Begleitet wurde er von seinem Landsmann Peter Aufschnaiter.

»Es war der 15. Januar 1946, als wir zur letzten Etappe aufbrachen. Aus der Tölung-Gegend kommen wir in das breite Lhasa-Tal. Wir biegen um eine Kurve – und in der Ferne leuchten die goldenen Dächer des Potala! Der Wintersitz des Dalai Lama, das berühmte Wahrzeichen von Lhasa! Dieser Anblick entschädigte uns für vieles. Am liebsten wären wir niedergekniet und hätten wie die Pilger mit der Stirn den Boden berührt. Fast tausend Kilometer hatten wir seit Kyirong zurückgelegt, das Bild dieser sagenhaften Stadt vor Augen. Siebzig Tage waren wir marschiert und hatten nur fünf Rasttage eingelegt. Allein fünfundvierzig Tage davon hatte die Durchquerung des Changthang gebraucht mit ihrer schmerzlichen Mühsal, dem Kampf gegen Hunger, Kälte und Gefahren. Was wog das alles jetzt beim Anblick der goldenen Spitzen! Ängste und Strapazen waren vergessen – zehn Kilometer noch, und das große Ziel war erreicht!«

Die letzten Kilometer legten sie äußerst nervös zurück. Wenn man sie jetzt noch aufhielt?

Sie schlossen sich dem Pilgerstrom an, der mit jedem Meter, den sie sich dem Stadttor näherten, zunahm. Vor ihnen, an einem steilen Hang, lag Drepung, das größte Kloster der Welt mit 10 000 Mönchen – ein Durcheinander weiß gestrichener Häuser. Am Fuße des Klosters lag Nechung, die Wohnung des tibetischen Staatsorakels. Sie passierten große Felder, die von grünenden Weidenbäumen umrahmt wurden, und folgten dann einer langen Mauer, die Norbulingka, den Sommerpalast des Dalai Lama umschloss. Mit jedem Schritt gewannen sie neue Eindrücke, und niemand hielt sie auf.

Whisky und ich kommen aus der entgegengesetzten Richtung – auf vier Rädern. Die Zeit der Helden ist definitiv vorbei. Das Dach des Potala glänzt jedoch nicht mehr so sehr wie früher, nicht mehr golden. Der riesige Palast hat etwas Übernatürliches und Unbegreifliches. Er scheint in der Mitte der Stadt aus dem Felsen zu wachsen. Lange behaupteten die Tibeter, er sei von den Göttern errichtet worden. Wie hätten Menschen denn so etwas erschaffen sollen? Es handelt sich jedoch dennoch um Menschenwerk, das Werk von Sklaven. Ihnen blieb nichts anderes übrig.

Die Arbeit begann im 7. Jahrhundert. Der Bauherr, König Songtsen Gambo, wollte seine beiden Königinnen, die eine aus Nepal, die andere aus China, mit einem monumentalen Bauwerk ehren. Der Bau dauerte achtzig Jahre, aber tausend Jahre später, nach zahllosen Kriegen, lag alles in Ruinen. Da schritt der fünfte Dalai Lama zur Tat: Baut Potala wieder auf! Die besten Handwerker Tibets wurden in die heilige Stadt gerufen, Baumeister, Ingenieure, Steinmetze, Maler und Kupferschmiede. Dazu Tausende von Sklaven. In den nächsten fünfzig Jahren verwandelte sich Lhasa, ja das gesamte Lhasa-Tal in eine chaotische Baustelle. Sommers wie winters wurden riesige Steinblöcke durch die Gegend geschleppt, kilometerweit, unablässig, ein endloser Strom von Menschen und Material. Das Tal erinnerte an ein Schlachtfeld, auf dem Lebende und Halbtote Seite an Seite kämpften. In den Gräben lagen die Toten.

Im Jahre 1693 waren die Mühen vorbei. Der Palast auf dem Felsgipfel war 400 Meter lang und 350 breit und bestand aus dreizehn massiven Stockwerken. Im obersten Stockwerk, den Wolken am nächsten, wohnte der Dalai Lama, der Gottkönig selbst. Die fünf Meter dicken Grundmauern wurden mit flüssigem Kupfer gefüllt, um Erdbeben standzuhalten. Das Dach wurde mit Kupfer und Gold überzogen.

»Lhasa!«, sagt Whisky. »My city!«

Aber stimmt das überhaupt?

> Es gibt in unserer Stadt viel zu viel Religion. Könnten wir
> unsere Zeit nicht für etwas Nützliches verwenden?
>
> TASHI TSERING

O Juwel in der Lotosblüte!

So viel ist verschwunden, so viel ist neu.

Lhasa ist fast nicht wiederzuerkennen. Langsam fährt Whisky in die heilige Stadt. Neue Straßen, Kreisverkehre und Statuen. Und neue Geschäfte – chinesische Geschäfte, so weit das Auge reicht. Parolen, die das Vaterland, den Sozialismus und den bevorstehenden Parteikongress in Peking preisen. Kinos, Karaokebars und eine große Billardhalle. Lhasa Female Fashions, Hats For All Seasons, The Marlboro Club und The Lhasa Stock Exchange, die Aktienbörse. Die Menschen sind auch neu. Was ist aus Drolma geworden?

Viele Jahre lang war Drolma ein fester Bestandteil des Stadtbildes. Eine kleine, fromme Frau, die sich jeden Morgen und Abend durch die Straßen der Altstadt von Lhasa bewegte. Im Jahre 1988, als ich sie zum ersten Mal sah, war sie 86 Jahre alt. Mein Dolmetscher und ich hatten auf Orangenkisten Stellung bezogen, um ihr Kommen abzuwarten. Sie pflegte Punkt sechs Uhr um die Ecke hinter dem Jokhang-Tempel zu biegen. Die Zeiger der Uhr gingen auf sechs.

»Schauen Sie«, rief mein Dolmetscher. »Da kommt sie.«

Und Drolma kam. Schmutzig, verschwitzt und keuchend umrundete sie die tausend Jahre alte Ecke. »Om mani padme hum!«, murmelte sie klagend. »O Juwel in der Lotosblüte!« Dieses alte Mantra ist fast so alt wie der Buddhismus selbst.

Drolma war mager, fürchterlich mager, ihre Haut erinnerte an gelbbraunes Leder. Ihr Blick war in die Ferne gerichtet, ihre Gesichtszüge waren starr. Sie wirkte konzentriert.

Der Dolmetscher lehnte sich an mein Ohr.

»Ich kenne sie gut, aber gerade jetzt will ich nicht mit ihr sprechen. Machen Sie bitte keine Fotos! Lassen Sie sie in Frieden!«

Für die Tibeter ist die tägliche Wanderung um den Jokhang-Tempel eine religiöse Handlung. Wanderung ist vielleicht nicht der zutreffende Ausdruck. Die Eifrigsten, insbesondere die Pilger von außerhalb geben sich der Prostration hin. Sie werfen sich der Länge nach hin, stehen auf, beten, gehen drei Schritte weiter und werfen sich erneut hin. So geht es rhythmisch und langsam immer weiter, bis die Runde zu Ende ist. 800 Meter auf harten Pflastersteinen. Je mehr Runden, desto größer die Wahrscheinlichkeit eines guten Lebens im Jenseits.

Drolma beherrschte diese Kunst. Behände warf sie sich zwischen den Orangenkisten zu Boden und wich geschickt Stiefeln und Beinen aus. Wenige Minuten später war sie verschwunden. Mein Dolmetscher sagte, dass sie anderthalb Stunden für die ganze Runde benötige.

Jetzt lebt Drolma nicht mehr. Sie ist vor mehreren Jahren entschlummert, und wie die meisten Tibeter wurde sie von großen, überfressenen Geiern in den Himmel befördert. Die Tibeter nennen das »Himmelsbegräbnis«. Der Tote wird auf einen Felsabsatz in der Nähe von Lhasa transportiert, wo sich die Geier dann an ihm gütlich tun können. Bevor es für Drolma so weit war, musste sie viele und lange Zeremonien hinter sich bringen. An ihr Sterbebett kamen ernste Lamas, und ihr Zimmer hallte von heiligen Mantras wider. Sobald sie ihren letzten Atemzug getan hatte, zupften ihr die Lamas ein paar Kopfhaare aus, damit ihre Seele den Weg ins Freie finden würde. Diese flog dann davon, einem unbekannten Ziel entgegen.

Die nächste Aufgabe der Lamas bestand darin, Drolmas Horoskop zu betrachten, um ein günstiges Datum für ihr Himmelsbegräbnis zu finden. Nach Tagen und Wochen voller Gebete und Mantras wurde sie dann auf den Berg in der Nähe des Sera-Klosters geschafft, auf dem die *ragyapa* bereits mit Hackbeil, Messer und einem schweren Hammer warteten. Die *ragyapa* gehören zu einer der unteren buddhistischen Kasten, die sich um die letzte Reise der Toten kümmern. Die Leiche wird klein gehackt und, um das Mahl noch verlockender zu machen, mit Gerstenmehl und Jakbutter vermischt. Sofort stürzen sich die Geier flügelschlagend und lärmend darauf. Auf Tibetisch heißt ein Himmelsbegräbnis *jagor*, »Vögel füttern«. Am Schluss müssen die *ragyapa* noch alle Knochen zerschlagen, eine anstrengende Arbeit, die bis zu einer Stunde lang dauern kann. Auch das Knochenmehl wird für die Vögel ausgestreut, und falls etwas übrig bleibt, gilt das als schlechtes Zeichen. Böse Menschen werden von den Vögeln nicht verspeist, nur die guten. Deswegen bin ich mir auch nicht sicher, ob die Geier Drolma wirklich ganz aufgefressen haben.

Gedun, mein Dolmetscher, ist auch weg. Er ist allerdings nicht tot, sondern geflüchtet. Im Jahr nach unserer Begegnung wurde er festgenommen. Eine EU-Delegation kam nach Lhasa, und Gedun, der von einem freien Tibet träumte, ergriff die Chance, ihr ein Bittschreiben zu überreichen, heimlich, jedenfalls glaubte er das. Aber die chinesische Sicherheitspolizei hatte ihre Augen überall, und nachdem die Delegation abgereist war, wurde Gedun festgenommen und ins Gefängnis geworfen. Sechs Monate später kam er wieder frei, aber statt in Lhasa zu bleiben, floh er über das Gebirge nach Indien. Dort begann er als Dolmetscher für den Dalai Lama zu arbeiten. Auch nicht schlecht, aber das Leben im Exil ist vermutlich trotzdem nicht einfach.

Lhasa liegt in einem weiten, fruchtbaren Tal, 3600 Meter über dem Meeresspiegel. Durch das Tal fließt der breite Lhasa-Fluss, ein Nebenfluss des Brahmaputra, eingefasst von wogenden Getreidefeldern. Auf beiden Seiten ragt das Gebirge mit Gipfeln von bis zu 5000 Metern auf. Im Sommer ist es schneefrei, aber im Winter ist alles weiß. Sonam, mein neuer Dolmetscher, behauptet, Lhasa sei im Winter am schönsten.

»Blauer Himmel, viel Sonne und weiße Berge«, meint er seufzend. »Im Tal liegt allerdings kein Schnee. Kommen Sie doch nächstes Mal im Januar oder Februar!«

Der Sommer ist aber auch nicht zu verachten. Nach wochenlangem Regen scheint die Sonne. Tagsüber kann die Temperatur bis auf über dreißig Grad steigen. Gegen Abend wird es dann abrupt kälter, aber dann suche ich Trost bei den Frauen – den tibetischen Frauen in Banak Shol. Der Name bedeutet »das schwarze Zeltdorf«, aber jetzt sind die Zelte verschwunden. Sie wurden schon vor einem halben Jahrhundert abgerissen, und das neue Banak Shol Hotel ist ein Bauwerk in traditionell tibetischem Stil. Groß und weiß, mit breiten, schwarzen Fensterrahmen und Tausenden Gebetsfahnen, die in der Sommerbrise leise rascheln.

Im Gebäude stoße ich auf die Frauen. Sie stehen in einer Reihe und begrüßen jeden neuen Gast mit einem weißen Seidenhalstuch – eine traditionelle tibetische Begrüßung. Am meisten freue ich mich jedoch über die Badewanne. Wieder einmal in einer Badewanne liegen. In warmem, schäumendem Wasser und mit Aussicht auf das Leben, den Potala-Palast und die Berge! Ich habe beschlossen, ein paar Tage zu bleiben und Kräfte für die letzte Etappe zu sammeln – für den Marsch zur Quelle des Jangtse. Von Lhasa muss ich 600 Kilometer nach Norden reisen, bis ich in das Dorf Yanshiping komme. Dort lasse ich dann jede Zivilisation hinter mir, und wenn mir das Wetter und die Götter beistehen, erreiche ich die heilige Quelle noch vor Vollmond.

Lhasa ist eine anstrengende Stadt. Die Touristen, die mit dem Flugzeug eintreffen, benötigen die ersten Tage, um sich an die dünne Luft zu gewöhnen. Sie keuchen furchtbar, und jede Treppenstufe kommt ihnen wie eine Heldentat vor. Wenn sie sich endlich akklimatisiert haben, müssen sie weiterreisen. Touristen dürfen nicht länger als sieben Tage bleiben und werden die meiste Zeit von akkreditierten Reiseführern durch die Stadt dirigiert. Sonam nimmt es damit aber nicht so genau. Wie Gedun ist er Tibeter, und als er hört, dass dies nicht mein erster Besuch in Lhasa ist, meint er: »In Ordnung, machen Sie, was Sie wollen!«

Wenige Minuten später sehe ich Sonam an einem Billardtisch in einer Seitenstraße hinter dem Banak Shol Hotel.

Ich habe mich längst mit der Höhenluft angefreundet. Herz und Lungen funktionieren normal, und jetzt will ich herausfinden, wie es um Menschen und Götter in der Stadt der Götter bestellt ist.

Dalai Lama, der Gottkönig, lebt seit 1959 im Exil. Der tibetische Buddhismus kennt jedoch noch viele andere große und kleine Götter, und deswegen begebe ich mich durch die uralten Gassen zum Jokhang-Tempel. Dieser Tempel wurde im 7. Jahrhundert errichtet während der Regierungszeit von Songtsen Gampo, der in etwa dem Wikingerkönig Harald Schönhaar entspricht. Songtsen Gampo vereinigte Tibet zu einem Reich und führte den Buddhismus ein. Vor Buddha existierte eine Naturreligion, ein einfacher Glaube, bei dem die Tibeter alles von den Wurzeln bis hin zu den höchsten Bergen anbeteten.

Aber wo ist der Jokhang-Tempel? Das neue Lhasa wirkt viel größer, und ich werde von Eindrücken, Anblicken, Geräuschen und Gerüchen so überwältigt, dass ich mich verlaufe.

»Jokhang, this way!«, ruft einer der Fleischverkäufer.

Das fette, blutige Jakfleisch hängt über Holzbrettern. In einer Ecke sitzt die Frau des Verkäufers hinter einem Stapel großer Butterklumpen. Zum Zerteilen ist schwereres Gerät vonnöten als ein Buttermesser. Eher ein Dolch, ein Schwert oder eine Motorsäge. Der Nachbar des Fleischverkäufers will mir eine verrostete Bratpfanne andrehen, und der Kupferschmied neben dem Lhasa Holy Medicine Shop verlangt, dass ich sechs Töpfe und eine Teekanne mit krummer Tülle kaufe. Eine zahnlose Alte wedelt mit einer billigen Gebetsmühle, die nur zehn Kronen kosten soll. Wenn ich lange genug an der Kurbel drehe, dann werde ich mit Frieden in der Seele sterben.

Frieden in der Seele. Jeder Tibeter, der sich wünscht, mit Frieden in der Seele zu sterben, muss nach Lhasa gehen. Denn dort wartet der Jokhang-Tempel. Der Potala-Palast ist zwar groß, aber kein Bauwerk auf dem Dach der Welt kann sich mit dem heiligen Jokhang-Tempel messen. Seltsam, denn der Tempel ist nicht sonderlich beeindruckend. Erst wenn man auf dem Platz vor dem Heiligtum steht, wird einem klar, wo man sich befindet. Vor dem Haupteingang liegen die Gläubigen, einige direkt auf dem Pflaster, andere auf einer Decke. *Om mani padme hum! Om mani padme hum!* Das monotone Gebet geht in ein Summen über. Aus dem Inneren des Tempels sind halb erstickte Rufe, Bitten um göttliche Hilfe zu hören.

»Schauen Sie sich das Pflaster an«, sagt einer der Pilger. »Es glänzt.«

Millionen Knie haben den harten Stein poliert. Er ist glatt wie Eis. Eine der Pilgerinnen, eine wettergegerbte Frau, in Lumpen und ein Schaffell gehüllt, hängt schwer auf ihren Holzkrücken. Zwei junge Männer helfen ihr vorsichtig dabei, sich fallen zu lassen, und heben sie dann langsam wieder hoch. Das wiederholt sich mehrmals, bis sie keine Kraft mehr hat. Mehrere kleine Kinder, die nicht älter als zwei oder drei Jahre alt sein können, liegen ebenfalls auf dem Pflaster. Zusammen mit ihren Eltern sind sie nach Lhasa gekommen. Der Sommer ist die Jahreszeit für Pilgerreisen. Lhasa platzt aus allen Nähten.

Im Jokhang-Tempel stehen zwei wichtige Buddhastatuen, die vor 1300 Jahren nach Tibet gebracht wurden. Die eine war ein Geschenk einer chinesischen Prinzessin an den König, die andere das Geschenk einer nepalesischen Prinzessin. Beide heirateten König Songtsen Gambo. Die vergoldete Statue der chinesischen Prinzessin mit Krone gilt als die heiligste in ganz China. Im neuen Jahrtausend glänzt sie mehr als je zuvor. Die Chinesen, die Herren auf dem Dach der Welt, haben sie auf Vordermann gebracht. Indem er das Geschenk annahm und eine chinesische Prinzessin heiratete, akzeptierte der König von Tibet die Oberherrschaft Chinas, lautet die offizielle chinesische Sicht auf den Vorgang. Dass er gleichzeitig auch einer nepalesischen Prinzessin das Jawort gab, wird diskret übergangen.

Der Jokhang-Tempel ist voller Statuen, Kapellen, Treppen und Gänge, einer dunkler als der andere. Überall drängen sich die Pilger. Schweißgeruch liegt in der Luft. Die Gebete vermischen sich mit dem Rascheln von Geldscheinen, denn die Götter müssen ihren Obolus erhalten. Ein Altar steht neben dem anderen, und im Schein der Butterlampen opfern die Pilger ihre letzten Yuan. Die Scheine türmen sich auf, und wenn die Ärmsten der Armen den Tempel verlassen, dann besitzen sie nichts mehr.

Danach schließen sie sich dem Pilgerzug um das Tempelgebiet an. Tausende sind auf der Wanderung. Eine Runde nach der anderen, summend, singend und mit hoch erhobenen Gebetsmühlen.

»Gebetsmühlen! Gebetsmühlen! Neue Gebetsmühlen aus Nepal! Rabatt für Pilger!«

Der Verkäufer steht an einer strategisch wichtigen Ecke nur fünfzig Meter vom Jokhang-Tempel entfernt.

Die Gebetsmühle ist eine clevere Erfindung. Sie besteht aus einem Metallzylinder mit Handgriff. Im Zylinder stecken auf Papier geschriebene buddhistische Gebete. Dreht man an der Kurbel, werden die Gebete in Bewegung gesetzt. Je mehr Umdrehungen, desto besser. In Lhasa sehe ich alte Frauen und alte Männer, die von Sonnenaufgang bis Sonnenuntergang ihre Gebetsmühlen drehen. Sie tun nichts anderes. Die Welt geht sie nichts mehr an, nur noch das Jenseits. Ist das wirklich der Zweck unseres Lebens?

»Mister! Kaufen Sie diese Gebetsmühle! Ein ganz neues Modell aus Nepal.«

»Aus Nepal?«

»Ja, Mister. Sie können sie für 200 Yuan haben.«

»Das ist zu viel.«

»Aber diese Gebetsmühle dreht sich schneller als alle anderen, das sehen Sie doch selbst.«

Er hebt sie hoch und setzt den Zylinder in Bewegung.

»Hier drin stecken hundert Blätter. Auf jedem Blatt steht 400 Mal *Om mani padme hum*. Bei nur einer Umdrehung sprechen sie das Gebet 40000 Mal!«

Pilger gesellen sich zu uns und erstehen die hypereffektive Gebetsmühle für 25 Yuan. Pilgerrabatt.

Gegen Abend, nach einem dösigen Tag in der Sonne, hat es den Anschein, als würde ganz Lhasa zum Leben erwachen. Alle gehen noch eine Pilgerrunde. Groß gewachsene Khampa, wettergegerbte Nomaden aus Amdo und Mönche aus den Klöstern Drepung, Sera und Ganden, rot gekleidete Nonnen, schäbige Bettler, alte Aristo-kraten, erschöpfte Kupferschmiede, Kaufleute aus Indien und Nepal und vereinzelt ein Tourist.

»Es gibt in unserer Stadt viel zu viel Religion. Könnten wir unsere Zeit nicht für etwas Nützliches verwenden?«, sagt Tashi Tsering.

Tsering wohnt in einem Verschlag einen Steinwurf vom Jokhang-Tempel entfernt. Nach dreißig Jahren als Teppichhändler hat er sein Geschäft geschlossen. Er handelt aber immer noch mit Teppichen, über das Internet, und zwar hauptsächlich mit Indien, aber auch mit Nepal. Tsering ist ein kleiner Mann, fast ein Zwerg, und seine Augen leuchten vor Unternehmungslust. Mit einem Mausklick loggt er sich ins Internet ein, und ein ockerfarbenes Bild erscheint: *Rugs from the Roof of the World.*

»Es ist alles ganz einfach«, sagt er. »Erst kauft man sich einen Computer, dann lernt man etwas HTML, und schon hat man seine eigene Homepage im Internet, und die Sache rollt. Aber sehen Sie sich diese Leute an, die mit Gebetsmühlen und frommem Blick den Jokhang-Tempel umkreisen. Glauben Sie, dass die sich irgendwo einloggen können? Nie im Leben! Die können nicht mal lesen, eine Tastatur ist für sie etwas vollkommen Rätselhaftes. Manchmal frage ich mich, was aus uns werden soll. Während wir Tibeter immer weiter falsche Götter anbeten, arbeiten die Chinesen auf Hochdruck. Ist es da ein Wunder, dass wir die Verlierer sind?«

Tashi Tsering verklärt das alte Tibet nicht. Als die Chinesen ein-marschierten, stand er am Fuße des Chakpori, eines kleinen Berges mitten in Lhasa, und hieß sie willkommen. Seine Eltern waren leib-eigen und bettelarm. Im Winter wurde allgemein gehungert, und die fünf Kinder prügelten sich um jeden einzelnen Gerstenmehl-klumpen. Tashi war der Jüngste und bekam immer am wenigsten zu essen. Im Jahr seines sechsten Geburtstages wurde er als Mönch in den Potala-Palast aufgenommen. Damit waren seine Eltern eine Bürde los, und er bekam endlich ein richtiges Dach über dem Kopf und genug zu essen. Aber der Palast des Dalai Lama war alles andere als ein Paradies. Die älteren Mönche schikanierten die Kinder, und Bestrafungen wie Bespucken, Schläge und Tritte gehörten zum Alltag. Einige Kinder wurden auch vergewaltigt, und im Keller des Potala-Palastes lag ein großes, schreckenerregendes Gefängnis, das nur wenige Gefangene überlebten. Für Tashi waren die nächsten Jahre die reine Hölle. Schließlich gelang ihm die Flucht.

Seither hat er für die lamaistischen Terroristen, wie er sie nennt, nicht mehr viel übrig.

»Weg mit ihnen!«, sagt er.

»Und die Chinesen? Waren die so viel besser?«

»Tja«, erwidert er und denkt nach. »Viele sagen, es sei besser, von seinen eigenen Leuten als von einem fremden Volk unterdrückt zu werden. Falsch! Ich lasse mich lieber von aufgeklärten Chinesen unterdrücken als von beschränkten Tibetern, Lamas und Priestern, die ihre Weisheit von morschen Götzenbildern und alten Totenschädeln beziehen. Das ist meine Meinung, aber darüber existieren unterschiedliche Ansichten.«

An der Wand hinter Tashis Computer hängt eine große, bunte Asienkarte.

»Als Teppichhändler bin ich ziemlich rumgekommen, auch nach Indien. Und wissen Sie was? Indien ist furchtbar. Letztes Jahr habe ich mehrere heilige Stätten besucht, unter anderem Bodh Gaya und Varanasi. Statt etwas zu produzieren, etwas zu schaffen, verbrachten die Menschen ihre Zeit mit beten. Wohin ich auch kam, umkreisten die Leute Götterbilder und Weihrauchgefäße. Und was hatten sie davon? Nichts. Abends mussten sie dann betteln gehen. Sie gingen mit ausgestreckten Händen die Straße entlang, und die, die nicht mehr die Kraft zum Gehen hatten, lagen auf den Knien und riefen: ›Essen! Gebt mir etwas zu essen!‹ Das kannte ich zur Genüge. Auch im alten Lhasa wimmelte es von Bettlern, und es gibt immer noch zu viele davon.«

Unter Tashis Fenster führt der endlose abendliche Zug vorbei: Pilger, die um den Jokhang-Tempel kreisen. Tashi lehnte sich aus dem Fenster und schüttelt den Kopf.

»Sie beten darum, dass der Dalai Lama zurückkehrt. Aber ist das wirklich die Lösung? Die alte Priesterschaft zurückzubekommen? Eigentlich nicht.«

Tashi wünscht sich mehr Vernunft und mehr Schulen. Noch gibt es zu wenige Schulen in Tibet. Die Kinder lernen nicht genug, obwohl sie heutzutage sehr viel mehr lernen als früher.

»Und was haben wir gelernt? Nichts. Ich habe neun Jahre im Potala-Palast zugebracht und überhaupt nichts gelernt! Wir saßen im Lotossitz da und murmelten von morgens bis abends Mantras. Irgendwann konnten wir alle großen Bücher auswendig. Aber keiner von uns begriff, was er eigentlich sagte. Niemand konnte rechnen, und niemand wusste etwas von der Welt außerhalb Tibets. Erst als Erwachsenem ging es mir auf, dass die Erde rund ist, und als ich 1964 ein Foto von New York sah, wäre ich fast ohnmächtig geworden.

Nein, da sind mir die Chinesen schon lieber«, fährt Tashi fort. »Ich habe viel an ihnen auszusetzen, das dürfen Sie ruhig schreiben, aber sie durch den Dalai Lama und seine Priesterschaft ersetzen? Nie im Leben!«

Das alte Tibet war ganz gewiss kein Shangri-La. Priesterschaft und Adel regierten ohne Gnade in dem Gebirgsreich, und die meisten Leibeigenen lebten in äußerster Armut. Kein Wunder, dass die Reisenden, die es bis auf das Dach der Welt schafften, entsetzt waren.

Beispielsweise Heinrich Harrer. Obwohl er sich vornehmlich in privilegierten Kreisen bewegte, fielen ihm unausweichlich Unterdrückung, Armut, Krankheiten und Unwissenheit auf. Insbesondere die brutalen Strafen der Tibeter machten ihm zu schaffen. Es wurde allerdings niemand zum Tode verurteilt, weil das gegen Buddhas Lehre verstoßen hätte. Ein Gebot, das sich allerdings umgehen ließ. Schwerverbrecher wurden häufig ausgepeitscht und zwar so lange, bis sie starben. Andere überlebten die grauenhaften Verhältnisse in den Gefängnissen nicht. Diebe wurden zur Strafe Hände und Füße amputiert. »Entsetzen erfüllte mich, als ich erfuhr, wie die

Wunden sterilisiert wurden. Arm- und Beinstümpfe hielt man in kochende Butter.«

Insekten, Fische und Tiere hingegen hatten es gut: »Nach kurzer Zeit im Lande war ich nicht mehr in der Lage, eine Fliege totzuschlagen. In Gesellschaft eines Tibeters wagte ich es nie, nach einem Insekt zu schlagen.«

Harrer machte mit seinen tibetischen Freunden oft Picknickausflüge. Fiel eine Fliege in eine Teetasse, war das eine »kleine Katastrophe«. Die Fliege wurde rasch vor dem Ertrinken gerettet. Schließlich konnte es sich um eine wiedergeborene Großmutter handeln! Kroch eine Ameise über Teppiche oder Kleider, wurde sie vorsichtig in Sicherheit gebracht. Im Winter brachen die Menschen zugefrorene Teiche auf, um Fische und Kaulquappen vor dem Erfrieren zu retten. Im Sommer taten sie das Gleiche, wenn die Teiche auszutrocknen drohten. Kinder und Erwachsene, Bettler und Adlige standen stundenlang im Schlamm und fischten alles Lebendige heraus. Fische und Insekten wurden in Tassen und Schüsseln zum nächsten Bach transportiert.

»Je mehr Leben man rettet, desto glücklicher ist man«, stellte Harrer fest.

Krankenhäuser gab es nicht. Das medizinische Angebot in Tibet bestand aus Kräutern, Amuletten und Gebeten. Lamas rieben Kranke mit ihrer eigenen Spucke ein. Gelegentlich vermischte man auch Gerstenmehl und Jakbutter mit dem Urin heiliger Männer und gab es den Kranken zu essen. Die hygienischen Verhältnisse waren miserabel, und viele litten an Syphilis. Chirurgie war natürlich unbekannt. Harrer erzählt, wie sehr er und sein Freund Aufschnaiter eine Blinddarmentzündung fürchteten. »Jeder verdächtige Schmerz versetzte uns in Angst, denn es kam uns absurd vor, im 20. Jahrhundert an dieser Krankheit zu sterben.« Die einzige »Chirurgie« existierte unter Aufsicht der *ragyapa*. Die Angehörigen schauten immer interessiert zu, weil sie hofften, dass sich aus dem Durcheinander aus Eingeweiden und zerschlagenen Knochen die Todesursache ablesen lassen würde.

Als Harrer in den Potala-Palast kam, um den Dalai Lama zu unterrichten, war der Gottkönig zwölf Jahre alt und Harrer siebenunddreißig. Sie verstanden sich vom ersten Augenblick an.

»Voll kindlicher Neugierde studierte er meine Züge und neckte mich wegen meiner großen Nase. Für unsere Begriffe ist sie ganz normal, aber unter den kleinen Mongolennasen hatte sie schon häufig Aufsehen erregt. Schließlich entdeckte er die Härchen auf meinem Handrücken und sagte, übers ganze Gesicht lachend: ›Henrig, du hast ja Haare wie ein Affe!‹«

Der Junge sehnte sich nach Impulsen von außen. Er wollte alles wissen, über Österreich, Deutschland, Frankreich, England und die USA. Über die Welt! Seine Augen waren wach, und seine Wangen glühten vor Eifer. Seine Ohren waren etwas abstehend, vermutlich war das eines der Zeichen dafür, dass es sich bei ihm um die Inkarnation eines früheren Dalai Lama handelte. Sein Haar war länger als üblich, damit er in dem eiskalten Palast nicht am Kopf frieren würde. Er war recht erwachsen für sein Alter, aber Harrer zweifelte daran, dass er so groß werden würde wie seine Eltern, die beide auffallend groß waren. Er hatte eine schlechte Haltung, was vermutlich daran lag, dass er ständig im Lotossitz dasaß. Die Hände mit den langen Fingern waren sehr schön. Er ließ sie jedoch immer im Schoß liegen. Die Asiaten gestikulieren nicht. Umso mehr erstaunte es den Dalai Lama, dass Harrer seine Äußerungen mit kräftigen Handbewegungen unterstrich.

Tag für Tag unterhielten sie sich stundenlang über alles Mögliche. Harrer freute sich: »Ich war sehr glücklich über die schöne Aufgabe, die sich mir da eröffnet hatte. Diesem intelligenten Jungen – Herrscher eines Landes, so groß wie Deutschland, Frankreich und Spanien zusammengenommen – Wissen und Kunde von der Welt zu bringen, das schien mir eine wirklich wertvolle Aufgabe.«

Der Gottkönig wollte wissen, wie ein Düsenjäger konstruiert sei – und die Atombombe. Wie könne eine einzige Bombe eine ganze Stadt wie Hiroshima auslöschen? Harrer konnte nicht alle Fragen beantworten, aber um sich bestmöglich vorzubereiten, las er bis tief in die Nacht. Alles andere, Freunde und Einladungen, musste zurückstehen. Ihm fehlte im Grunde nichts, denn endlich hatte sein Leben ein Ziel. Außerdem lehrte ihn der der Dalai Lama unendlich viel über die Geschichte Tibets und die Lehre Buddhas, »seine Beschlagenheit auf diesem Gebiet war ungeheuer.«

Oft führten sie stundenlange Diskussionen, und der junge Gott war sich sicher, es würde ihm gelingen, Harrer zum Buddhismus zu bekehren. Er hatte die ältesten und rätselhaftesten Bücher im Potala-Palast studiert, und mittels reinen Glaubens und alter Rituale sei es ihm möglich, seinen Geist auch über große Abstände wirken zu lassen. Wenn es soweit sei, könne er Harrer durch ganz Tibet beordern. Der Österreicher quittierte diese Idee mit einem Lachen. »Wenn du das kannst, werde ich auch Buddhist!«

Dem Dalai Lama gelang es nie, Harrer zu bekehren. Es gelang ihm auch nicht, die vorrückenden chinesischen Truppen mit Hilfe seiner mentalen Kraft aufzuhalten. Im Jahre 1949 war Lhasa eine Gerüchteküche. Man fürchtete Schlimmstes. Maos Truppen waren unterwegs. Als Vorwarnung des drohenden Unheils wurde Südtibet von einem kräftigen Erdbeben heimgesucht. Tausend Jahre alte Klöster fielen in sich zusammen, selbst die Pfeiler des Potala-Palastes bekamen Risse. Große Burgen barsten und bloße Ruinen ragten in den Himmel. Missgestaltete Tiere kamen zur Welt, und an einem sonnigen Tag begannen die Regenrinnen des Jokhang-Tempel, die in Drachenköpfen endeten, zu tropfen. Die Mönche waren entsetzt, ganz Lhasa zitterte.

Jetzt war es an der Zeit, das Staatsorakel um Rat zu fragen! Sollte der Gottkönig aus Tibet flüchten? Für eine so schwerwiegende Entscheidung konnte die Regierung nicht allein die Verantwortung übernehmen, die Götter sollten das letzte Wort haben. Das Orakel wohnte in Nechung, einem kleinen Tempel am Fuße des Drepung-Klosters.

»In Anwesenheit des Dalai Lama und Regenten wurden zwei Tsampa-Kugeln geformt. Beide mussten exakt das gleiche Gewicht aufweisen, und um das zu erreichen, benutzte man eine Goldwaage.

Zwei kleine Zettel befanden sich in den Kugeln, die man in einen goldenen Becher legte. Auf dem einen Zettel stand ‚Ja‘, auf dem anderen ‚Nein‘. Man reichte dem Staatsorakel den Becher. Dieses fiel daraufhin in Trance und begann zu tanzen. Er ließ den Becher immer schneller kreisen, bis eine der Kugeln herausfiel. Die Ja-Kugel, womit entschieden war, dass der Dalai Lama Tibet verlassen würde.«

Aber erst reiste Harrer ab. Die Diener weinten, und der Hund stand mit eingeklemmtem Schwanz da. Die erste Etappe wurde mit dem Boot zurückgelegt. Schweren Herzens kletterte er in ein flaches Boot aus Jakhäuten. »Um den Hals trug ich viele weiße Seidentücher, Abschiedsgeschenke, die mir Glück bringen sollten. Ich saß im Boot und konnte den Blick nicht vom Potala-Palast abwenden, der immer noch die ganze Gegend dominierte. Ich wusste, dass der junge Dalai Lama auf dem Dach stand und mir mit dem Fernglas hinterherschaute.«

Einige Tage später flüchtete der Dalai Lama. Aber die Chinesen versprachen ihm gutes Wetter und Sicherheit, und zögernd kehrte er zurück. Anfänglich verlief die Zusammenarbeit halbwegs zufriedenstellend, aber nach und nach übernahmen die Chinesen überall die Macht, und die Tibeter fühlten sich zunehmend diskriminiert. Schließlich wagten sie 1959 einen Aufstand.

Erneut flüchtete der Gottkönig, dieses Mal sechshundert Kilometer auf dem Pferderücken nach Indien.

Der Potala-Palast steht immer noch.

Ich stelle mich an und betrete den größten Palast der Welt.

»Fünfzig Yuan!«, verlangt die Wache. »Und denken Sie daran, dass Sie nicht fotografieren dürfen.«

Natürlich darf im Potala-Palast fotografiert werden, aber das kostet dreißig Yuan pro Foto. Das Geld fließt angeblich in den Unterhalt des Palastes, und der ist wirklich teuer. In den letzten Jahren hat die Regierung in Peking etliche Millionen Yuan für die Reparatur des alten Kolosses ausgegeben. Dreizehn Stockwerke, 1200 Zimmer und 10 000 Altäre sind nicht gerade wenig. Auch das Fundament stellt ein Problem dar. In den letzten Jahren hat es immer mehr Risse bekommen. Jetzt heißt es jedoch, der Potala-Palast stehe fester als seit vielen Hundert Jahren.

Der Gestank ranziger Jakbutter erfüllt die Luft. Fast keine Menschen sind zu sehen, ein paar wenige Mönche umkreisen die kleinen Altäre. Überall stößt man auf lange dunkle Gänge. Eine Kapelle, der nächste Tunnel. Ein großer Gebetssaal, eine Grabkammer, mehrere weitere Tunnel, auf die eine steile Treppe folgt. Rauf und runter, im Zickzack, geradeaus, vorbei an Wandgemälden mit lächelnden Göttern und tobenden Dämonen. Man hört das leise Echo der Gebete alter Männer. So gehen wir immer weiter, mein Führer und ich, bis wir vor der Tür der privaten Gemächer des Dalai Lama stehen.

Sie liegen im dreizehnten Stockwerk, dem Himmel am nächsten. Vor der Tür hängt ein Zepter mit einem Tigerfell, dem Machtsymbol des Gottkönigs.

»Pst!«, flüstert der Führer und hält den Zeigefinger vor den Mund. »Sprechen Sie leise!«

Glaubt er etwa, dass der Dalai Lama seinen Mittagschlaf hält? Wenn ja, so tut er dies woanders.

»Das hier ist der Privataltar des Dalai Lama«, sagt der Führer. Wir gehen von einem Zimmer zum nächsten. »Hier aß er, hier machte er seine Hausaufgaben, hier schlief er.«

Der Ärmste! Seine Kindheit in diesen düsteren Räumen zu verbringen. Keine Spiele, kein Lachen, nur alte, ernste Aufseher mit kahlem Schädel und verschrumpelter Pergamenthaut. Wie viel besser es doch gewesen wäre, in Taktser aufzuwachsen, dem kleinen Dorf, in dem er geboren worden war. Dort hatte seine Familie von Vieh und goldgelben Getreidefeldern gut gelebt. Aber dann waren die Lamas aus Lhasa gekommen. Sie hatten die Reinkarnation des dreizehnten Dalai Lama gesucht. Sonnen-, Mond- und Wolkenzeichen hatten der weit gereisten Delegation verraten, dass der kleine Tenzin Gyatso das Kind war, nach dem sie suchten. Er und kein anderer würde der neue Dalai Lama werden.

Im Alter von nur vier Jahren musste der kleine Tenzin sein Heimatdorf verlassen und nach Lhasa gehen. Die Reise dauerte drei Monate und dreizehn Tage. Wenig später, am vierzehnten Tag des ersten Monats im Jahr des Eisendrachens (1940), bestieg der Junge den Löwenthron. Dadurch wurde er auch formell der neue Dalai Lama, der geistige und weltliche Führer Tibets.

Verständlicherweise hatten der Regent und seine Männer in den ersten Jahren immer noch das Sagen. Niemand von ihnen kümmerte sich um die Welt außerhalb Tibets. Ferne Kriege gingen sie nichts an. Sie hatten nicht bemerkt, dass sich Asien nach einem blutigen Weltkrieg im Umbruch befand. Sie fuhren nie ins Ausland, und es fiel ihnen auch nicht ein, diplomatische Verbindungen zu anderen Ländern aufzunehmen. Sie nahmen nie Kontakt zur UNO auf. Das Einzige, was sie beschäftigte, war der Kontakt zu den Göttern.

Solange die Regierung in Peking schwach war, spielte es keine Rolle, dass die Kabinettssitzungen in ein gemeinsames Gebet ausarteten. Alle waren glücklich und zufrieden, aber dann kam Mao.

»Jetzt schauen wir uns die Aussicht an«, sagt mein Führer.

Die Aussicht vom heiligsten aller Dächer. Hier stand der Gottkönig und schaute auf das alte Lhasa hinab. Es war eine Kleinstadt, aber groß genug, um in einem kleinen Jungen Träume zu wecken.

Zu Füßen des Potala-Palastes liegt der alte Stadtteil Shö, heute ein paar verfallene Häuser, die von einer hohen Mauer umgeben sind. Dort war früher vermutlich mehr los, als die Häuser noch von Prostituierten bewohnt wurden. Die Frauen wurden von Mönchen und normalen Leuten aufgesucht. Bis tief in die Nacht war Betrieb. Ob sich der jetzige Dalai Lama von dem Gestöhne ablenken ließ, ist unbekannt. Der siebte Dalai Lama jedoch, der vor 300 Jahren lebte, verließ hin und wieder seinen Gebetsraum, um in Shö eine Nummer zu schieben. Sensibel, wie er war, beschrieb er seine Lust und seine Laster in vielen kleinen Gedichten.

Allein wohne ich im Potala,
und ich bin ein Gott auf Erden.
Aber unten in der Stadt bin ich
der erste der Zecher
unter den lärmenden Zechbrüdern.

Jetzt ist Shö stillgelegt, dafür hat das neue Lhasa einiges zu bieten, Bars, Karaokebars und »Friseursalons«. Sex ist keine Sünde im Schatten der roten Fahne, Opposition hingegen wird schwer bestraft.

Im Jahre 1949 hatte Lhasa nur 50 000 Einwohner, fast alle waren Tibeter. Heute wohnen hier zehnmal so viele Menschen, die meisten sind Han-Chinesen. Angelockt von neuen Freiheiten und jährlichen Zuwachsraten von zehn Prozent sind Zehntausende in die Stadt der Götter geströmt. Heute macht die tibetische Altstadt nur vier Prozent der bebauten Fläche Lhasas aus. Der Rest gehört den Chinesen. Vom heiligen Dach aus sehe ich neue Wohnviertel, so weit das Auge reicht. Von Potala bis zum Norbulingka, dem Sommerpalast des Gottkönigs, hat sich die Wildnis in ein rechtwinkliges Straßennetz mit Kreisverkehren, Hotels und Bankpalästen verwandelt. Der Abstand beträgt fünf Kilometer.

Im Jahre 1949 gab es in ganz Lhasa nur vier Autos, die alle nicht fahrtüchtig waren. Jetzt wird die Stadt von Autos und lärmenden Motorrädern geprägt. Die entsetzten Pilger vom Land wissen nicht, wie sie die Straßen überqueren sollen.

Das alles muss natürlich gefeiert werden, und das geschieht jedes Jahr am 1. Oktober. Auf dem großen Platz vor dem Potala-Palast finden große Paraden im Stechschritt zu Marschmusik statt. Aus Peking angereiste einflussreiche Personen halten Reden. Nach Einbruch der Dämmerung findet ein großes Feuerwerk statt.

Aber vieles ist von meinem Dach aus auch nicht zu sehen, beispielsweise die großen Gefängnisse am Stadtrand von Lhasa. Dort sitzen Hunderte tibetischer Oppositioneller hinter Schloss und Riegel. Frauen und Männer, die sich erdreistet haben, Respekt, Menschenrechte und Freiheit für Tibet zu fordern. Eine von ihnen, die

Nonne Ngawang Sangdrol, sitzt bereits zwölf Jahre im Gefängnis. Warum? Weil sie an einem Frühlingstag 1990 rief: »Lang lebe der Dalai Lama!« Kein Tibeter darf seinen Namen nennen, und jedes Bild des Gottkönigs wird konfisziert und verbrannt.*

Trotzdem ist der Dalai Lama allgegenwärtig. Er reist von Land zu Land und wird von Königen und Präsidenten empfangen. Wie er leben 120 000 Tibeter im Exil. Er stellt einen politischen Machtfaktor dar und ein ständiges Ärgernis für die chinesische Führung.

»Mein eigenes Schicksal ist nicht so wichtig«, sagte er, als ich ihm vor einigen Jahren begegnete. »Was zählt, ist, dass die Tibeter glücklich werden, dass sie sich in ihrem eigenen Land sicher fühlen können.«

Wir saßen im Garten des Gottkönigs in Dharamsala in Nordindien. In einem Käfig schaukelte ein großer Papagei und führte Selbstgespräche. Überall wuchs Rhododendron. Es war Frühling, und die ersten roten Rosen blühten. Wieder erinnerte er an sein politisches Programm: Respekt vor den Menschenrechten und größere Freiheit für die Tibeter. Kein unabhängiges Tibet, aber wirkliche Autonomie innerhalb der Volksrepublik China.

In den letzten Jahren hat es sporadische Kontakte zwischen dem Dalai Lama und der Regierung in Peking gegeben, bislang ohne Ergebnis. Die chinesische Führung will nicht nachgiebig erscheinen. Seit Jahren hat sie den Gottkönig als Feigling, Verräter und Zwietrachtsäer abgestempelt. Weshalb sollten sie plötzlich mit einem bösen Menschen verhandeln? Und wenn sie auf die Forderungen des Dalai Lama eingingen, würde er dann nicht als Nächstes einen unabhängigen tibetischen Staat anstreben? Das würde nur andere Minderheiten ermutigen, die Mongolen im Norden und die Uiguren im Westen, woraufhin es dann kein Zurück mehr gäbe. Der Gedanke, China könnte auseinanderbrechen, erfüllt die chinesische Führung mit Entsetzen.

---

* Ngawang Sangdrol wurde im Oktober 2002 freigelassen und durfte fünf Monate später in die USA ausreisen.

Auch der Dalai Lama wird älter. Ist es nicht besser, abzuwarten? Wenn nur genug Zeit vergeht, wird er schon sterben. So denkt man in Peking.

»Der Dalai Lama gehört der Vergangenheit hat«, sagt Ma Chongying, der chinesische Direktor des Büros für religiöse Angelegenheiten Tibets. »Er wird nie nach Potala zurückkehren. Und wenn er stirbt, wird es keinen neuen Dalai Lama geben. Dann hat das ein Ende.«

Zum letzten Mal werfe ich einen Blick in den verlassenen Gebetsraum des Gottkönigs. Das rote Seidenkissen, auf dem er vor seiner Flucht 1959 kniete, liegt immer noch dort. Auf dem Altar brennt eine Kerze.

Die Zukunft ist ungewiss. Wir könnten eine Antwort des Orakels gebrauchen. Aber das tibetische Staatsorakel hat seine Arbeit niedergelegt. Nechung, sein Wohnort, ist verwaist.

Nechung liegt an einem Hang acht Kilometer westlich von Lhasa. Während der Kulturrevolution wurde dieser Tempel vollkommen geplündert. Aber jetzt hat man alles für die Touristen wieder aufgebaut. Es handelt sich um einen kleinen Tempel, und wer nicht weiß, dass er dort liegt, riskiert, daran vorbeizugehen und nur das Rauschen der Weiden hinter einer Mauer wahrzunehmen.

Im alten Tibet war das Staatsorakel eine wichtige, einflussreiche Institution. Jedes Mal, wenn der Dalai Lama einen Rat benötigte, bat er das Orakel um Hilfe. An einem Frühlingstag 1947 wohnte der Franzose Amaury de Riencourt einer Trance des Orakels bei. »Wir trafen gegen neun Uhr in Nechung ein und ritten die gepflasterte Allee zum imposanten Hauptportal des Heiligtums hinauf.«

Auf beiden Seiten saßen 600 in Purpur gehüllte Lamas und Mönche und sangen mit leisen, gutturalen Stimmen ein endloses Lied. Es klang, als stiegen die tiefen Töne von ganz unten aus dem Bauch auf. Während der Gesang die Frühlingsluft erfüllte, wiegten sie wie die Wogen eines purpurfarbenen Sees hin und her.

Als der Gesang verstummt war, begannen die Lamas auf dem Dach des Tempels in ihre zehn Fuß langen Trompeten zu blasen.

Weihrauch stieg von zwei Messinggefäßen auf, und der Geruch von Sandelholz umfing das mit echtem Gold überzogene Tempeldach.

Hinter der langen Allee wurde de Riencourt in das geheimnisvolle Heiligtum geführt – eine dunkle Halle, deren Decke und schweren Dachbalken von hohen Säulen getragen wurden. Die Wandgemälde zeigten hässliche Dämonen. Am Ende der Halle saß ein Mann auf seinem Thron, das Staatsorakel.

Das monotone Summen der Gebete auf dem Vorplatz war durch die Tür zu hören. Hunderte Lamas strömten in die Halle. Lautlos ging der Franzose auf den Thron zu. Das Orakel saß auf einem Stoß Seidenkissen und war prächtig in blauen und grünen Brokat gehüllt. Er war barhäuptig und trug Halsketten und Ringe mit großen Edelsteinen. Um den Hals hing eine magische Brustplatte, und auf einem niedrigen Tisch neben dem Thron lag ein Silberschwert. Um sich in Trance zu versetzen, musste das Orakel als Erstes sein Bewusstsein aus seinem Körper vertreiben. Daraufhin ergriff der Geist des Tempels von seiner leeren irdischen Hülle Besitz und nahm Kontakt zu den Göttern auf.

Bald war die Halle randvoll mit Lamas. Die Bronzetüren schlugen mit einem lauten Knall zu, dann dröhnte ein Orchester los, eine Kakofonie von Becken, Totenschädeln, Knochen, Trompeten, Trommeln und Gongs. Die Disharmonie hätte nicht schlimmer werden können, aber de Riencourts tibetischer Begleiter meinte, diese musikalischen Vibrationen gingen auf langjährige Forschungen zurück. Der Franzose presste, so fest er nur konnte, die Hände auf die Ohren. Das Staatsorakel jedoch nicht. Es stand auf vier kräftige Mönche gestützt schwankend da. Sein von dünner, grauer Haut überzogenes Gesicht war qualvoll verzerrt und glich einem Totenschädel. Schließlich fiel das Orakel hintenüber. Die Mönche stürzten auf ihn zu und hoben ihn wieder auf. Im nächsten Augenblick setzten sie dem willenlosen Kopf eine riesige Krone auf. »Einen riesigen Klumpen aus massivem Gold, der mit Elefantenzähnen, glitzernden Edelsteinen und Pfauenfedern geschmückt war.«

Dann lag das Orakel eine Viertelstunde lang auf dem Rücken und wand sich vor Schmerzen. Es wurde in dichter Folge von Krampfanfällen geschüttelt. Plötzlich setzte es sich schweißbedeckt und mit starrem Blick auf. Die kleinen Schellen auf seinem Gewand begannen im Takt zu läuten. Dann erhob sich das Orakel. Mit einer blitzschnellen Bewegung zog es das Schwert und begann dann mit einem wilden Tanz. Dieser Tanz endete mit einem vollkommenen Zusammenbruch. Der überspannte Körper fiel wie ein leerer Mehlsack zusammen. Endlich! Der Tempelgeist war in den Körper des Orakels eingezogen! Die Verbindung zu den Göttern war hergestellt.

Ein Lama hielt eine schwülstige Rede an den Tempelgeist. Jetzt war es Zeit für die Antwort! Was würde geschehen – morgen, nächste Woche, in einem Monat, in einem Jahr? Wie sollte der Dalai Lama auf dieses und jenes reagieren?

Das Orakel knirschte mit den Zähnen und stieß Geräusche aus. Der Lama schrieb die Antworten auf eine Tafel.

»Das Orakel segnete die große Schar der Mönche, die es umgaben. Nachdem der Segen vorüber war, warf es geweihte Reiskörner in den Säulengang, und die Mönche beeilten sich, das heilige Essen aufzusammeln. Immer wieder sprang es hoch in die Luft. Sein Gesicht war eine Maske qualvoller Konzentration, die einen extremen Gegensatz zu den kräftigen Bewegungen seines Körpers darstellte. Plötzlich, nach einem letzten Luftsprung, fiel es rücklings hin, verlor seinen Kopfputz und wurde ohnmächtig. Unter lautem Geheul flüchtete die Menge nach draußen, während vier Mönche den widerstandslosen Körper des Orakels zurück in seine Wohnung trugen.«

Anschließend fragte de Riencourt einen der Lamas, ob das Orakel etwas Wichtiges gesagt hätte.

»Nein. Er widmet sich dieser Aufgabe erst seit einem Jahr und hat noch keine Prophezeiungen ausgesprochen. Dafür ist große Übung nötig. Außerdem muss er aufpassen, dass er keine Fehler begeht und die falschen Antworten gibt. Viele sind aufgrund falscher Prophezeiungen degradiert und ins Gefängnis geworfen worden.«

Als der Dalai Lama 1959 nach Indien flüchtete, entschied sich das

Staatsorakel wenig später, ihm zu folgen. Der Ritt durch das Gebirge dauerte zwei Monate. Zurück blieb ein zerbombtes Nechung. Die Mönche flohen in alle Richtungen, nur sechs von ihnen gelang es, bis nach Indien zu kommen.

Der Gottkönig lässt sich weiterhin von seinem Orakel beraten. Das neue Nechung liegt auf einer Anhöhe in Dharamsala. Es kann durchaus seltsam anmuten, dass der Dalai Lama, der so modern und fortschrittsfreundlich wirkt, diese uralte Tradition aufrechterhält. Wie kann er sich Demokrat nennen und gleichzeitig auf die Antworten eines in Trance gefallenen Orakels hören? Der Dalai Lama hat versprochen, auf sein Volk zu hören. Aber wenn nun Volk und Orakel zwei verschiedene Antworten geben sollten, was dann?

Vor mehreren Jahren reiste ich nach Dharamsala und hoffte, einen Blick auf das Staatsorakel zu erhaschen – ohne Erfolg. Weiter als zum Portal des neuen Nechung-Tempels kam ich nicht. Das Staatsorakel sollte gerade seine monatliche Séance abhalten, aber nur die Eingeweihten, die siebzig Mönche und Lamas des Klosters samt einer kleinen Zahl religiöser Würdenträger, waren zugelassen. Zu diesem Kreis zählte natürlich der Dalai Lama, aber der war verreist. Hintereinander wankten die krummbeinigen Prälaten durch das Klostertor. Ein leichenblasser, klapperdürrer Lama musste von zwei Helfern auf seinem Weg durch den Säulengang gestützt werden. Sein bodenlanger Mantel wirkte fast leer, und die letzten sechs Treppenstufen wurde er an seinen streichholzdürren Armen hochgeschleppt – ein schmerzhafter Anblick.

Die Tür wurde geschlossen, und der Lärm begann. Durch das halb offene Fenster drangen chaotische Musik, grauenvolle Monologe, halb erstickte Schreie und fürchterliches Stöhnen. Nach zwei Stunden erstarben die Geräusche im neuen Nechung. Stille und Erschöpfung breiteten sich in dem kleinen Kloster am Fuße des Himalajas aus. Das Orakel hatte gesprochen – mehr war nicht zu sagen. Einige Tage später erfuhr der Dalai Lama, was das Orakel gesprochen hatte: »Seid geduldig! Bald werdet ihr alle nach Tibet zurückkehren!«

Und wenn das Orakel das Gegenteil gesagt hätte?

Der Dalai Lama schreibt in seiner Autobiografie: »Ich kann verstehen, dass die Menschen des Westens verdutzt sind, wenn sie von unserem Orakel hören. Leben wir denn nicht im 21. Jahrhundert? Sogar einige Tibeter, die sich als progressiv bezeichnen, haben Mühe, sich mit dieser uralten Institution auszusöhnen. Aber ich weiß, dass die Warnungen und Prophezeiungen dieses Orakels immer zutreffend waren. Das bedeutet nicht, dass ich ausschließlich auf das Orakel höre. Keineswegs! Ich höre sowohl auf die Regierung als auch auf das Orakel. Die Regierung ist mein ›Unterhaus‹, das Orakel mein ›Oberhaus‹. Wie jedes andere Oberhaupt suche ich Rat bei beiden, bevor ich meine Entscheidungen treffe.«

Als Beispiel für eine Prophezeiung, die eingetroffen ist, nennt der Dalai Lama eine Episode aus dem Jahre 1949: »Ich war damals erst vierzehn Jahre alt. Dem Orakel wurde eine Frage über China gestellt, aber statt direkt zu antworten, begann es sich unter heftigen Bewegungen nach Osten zu beugen. Es war ein peinvoller Anblick, insbesondere, da ihm die schwere Krone auf dem Kopf das Genick zu brechen drohte. Mindestens fünfzehn Mal beugte es sich nach Osten, um uns zu warnen, woher die Gefahr kommen würde.«

Ein Jahr später rückten Maos Soldaten in Tibet ein.

Lobsang Jigme, wie das alte Staatsorakel damals hieß, ist mittlerweile verstorben. Das ständig sich-in-Trance-Versetzen wurde für den kränklichen, gebeugten Körper schließlich zu viel. Aber das neue Orakel leistet angeblich ebenfalls gute Arbeit. Wiederholte Male hat es angekündigt, dass Tibet eines Tages seine Freiheit wiedergewinnen wird. Der Zeitpunkt ist allerdings unklar. Es kann morgen sein, nächstes Jahr, im nächsten Jahrhundert oder im nächsten Jahrtausend. Niemand weiß es.

Und unterdessen tickt die Uhr an der Wand im Arbeitszimmer des Dalai Lama unverdrossen weiter.

Abschied von Lhasa. Der Bus 448 fährt nach Norden.

Rund um den Busbahnhof wird schwer gearbeitet. Arbeiter mit Helmen und Handschuhen schleppen schwere Eisenbahnschwellen. Was ist da los? Tibet soll an das chinesische Eisenbahnnetz angeschlossen werden. Die Strecke wird von beiden Seiten vorangetrieben. Der erste Spatenstich erfolgte an einem Sommertag 2001. Bei der Zeremonie in Golmud, 1120 Kilometer von Lhasa entfernt, nahmen Hunderte Parteibonzen, mehrere Tausend kräftige Arbeiter und eine lärmende Blaskapelle teil.

»Kameraden, seid ihr bereit?«, rief Ministerpräsident Zhu Rongji. »Ja!«, erwiderten die Arbeiter, ein donnernder, gemeinsamer Ruf.

Die Sonne stand im Zenit, und in der Ferne ragte das Gebirge auf. Unter den Helmen lief den Arbeitern der Schweiß herunter. Während der Ministerpräsident die frohe Botschaft verkündete, rangen die Arbeiter um Atem. Wenn sie die letzte Schiene verlegt haben werden, wird ihnen die Luft vermutlich ganz ausgegangen sein. Die Strecke von Golmud nach Lhasa wird die höchste und wildeste der Welt.* Kilometer um Kilometer durch die Wolken und das alles mit Atemnot unter 4600 Meter hohen Gipfeln, vor tiefen Abgründen und in ewigem Eis.

»Die Sauerstoffzufuhr wird ein Problem darstellen, nicht nur für die Arbeiter, sondern auch für die Fahrgäste des Zuges«, sagt einer der Köpfe des Projekts, der Ingenieur Su Sen. »Die Arbeiter werden sich an die Verhältnisse gewöhnen, aber für die Fahrgäste ist es schlimmer. Deswegen werden wir die Abteile mit Sauerstoffbehältern ausrüsten, und schlimmstenfalls kann der im Zug anwesende Arzt Hilfe leisten. Unsere Leute haben sich das Eisenbahnwesen in den Anden angesehen. Es kommt vor, dass Reisende an Sauerstoffmangel sterben. Dort gibt es keine Ärzte in den Zügen. Bei uns wird es welche geben. Keine Angst. Niemand soll auf dem Weg nach Lhasa sterben!«

---

* Die neue Strecke wurde am 1. Juli 2006 offiziell eingeweiht. Sowohl der Dalai Lama als auch andere Tibeter fürchten, dass die Bahnverbindung zu einer verstärkten Einwanderung von Han-Chinesen nach Tibet führen wird. Die Tibeter würden dann in wirtschaftlicher Hinsicht vermutlich noch stärker ausgeplündert und kulturell unterdrückt werden.

Bereits 1984, als Golmud an das chinesische Bahnnetz angeschlossen wurde, schwor die chinesische Führung, dass Lhasa als Nächstes an die Reihe kommen würde. Aber angesichts Permafrost und schwindelnder Höhen mussten sich die Ingenieure erst einmal geschlagen geben. Die Jahre vergingen, und währenddessen führte eine kleine Gruppe Männer weitere zahllose wissenschaftliche Experimente in extremen Höhen aus. Im Jahre 1998 erklärten sie, die technischen Probleme gelöst zu haben. Aus Rücksicht auf die Nomaden sollen mehrere Hundert Brücken und Übergänge über den Schienenstrang gebaut werden. Auch auf die Natur soll Rücksicht genommen werden.

Seit 2007 kann man durch das Zugfenster Tibets spektakuläre Landschaft vorbeigleiten sehen: die Quellregion des Jangtse, die eisigen Berge Changtangs, die Salzseen, die Abgründe und die Nomaden in langsamer Prozession, die Jaks und die weißen Schafherden, die Wildesel, die Antilopen und die Adler in graziösem Gleitflug. Ist man hungrig, kann man gleichzeitig etwas essen, vielleicht Peking-Ente mit einer Flasche süßlichem Rotwein und einem kleinen Becher maotai.

»Tibet besitzt die Kapazität, zehn Millionen Touristen jährlich zu empfangen«, erklärt der chinesische Tourismusminister. »Stellen Sie sich vor, wie viel Geld sie dort lassen werden, welcher Profit gemacht werden kann!«

Außerdem werden viele weitere Han-Chinesen den Weg nach Tibet finden. Mit der Eisenbahn können Waren von und nach Tibet transportiert werden. Geologen vermuten, dass es in den tibetischen Bergen Gold-, Silber-, Eisen-, Kupfer-, Bauxit- und Kohlevorkommen gibt. Bislang hat sich der Abbau aufgrund der schlechten Transportinfrastruktur nicht gelohnt, aber jetzt kann losgelegt werden. »Wenn der Zug auf dem Bahnsteig in Lhasa einfährt, dann soll die ganze Welt erfahren, dass Tibet uns gehört!«, schreibt das »Tageblatt des Volkes«.

Ich fahre auf der Landstraße in die entgegengesetzte Richtung. In der Ferne lockt ein Eiszapfen.

Wenn du Wasser trinkst, sollst du an die Quelle denken.

CHINESISCHES SPRICHWORT

Der Weg nach Nub

Yanshiping sieht aus wie viele kleine Orte in Tibet. Eine unbefestigte Straße, die von ein paar Häusern flankiert wird. Der Ort verströmt Trostlosigkeit, ein paar räudige Hunde streichen an den jahrhundertealten Hauswänden entlang. In einer Pfütze liegen die Gedärme eines geschlachteten Schafs. Auf einem Schild steht: »Jak & Yeti Café«. Ich schiebe den schmutzigen Vorhang beiseite und trete ein. Es riecht wohlbekannt nach Jakbraten, Jakmilch, Jakbutter, Kohlenstaub, Schweiß und Leder. Es sind aber nur wenige Gäste da, nur ein paar dunkle Schatten, die in einer Ecke eine Pampe aus Jak- und Schweinefleisch verzehren. Niemand sagt etwas, und die Frau an der Feuerstelle scheint müde zu sein. Ihr verschwitztes Gesicht ist rußverschmiert, ihre Schürze blutig rot. Hinter der Feuerstelle liegt ein alter Mann auf einer Holzbank und schläft. Ab und zu ruft er etwas. Seine Stimme ist dumpf und klagend.

Es dauert eine Weile, bis ich den einsamen Gast in der gegenüberliegenden Ecke entdecke. Er ist mager und sehnig und erinnert mich an den »Bohnenesser«, ein Gemälde des Italieners Annibale Carracci aus dem 16. Jahrhundert. Es hängt in der Galleria Colonna in Rom. Der Bohnenesser von Carracci wirkt fürchterlich hungrig, der Gast in der Ecke ebenfalls. Beide haben einen grauen, schmutzigen Hut auf dem Kopf, die Augen sind klein und hart, beide sitzen tief über ihren Suppenteller gebeugt.

Aber einen Unterschied gibt es: Auf dem Tisch des italienischen Bohnenessers steht ein Glas Rotwein, daneben eine schön geschwungene Rotweinkaraffe. Die Gäste des Jak & Yeti Cafés müssen sich mit einem Glas Wasser begnügen.

Seltsam. Dieser Mann sieht doch gar nicht aus wie ein Tibeter?

Nein. Das ist Elias aus Estland. Und ganz richtig, er isst Bohnensuppe. Sie riecht sogar sehr gut, so gut, dass ich um dasselbe Gericht bitte.

»Was machen Sie hier, Elias?«

»Ich suche nach Gott.«

»Nach Gott?«

»Ich bin im März aus Estland abgereist, erst nach Sankt Petersburg und Moskau. Dann habe ich die Transsibirische Eisenbahn nach Ulan Bator in der Mongolei genommen. Aber dort habe ich Gott nirgends gefunden. In Ulan Bator wurde ich von einer Horde Straßenkinder ausgeraubt. Sie nahmen mir achtzig Rubel und einen Taschenspiegel ab. Ich habe den Raubüberfall bei der Polizei angezeigt, aber die Polizisten haben mich nur ausgelacht und angedroht, mir den Pass abzunehmen, falls ich meine Anzeige nicht zurückzöge. Zwei Tage später nahm ich den Zug nach Peking. Dort fand ich aber auch nur Geldgier. Die Menschen dort waren wirklich abstoßend. Die Stadt war eine einzige große Lotterie, Lärm überall. Von Peking aus nahm ich den Zug nach Westen. In einer Stadt namens Xining stieg ich aus. Von dort aus wollte ich weiter nach Taktser, in das Dorf, in dem der Dalai Lama geboren worden ist. Von diesem Dorf hatte ich in einer deutschen Zeitung gelesen, und die Beschreibung faszinierte mich. Taktser liegt 2200 Meter über dem Meeresspiegel. Aber am letzten Berg wurde ich von kläffenden, tollwütigen Hunden aufgehalten, einem wilden, geifernden Rudel. Einige erinnerten mich an Wölfe. Hätte ich nicht kehrtgemacht und wäre weggerannt, wäre ich jetzt tot. Und jetzt bin ich hier. Eigentlich glaube ich, dass es einfacher ist, Gott weit oben in den Bergen zu finden.«

»Wieso das?«

»Weniger Menschen, und die Luft ist sauberer.«

»Jetzt befinden wir uns auf 4412 Metern.«

»Genau. Aber wo ist Gott?«

»Schwer zu sagen.«

Elias verfällt in nachdenkliches Schweigen.

»Gott wohnt weit oben in den Bergen«, wiederholt er. »Da bin ich mir ganz sicher. Je höher, desto besser.«

»Vielleicht wollen Sie mich ja zur Quelle des Jangtse begleiten?«

»Zu welcher Quelle?«

»Der Jangtse-Quelle. Sie ist nicht sonderlich weit von hier entfernt. Es sind nur noch ein paar Tagesmärsche. Sie liegt etwa auf 5500 Metern. Kommen Sie mit?«

Diese Frage kommt etwas überraschend. Elias muss erst einmal nachdenken. Eigentlich hat er vorgehabt, nach Lhasa, zum »Wohnort der Götter«, weiterzuziehen.

»So viel kann ich Ihnen sagen, Elias, in Lhasa finden Sie nur schreiende Marktweiber und geldgierige Mönche. Außerdem liegt Lhasa nur 3600 Meter über dem Meeresspiegel.«

Ein weiteres Mal ziehe ich meine Karte hervor. Von hier aus bis zur Quelle müssten es noch 160 Kilometer sein, vielleicht mehr. Wieder muss ich nach Westen ausweichen, um an ein paar großen Sümpfen vorbeizukommen, ehe ich zu den Gletschern aufsteigen kann, zwischen denen sich die Quelle befinden soll. Es handelt sich um ein großes Gebiet, mindestens 100 000 Quadratkilometer, ein Drittel der Fläche Norwegens. Eine Welt nur aus Eis, die auch der dritte Pol der Erde genannt wird. Ist es wirklich möglich, dorthin zu gelangen, und wird Elias mich begleiten? Elias verspricht mir, mit Gott über die Sache zu reden, ich unterhalte mich lieber mit ortskundigen Einheimischen. Vielleicht kann uns ja jemand den Weg zeigen?

Lodi Jigme erklärt sich bereit. Er wohnt gegenüber vom Jak & Yeti Café. Lodi ist Tibeter, hat O-Beine, Riesenpranken und einen energischen Blick.

»Natürlich können wir zur Quelle gelangen. Aber haben Sie auch Geld? Sie müssen einen Führer, ein Zelt und Lasttiere mieten. Und ein Auto! Die ersten Kilometer kann man mit dem Landrover bewältigen. Dann muss man auf Ponys oder Jaks umsteigen. Das letzte Stück geht es nur noch zu Fuß weiter.«

Lodi schaut in den Himmel. Das Wetter ist gut genug, es hat schon seit Tagen nicht mehr geregnet, und der Ostwind ist weich wie Samt.

»Aber habt ihr Geld?«

Doch, wir haben genug Geld. Das heißt, Elias ist fast pleite. Aber ich habe noch gewisse Reserven.

»Super«, sagt Lodi. »Dann fahren wir morgen.«

Lodi holt eine alte Landkarte, auf der er die Route einzeichnet, aber meine, die ich in einer abgelegenen Gasse in Lhasa gekauft habe, ist eigentlich besser. Größerer Maßstab, mehr Details. Mit Hilfe eines roten Filzstifts bewegen wir uns im Slalom über die Karte, eine Bergkette entlang, über weite Steppen, hinab in eine sumpfige Senke, ein Tal hinauf, durch eine Steinwüste in das nächste Gebirgsmassiv hinein. Schließlich kommt die Spitze des Stiftes vor einer Gletscherzunge, die aus einer Eiswüste herausragt, zum Stillstand. Lodi spricht laut und begeistert, aber Elias sitzt nur zurückgelehnt da und ist kaum interessiert. Wenig später schließt er die Augen und beginnt etwas zu summen, was wie ein Mantra klingt. Gelegentlich wirft er den Kopf zurück, was die tibetischen Mönche ebenfalls zu tun pflegen. Dann fallen sie in sich zusammen und bleiben stumm und unbeweglich sitzen. Auch Lodi, der Mönche und Mantras kennt, scheint der seltsame Estländer in Erstaunen zu versetzen.

»Wenn ihr hierher kommt, geht es nicht mehr weiter«, sagt er und deutet auf die Gletscherzunge. »Da geht es nicht mehr weiter.«

»Der Gletscher scheint gar keinen Namen zu haben. Er muss doch einen Namen haben.«

»Er heißt Drachenschwanz.«

Drachenschwanz? Ich lasse den Namen auf der Zunge zergehen. Das klingt ganz richtig. Habe ich die Reise nicht beim Kopf des Drachen begonnen? Eine Reise vom Kopf zum Schwanz, weiter komme ich nicht.

»Und bis zum Drachenschwanz kommt man also. Wie viele Tage brauchen wir dafür?«

»Fünf, vielleicht sechs, schlimmstenfalls sieben.«

»Elias!«, rufe ich begeistert. »Aufwachen! Wir wollen zum Drachenschwanz!«

Elias seufzt, aber ich weiß, er ist bereit.

Gegen Abend wird das Café voller. Eine lautstarke Männergruppe fällt ein. Sie sehen aus wie Wegelagerer und verlangen Hochprozentiges. Die Frau an der Feuerstelle, die inzwischen noch müder ist, holt zwei Flaschen mit einer durchsichtigen Flüssigkeit, und das Gelage kommt in Gang. Lodi entschuldigt sich für den Lärm, aber so sei es eben, insbesondere um diese Jahreszeit, denn dann kämen die Goldgräber.

»Sie glauben, dass sie Gold finden werden, aber die meisten finden nichts, nur taubes Gestein. Die ganz Fanatischen kommen schon im April und geben erst auf, wenn der Herbstschnee kommt. Schau sie dir an, wie die saufen! Sie benehmen sich so, als hätten sie schon Gold gefunden. Aber im Winter müssen sie hungern.«

Vor 120 Jahren fuhren Tausende Chinesen über das Meer, um am großen Goldrausch in Kalifornien teilzunehmen. Jetzt versuchen sie ihr Glück auf dem Dach der Welt. Es gibt Gold hier oben, kleine, funkelnde Körner in den Flüssen, die von den großen Gletschern herabkommen. Das Goldfieber begann in geringerem Umfang nach 1980, nachdem Deng Xiaoping die erlösenden Worte »Werdet reich!« gesprochen hatte. Tausende begaben sich ins Gebirge, die Nachricht breitete sich rasend schnell aus. Auf dem Höhepunkt des Goldrausches soll es in Qinghai und Tibet 150000 Goldgräber gegeben haben. Jetzt kehrt das Fieber zurück, allerdings nicht bei allen.

»Prost, Freunde! *Ganbei! Ganbei!*«, tönt es von dem langen Tisch herüber.

Noch bevor eine Viertelstunde um ist, bestellen die Goldgräber zwei weitere Flaschen. Lodi behält sie genau im Auge. Dann fragt er, wohin sie unterwegs seien.

»Nach Yushu«, ruft einer von ihnen. »Nach Juekundo«, grölt ein anderer.

Lodi erklärt mir, dass Yushu der chinesische Name und Juekundo der tibetische Name sei. Beide Namen sagen mir nichts, später finde ich den Ort jedoch auf der Landkarte. Er liegt am Jangtse, dort, wo der Fluss die Provinz Qinghai verlässt und nach Yunnan fließt. Die

Goldgräber haben eine weite Reise vor sich, und mir ist nicht ganz klar, wie sie dorthin kommen wollen.

»Finden wir ein Gramm Gold können wir es der Bank für 110 Yuan verkaufen«, sagt einer von ihnen. »An hundert Gramm verdienen wir also 11 000 Yuan!«

Die Goldgräber strahlen vor Glück und schauen noch tiefer ins Glas.

Bereits Heinrich Harrer erfuhr bei seinem siebenjährigen Aufenthalt in Lhasa in den 40er-Jahren, dass es in Tibet viel Gold gibt: »Wenn man in den Bächen bei Lhasa schwimmt und taucht, dann sieht man den Goldstaub in der Sonne funkeln – ein unglaubliches Bild!« Die Tibeter unternahmen jedoch kaum Anstrengungen, diesen Reichtum auszuschöpfen, mit Ausnahme jener Orte, an denen sich das Gold in sogenannten Hexenkesseln sammelte. Dort konnte es mit bloßen Händen zu Tage befördert werden. Das Gold wurde für Buddhastatuen und hohe Butterlampen verwendet, aber niemand dachte auch nur im Traum daran, diese Naturschätze auszubeuten. Noch lebten die Tibeter in ihrer eigenen Welt, und niemand wagte es, den ersten Schritt zu tun.

Jinsha Jiang, Goldsandfluss, heißt der Jangtse in dieser Gegend, das ist kein Zufall.

Grölend und torkelnd verlassen die Goldgräber das Jak & Yeti Café. Im nächsten Augenblick verschwinden sie auf der Ladefläche eines Lastwagens in der dunklen Nacht.

Bevor Elias und ich im Schlafsaal über dem Jak & Yeti Café zu Bett gehen, beginnt es zu regnen. Das gefällt mir nicht. Ich liege lange da und lausche den Tropfen, die an das halb offene Fenster trommeln. Elias murmelt vor sich hin, und als ich ihn frage, ob seine Kleider für einen Aufstieg zur Quelle warm genug seien, antwortet er einigermaßen überraschend: »Gott wird uns beschützen.« Fast demonstrativ zieht er ein orangefarbenes Mönchsgewand aus seinem Rucksack und legt es sich um die Schultern. Wenig später ist er eingeschlafen. Das knallbunte Gewand bewegt sich gleichmäßig auf und nieder, ganz anders als die Windböen, die mich dazu zwingen, das Fenster zu schließen und mit einem Stück Seil festzubinden.

Ich selbst habe das Gefühl, gut vorbereitet zu sein. Ich habe mir unterwegs eine neue Garderobe zugelegt. Mein leichter Rucksack ist ziemlich ausgebeult. Kleider sind in China billig, auch Markenkleidung ist für einen Spottpreis zu haben. Warum auch nicht, schließlich wird sie in China hergestellt.

Am nächsten Morgen scheint die Sonne. Das Dach der Welt ist frisch geduscht und sauber. Kein Lüftchen regt sich. Als ich das Fenster öffne, sehe ich Lodi unter einer Kühlerhaube hängen. Letzte Kontrolle. Sein Halbbruder Pempa packt die Zelte zusammen, und im Café backt die Köchin große, runde Nanbrote. Wir werden zwei Wochen unterwegs sein und benötigen viel Proviant. Pempa führt uns das Angebot vor: Tibetische Schokolade? Klar doch. Aber auch Tee, *tsampa*, Kekse, Nudeln, Reis, Bohnen, Tütensuppen, Rosinen, getrocknete Aprikosen und vieles andere mehr.

Elias scheint skeptisch zu sein, muss dann aber doch zugeben, dass der »Frieden dort hoch oben« verlockend ist.

Uns erwartet wegloses Land. Wir wollen so weit wie möglich mit dem Landrover fahren, erst einen weiten Bogen nach Südwesten, dann weiter nach Westen und Norden. Gegen Abend, nach siebzig oder achtzig Kilometern, werden wir eine Gegend erreichen, die Lodi das große Sumpfland nennt. Das ist eine gefährliche, durchweichte Landschaft, in die ständig Wasser aus der weißen Eiswüste nachsickert. Dort warten in einem schwarzen Zeltlager Nomaden mit ihren Lasttieren.

»Vorwärts!«, ruft Lodi und lässt den Motor aufheulen.

Dann fahren wir los, Lodi, Pempa, Elias und ich. Glücklicherweise hat der nächtliche Regen den Weg nicht zerstört. Wir folgen alten Karrenspuren eine rotbraune Bergkette entlang, auf der keinerlei Vegetation auszumachen ist. Nachdem wir eine Stunde lang gefahren sind, biegen wir auf eine sommergrüne Ebene ein, auf der Hunderte Jaks friedlich grasen. Die Ewigkeit breitet sich aus, so weit das Auge reicht. Am Horizont sind die Tiere nur noch schwarze Punkte.

Unser Landrover arbeitet sich langsam in die Wildnis und nach Tamqu vor, und vor Sonnenuntergang, nachdem wir achtzig Kilometer in acht Stunden zurückgelegt haben, erreichen wir das Zeltlager. Es handelt sich um eine kleine Ortschaft, fünfzehn Zelte auf einer grünen Wiese, die Zeltöffnungen Richtung Süden. Kinder kommen angelaufen, alle wollen mit dem Landrover fahren! Ein Zehnjähriger setzt sich ans Steuer und imitiert spuckend die Motorgeräusche. Lodi erlaubt allen Kindern, sich ans Lenkrad zu setzen, aber erst müssen sie sich anstellen. Das tun sie. Alle sitzen sie am Steuer und schreien: »Brumm!«

In dieser Gegend sind Autos selten, und das ganze Dorf mit etwa hundert Einwohnern sieht interessiert zu, als Lodi die Motorhaube öffnet, um einen Blick auf den Motor zu werfen.

»Er lebt«, rufen die Frauen entsetzt. »Er läuft von allein.«

Seit Tausenden von Jahren streifen die Nomaden auf dem Dach der Welt umher. Einerseits können sie unwissend wirken, sind aber andererseits voller Weisheit. Es ist die Weisheit, die man benötigt, um unter extremen Bedingungen zu überleben, bei heulenden Winterstürmen und vierzig Grad unter null, bei der Schneeschmelze im Frühling im Schneematsch, im Sommer bei dreißig Grad und im Herbst, wenn die Sandstürme von Norden und Westen kommen. Was sie nicht über Wetter und Wind, über Mutter Erde und den hohen Himmel wissen, braucht man auch nicht zu wissen.

An den Zelten vorbei fließt ein mehrarmiges Flusskind – der Jangtse! Bei diesem Wiedersehen wird mir ganz warm. Lieber Jangtse, ich habe dich schon seit Wochen nicht mehr gesehen. Von jetzt an soll uns nichts mehr trennen, keine Bürokraten, keine Götter und kein Gebirge. Von hier aus will ich dir bis zu deinem ersten Tropfen weit oben in den Eisgebirgen folgen. Dort will ich vor der Nase von 1,3 Milliarden Chinesen dein Elixier trinken!

Hier oben heißt der Fluss übrigens nicht Jangtse, sondern Tuotuo. So ist das, wenn ein Fluss nur lang genug ist. Jeder Flussabschnitt hat einen eigenen Namen. Die Bewohner, überwiegend Analphabeten, ahnen nicht, wo er herkommt, und auch nicht, wo er hinfließt. Das Gleiche habe ich erlebt, als ich vor einigen Jahren mein Lager an der Großen Mauer aufschlug. Die Bauern am Rand der Wüste Gobi, die seit Generationen im Schatten der Mauer leben, wussten nicht, wo sie begann, und auch nicht, wo sie aufhörte. Die Mauer war einfach da, und damit gut.

Bei der ersten Dämmerung werden wir geweckt. Die Kinder, die am Vortag alle kreischend am Lenkrad saßen, sind zeitig aufgestanden. In der Zeltöffnung zähle ich zwölf kleine Köpfe.

»Tashi delek!«, rufen sie im Chor. Das ist der übliche Gruß auf dem Dach der Welt. Angeblich bedeutet er alles, angefangen von »Hallo« bis hin zu »Gott segne dich«. Aber gerade jetzt deute ich den Ruf als Aufforderung aufzustehen.

Aus den schwarzen Nomadenzelten, kleinen Kunstwerken aus Jakhäuten, steigt senkrecht blaugrauer Rauch. Die Erwachsenen stehen mit müden Gesichtern in den Zeltöffnungen, während die Kinder um einen riesigen, langhaarigen Jak herumrennen. Lodi erzählt mir, jede Familie hätte zwischen fünf und acht Kindern. Keine Ein-Kind-Politik in dieser Gegend also. Die Nomaden dürfen leben, wie sie wollen. Das tibetische Wort für Nomade, *drokpa*, bedeutet eigentlich »Volk, das für sich lebt«. Welche Macht auf Erden kann einen Drokpa besiegen? Jedenfalls nicht der Kaiser in Peking. In den 60er-Jahren versuchte Mao, den Nomaden die Volkskommunen aufzuzwingen. Einige Nomaden konnte er tatsächlich bändigen, aber bei Weitem nicht alle. Hunderttausende zogen weiterhin als freie Menschen über das große Dach, Kilometer um Kilometer in vollkommener Einsamkeit.

Die Nomaden leben von ihren Tieren, von Jaks, Schafen, Ziegen, Ponys und Pferden. Das Rind gibt Fleisch, Milch und Häute, alles im Überfluss. Aber für die wenigen Weiden auf dem Dach der Welt gibt es zu viele Tiere. Siebzig Millionen hinterlassen ihre Spuren, und einer der Drokpa, ein o-beiniger Mann mit tief gefurchtem Gesicht, behauptet, die Jaks seien früher viel fetter geworden.

»Schauen Sie sich dieses Tier an«, sagt er und deutet auf einen Jak. »So soll es nicht aussehen.«

In meinen Augen wirkt es groß und fett, und wäre der Dalai Lama jetzt hier, dann würde er sich freuen: »Ich habe seit vierzig Jahren keinen Jak mehr gesehen«, erzählte mir der Gottkönig, als ich ihm vor einigen Jahren begegnete. »Jeden Tag träume ich von Tibet, von den Tibetern, vom Gebirge, von den Tälern, den Seen, den Hochebenen und den Jaks.«

Die Morgentoilette wird am Flussufer erledigt. Elias und ich liegen, die Gesichter in das perlende Wasser getaucht, auf dem Bauch. Sauberer kann man nicht werden. Die Wolken hängen tief über den Bergen. Aber die Temperatur, acht Grad plus, lässt sich aushalten. Die Ponys stehen hintereinander aufgereiht, erhobenen Kopfes, hellbraun und mit Zelten und Gepäck beladen. Lodi, der lange meinte, wir müssten auf Jaks zurückgreifen, ist froh, dass uns das erspart bleibt. Jaks sind störrisch. Sie verlassen den Pfad, und im schlimmsten Fall streiken sie. Es gibt nichts Unerträglicheres als einen streikenden Jak. Ponys hingegen sind unkompliziert. Sie laufen rasch und gehorchen jedem Befehl. Der Weitermarsch bis zum letzten Plateau vor dem Aufstieg zur Quelle soll drei Tage dauern. Schlimmstenfalls vier. Die letzte Etappe ist so unwegsam und steil, dass wir zu Fuß gehen müssen. Aber wir werden unser Ziel erreichen.

Unser kleiner Zug bildet eine zielbewusste Prozession. Pempa bleibt zurück, um auf den Landrover aufzupassen, aber Lodi kommt mit. Außerdem haben sich uns zwei Männer angeschlossen, die ortskundig sind, Tenzin und Tsarong. Tenzin ist klein und hinkt, ist aber trotzdem der Flinkste von uns allen. Statt auf dem Pferderücken zu sitzen, geht er zu Fuß. Er muss über sechzig sein. Sein Gesicht ist von Wetter und Wind zerfurcht, von den Schneestürmen in den Tanggula-Bergen, von der Eiseskälte der Gletscher und vom Nordwind aus der Wüste Gobi. Ausruhen ist für ihn jedoch ein Fremdwort. Jedes Mal, wenn wir eine Pause machen, wird er unruhig. »Weiter«, sagt er. »Weiter!«

Das Gebirge ragt in der Ferne auf. Der höchste Berg, der Geladandong, ragt 6621 Meter hoch auf. 21 weitere Berge sind über 6000 Meter hoch. Die Quelle soll auf 5424 Meter liegen. Die nächsten zwei Tage rücken wir in gleichmäßigem Tempo vor. Das Wetter ist immer noch grau, aber glücklicherweise verschont uns der Wettergott mit Niederschlag. Nach und nach verspüre ich das Bedürfnis zu laufen. Elias geht es ebenso. Es ist ein gutes Gefühl, sich anzustrengen und das Herz klopfen zu hören. Langsam steigen wir weiter und umgehen das große Sumpfland in einem Halbkreis. Die durchweichte Landschaft, Millionen von Wasser umgebene Grasbüschel, erstreckt sich, so weit das Auge reicht, nach Norden. Schlanke Vögel, die an schwarzhalsige Kraniche erinnern, amüsieren sich damit, von Grasbüschel zu Grasbüschel zu springen. Ab und zu nutzen sie die Gelegenheit, sich im unbewegten Wasser zu spiegeln. Nur die Vögel können so leben, wir Menschen versänken hilflos in dem Sumpf und würden wie Schiffswracks auf offenem Meer rasch und spurlos verschwinden.

Tenzin ist gut gekleidet. Seine *chuba* aus Schafsfell ist Minusgraden und dem schneidenden Wind gewachsen, seine Lederstiefel reichen bis zu den Knien. Im Gepäck hat er noch mehr Lederkleidung, kein Fehler, falls uns ein Unwetter überraschen sollte. Elias und ich tragen Wollpullover und Fleecejacken. Unsere Bergstiefel haben wir mit Jakfett eingeschmiert. Noch nie bin ich in weicheren Schuhen gelaufen. Meine Regenkleidung ist im Rucksack verstaut, Fausthandschuhe, Handschuhe, Mütze und Goretex-Jacke ebenfalls.

Ab und zu kommen wir an Tierskeletten und -kadavern vorbei, hauptsächlich Jaks, aber auch Wildesel. Jeden Herbst werden die Tiere von zeitigen Schneestürmen überrascht. Wenn der Schnee zu hoch ist, kommen sie nicht mehr vom Fleck. Selbst die Wildesel kommen nicht mehr weiter und erfrieren. Hedin erzählt, die Wildesel seien oft stehend erfroren und dann in diesem Zustand bis zum nächsten Sommer verharrt. Da Wildesel Herdentiere sind, stieß er gelegentlich auf erfrorene Herden, die tot im Schnee standen. Ein seltsamer Anblick.

Ich selbst sehe keine stehenden Toten. Die Welt ist jedoch auch so abgestorben. Die letzten Gebirgsblumen verblühen gerade, und auch das Moos leidet an Atemnot. Nur das gluckernde Wasser aus der Jangtse-Quelle lässt auf Leben schließen. Eine einfachere Suche nach einer Quelle habe ich noch nie erlebt. Ich brauche nur der Musik des Wassers zu folgen und den kleinen Regenbögen, die über jedem der kleinen Wasserfälle hängen.

Nach dreitägiger Wanderung schlagen wir im Grenzland zwischen Leben und Tod ein Lager auf. Wir sind auf 4910 Meter. Der Jangtse wirft sich weiß wie ein Brautschleier mit roher Gewalt das Tal hinunter. Auf der anderen Seite des Flusses steht ein baufälliges Zelt aus schwarzen Jakhäuten. Lange regt sich nichts, aber gerade als wir in die Schlafsäcke kriechen wollen, taucht eine uralte Frau, ganz in Jakpelz gehüllt, in der schmalen Zeltöffnung auf. Der Anblick ist unwirklich. Tenzin, der schon mehrmals hier oben war, ruft zu ihr hinüber. Aber die Frau beachtet ihn nicht. Als es dunkelt, sitzt sie auf einem Felsblock vor dem Zelt, den Kopf zur Seite gelegt, und starrt in den schäumenden Fluss.

Tenzin schüttelt den Kopf, Lodi ebenfalls.

Am nächsten Morgen sind die Frau und das Zelt verschwunden!

Das ist nicht zu fassen. Wir begreifen es alle nicht, und Tenzin ist starr vor Schrecken.

»Sie muss eine Hexe gewesen sein. Männern bin ich hier schon begegnet, aber Frauen? Noch nie!«

Die verschwundene Frau ist rätselhaft. Die nächste Stunde verbringt Tenzin im Gebet. Er wirft sich am Flussufer auf die Knie. Die Worte überschlagen sich und vermischen sich mit dem Lärm des Flusses.

Lodi hat die Theorie, dass eine weitere Person im Zelt gewesen sein muss, höchstwahrscheinlich ein Mann. Nach Einbruch der Dunkelheit haben sie zusammengepackt und sind weitergezogen. Eine andere Erklärung ist, dass die Frau ihr Zelt in den Fluss geworfen hat und hinterhergesprungen ist. »Puff«, sagt er. »Puff!«

Wir lassen uns an diesem Morgen Zeit. Wir essen Nanbrot und schlürfen *gong thug*, eine Nudelsuppe mit kleinen Schaffleischstücken. Im Laufe des Vormittags bricht die Wolkendecke auf. Das allgemeine Grau weicht langsam, und bald badet das Gebirge in Licht und Wärme. Aber immer noch sehe ich keine Quelle, keinen Gletscher und keinen Schnee. Lodi erklärt, dass die Pferde hier nicht mehr weiterkommen. Der Pfad würde zu unwegsam und sei außerdem zu steil. Tsarong wird uns jedoch bis zum letzten Plateau vor dem Aufstieg begleiten, dort das Zelt aufbauen und Tee kochen. Tsarong ist klein und kräftig, wirkt jedoch nicht sonderlich fit. Bei jeder Steigung bleibt er zurück.

Vor dem Abmarsch lehne ich mich an einen Felsen und schalte mein Tecsun ein. Eigentlich geschieht wenig Neues unter dem Himmel, aber ausnahmsweise bringt China Radio International eine Reportage aus Qinghai. Eine feierliche Stimme erklärt, eine Gruppe UFO-Experten befinde sich auf dem Weg dorthin, um zu klären, ob Gäste aus dem Weltraum Spuren hinterlassen hätten. Der Ort liegt am Südufer eines Salzsees in der Nähe von Baigong Shan, einem Gebirge, von dem ich noch nie gehört habe. »Dort wohnen keine Menschen«, erklärt der Reporter, »im Umkreis von 700 Kilometern gibt es dort nichts, nicht einmal wilde Tiere. Keine Straßen führen dorthin, nicht einmal ein Pfad. Deswegen ist dieser Fund auch so unerklärlich.«

Der Fund besteht aus einer fünfzig Meter hohen, hässlichen, rostigen, braunen Pyramide. In der Nähe befinden sich im Fels drei Höhleneingänge voller Schrott, Eisenrohre und seltsam geformter Steine. Die beiden kleineren Höhlen sind eingestürzt, aber die dritte ist intakt. Alle Gegenstände scheinen älter als jede Geschichte zu sein, älter als jede Legende. Wenn etwas Ähnliches in der Nähe von Shanghai entdeckt worden wäre, dann wäre das vielleicht als Beweis für die Umweltverschmutzung durch die Industrie benutzt worden. Aber in Qinghai? Die chinesische Presse, erfahre ich, hat den Fund bereits »E.T.'s Reliquien« getauft, und Experten meinen, die Gegenstände könnten Tausende von Jahren alt sein.

Der Vorsitzende der UFO-Forschungseinrichtung in Peking ist bereits überzeugt: »Die Expedition aus dem Weltraum hat sich Qinghai als Landeplatz ausgesucht, weil diese Gegend menschenleer ist.«

Die nächsten Stunden wandern wir durch die Sonne, und recht rasch lerne ich die tibetischen Bezeichnungen für die Himmelsrichtungen, *shar* (Osten), *chang* (Norden), *lho* (Süden) und *nub* (Westen). Aufwärts heißt *yaak*, und die Eiswüste wird als *khyag-pa* bezeichnet. Wir wandern weiter nach *nub*. Noch nie habe ich mich so frei, so leicht und so froh gefühlt. Selbst Elias, der bislang eher gleichmütig gewesen ist, wirkt gut gelaunt. Seit Wochen sucht er bereits nach Gott, und jetzt wartet Gott vielleicht hinter der nächsten Wegbiegung. Er redet laut und schnell und behauptet, dass zu viele Menschen auf Erden lebten. Selbst Estland mit seinen 1,5 Millionen Einwohnern sei überbevölkert. Deswegen verehre er Orte, die leer seien.

Wir folgen dem rechten Flussufer, eine mäßige Steigung hinauf, dann geht es in ein schmales, schattiges Tal, das auf beiden Seiten von steilen Bergen bewacht wird. Eine Weile entfernen wir uns vom Fluss. Am Ende des Tals müssen wir erneut klettern, es geht eine steile Böschung hinauf und von dort in eine enge Kluft und von dort in die nächste. Das Herz überschlägt sich, und Tsarong – der diese Höhe von uns dreien am ehesten gewöhnt sein müsste – ringt klagend nach Luft. Elias erweist sich als erstaunlich zäh, und selbst ich habe noch Reserven.

Jetzt bin ich seit 99 Tagen unterwegs und habe 6378 Kilometer zurückgelegt, sogar noch mehr. Jetzt fehlt nur noch ein kurzes Stück. Erneut legten wir uns ins Zeug, Tsarong, Elias und ich, und plötzlich stehen wir auf einem Pass und starren auf einen weißen Gipfel in der Ferne, der wie ein Diamant funkelt. Dort liegt die Quelle des Jangtse!

Tsarong kniet nieder, um zu beten, Elias beginnt zu singen, und ich verstumme.

> Es war, als gehöre diese Landschaft, die sich mit jeder
> Stunde änderte, nicht zur Erde, sondern läge an den
> äußersten Grenzen des unerreichbaren Weltraums.
>
> SVEN HEDIN, »TRANSHIMALAJA«

Bis zum Äußersten

»*Om mani padme hum!*«, ruft Tsarong. »O Juwel in der Lotosblüte!«

Seine Stimme klingt ergriffen.

Er hat sich mit ausgestreckten Armen auf den Bauch gelegt. Der Ruf wird als vielfältiges Echo von den engen Felswänden zurückgeworfen. Immer hin und her, bis es schwächer wird und schließlich erstirbt.

Lange stehen wir wie verzaubert auf dem Pass. Ein weißer Faden führt von dem diamantenen Gipfel hinab und verschwindet in der Ewigkeit. Wir klettern langsam nach unten. Tsarong muss sich dauernd ausruhen. Er hat Atembeschwerden und Kopfschmerzen. Als wir bei Sonnenuntergang unser Zelt aufbauen, begnügt er sich damit, zuzuschauen. Kopfschüttelnd lehnt er das Aspirin ab, das wir ihm anbieten. Er betrachtet die Tabletten neugierig, will aber wohl nichts riskieren.

Wir finden einen sonnigen Platz in der Talsohle, nur einen Steinwurf vom brausenden Fluss entfernt. An seiner Mündung ist der Jangtse vierzig Kilometer breit. Hier misst er nur zehn Meter. Er führt jedoch unglaublich viel Wasser, und damit wir nicht nassgespritzt werden, müssen wir einen ziemlichen Abstand halten. Man sieht, dass andere vor uns hier waren. Zeltheringe liegen herum, und an einem Hang findet sich ein leerer Plastikkanister. Der Platz für unser Zelt ist sehr eben und mit zartem, blaugrünem Gras bewachsen.

Von hier bis zur Quelle sind noch einmal etwa fünf Stunden zu gehen. Aber wer weiß? Ich habe mich schon vielfach in solchen Gegenden mit den Abständen deftig verschätzt. Elias ist jedoch optimistisch und stimmt eine jubelnde Arie an. Als ich ihn frage, was er da singt, antwortet er: »*Taeva muusika.*« Das ist Estnisch und bedeutet »Musik des Himmels«. Nach und nach begreife ich, warum er in Tartu aus dem Chor geworfen wurde, sein Gesang geht durch Mark und Bein.

Wenig später geht die Sonne hinter den Tanggula-Bergen unter, und die Temperatur fällt auf null. Über uns funkeln die Sterne, und ein paar Stunden vor Mitternacht zeigt sich der zunehmende Mond, ein seltsamer Mond mit einem weißen, phosphoreszierenden Licht. Lange hängt er wie eine runde Lampe über dem Gletscher, als wollte er uns sagen, dass hier der Gletscher sei, nach dem wir suchen. Der Gletscher wirft ein starkes Licht zurück. Elias singt bis gegen Mitternacht weiter, Kirchenlieder und estnische Freiheitslieder. Tsarong ist schon lange in seinem zusammengeknöpften Zelt eingeschlafen. Nachdem er die Huldigung seiner Heimatstadt Tartu beendet hat, fragt mich Elias, ob ich glaube, dass Tibet jemals frei würde. Das halte ich für ausgeschlossen, und sicherheitshalber bringe ich sämtliche üblichen Argumente vor, dass es nur wenige Tibeter gibt und viele Han-Chinesen, dass die Tibeter von den anderen Staaten nicht unterstützt werden, dass China eine globale Großmacht ist und vieles mehr.

Aber da antwortet Elias: »Hätte mich 1980 jemand gefragt, ob ich glaube, dass Estland jemals frei sein wird, dann hätte ich nur gelacht. 1,5 Millionen gegen die mächtige Sowjetunion mit ihren 200 Millionen Sowjetbürgern! Ein haarsträubender Gedanke. Bevor mein Vater 1988 starb, gab er mir die Hand und sagte: ›Es ist gut zu sterben. Das Leben in der Sowjetunion ist nicht lebenswert.‹ Aber drei Jahre später, im August 1991, waren wir frei!«

Er richtet sich mit seinem Schlafsack auf und meint: »Auch unmögliche Dinge können geschehen.«

Im nächsten Augenblick ist Elias, ermattet von den Strapazen und vom Singen, eingeschlafen. Ich liege wach. Ständig öffne ich den

Reisverschluss des Zeltes, um einen Blick auf den Gletscher zu werfen. Der helle Fleck wirkt wie ein Magnet. Manchmal habe ich fast den Eindruck, als würde er mir zuzwinkern oder blinken wie ein Leuchtfeuer. Dort will ich hin!

Umso enttäuschter bin ich in der Morgendämmerung, als Elias erwacht und sagt: »Ich habe keine Lust weiterzugehen.«

»Warum nicht?«

»Was soll das für einen Sinn haben? Ist es hier denn nicht still genug? Ich setze mich wieder auf einen Felsabsatz und meditiere.«

Auch Tsarong hat genug. Er legt sich die Hände auf die Stirn und schüttelt den Kopf. Er hat vielleicht wirklich Kopfschmerzen, aber später komme ich darauf, dass es einen weiteren Grund gibt, warum er nicht weitergeht: Er will die Geister, die oben auf den Bergen leben, nicht reizen. Die Tibeter halten die Berge von jeher für heilig. Dort wohnen die Götter. Auch Harrer fiel das auf, als er in Tibet lebte – schließlich war er Bergsteiger und wollte die Berge bei Lhasa erkunden. Niemand wollte ihn jedoch auf die Gipfel begleiten. Jedes Mal, wenn er eine erfrischende Bergwanderung vorschlug, erntete er nur entsetzte Mienen. Wenn die Tibeter einen Pass überqueren mussten, dann unternahmen sie alles, um die Götter milde zu stimmen, sie beteten und hängten Gebetsfahnen auf.

Unterschiedliche Kulturen und Religionen nähern sich Bergen, Flüssen und Seen unterschiedlich. »Wenn man sich ein Bild von der Größe eines Gebirges machen will, dann muss man es aus der Ferne betrachten«, sagen die Tibeter. »Um seine Form zu verstehen, muss man es umkreisen. Um seine Eigenart zu begreifen, muss man es bei Sonnenauf- und -untergang, mitten am Tag und mitten in der Nacht, bei Sonne und Regen, bei Schnee und Unwetter, im Sommer wie im Winter, ja das ganze Jahr lang betrachten.«

Für die Tibeter ist jeder Berg heilig, aber keiner ist so heilig wie der Kailash, die weiße Königin im Westen des Reiches. Am Kailash entspringen der Indus und der Brahmaputra. Jeden Sommer ziehen Tausende Pilger in dieses Gebirge, nicht um den Gipfel zu erklimmen, sondern um ihn zu umrunden. Die Wanderung um die Schönheit dauert drei bis vier Tage, aber wer sich auf Knien vorwärts-bewegt, braucht Wochen und Monate. Bevor der Buddhismus nach Tibet kam, wurden solche eisbedeckten Berge als Wohnort der Vor-väter angebetet. Aber dann zogen die Götter ein, und wer es wagt, hochzuschauen, riskiert sowohl die Strafe der Götter als auch den Tadel der Menschen. Im Jahre 2001 wollte der spanische Bergstei-ger Jesus Martinez Novas den Gipfel erklimmen. Von der vereisten Spitze, 6714 Meter über dem Meeresspiegel, wollte er eine Friedens-botschaft an die Welt senden. Aber die Tibeter sagten Nein. Also steht sie immer noch dort, die Königin, weiß gekleidet, aufrecht und unbezwungen.

Es ist einfacher, den in der Ferne funkelnden Gletscher zu be-zwingen. Elias wirkt verdrossen und ist wortkarg, die Lieder vom Vortag sind ganz verstummt. Ich frage ihn ein weiteres Mal, ob er mich begleiten will, aber seine ablehnende, leise Antwort klingt so gleichgültig, dass ich nicht länger in ihn dringe. Wir frühstücken zusammen, aber noch ehe wir das Nanbrot, die Walnüsse, Apriko-sen und Rosinen aufgegessen haben, zieht er sein orangefarbenes Mönchsgewand aus dem Rucksack. Er will den Tag meditierend ver-bringen. Warum auch nicht? Das Thermometer zeigt kühle fünf Grad plus, aber es ist windstill und sonnig. Eigentlich verstehe ich Elias sehr gut. Der Zweck dieser langen Reise war nicht, einen be-stimmten Punkt zu erreichen. Der Zweck war die Reise. Wenn Män-ner oder auch Frauen davon besessen sind, ein bestimmtes geo-grafisches Ziel zu erreichen, den Nordpol, den Südpol, den Mount Everest oder andere Punkte in der Ewigkeit, dann liegt das oft an Eitelkeit, Torheit oder ganz einfach einem Wahn, schlimmstenfalls treffen alle drei Gründe zu. Elias wird ganz sicher einen wunderba-ren Tag verbringen – vielleicht einen besseren als ich.

Trotzdem. Jetzt bin ich hier. Soll ich aufgeben und mich auf einen Felsabsatz setzen und meditieren? Unmöglich. Ich bin am 6. Mai in Shanghai aufgebrochen und mit dem Schiff nach Huangpu gefah-ren, hinein in das weit geöffnete Drachenmaul. An diesem Morgen, am 15. August, stehe ich am Schwanz des Drachen. Es sind nur noch wenige Kilometer übrig. Dieser Versuchung kann ich nicht widerstehen.

Die letzten Vorbereitungen. Die Thermosflasche wird mit glühend heißem Tee gefüllt, der mit echtem Gletscherwasser aus der Quelle des Jangtse zubereitet worden ist. In Plastiktüten verschwinden Nüsse und getrocknete Aprikosen. Das Nanbrot, das inzwischen hart geworden ist, breche ich durch und wickele es in ein T-Shirt. Pflaster, Desinfektionsmittel, elastische Binden, Sonnencreme, Fernglas, Fotoapparat und Stativ habe ich ebenfalls dabei. Dazu ein paar Kleider extra. Alles passt in meinen kleinsten Rucksack. Im Übrigen habe ich an, was ich in den Bergen immer anhabe. Meine Lederstiefel stinken nach ranzigem Jakfett.

Die erste Stunde gehe ich einen schmalen Pfad entlang. Die Steigung ist schwach, aber jeder Meter kostet Kraft. Auf 5000 Meter Höhe stoße ich auf eine Steinpyramide, ein gemeinsames Gebet, das zum Himmel strebt: *Om mani padme hum*. Die in den Stein geritzten Schriftzeichen sind unterschiedlich groß, einige messen nur drei oder vier Zentimeter, andere acht, zehn oder zwölf. Es handelt sich teilweise um richtige Kunstwerke. Gelegentlich scheinen es die Betenden aber auch sehr eilig gehabt zu haben. Ich hätte gerne ein paar dieser Steine mitgenommen, aber ich muss an das Gewicht denken und auf meine Kräfte Rücksicht nehmen.

Durchs Fernglas kann ich Elias sehen. Er sitzt im Lotossitz in der Zeltöffnung, genau wie ein Buddha. Sein orangefarbenes Mönchsgewand kontrastiert sehr hübsch mit dem dunkelblauen Zelt. Das Kleidungsstück hat er von einem Mönch in Kumbum gekauft. Dort gibt es, nicht weit vom Geburtsort des Dalai Lama entfernt, ein Kloster. Elias hat in diesem Kloster übernachtet, aber es war kalt hinter den dicken Mauern. Um nicht frieren zu müssen, legte er 25 Yuan auf den Tisch, und das Mönchsgewand gehörte ihm. Schade, dass er mich nicht bis zur Quelle begleiten wollte, aber ich glaube, ihm geht es dort unten sehr gut. Wir Menschen sind sehr verschieden. Wir verfolgen unterschiedliche Ziele, und eine Entscheidung kann ebenso gut sein wie die andere.

Hat mir China Radio International im Augenblick etwas zu sagen?

Allerdings! In Peking ist es außergewöhnlich warm, so warm und trocken, dass die Heuschrecken die Stadt heimsuchen. Aber mitten im Land, am großen Dongting-See kämpfen die Chinesen gegen das Wasser. Die Deiche sind gebrochen. Zwei Verbündete, der Monsun und der Jangtse, haben Millionen Menschen in die Flucht geschlagen. Ich frage mich, was aus meinem Freund Rou geworden ist, dem Ingenieur, dem ich an Bord der *Boyang* begegnet bin. Er hätte diese Deiche doch vor Beginn der Regenzeit kontrollieren sollen. Ich hoffe, er lebt noch. Wieder muss ich an den kleinen Jungen denken, von dem mir Rou erzählt hat, der in einem Baumwipfel und von allen Seiten von Wasser umgeben den Tod fand.

Die nächste Nachricht ist, dass sich die Parteiführung nach Beidaihe begeben hat, einem Ferienort am Meer 200 Kilometer östlich von Peking. Dort will sie sich in den salzigen Wogen erholen und neue Kräfte sammeln, denn auf sie warten viele Aufgaben. Der 16. Parteikongress rückt stetig näher. Vom Wellenrauschen begleitet werden sie Ministerwechsel und den politischen Kurs der nächsten fünf Jahre diskutieren. Es kann nicht einfach sein, für eine Partei mit 65 Millionen Mitgliedern die Parteilinie vorzugeben. Aber wie sehr wird auf die Mitglieder eigentlich gehört? Seit sie 1949 die Macht erobert hat, hat die kommunistische Führung in *splendid isolation* gelebt, abgeschottet von der großen Masse der Parteimitglieder und nicht zuletzt auch vom Volk. Die Mauer, die sie beschützt, ist acht Meter hoch. Kein Chinese hat die Bonzen je eine Straße entlanggehen sehen. Wollen sie von einem Ort zu einem anderen kommen, dann benutzen sie dazu große, schwarze Limousinen und sind von Leibwächtern und unzähligen Polizisten umgeben. Eingekauft wird in nicht-öffentlichen Luxusgeschäften, die nur für die Elite bestimmt sind. Und wenn sie schwimmen wollen, dann begeben sie sich an die abgesperrten Strände von Beidaihe.

Viele Jahre lang wurde Ausländern der Zutritt nach Beidaihe verweigert. Selbst Chinesen, die dorthin wollten, mussten sich eine genaue Prüfung gefallen lassen, und wer dort wohnte, erhielt einen speziellen Ausweis. Jedes Mal, wenn die Führung den Ort besuchte, verwandelte sich dieser in eine Festung. Tausende von Soldaten und Polizisten wurden dort zusammengezogen. Die Einwohner sollten bitte Abstand halten! Niemand sollte auch nur einen Blick auf die Diener des Volkes erhaschen können.

Die weißen Strände der Führung liegen etwas südlich der Stadt zwischen Beidaihe und Nandaihe. Jeder der Bonzen verfügt über einen eigenen Strandabschnitt, der von Soldaten und Kampfschwimmern bewacht wird. Maxim Gorki, der große russische Schriftsteller, wacht dort ebenfalls. Er steht in einem langen Wintermantel auf einem Sockel und sieht nachdenklich aus. Das ist verständlich. In den Hügeln hinter dem Strand liegen die Villen, große elegante Gebäude, die an die Südstaatenplantagen in Margaret Mitchells »Vom Winde verweht« denken lassen. Gut versteckt in der Landschaft, fast als wäre es ein Bunker, liegt das Spezialkrankenhaus der Elite, das nur eine Nummer trägt: 281.

Ich hoffe, die alten Männer haben eine gute Zeit in Beidaihe. Ich jedoch möchte mit keinem von ihnen tauschen. Die nächsten Stunden klettere ich durch eine immer steiler werdende Steinwüste weiter nach oben. Die Steine sind groß, schwarz und spitz, und bei jedem Schritt habe ich das Gefühl, eine Gerölllawine auszulösen. Der Pfad ist verschwunden, aber der Gletscher, immer noch gleich blendend, weist mir den Weg. Elias ist nicht mehr zu sehen, das blaue Zelt ebenfalls nicht. Am Horizont ist ein waagerechter lila Schleier erkennbar, eine hübsche Trennlinie zwischen Himmel und Erde. Die Berge am Ende des Tales haben einen rötlichen Schimmer angenommen, und der Fluss in der Talsohle sieht aus wie flüssiges Silber.

Das letzte Mooskissen hat kapituliert. Das Leben ist dem Tod gewichen, obwohl ich am Rande des Gletschers ein paar flatternde Vögel ausmachen kann, vielleicht das Tibetkönigshuhn (Tetraogallus tibetanus). Dieser Hühnervogel hat sich den Bedingungen dieser Höhenlage angepasst. Immer häufiger muss ich mich hinsetzen und ausruhen, nach drei Stunden Klettern gelange ich zu einem Absatz mit Aussicht auf die sieben Berge. Habe ich sieben gesagt? Es müssen zehn sein, zwölf, vielleicht siebzehn. Seltsam, so dazusitzen, ganz allein und mit Aussicht auf das China, das ich verlassen habe. Ich wäre jetzt gerne philosophisch und würde gerne ein paar tiefe Gedanken zu Papier bringen, aber vor allem brauche ich Sauerstoff, Essen und etwas zu trinken.

In den letzten Jahren hat sich die Eiswüste, aus welcher der Jangtse entspringt, mehrere Hundert Meter zurückgezogen. Der dritte Pol schmilzt ab – ein Zeichen, dass etwas sehr im Argen liegt. Globale Erwärmung, sagen die Experten. Das Meer aus Steinen, das den Gletscher umgibt, wird mit jedem Jahr größer. Und Irre und Träumer, die aus der Quelle trinken wollen, müssen immer weiter laufen.

»Ist das nicht ein strenges und hartes Land zum Leben?«, fragte Sven Hedin einen seiner Träger, als er sich vor neunzig Jahren auf dem Weg zur Quelle des Brahmaputra befand.

»Ganz und gar nicht. Indien ist viel schlimmer. Ich war schon in Indien. Dort musste ich gegen Tiger, Schlangen, giftige Insekten, Hitze, Fieber und die Pest kämpfen. All das gibt es hier oben in der frischen Luft nicht.«

Die frische Luft. In der letzten Stunde hat der Wind zugenommen. Graue Wolken ziehen von Westen heran. Das gefällt mir nicht, denn ich hätte den Gletscher gerne vor einem strahlend blauen Himmel bewundert. Aber Wolken sind auch nicht zu verachten, denn wer in den Wolken atmet, erhält Weisheit, Leben und schöpferische Kraft. Bald bin ich auf der Höhe der Quelle, aber um zu ihr zu gelangen, muss ich einen langen Felsrücken entlangklettern. Meine Beine sind schwer und zittern, aber jetzt ist es nicht mehr weit. Nur noch ein kurzes Stück Weg, und ich bin am Ziel.

Vorsichtig krabbele ich über den scharfen Kamm. Vor mir liegt eine weiße Gletscherzunge, die an Schlagsahne erinnert. Schönere Schlagsahne habe ich noch nie gesehen! Aus meiner Perspektive scheint die Gefahr zu bestehen, dass sie den Gebirgshang hinabläuft.

Nein, sie bleibt, wie sie das schon seit Millionen von Jahren tut. Und aus dieser Sahne spritzt funkelndes Silber. Der Abstieg zu dem Eisaltar ist fast ebenso anstrengend wie der gesamte Aufstieg. Bei jedem Schritt ist Vorsicht geboten. Meine Kräfte sind fast gänzlich erschöpft, meine Knie streiken. Um meine Hände nicht an den spitzen Steinen zu verletzen, ziehe ich schwarze Lederhandschuhe aus meinem Rucksack. Die nächsten Minuten krieche ich langsam wie ein Insekt auf allen vieren. Ab und zu bleibe ich reglos liegen und ringe nach Luft, während mir der Schweiß herunterläuft. Herz, lass mich jetzt nicht im Stich! Es sind doch nur noch hundert Meter! Das steilste Stück muss ich rückwärts kriechen. Ab und zu trete ich eine Steinlawine los, und die Steine tanzen bis zur Gletscherzunge hinab.

Eine halbe Stunde später stehe ich der Quelle des Lebens von Angesicht zu Angesicht gegenüber. Der Jangtse schäumt kräftig unter dem Eisaltar hervor, um dann dem großen China entgegenzustürzen. Nach hundert Metern kollidiert er mit einem Felsblock, der so groß ist wie ein schlafender Elefant. Der sauberste Felsblock der Welt. Das Silber spritzt in den Himmel, ehe es sich sammelt und weiterströmt. Ich stehe lange da und betrachte diese Silberschlange. Weit unten, am Fuße eines lila Felsrückens, macht der Jangtse eine scharfe Rechtskurve und verschwindet. Auf den nächsten 6378 Kilometern vereinigt er sich mit fast tausend anderen Flüssen.

So ist das Leben. Man wird einsam geboren, aber bekommt, hat man Glück, immer mehr Gesellschaft.

Als Nächstes zücke ich die Kamera. Ich will die Quelle und den Gletscher aus allen möglichen Richtungen fotografieren. Aber jede kleinste Anstrengung kostet unglaubliche Kräfte. Mein Rucksack widersetzt sich mir. Nachdem ich den Reißverschluss zur Hälfte geöffnet habe, muss ich mich erst einmal ausruhen. Auch die Seitenfächer haben für heute geschlossen. Mein Versuch, das Stativ für den Fotoapparat aufzubauen, scheitert grandios. Ganz gleichgültig, was ich tue, es steht immer schief, und schließlich gebe ich auf. Stattdessen stelle ich mich mit dem Rücken zum Gletscher hin, halte mir den Fotoapparat vors Gesicht und drücke auf den Auslöser. Das gibt auch ein Bild, insbesondere bei einer Digitalkamera. Den kleinen Bildschirm ausklappen und umdrehen, ein Druck auf den Auslöser, und der Augenblick ist auf der Speicherkarte festgehalten.

Jetzt muss ich nur noch meinen Durst löschen. Soll ich mich auf die glatten Steine hinauswagen?

Wieder muss ich aufgeben. Die Felsen sind glatt und drohen, mich dem Flussgott zu opfern. Ich sitze da und ringe nach Luft. Nach einer Weile kehren jedoch sehr allmählich meine Kräfte zurück. Vorsichtig und auf allen vieren krabbele ich in einem Bogen um den Gletscherrand herum. Wasser sickert aus kleinen Löchern im Eis. »Das Wasser war kalt, aber es wärmte mein Herz«, schreibt der Hongkong-Chinese Wong How Man, der als Erster 1985 zu der Quelle kam.

Endlich bin ich an der Reihe, vor der Quelle niederzuknien. Das geschieht qualvoll langsam. Muskeln und Sehnen knirschen und beschweren sich, und das eisige Wasser klingt wie glucksendes Gelächter. Auch ich muss lachen. Jetzt haben wir beide doch noch zusammengefunden. Ein nasser Kuss am Ende der Reise. Langsam schließe ich die Augen und vergrabe mein Gesicht in den munteren Wogen. Doch, das Wasser ist kalt, eisig kalt. Aber es wärmt mein Herz.

Noch etwas ausruhen, noch etwas Wasser trinken. Ein paar Minuten bleibe ich auf dem Rücken liegen, während die Wolken langsam über den Himmel ziehen. Wenn ich die Arme ausstrecke, meine ich sie berühren zu können. So ist das, wenn man sich in fast 5500 Meter Höhe befindet. Der Ostwind ist mild und kühl, und aus der Öffnung des Eisaltars höre ich die älteste Musik der Welt. Es ist ein perfekter Tag, nicht zu kalt, nicht zu warm, der Regengott ist woanders beschäftigt. Ich lasse mich um die Gletscherzunge herumlocken, eine weitere halbe Stunde im Meer aus Stein, und starre in eine urtümliche Welt. Ein Märchenland aus Schnee und Eis, aus spitzen Gipfeln und runden Kuppen, aus Eisbrücken und pilzförmigen Auswüchsen.

Und alles ist weiß.

Geschichte

Qin-Dynastie (221–207 v. Chr.)

Kaiser Qin Shihuang vereinigt China zu einem Reich und veranlasst große Bauprojekte, unter anderem die Chinesische Mauer. Er vereinheitlicht Maße, Gewichte und Schrift im gesamten Reich, was zu einer Intensivierung des Handels und des Verkehrs führt. Die hohen Steuern und die weitverbreitete Zwangsarbeit führen zu Unzufriedenheit und Aufruhr. Im Alter ist der Kaiser nur noch daran interessiert, ein Lebenselixier zu finden. Er setzt eine große Suchaktion in Gang, die jedoch misslingt. Der Kaiser stirbt 210 v. Chr. und wird bei der Stadt Xian beigesetzt. Das Terrakottaheer, welches das Grab bewacht, wurde 1974 entdeckt und stellt eine der großen Touristenattraktionen Chinas dar.

Han-Dynastie (206 v. Chr. – 220 n. Chr.)

Die Han-Kaiser regieren nicht so gnadenlos wie ihre Vorgänger. Trotzdem behalten sie viele der alten Institutionen bei. Das Reich wird größer. China nimmt über die Seidenstraße Handelsverbindungen mit dem Westen auf. Chinesische Seide kommt nach Europa. Der Kaiser erhebt die Lehre des Konfuzius zur Staatsreligion. Die Bezeichnung Han-Chinese (die größte ethnische Gruppe des Landes) wird von dieser Dynastie abgeleitet.

Die drei Königtümer (220–280) und die Periode der inneren Spaltung (265–589)

Zwei Phasen, die von inneren Unruhen und starker Rivalität zwischen verschiedenen Königen und Landesteilen geprägt sind.

Sui-Dynastie (589 – 618)

Die Dynastie wird von General Yang Jian gegründet, der den Titel »Der kultivierte Kaiser« annimmt. Er führt Boden- und Verwaltungsreformen durch. Unter seinem Nachfolger, seinem Sohn, werden Millionen von Menschen für öffentliche Bauprojekte eingesetzt, unter anderem beim Bau der Chinesischen Mauer und des Großen Kanals. Der Kanal verbindet das arme Nordchina mit den reichen Provinzen in Zentralchina. Gleichzeitig unternimmt er drei missglückte Versuche, Korea zu erobern. Die große Steuerbelastung führt zu mehreren Aufständen. Schließlich wird die Dynastie gestürzt.

Tang-Dynastie (618 – 907)

Eine Blütezeit für Handel, Kunst und Kultur. Die Hauptstadt wird nach Changan (das heutige Xian) verlegt. Die Stadt wird ein Knotenpunkt auf der Seidenstraße zwischen Osten und Westen. Die Stadt wird rasch größer und gehört mit Bagdad und Konstantinopel zu den größten Städten der Welt. Das Land wird in 300 Präfekturen und 1500 Distrikte eingeteilt. Diese Einteilung besteht fast unverändert bis heute. Der Handelsaustausch auf der Seidenstraße führt zu vielfältigen Kulturimpulsen, er bringt auch den Buddhismus ins Land. Die Tang-Dynastie erreicht unter Kaiser Xuanzong (685–761), der auch »strahlender Kaiser« genannt wird, ihren Höhepunkt. Im 9. Jahrhundert wird die Dynastie allmählich geschwächt, und im 10. Jahrhundert wird das Land von Unruhen und Bürgerkriegen heimgesucht.

Song-Dynastie (960 –1279)

Eine neue Dynastie entsteht, als Zhao Kuangyin, ein tatkräftiger Offizier, die Macht ergreift. Im Laufe von sechzehn Jahren gelingt es ihm, mit der Konkurrenz aufzuräumen. Die Herrschaft der Song-Dynastie wird in der Regel in zwei Epochen eingeteilt, die erste, die nördliche Song-Dynastie mit Hauptstadt Kaifeng, dauert von 960 bis 1126. Später verlagert die kaiserliche Macht aufgrund ständiger Angriffe von Norden ihre Verwaltung weiter in den Süden des Landes in die Stadt Hangzhou. Dadurch entsteht die südliche Song-

Dynastie, die von 1127 bis 1279 an der Macht ist. Marco Polo besucht Hangzhou unmittelbar nach dem Fall der Song-Dynastie. Er beschreibt die Stadt als die größte und schönste der Welt.

Yuan-Dynastie (1279–1368)

Bereits 1213 gelingt es den Mongolen, angeführt von Dschingis Khan, die Chinesische Mauer zu durchbrechen. Zwei Jahre später nehmen sie Peking ein. Erst 1271 gelingt es seinem Enkel Kublai Khan, die Kontrolle über ganz China zu erlangen. Drei Jahre später kommen Marco Polo, sein Vater Niccolò und sein Onkel Maffeo an den Kaiserhof. Unter Kublai Khan organisieren die Mongolen große Feldzüge nach Süden und Westen. Sie erobern große Teile Zentralasiens, Persiens und Russlands. Ihr Versuch, Japan zu besetzen, misslingt. Zeitweilig erstreckt sich das Mongolenreich vom Pazifik bis an die Donau. Im 14. Jahrhundert wird dieses Reich allmählich von inneren Konflikten geschwächt.

Ming-Dynastie (1368–1644)

Die Chinesen bauen eine große Flotte. Einer der Auserwählten des Kaisers, der Eunuch Zheng He, unternimmt mehrere große Expeditionen in ferne Erdteile wie Indonesien, Indien, Afrika und die arabische Halbinsel. Gegen Ende des 15. Jahrhunderts hören diese Aktivitäten auf. Der Kaiser erlässt ein Dekret, mit dem den Chinesen der Bau großer, hochseetauglicher Schiffe verboten wird. Die erste Phase der Ming-Dynastie stellt eine Blütezeit für den Handel dar. Das Ming-Porzellan ist eine begehrte Ware in anderen Ländern und Erdteilen. Dreizehn der sechzehn Kaiser dieser Periode sind in den Ming-Gräbern bei Peking beigesetzt.

Qing-Dynastie (1644–1911)

Ein kleines Volk aus Nordchina, die Mandschuren, ergreift die Macht. Diese Dynastie steht im 18. Jahrhundert auf der Höhe ihrer Macht und fühlt sich stark genug, allen Kontakt mit westlichen Ländern abzulehnen. Später, im 19. Jahrhundert, gelingt es den westlichen Ländern,

Handelsprivilegien und eigene »Konzessionsgebiete« an den Küsten zu erzwingen. Starkes Bevölkerungswachstum und ungerechte Eigentumsverhältnisse führen zu großen Bauernaufständen. Nach 1890 beginnen die chinesischen Republikaner, angeführt von Sun Yatsen, ihren Kampf gegen die kaiserliche Herrschaft. Im Jahre 1911 endet die Qing-Dynastie und China wird Republik.

Republik China (1911–1949)

Sun Yatsen wird der erste Präsident der Republik, sieht sich jedoch bereits ein Jahr später zum Rücktritt gezwungen. Im Jahre 1915 unternimmt General Yuan Shikai einen erfolglosen Versuch, das Kaisertum wieder einzuführen. In den nächsten Jahren wird das Land von starker innerer Unruhe geprägt. Die Nationalisten versuchen die Einigkeit im Land wiederherzustellen, was ihnen jedoch nur teilweise gelingt. 1937 greift Japan China an. Dieser Krieg dauert bis zur japanischen Niederlage 1945. Jetzt beginnt der Bürgerkrieg zwischen Nationalisten und Kommunisten erneut. Vier Jahre später, 1949, siegen die Kommunisten. Die Reste des Nationalistenheers fliehen, angeführt von Präsident Chiang Kai-shek, nach Taiwan.

Volksrepublik China (seit 1949)

1949 Die Rote Armee ergreift, angeführt vom Vorsitzenden Mao, die Macht. Die Volksrepublik China wird gegründet. Die Nationalisten mit Chiang Kai-shek an der Spitze flüchten auf die Insel Taiwan, wo sie eine Konkurrenzregierung einrichten.

1950 Nordkorea greift Südkorea an. Die UN beteiligt sich, angeführt von den USA, auf der Seite von Südkorea am Krieg. China kämpft auf Seiten Nordkoreas.

1958 Mao will eine Abkürzung auf dem Weg zum Kommunismus und proklamiert den »Großen Sprung nach vorn«. Indem er die Massen mobilisiert, Eisen und Stahl zu produzieren, soll China die westlichen Länder in Rekordgeschwindigkeit einholen. Das chinesisch-sowjetische Bündnis gerät in die Krise.

1959 Die Tibeter revoltieren in Lhasa, der Hauptstadt von Tibet. Der

Aufstand wird vom chinesischen Heer niedergeschlagen. Der Dalai Lama und 80000 weitere Tibeter fliehen nach Indien.

1960 Der »Große Sprung nach vorn« endet mit einer Katastrophe. Mehrere Millionen Menschen verhungern. Die sowjetischen Experten verlassen das Land.

1962 Ideologischer Bruch zwischen China und der Sowjetunion. Mao beschuldigt die sowjetische Führung, von der rechten Lehre von Marx und Lenin abgewichen zu sein.

1966 Mao ergreift die Initiative zur großen proletarischen Kulturrevolution. Die Massen, insbesondere die Jungen, werden mobilisiert, Maos Ideale durchzusetzen. Millionen von Menschen werden festgenommen und inhaftiert.

1969 Verteidigungsminister Lin Biao wird zu Maos Stellvertreter und Nachfolger ernannt.

1972 Lin Biao kommt bei einem Flugzeugabsturz ums Leben, angeblich nach einem missglückten Versuch, den Vorsitzenden Mao zu ermorden. Er wird als »Karrierist« und »Verschwörer« verunglimpft. – Richard Nixon reist als erster amerikanischer Präsident nach China. Er wird vom Vorsitzenden Mao empfangen. In der Schlusserklärung einigen sich die beiden Seiten darauf, die Verbindungen allmählich zu normalisieren.

1976 Mao stirbt, und Hua Guofeng wird zum neuen Parteivorsitzenden ernannt. Die sogenannte Viererbande, unter anderen Maos Ehefrau, wird festgenommen und konterrevolutionärer Verbrechen angeklagt. Die Kulturrevolution wird beendet.

1977 Der Reformanhänger Deng Xiaoping wird rehabilitiert und erlangt auf Kosten von Hua Guofeng und anderen Mao-Politiker immer mehr Macht.

1978 Deng Xiaoping setzt sich für wirtschaftliche Reformen und mehr Kontakt mit anderen Ländern ein.

1979 China und die USA nehmen diplomatische Verbindungen auf. Deng Xiaoping macht einen Staatsbesuch in den USA. – Der Pekinger Frühling, eine Tauwetterperiode, wird von Wandzeitungen und heftigen politischen Debatten in Peking geprägt.

Der Systemkritiker Wei Jingsheng wird festgenommen und zu fünfzehn Jahren Haft verurteilt. – Kürzerer Grenzkrieg zwischen China und Vietnam.

1981 Die Volkskommunen werden aufgelöst, die Bauern erhalten die Erlaubnis, den Boden privat zu bewirtschaften. Die Reform hat ein großes Wachstum der Landwirtschaft zur Folge. Hua Guofeng wird als Parteivorsitzender abgesetzt und von Reformbefürworter Hu Yaobang abgelöst.

1989 Hu Yaobang stirbt. Bei großen Demonstrationen auf dem Platz des himmlischen Friedens in Peking werden demokratische Reformen gefordert. Nach fünfzig Tagen wird der Platz von der Befreiungsarmee des Volkes geräumt. Eine unbekannte Zahl Demonstranten wird dabei getötet, unzählige andere werden festgenommen. Hunderte Ausländer verlassen das Land. Jiang Zemin wird neuer Vorsitzender der Partei.

1990 –91 Wirtschaftliche Stagnation und Unterbrechung der Reformpolitik.

1992 Deng Xiaoping erteilt neuen wirtschaftlichen Reformen und intensiverem Kontakt mit dem Ausland grünes Licht. Die Nationalversammlung beschließt, am Jangtse hinter den Drei Schluchten den größten Staudamm der Welt zu bauen.

1994 Der Bau des Staudamms wird begonnen.

1997 Deng Xiaoping stirbt. Die britische Kronkolonie Hongkong geht an die Volksrepublik China über.

1999 Die portugiesische Kolonie Macau geht an die Volksrepublik China über.

2000 Eine landesweite Volkszählung ergibt, dass China (ausgenommen Hongkong, Macau und Taiwan) 1265 Millionen Einwohner hat.

2002 China wird Mitglied der World Trade Organisation. Jiang Zemin (75) tritt als Vorsitzender der Kommunistischen Partei zurück und wird von Hu Jintao (59) abgelöst. Die ersten Fälle von SARS (Hühnergrippe) treten in der Provinz Guangdong auf.

2003 Jiang Zemin tritt zurück und wird von Hu Jintao abgelöst. China wird vom SARS-Virus heimgesucht. Die Regierung ergreift einschneidende Maßnahmen zur Eindämmung. China sendet den ersten Kosmonauten in den Weltraum.

2005 Der ehemalige Ministerpräsident Zhao Ziyang stirbt. Zhao wurde nach dem Aufstand auf dem Platz des himmlischen Friedens 1989 abgesetzt und verbrachte die letzten Jahre seines Lebens unter Hausarrest.

2006 Die Arbeiten des Staudamms bei den Drei Schluchten am Mittellauf des Jangtse werden abgeschlossen. Die Anlage ist die weltgrößte dieser Art. Lhasa, die Hauptstadt Tibets, wird an das chinesische Eisenbahnnetz angeschlossen.

2007 Präsident und Parteichef Hu Jintao besucht Japan. Die Oberhäupter beider Länder versprechen, neue Konflikte zu vermeiden und sich für gute Beziehungen einzusetzen.

2008 Antikommunistische Proteste erschüttern Tibet nur fünf Monate vor der Sommerolympiade in Peking. Mehrere Tausend Menschen kommen bei einem Erdbeben in der Provinz Sichuan ums Leben. Hua Guofeng, Nachfolger Mao Zedongs, stirbt. China wird von der Weltfinanzkrise erfasst. Die Regierung reagiert darauf mit einem großen Rettungspaket.

2009 Mehrere Millionen Chinesen verlieren durch die Finanzkrise ihre Arbeit. Zwischen den Uiguren und Han-Chinesen kommt es im Westen der Provinz Xinjiang zu schweren Zusammenstößen. In Peking wird der sechzigste Jahrestag der Gründung der Volksrepublik China feierlich begangen.

2010 Die Regierung erwartet eine wirtschaftliche Zuwachsrate von etwas unter zehn Prozent. WORLD EXPO 2010 in Shanghai. Autor und Dissident Liu Xiaobo erhält den Friedensnobelpreis. Liu sitzt derzeit eine 11-jährige Haftstraße im Gefängnis ab, aus dem er voraussichtlich 2021 entlassen wird.

2011 Die weltweite Finanzkrise hat einen Einbruch in der landesweiten Fabrikproduktion und einen Konjunkturrückgang im gesamten Wirtschaftsleben zur Folge.

Literatur

Avedon, John F.: *In Exile from the Land of Snows*. New York, Vintage Books 1986.

Balf, Todd: *The Last River. The Tragic Race for Shangri-La*. New York, Random House 2000.

Barmé, Geremie/Minford, John: *Seeds of Fire, Chinese Voices of Conscience*. Hongkong, Far Eastern Economic Review Ltd. 1986.

Becker, Jasper: *Hungry Ghosts, Mao's Secret Famine*. New York, Henry Holt & Company 1996.

Bonavia, Judy: *The Yangzi River*. Illinois, Passport Books 1997.

Cameron, Nigel: *Barbarians and Mandarins, Thirteen Centuries of Western Travellers in China*. Oxford, Oxford University Press 1989.

Chang, Gordon: *The Coming Collapse of China*. New York, Random House 2001.

Chetham, Deirdre: *Before the Deluge: The Vanishing World of the Yangtze's Three Gorges*. Basinstoke Hamshire/New York, Pangrave Mamillan 1994.

Chesnaux, Jean: *Peasant Revolts in China 1840 –1949*. London, Thames and Hudson 1973.

Craig, Mary: *Kundun, A Biography of the Family of the Dalai Lama*. London, Harper Collins 1997.

Domes, Jürgen: *Peng Te-huai, The Man and the Image*. London, C. Hurst & Co. 1985.

Evans, Karin: *The Lost Daughters of China*. New York, Tarcher/Putnam Books 2001.

Fitzgerald, C. P.: *The Southern Expansion of the Chinese People*. New York, Praeger Publishers 1972.

Fleming, Peter: *Bayonets to Lhasa*. Oxford, Oxford University Press 1984.

Franz, Uli: *Deng Xiaoping*, Stuttgart, Deutsche Verlags-Anstalt 1987.

Farovik, Tor: *Veien til Xanadu, En reise i Marco Polos fotspor*. Oslo, Cappelen 2001.

ders.: *Drømmen om Asia*. Oslo, Cappelen 1997.

ders.: *Marco Polo, Reisen til verdens ende*. Oslo, Cappelen 2002.

Gao Xingjian: *Der Berg der Seele* (aus dem Chinesischen von Helmut Forster-

Latsch, Marie-Luise Latsch und Gisela Schneckmann). Frankfurt am Main, S. Fischer Verlag, 2001.

Gernet, Jacques: *A History of Chinese Civilization*. Cambridge, Cambridge University Press 1997.

Gilley, Bruce: *China's Rulers*. New York, New York Review of Books 2002.

Goodman, Michael Harris: *The Last Dalai Lama, A Biography*. Boston, Shambhala Publications 1987.

Goullart, Peter: *Forgotten Kingdom*. London, John Murray 2002.

Hertsgaard, Mark: *Earth Odysse, Around the World in Search of Our Environmental Future*. New York, Broadway Books 1999.

Hilton, James: *Der verlorene Horizont* (aus dem Englischen von Herberth E. Herlitschka). München, Piper Verlag 2005.

Hong Ying: *Daughter of the River*. London, Bloomsbury 1998.

Jackson, Beverly: *Splendid Slippers, A Thousand Years of an Erotic Tradition*. Berkeley, California, Ten Speed Press, 1997.

Jung, Chang: *Wilde Schwäne* (aus dem Englischen von Andrea Galler und Karlheinz Dürr). München, Droemer Knaur 1991. Landor, Henry Savage: *Everywhere, The Memoirs of an Explorer*, Vol. I & II. New York, Fredrik A. Stokes 1924.

Landor, Henry Savage: *In the Forbidden Land*. London/New York, Asia Rare Books 1899.

Lao Tse: *Tao Te King*. Stuttgart, Reclam 1997.

Levathes, Louise: *When China Ruled the Seas, The Treasure Fleet and the Dragon Throne, 1405–1433*. Oxford, Oxford University Press 1997.

Levensen, Claude B.: *The Dalai Lama, A Biography*. London, Unwin Hyman 1998.

Li Zhisui: *Ich war Maos Leibarzt* (aus dem Amerikanischen von Annette Burkhardt). Bergisch Gladbach, Lübbe 1994.

Lin Yutang: *Mein Land und mein Volk* (aus dem Amerikanischen von W. E. Süskind). Stuttgart, Deutsche Verlags-Anstalt 1936.

ders.: *Weisheit des lächelnden Lebens* (aus dem Amerikanischen von W. E. Süskind). Frankfurt am Main, Insel Verlag 2004.

Lindqvist, Cecilia: *Eine Welt aus Zeichen* (aus dem Schwedischen von Lothar Schneider). München, Droemer Knaur 1990.

Lynn, Madeleine: *Yangtze River, The Wildest, Wickedest River on Earth*. London, Oxford University Press 1997.

Malraux, André: *So lebt der Mensch* (aus dem Französischen von Ferdinand Hardekopf). Stuttgart, Deutsche Verlags-Anstalt 1955.

Menzies, Gavin: *1421, The Year China Discovered the World*. London, Bantam Press 2002.

Pan Ling: *In Search of Old Shanghai*. Hongkong, Joint Publishing Company 1982.

Qiu Huanxing: *A Cultural Tour Across China*. Peking, New World Press 1993.

Riencourt, Amaury de: *Tibet im Wandel Asiens* (aus dem Amerikanischen von Lothar Tobias). Wiesbaden, Brockhaus 1951.

Rock, Joseph: *The Ancient Nakhi Kingdom of Southwest China*. Cambridge, Massachusetts, Harvard University Press 1947.

Salisbury, Harrison E.: *The New Emperors, Mao and Deng, A Dual Biography*. London, Harper Collins 1993.

Sandberg, Graham: *The Exploration of Tibet*. New Delhi, Cosmos Publications 1987.

Schell, Orville: *Mandate of Heaven*. London, Little, Brown and Company 1995.

ders.: *Virtual Tibet, Searching for Shangri-La from the Himalayas to Hollywood*. New York, Henry Holt & Company, 2000.

Schønning, Haakon: *Razzier i Shanghai*. Oslo, Aschehoug 1929.

Seligman, Scott D.: *Chinese Business Etiquette*. New York, Warner Books 1999.

Sergeant, Harriet: *Shanghai*. London, John Murray Publisher 1998.

Shakya, Tsering: *The Dragon in the Land of Snows, A History of Modern Tibet since 1957*. New York, Columbia University Press 1999.

Short, Philip: *Mao, A Life*. London, Hodder & Stoughton 1999.

Snow, Edgar: *Roter Stern über China* (aus dem Amerikanischen von Gerold Dommermuth und Heidi Reichling). Frankfurt am Main, Verlag Roter Stern 1971.

Spence, Jonathan: *God's Chinese Son, The Taiping Heavenly Kingdom of Hong Xiuquan*. London, Harper Collins 1996.

Studwell, Joe: *The China Dream, The Quest for the Last Untapped Market on Earth*. New York, Atlantic Monthly Press 2002.

Sun Tsu: *Wahrhaft siegt, wer nicht kämpft, Die Kunst des Krieges* (herausgegeben von Thomas Cleary, aus dem Amerikanischen von Ingrid Fischer-Schreiber). München, Piper Verlag 2007.

Temple, Robert: *The Genius of China, 3000 Years of Science, Discovery and Invention*. London, Prion Books 1998.

The Book of Songs. Shanghai, Shanghai Classics Publisher Company 2000.

White, Theodore H. und Annalee Jacoby. *Thunder out of China*. William Sloane Associates, New York 1946.